실버타운
사용 설명서

전국 34곳 실버타운 상세분석

이한세 박사의
시니어스토리

실버타운
사용 설명서

100문 100답
실버타운 Q&A
실버타운 궁금증

전국 34곳 실버타운 상세분석

이한세 지음

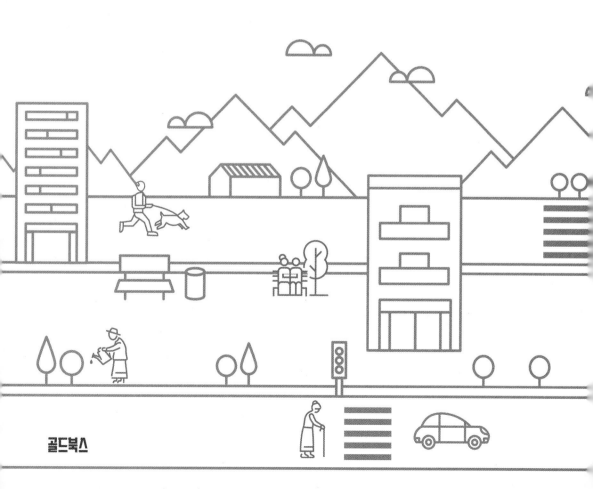

골드북스

서문

우리 사회는 빠르게 고령화되고 있으며, 이에 따라 많은 시니어들이 자신의 노후 생활을 어떻게 보낼 것인지에 대해 깊은 고민을 하고 있다. 건강하고 독립적인 생활을 유지하면서도 안전하고 편안한 환경에서 삶을 영위하고자 하는 욕구가 커짐에 따라, 실버타운이 주목받기 시작했다.

그러나 실버타운에 대한 정보는 아직 충분히 공유되지 않고 있으며, 각 시설의 특징과 조건도 매우 다양하여 선택하는데 어려움을 겪는 시니어들이 많다. 이 책은 그런 시니어와 가족들을 위해 실버타운에 대한 종합적인 정보를 제공하고, 올바른 선택을 할 수 있도록 돕기 위해 집필되었다.

1부는 '실버타운 100문 100답'으로 실버타운에 대한 모든 궁금증을 해결할 수 있도록 다양한 주제를 다루고 있다. 기본적인 개념인 '실버타운이란 무엇인가?'에서부터, 분양형과 임대형 실버타운의 차이점, 입주자격과 비용, 입주보증금 반환에 대한 안전장치, 그리고 기존 입주민의 텃세 문제까지 폭넓게 설명하고 있다. 독자들이 실버타운을 선택하는 과정에서 흔히 가지는 궁금증에 대해 실질적인 답변을 제공하며, 실버타운 생활을 엿볼 수 있는 세부적인 정보까지 빠짐없이 다루고 있다.

이와 더불어, 단순한 Q&A에 그치지 않고 30곳의 실버타운을 분석해 독자들이 자신에게 적합한 실버타운을 찾을 수 있도록 기획하였다. 예를 들어, 도심형과 전원형 실버타운, 종교적 배경을 가진 실버타운, 고령자도 입주가 가능한 곳, 반려동물과 동반 입주가 허용되는 실버타운 등 각기 다른 특성을 지닌 실버타운들을 주제별로 정리해 소개하고 있다. 또한, 비용 대비 시설 수준이 높은 곳, 건강 회복과 힐링에 적합한 실버타운, 외국 교포들이 선호하는 실버타운 등 개인별 상황에 따른 세부적인 맞춤형 안내를 제공하여, 다양한 선택지 중에서 어떤 실버타운이 본인에게 최적인지를 판단할 수 있도록 돕고 있다.

2부는 '전국 34곳의 실버타운 상세분석' 결과이다. 저자와 조사팀이 각 실버타운을 방문해 조사한 내용을 바탕으로 입주비용, 월 비용, 위치와 주변 환경, 식사, 생활 편의성, 의료 서비스, 입주세대의 특징, 시설과 프로그램, 그리고 입주민의 성향과 분위기 등을 항목별로 정리하였다. 각 실버타운은 평균 14페이지 분량이며, 내부 모습을 생생하게 전달하기 위해 현장 사진도 포함시켰다.

각 실버타운에 대한 객관적인 데이터 외에도, 설립 배경과 취지, 장단점, 그리고 오너와 운영사의 노인복지에 대한 진정성 같은 이면적인 요소는 따로 저자 리뷰에서 설명하였다. 저자 리뷰는 단순히 겉으로 보이는 시설과 비용 정보만으로는 파악하기 어려운 실버타운의 진면목을 이해하는 데 도움을 준다. 예를 들어, 겉으로는 대리석 바닥과 대형 수영장, 피트니스 센터 등을 갖추고 언론 홍보를 통해 분양된 고급 실버타운이 현재는 제대로 운영되지 못해 거의 폐허 수준으로 남은 사례도 있어 시설의 외형만 보고 실버타운을 선택하면 안 된다는 교훈을 주고 있다.

이에 반해, 지방에 위치하거나 수도권의 규모가 작은 실버타운이라 해도, 진정성 있는 운영과 따뜻한 커뮤니티가 빛을 발하는 '진흙 속 진주' 같은 실버타운이 존재한다. 이러한 가치 있는 실버타운을 찾는 데 저자의 리뷰가 유용한 길잡이가 될 수 있기를 바란다.

2025년은 한국 실버타운 업계에 있어 중대한 전환점이 될 전망이다. 1988년 국내 최초의 실버타운인 유당마을의 설립 이후, 한국의 실버타운은 주로 150~300세대 규모의 작은 임대형 실버타운 위주로 천천히 발전해왔다. 그마저도 연평균 한 곳 정도만 새롭게 문을 열었을 정도로 업계의 성장 속도는 더뎠다. 그러나 최근에 대기업들이 대거 실버타운 시장에 뛰어들며 상황이 급변하고 있다.

대표적으로 롯데와 엠디엠플러스 같은 대기업이 임대형 실버타운 건설에 참여하여, 그 규모가 과거와 비교할 수 없을 만큼 크다. 롯데의 VL르웨스트(810세대), 엠디엠플러스의 백운호수 푸르지오 숲속의 아침(536세대), 그리고 썬시티의 라우어(574세대)와 라티브(370세대)가 2025년 입주를 앞두고 있어, 총 2,260세대의 신규 임대형 실버타운이 문을 열게 된다.

이미 예비 입주자와 잠재 입주자들 사이에서 큰 관심을 불러일으키고 있으며, 위의 네 곳에 대해서는 각 18페이지 분량의 특별판으로 더욱 상세한 정보를 실었다. 저자와 조사팀은 2025년 입주 예정인 실버타운에 대해서 전화 인터뷰와 현장 탐방 등 여러 경로를 통해 정확한 데이터를 수집하고 이를 바탕으로 각 실버타운별 특성과 차별점을 분석하려고 노력했다. 특히 이 책의 저자 리뷰 페이지는 저자의 독립적인 시각에서 작성되었으며 일부 내용이 실버타운 측의 입장과 차이가 있을 수 있다. 다른 객관적인 데이터는 실버타운 측이 발표한 내용을 토대로 작성되었으나 아직 실버타운들이 건설이 완공되거나 입주가 시작되지 않은 곳들이어서 실제 운영시에는 변동이 있을 수 있다.

이 책을 완성하기까지 많은 분들의 협력이 큰 힘이 되었다. ㈜스파이어리서치 조사팀의 조현경 편집 주간이 기초 조사와 기획을 맡아 주었으며, 책의 디자인과 편집을 책임진 김수정 이사의 헌신적인 작업 덕분에 본서가 탄생할 수 있었다. 또한, 최재성 팀장이 자료 조사와 100문 100답의 기초를 마련해 주었으며, 이기현 양이 콘텐츠 편집 작업에 기여해 주었다. 아울러, 어려운 환경 속에서도 진심 어린 마음으로 실버타운을 운영하는 많은 대표님들과 원고 검토에 도움을 준 각 실버타운의 실무자 분들께도 깊은 감사를 드린다.

저자 이한세

목차

10장│나에게 맞는 실버타운 찾기

2부 전국 34곳 실버타운 상세분석

1장| 시니어스토리 선정 30곳 실버타운

2장| 2025년 입주예정 실버타운

일러두기

![일러두기]

이 책자는 저자가 '실버타운 간 시어머니, 양로원 간 친정엄마'를 2014년에 발간한 이후 10년만에 출간하게 된 최신 실버타운 정보서이다. 현장경험과 방문조사를 통해 수집된 자료를 분석하여 실버타운 종합 안내서로 출판하였다.

책은 크게 두 부분으로 구성되어 있다. 1부는 실버타운에 대한 일반적인 궁금증을 해결하는 '100문 100답'이며, 2부는 저자와 연구팀이 직접 방문하여 상세하게 분석한 34곳의 실버타운을 소개하고 있다. 실버타운 소개에서는 비용, 위치와 주변 환경, 의무식, 생활 편의 서비스, 시설과 프로그램, 입주자 성향과 분위기, 그리고 저자의 의견을 다루었다. 실버타운의 선택 기준과 입주자격 등 독자의 이해를 돕기 위해 몇 가지 추가 내용을 덧붙인다.

1. 실버타운 소개

이 책에서는 총 34곳의 실버타운을 소개하고 있다. 그중 노인복지주택은 29곳, 유료양로시설은 5곳이며, 아직 오픈하지 않은 실버타운 4곳도 포함하였다. 형태별로 보면 100% 분양형 실버타운은 4곳, 분양/임대 혼합형은 5곳, 나머지 25곳은 임대형 실버타운이다.

2. 실버타운 선택 기준

전국에 있는 39곳의 노인복지주택과 30여 곳의 유료양로시설 중, 규모, 시설, 컨시어지 서비스가 뛰어나 실버타운 기준에 맞는 곳을 선별하여 소개하였다.

3. 2025년 오픈 예정 실버타운

2025년 입주예정인 실버타운인 VL르웨스트, 라우어, 라티브, 백운호수푸르지오숲속의아침스위트 4곳에 대해서는 시행사에서 제공한 자료 및 인터뷰, 현장방문 등 다양한 경로를 통해 자료를 수집하고 취합하여 소개하였다. 향후 실제 운영 시 부대시설 및 프로그램 등이 책자 내용과 다소 다를 수 있다.

4. 데이터 업데이트 시점

이 책에 나온 수치와 데이터는 2024년 6~9월 기준으로 최종 업데이트되었다. 그 이후에는 매매가, 입주보증금, 관리비, 입주자격 등 여러 요소가 변동될 수 있으므로 최신 정보를 별도로 확인하는 것이 바람직하다.

5. 입주세대 면적

실버타운 입주세대 면적은 계약 면적을 기준으로 하였으며, 전용면적은 실버타운마다 다르며 일반적으로 50~70%다. 이 책에서는 전용면적에 대해 따로 표기하지 않았다.

6. 입주 자격

실버타운마다 입주 가능한 최대 나이와 건강 상태에 따른 입주자격이 다르다. 입주자격은 각 입주신청자와 실버타운에 따라 다를 수 있으므로, 정확한 입주자격은 해당 실버타운과 상담을 통해 확인하는 것이 좋다.

7. 객관성 유지

이 책의 저자는 특정 실버타운과 무관하며, 정보의 객관성을 유지하기 위해 책 제작 및 기타에 있어서 어떠한 형태로도 광고나 홍보를 위한 지원을 받지 않았음을 알려두고자 한다.

8. 책임 한계

저자는 정확하고 유용한 정보를 제공하기 위해 최선을 다하였으며, 실버타운 선택은 전적으로 독자의 판단에 맡겨져있다. 따라서, 독자의 선택에 따른 결과에 대해 저자는 법적인 책임이 없다.

9. 재능기부 및 문의

저자는 독자의 궁금한 점에 대해 재능기부 형태로 답변을 제공하고자 한다. 문의사항이 있으면 언제든 카카오톡이나 블로그에 문의 내용을 남겨주면 답변을 받을 수 있다.

- **이메일**: justin.lee@spireresearch.com
- **블로그**: https://blog.naver.com/justin2130
- **카카오톡**: justin2130

용어설명

실버타운에 익숙하지 않거나 관련 용어가 생소한 독자들을 위해, 책을 읽기 전에 알아두면 좋은 몇 가지 용어와 개념을 설명하고자 한다.

- **실버타운**: 법적 용어는 아니며, 60세 이상의 입주자가 100% 본인 부담으로 해당 시설에서 제공하는 서비스와 편의시설을 누리며 거주하는 주거 시설을 의미한다. 실버타운에는 임대형 노인복지주택이 대부분이며, 소수의 분양형 노인복지주택과 유료양로시설도 포함된다. 실버타운이 기능을 하려면 내부에 반드시 입주민 전용식당이 있어야 하며, 입주민들이 식사를 포함한 일상생활을 편안하고 안전하게 할 수 있도록 다양한 편의 시설과 컨시어지 서비스를 제공할 수 있어야 한다.

- **노인복지주택**: 자립적으로 생활이 가능한 시니어를 위한 노인주거복지시설이다. 법적으로는 60세 이상의 시니어가 입주할 수 있는 주택으로, 취사시설이 포함된 독립적인 생활공간을 갖추고 있다. 노인복지주택은 분양형과 임대형으로 나누어진다.

- **유료양로시설**: 일상생활에 지장이 없는 시니어를 위한 주거시설로, 노인복지주택과 마찬가지로 일정한 비용을 지불하고 입주하는 노인주거복지시설이다. 일반적으로 노인복지주택에 비해 규모가 작고 시설이 부족하나, 나이와 건강 상태 등의 입주 자격이 더 유연한 편이다.

- **분양형 실버타운**: 60세 이상의 시니어가 소유권을 가지고 거주하는 노인복지주택의 한 유형이다. 입주민이 주거세대의 소유권을 매입하여 거주하며, 매매나 상속이 가능하다. 대부분의 분양형 실버타운은 내부에 식당을 운영하지 않고, 컨시어지 서비스가 제한적이어서 실버타운으로서의 기능을 완전히 갖추지 못한 곳이 많다.

- **임대형 실버타운**: 입주민이 실버타운 입주세대의 소유권을 가지지 않고, 입주보증금과 월 관리비를 지불하고 거주하는 노인복지주택이나 유료양로시설이다. 임대형 실버타운은 내부에 식당이 있으며, 다양한 편의 시설과 서비스를 이용할 수 있다. 대부분의 실버타운은 임대형 노인복지주택으로 구성되어 있다. 일부 실버타운은 운영사가 보유한 임대 세대와 분양한 분양 세대가 함께 있는 분양/임대 혼합형 실버타운도 있다.

- **대표평수**: 실버타운 내에 다양한 평형대의 세대가 있을 때, 그 중 가장 많은 세대를 차지하는 평형을 대표 평수로 정해, 입주보증금과 관리비를 설명하는 기준으로 삼았다.

- **입주보증금**: 실버타운 입주 시 발생하는 보증금으로, 전세보증금과 비슷한 비용이다. 실버타운의 규모, 위치, 제공 서비스, 시설 수준 등에 따라 달라지며, 같은 실버타운 내에서도 세대의 평형 크기에 따라 다르다. 계약 해지 또는 만료 시 퇴거하면 보증금을 전액 돌려받는다.

- **관리비**: 아파트 관리비와 비슷하지만, 실버타운 내 부대시설과 프로그램 이용료, 일상생활 컨시어지 서비스 비용 등이 모두 포함되어있다. 관리비는 매월 고정 금액으로 청구되며, 수도, 전기, 난방 등의 공과금은 별도로 부과된다.

- **의무식 식비**: 실버타운 입주민에게 매월 청구되는 고정식비를 말한다. 예를 들어, 의무식이 60식이고 1식의 가격이 9,000원이면, 60식 x 9,000원으로 월 540,000원이 청구된다.

- **월 비용**: 입주민이 실버타운에 매달 지불하는 비용으로, 관리비와 의무식 식비로 구성되며, 매달 변동 없이 일정하게 청구된다. 예를 들어 월 관리비가 1,500,000원이고 의무식 식비가 540,000원이면 월 비용은 관리비와 의무식 식비를 합한 2,040,000원이 된다.

- **월간 의무식 수**: 실버타운에서 입주민들이 의무적으로 먹어야 하는 식사 횟수로, 실버타운마다 다르게 책정된다. 60식 또는 90식이 가장 일반적이며, 분양형 노인복지주택은 입주민 전용식당이 없는 경우가 많아 의무식이 존재하지 않는 곳이 대부분이다. 의무식 수는 모든 입주민에게 동일하게 적용되며, 개별적으로 의무식 수를 조정할 수 없다.

- **의무식 단가**: 의무식 1식의 가격을 의미한다. 의무식 식비를 의무식 수로 나누면 의무식 단가가 계산된다. 보통 1식당 8,000원~11,000원 사이이며, 일부 실버타운은 의무식 식비를 따로 청구하지 않고 관리비에 포함시켜, 의무식 단가를 알기 어려운 경우도 있다.

- **월간 의무식 외 식비**: 실버타운에서 의무식이 90식이 아닌 경우, 나머지 식사에 대한 추가 식비를 의미한다. 예를 들어, 의무식이 60식인 경우 나머지 30식은 실버타운 식당에서 추가 비용으로 사서 먹거나 스스로 해결해야 한다. 의무식 외 식비는 세대 내에서 직접 만들거나 외부에서 사 먹는 등 천차만별이나 편의를 위해 해당 실버타운의 의무식 단가를 기준으로 계산하였다. 예를 들어 의무식이 60식이고 의무식 단가가 9,000원일 경우 의무식 외

식비는, 30식 x 9,000원 = 270,000원이 된다. 의무식이 없는 분양형 노인 복지주택의 경우, 의무식 단가를 9,000원을 가정하고 계산하였다. 서민형 아파트 형태의 김제부영실버아파트와 내장산실버아파트는 주변 노인복지관의 식사 단가를 적용하였다.

- **공과금**: 수도, 전기, 난방, 냉방, 통신비와 같은 수도광열비를 의미한다. 세대별로 사용량에 따라 다르게 청구되지만, 평당 3,000원으로 계산하였다. 예를 들어, 30평형 실버타운의 경우 30평 x 3,000원 = 90,000원이 공과금으로 발생한다.

- **월 생활비**: 실제로 실버타운에 거주하면서 필요한 최소한의 월간 생활비다. 매월 실버타운에 내는 고정 비용인 월 비용에 월간 의무식 외 식비와 수도광열비 같은 공과금을 합하면 월 최소 생활비가 된다. 물론 교통비, 이미용비, 의료비, 간식비, 의복비, 용돈 등 추가적인 생활비가 필요하지만, 이는 세대마다 차이가 있어 일률적으로 계산하기 어렵다. 따라서 이 책에서 월 생활비는 실버타운에 거주하는 데 필요한 최소비용을 의미하며, 각 실버타운의 생활비를 객관적으로 비교하기 위한 지표로 사용되었다. 실제 생활비는 이보다 더 들 수 있음을 참조해야 한다.

1부

실버타운 100문 100답 (Q&A)

실버타운 필수 정보와
자주 묻는 질문 총정리

이한세 박사의
시니어스토리

1장 | 실버타운 정의와 선정기준

> ## Q1   실버타운은 요양원, 요양병원과는 어떻게 다른가요?

 실버타운은 주거시설, 요양원은 돌봄시설, 요양병원은 의료시설입니다.

실버타운은 노인주거복지시설로, 노인의료복지시설인 요양원이나 의료시설인 요양병원과는 전혀 다른 곳입니다. 실버타운은 시니어들이 집보다 더 편안하게 생활할 수 있는 주거 공간을 제공하는 것이 목적입니다.

요양원은 일상생활을 스스로 하기 어려워 돌봄이 필요한 시니어들이 입소하는 시설입니다. 이곳에서는 주로 일상생활 돌봄과 건강관리가 이루어집니다.

요양병원은 의료적인 처치와 치료가 필요한 시니어들이 장기적으로 입원하여 요양하는 병원입니다. 요양병원에서는 의료진의 관찰과 치료가 지속적으로 필요한 시니어를 위한 의료 서비스를 제공합니다.

실버타운은 자립 생활이 가능한 시니어들을 위한 주거시설이며, 요양원은 돌봄을 받기 위한 시설, 요양병원은 의료적 치료를 위한 병원이라는 점에서 각기 다른 목적과 기능을 가지고 있습니다.

실버타운이 주거시설이면 아파트와 비슷하게 생겼나요?

실버타운 종류에 따라 아파트, 콘도, 혹은 기숙사와 흡사하게 생겼습니다.

실버타운은 법적으로 명확히 규정된 개념은 아니지만, 많은 사람들이 사용하면서 자연스럽게 정착된 용어입니다. 일반적으로 노인복지주택이나 양로시설 중에서 자체 식당을 운영하고 부대시설을 갖추어 시니어들이 편안하게 생활할 수 있도록 만든 주거시설을 실버타운이라고 부릅니다.

실버타운의 로비는 호텔을 닮고 방은 콘도와 유사하게 설계되어 있습니다. 1층에는 넓은 로비와 프런트 데스크가 있으며, 거주하는 방의 갯수는 원룸에서부터 방이 2개나 3개 있는 20~40평대까지 다양합니다. 또한, 건물 내에 식당을 포함하여 헬스장, 당구장, 노래방, 골프연습장, 영화관, 수영장 등의 부대시설을 갖추고 있습니다. 실버타운은 가격과 규모에 따라 최상급 레지던스 호텔, 고급 콘도, 일반 콘도, 기숙사 혹은 아파트와 비슷한 형태를 띄고 있습니다.

실버타운은 전국에 몇 곳이 있나요?

 실버타운은 전국에 약 30여곳 정도 있습니다.

2022년 말 기준으로 전국에는 39곳의 노인복지주택과 180곳의 양로시설이 있습니다. 노인복지주택은 매매가 가능한 분양형과 매매가 불가능한 임대형으로 구분되며, 양로시설은 비용을 받는 유료양로시설과 비용이 없는 무료(실비)양로시설로 나눠집니다.

대부분의 실버타운은 임대형 노인복지주택이며 일부 규모가 큰 유료양로시설이 포함되어 있습니다. 분양형 노인복지주택 중에서도 실버타운의 중요한 기능인 식사제공과 편의시설을 갖춘 곳이 있지만, 그 수는 매우 적습니다. 무료(실비)양로시설 중에서 실버타운 기능을 갖춘 곳은 단 한곳도 없습니다. 실버타운이라는 용어는 주로 임대형 노인복지주택과 일부 유료양로시설을 지칭합니다.

20여곳의 임대형 노인복지주택과 10곳 미만의 유료양로시설이 내부에 식당을 갖추고 시니어들이 편안하게 생활할 수 있도록 편의 시설과 인적 서비스를 제공하여 실버타운의 기능을 하고 있습니다. 실버타운이 법적인 용어가 아니다 보니 정확하게 '실버타운이 전국에 몇 개'라고 딱 잘라 말하기는 어렵지만 대략 30여곳 정도로 볼 수 있습니다.

2024년 기준 국내의 65세 인구가 1천만명을 넘어섰지만 실버타운에 입주할 수 있는 세대수는 1만 세대가 안되어서 노령인구의 0.1% 만이 실버타운에 입주할 수 있습니다. 최근에 실버타운 인기가 높아지자 대기업이 실버타운 건설에 뛰어들면서 2025년에 규모가 큰 실버타운들이 새로 생겨나고 있지만 여전히 많이 부족한 상황입니다.

책자에 실린 실버타운의 선정 기준은 무엇인가요?

입주자 나이, 시설 규모, 내부 식당 유무, 편의 시설과 일상생활 서비스입니다.

이 책에는 60세 이상만 입주할 수 있으며, 100세대 이상의 규모가 되고, 내부 에 식당과 부대시설이 있으며, 일상생활 컨시어지 서비스를 통해 시니어들이 편안하게 생활할 수 있는 주거시설을 갖춘 곳을 실버타운으로 규정하였습니다. 노인복지주택과 유료양로시설을 검토하여 입주자 나이, 시설 규모, 식당 유무, 편의시설과 일상생활 컨시어지 서비스가 있는 28곳을 선정하였습니다.

이렇게 선정된 28곳에 더해, 엄격한 의미에서 실버타운 자격을 충분히 갖추지는 못했지만, 1곳의 유료양로시설과 5곳의 노인복지주택을 포함시켰는데 포함된 시설의 이름과 이유는 다음과 같습니다.

- **케어닥케어홈배곧신도시점 (유료양로시설)**: 정원이 32명에 불과하지만, 새로 운 개념의 고급 케어형 실버타운으로 주목받고 있습니다.
- **김제부영실버아파트/내장산실버아파트 (임대형 노인복지주택)**: 자체부대시설은 없지만 지자체와 함께 기획한 서민형 노인복지주택입니다.
- **광교두산위브/광교아르데코 (분양형 노인복지주택)**: 100% 분양형 노인복지주택으로 실버타운은 아닙니다. 이렇게 실버타운이라고 부르기 어려운 분양형 노인복지주택이 9곳이 있으며, 분양형 노인복지주택이 실버타운과 어떤 점이 다른지 예시로 보여주기 위해 두 곳을 포함했습니다.
- **블루밍더클래식 (분양형 노인복지주택)**: 입주 및 거주자의 나이 제한이 풀린 것 이외에는 실버타운 기준에 부합하는 곳입니다.

Q5 > 분양형, 임대형, 월세형, 케어형 실버타운의 장단점은 무엇인가요?

 입주보증금, 월 비용, 돌봄의 정도가 다릅니다.

100% 분양형 실버타운은 주택을 소유하는 방식이며, 주택연금에 가입할 수 있는 장점이 있습니다. 또한, 관리비가 저렴한 편이라서 경제적인 부담이 덜할 수 있습니다. 그러나 높은 초기 구입 비용은 진입 장벽이 될 수 있으며, 대부분의 시설에서는 식당을 운영하지 않거나 부대시설과 프로그램이 제한적인 단점이 있습니다.

임대형 실버타운은 식당을 운영하며, 부대시설과 프로그램, 일상생활 컨시어지 서비스를 제공하는 등 편안한 생활환경을 갖추고 있습니다. 그러나 이와 같은 편리함의 대가로 매달 지출해야 하는 비용이 상대적으로 높아 경제적인 부담이 클 수 있습니다.

월세형 실버타운은 입주보증금이 저렴해 초기 입주 부담이 적은 것이 장점입니다. 이 유형의 실버타운도 임대형 실버타운과 마찬가지로 다양한 부대시설과 서비스를 통해 편리한 생활 환경이 갖추어져 있습니다. 그러나 월세를 지불해야 하므로, 결과적으로 매달 지불하는 월 비용이 임대형 실버타운보다 높습니다.

케어형 실버타운은 고령이거나 건강 상태가 다소 좋지 않은 시니어도 입주할 수 있는 장점이 있습니다. 이는 돌봄이 필요한 시니어들에게 적합한 선택이 될 수 있습니다. 그 대신, 돌봄 서비스를 제공하는 만큼 추가 비용이 발생하며, 입주할 수 있는 세대의 방 규모가 작아 생활 공간이 제한적일 수 있습니다.

노인복지주택과 유료양로시설의 시설적 차이는 무엇인가요?

 규모, 세대구분, 시설기준 등이 다릅니다.

항목	노인복지주택	유료양로시설
규모	대부분 100세대 이상	대부분 100명 미만
형태	분양형, 임대형, 월세형	임대형만 존재함
내부식당	• 분양형은 대부분 식당이 없음 • 임대형은 모두 식당이 있음	반드시 식당을 갖추어야 함
세대별 구분등기	가능	불가능
매매	분양형은 가능	불가능
주택연금	분양형은 가능	불가능
세대 내 취사시설	의무적으로 갖추어야 함	의무조항은 아님

일반적으로 노인복지주택은 유료양로시설보다 규모가 크고 부대시설이 더 훌륭합니다. 노인복지주택은 각 세대의 크기가 최소 15평부터 시작해 20~30평대가 대부분을 차지하고, 40평 이상인 경우도 많습니다. 모두 그런 것은 아니지만 유료양로시설이 원룸형 모텔과 비슷하다면, 노인복지주택은 객실에 여러 개의 방과 주방 및 투숙객 전용 식당을 갖춘 콘도와 유사합니다.

규모의 차이 이외에, 유료양로시설은 구분등기가 안되어 매매가 불가능하며, 시설 내부에 식당을 반드시 갖추어야 하는 반면, 세대 내에는 취사시설을 갖추 지 않아도 됩니다. 유료양로시설은 노인복지주택에 비해 실버타운으로서 기준에 맞는 곳들이 적어 대부분의 실버타운은 임대형 노인복지주택입니다.

예외적으로, 유료양로시설임에도 노인복지주택에 버금갈 정도로 규모가 크고 시설이 훌륭해 실버타운으로 분류되는 곳도 있습니다. 대표적으로 '더클래식500', '미리내실버타운', '일붕실버랜드'입니다.

100문 100답

2장 | 나이와 건강에 따른 실버타운 입주자격

Q7   **실버타운의 입주자격은 어떻게 되나요?**

60세 이상이며 건강하면 누구든 입주할 수 있습니다.

실버타운은 60세 이상이면 누구나 입주자격이 있지만, 독립적으로 일상생활을 할 수 있을 정도로는 건강해야 합니다. 부부가 함께 입주하는 경우, 한 명만 60세 이상이면 되며, 두 사람 모두 건강해야 입주가 가능합니다.

다만, 2008년 9월 이전에 허가를 받아 건설된 일부 노인복지주택은 법적으로 '60세 이상만 소유 및 거주할 수 있는 나이 제한'이 해제되어 나이에 상관없이 누구나 자유롭게 소유 및 거주할 수 있습니다. 그러나 이러한 노인복지주택은 숫자도 적을뿐더러 시니어만 입주가 가능한 것이 아니어서 실버타운이라고 보기 어렵습니다. 이 책에서는 입주나이 제한이 풀린 노인복지주택은 소개하지 않지만, 예외적으로 '블루밍더클래식'을 하나의 예시로 포함시켰습니다.

실버타운 기능을 갖춘 노인복지주택과 유료양로시설이라 하더라도 입주자격이 약간 다릅니다. 이러한 다름을 잘 활용하면 선택할 수 있는 실버타운의 수가 늘어날 수 있습니다.

유료양로시설은 입주자의 최대 나이와 건강에 대한 기준이 노인복지주택에 비해 덜 엄격한 편입니다.

항목	노인복지주택	유료양로시설
입주자 최소 나이	• 60세 이상 • 2008년 이전에 설립된 일부 분양형 노인복지주택은 나이 제한 풀림	• 유료양로시설: 60세 이상 • 무료/실비양로시설: 65세 이상
입주자 최대 나이	대부분 80~85세로 제한	노인복지주택에 비해 유연
입주자 건강 정도	어느 정도 건강해야 함	노인복지주택에 비해 유연
가족 동반 입주	• 배우자는 60세 미만도 가능 • 24세 미만의 자녀 또는 손자녀 (미성년자) • 장애를 가진 24세 이상의 자녀 또는 손자녀	• 배우자는 60세 미만도 가능 • 나이불문 배우자 이외는 안됨
같은 세대 내 동거자 범위	대부분 부부만 허용	60세 이상이면 타인도 허용
애완동물 동반 입주	일부 실버타운만 허용	불가

유료양로시설은 입주자의 최대 나이와 건강 상태에 대한 허용 범위가 노인복지주택에 비해 유연하고 까다롭지 않습니다. 그러나 유료양로시설은 주로 입주자 개인에게 초점이 맞추어 있어, 부부 이외의 가족 동반입주와 애완동물을 허용하지 않습니다. 나이 또는 건강 상태로 인해 임대형 노인복지주택 입주가 어려운 시니어들은 유료양로시설을 알아보면 입주가 가능한 곳이 있습니다.

90세 이상 고령이어도 실버타운 입주가 가능한가요?

90세 이상 고령의 시니어가 실버타운에 입주하기는 어려우며, 일부 예외적으로 입주를 받아주는 곳이 있습니다.

실버타운 입주와 거주 자격과 관련하여 입주 신청자의 최대 나이에 대한 법적인 강제 규정은 없지만, 대부분의 실버타운 운영사들은 자체적인 내부 규정에 의해 입주 신청자의 최대 나이를 제한하고 있습니다. 일반적으로 많은 실버타운은 입주 가능한 최대 나이를 약 85세로 설정하고 있으며, 일부 실버타운에서는 이보다 낮은 80세로 제한하기도 합니다. 나이 제한은 입주 신청자의 건강 상태와 자립 생활 능력을 고려한 결과로, 최근에는 입주허용 최대 나이가 점점 더 낮아지는 추세를 보이고 있습니다.

건강하더라도 나이 제한으로 인해 실버타운 입주가 어려운 시니어들은 최근 오픈한 실버타운 중 나이 제한이 덜 엄격한 곳이나, 규모가 큰 유료양로시설, 혹은 케어형 실버타운을 고려하는 것이 좋습니다. 특히 최근에는 후기 고령자나 건강 문제로 입주가 어려운 시니어들을 위해 돌봄 시설을 갖춘 케어형 실버타운이 늘어나고 있습니다. 2025년 오픈 예정인 대규모 실버타운도 나이에 대해서는 유연한 편입니다.

Q10 입주자의 최대 나이를 80~85세로 제한하는 이유는 무엇인가요?

 실버타운에 후기 고령자 비율이 너무 많아지면 운영상 여러 가지 어려운 점이 생기기 때문입니다.

실버타운의 인기가 높아지면서 만실인 곳이 많을뿐더러 입주를 신청한 대기자 수도 꾸준히 증가하고 있습니다. 특히 서울과 수도권에 위치한 실버타운에서는 이러한 현상이 두드러지며, 대기자 중에는 비교적 젊고 건강한 시니어들이 많이 있습니다.

실버타운 입장에서는 젊고 건강한 시니어들을 받으면, 실버타운의 분위기가 활기차고 젊어지며, 개인 돌봄 서비스에 대한 수요가 적어져 인건비 절감 효과도 있습니다. 또한, 젊은 시니어들은 고령으로 인해 노환이 오기 전까지 오랜 기간동안 실버타운에서 생활할 수 있기 때문에, 입주민의 변동이 적어 실버타운 운영을 더 안정적으로 할 수 있습니다.

이러한 이유로, 젊고 건강한 시니어 대기자가 많은 실버타운일수록, 고령이거나 건강 상태가 좋지 않은 시니어들의 입주를 받지 않으려는 경향이 있습니다.

같은 논리로 공실이 많거나 대기자가 적은 실버타운일수록 입주 신청자의 최대 나이에 대해 다소 유연합니다. 특히, 유료양로시설은 노인복지주택에 비해 건강 상태만 좋다면 입주 신청자의 나이에 대한 제한이 상대적으로 낮은 편입니다.

상세기준은 없으며 실버타운마다 다를 수 있습니다.

실버타운에 입주하기 위해서는 일상생활을 독립적으로 할 수 있을 정도로 건강이 좋아야 합니다. 그러나 얼마나 건강해야 하는지 특별히 정해진 세부적인 법적 기준은 없으며, 각 실버타운마다 자체적인 내부 규정에 의해 입주 신청자의 건강 상태를 평가합니다.

일반적으로, 다음과 같은 경우에는 실버타운 입주가 어려울 수 있습니다.

- **전염병**: 다른 입주자들에게 전염될 가능성이 있는 질병을 보유한 경우
- **치매**: 치매가 심각하여 일상생활에서 혼자서 생활하기 어려운 경우
- **보행장애**: 지팡이나 휠체어가 필요할 정도로 보행이 힘든 경우

입주자는 식당에 걸어가서 식사를 할 수 있어야 하고, 양치, 세면, 용변 등의 개인위생을 스스로 처리할 수 있어야 합니다. 또한, 일상적으로 이웃과 대화하고 의사소통에 큰 장애가 없어야 입주가 가능합니다. 이런 조건들은 시니어들이 실버타운에서 독립적이고 편안한 생활을 할 수 있는 기본적인 건강 기준입니다.

Q12 실버타운에서 반려동물을 키울 수 있나요?

 대부분의 실버타운은 허용하지 않고 있습니다.

실버타운에서 반려동물을 키우는 것에 대해 금지하는 법적 강제 규정은 없습니다. 그러나 대부분의 실버타운에서는 다음과 같은 이유로 반려동물을 허용하지 않고 있습니다.

첫째, 시니어들이 실버타운에 사는 동안 고령이 되면서 반려동물을 돌보는 것이 점점 어려워집니다. 나이가 들수록 반려동물을 산책시키거나, 돌보는데 필요한 체력이 부족해질 수 있습니다.

둘째, 반려동물의 목줄이 풀려 복도나 실버타운 내를 배회하게 되면, 다른 어르신들이 낙상 등 사고를 당할 위험이 있기 때문입니다. 이러한 안전상의 문제로 인해 반려동물을 금지하는 경우가 많습니다.

셋째, 반려동물을 돌보는 입주민이 병원에 장기간 입원하게 되거나 사망 시 실버타운 운영사 입장에서 반려동물 돌봄과 후처리가 마땅치 않습니다.

넷째, 반려동물을 키우지 않는 시니어들 중에서는 반려동물로 인한 소음, 위생문제, 털 날림 등의 이유로 실버타운에서 반려동물을 허용하는 것에 반대하는 분들이 많습니다.

반려동물을 허용하고 있는 실버타운이 2곳 있으며 2025년에는 3곳이 더 생길 예정입니다. 더 자세한 내용은 질문96에 나와있습니다.

100문 100답

3장 | 매매가 가능한 분양형 실버타운

Q13	분양형 실버타운의 매매가는 얼마인가요?

 실버타운의 자격을 갖춘 분양형 실버타운은 거의 없으며, 100% 분양형 노인복지주택은 주변 아파트에 비해 매매가가 다소 낮은 편입니다.

(단위: 평, 만 원)

순번	형태	시설명	위치	대표평수	가격대
1	분양형	광교두산위브	수원	23	55,000
2		광교아르데코	수원	29	58,000
3		블루밍더클래식	하남	34	66,000
4		스프링카운티자이	용인	23	48,000
5	혼합형	서울시니어스가양타워	서울	25	자료 없음
6		서울시니어스강남타워	서울	24	
7		서울시니어스강서타워	서울	24	
8		서울시니어스고창타워	고창	20	
9		서울시니어스분당타워	성남	25	

　　노인복지법이나 실버타운 운영사의 정책에 따라 실버타운은 매매가 가능한 경우와 그렇지 않은 경우로 나뉩니다. 현재 100% 분양형으로 매매가 가능한 노인복지주택은 전국에 총 9곳이 있으며, 이 중에서 실버타운 기능을 갖춘 곳은 스프링카운티자이가 유일합니다. 나머지 8곳은 실버타운보다는 일반 아파

트에 더 가깝습니다.

스프링카운티자이의 매매가는 2024년 7월 기준 23평이 4억 8,000만 원으로 평당 2,087만 원입니다. 실버타운 기능을 충분히 갖추지는 못한 분양형 노인복지주택인 광교두산위브, 광교아르데코, 블루밍더클래식 3곳의 대표평수 매매가는 2024년 7월 기준 5억 5,000만 원, 5억 8,000만 원, 6억 6,000만 원이었습니다. 평당 매매가는 2,391만 원, 2,000만 원, 1,941만 원으로 스프링카운티자이 2,087만 원과 비슷합니다.

노인복지주택은 60세 이상만 소유 및 거주할 수 있습니다. 이러한 제한으로 인해 노인복지주택의 매매가는 평형대, 위치, 시설 등의 조건이 동일하더라도, 일반 아파트보다 가격이 다소 낮게 형성되는 경향이 있습니다.

100% 분양형이 아닌 분양과 임대가 혼합된 노인복지주택은 7곳이 있으며, 이 중에서 실버타운의 기능을 제대로 갖춘 곳은 서울시니어스타워가 운영하는 5곳입니다. 서울시니어스타워가 운영하는 실버타운의 전체 세대 중 약 70%는 분양세대이고, 나머지 30%는 임대세대입니다. 서울시니어스타워의 경우 매매 가능한 세대수가 제한적이어서 매매 가격대에 대한 자료는 가지고 있지 않습니다.

**실버타운 기능이 없는
분양형 노인복지주택도 거주할 만한가요?**

 살기에는 일반 아파트와 크게 다르지 않습니다.

100% 분양형 노인복지주택 중에는 실버타운의 기능을 갖추지 못한 곳이 대부분입니다. 이러한 100% 분양형 노인복지주택이 아파트와는 달리 60세 이상만 소유 및 거주할 수 있는 제한이 있음에도, 나름대로 분양이 잘 되었던 이유는 주변의 일반 아파트에 비해 가격이 저렴했기 때문입니다.

노인복지주택이 저렴하게 분양될 수 있었던 배경은 아파트와는 달리 '노유자시설'로 분류되어 준주택으로 간주되기 때문입니다. 노유자시설은 아파트와 같은 공동주택이 건설 허가를 받을 수 없는 자연녹지 등 저렴한 토지에도 건설이 가능해, 상대적으로 낮은 분양가를 유지할 수 있었습니다.

또한, 일반 아파트에 비해 시니어를 위한 부대시설을 잘 갖춘 편이어서 거주 시 불편함은 없습니다. 아파트에 비해 다소 부족한 점이 있다면 법적 주차면적과 전용면적이 작을 수 있습니다. 가격을 포함하여 이러한 장단점의 중요성은 입주민에 따라 다르기 때문에 본인의 상황을 고려하여 실버타운, 분양형 노인복지주택 혹은 일반 아파트를 선택할 수 있습니다.

항목	분양형 노인복지주택	일반 아파트
법적 주차면적	세대당 0.3대 이상	세대당 1.0대 이상
전용면적	50%~70%	대부분 70% 이상
주택연금수령액	아파트의 89%	노인복지주택보다 11% 정도 높음
전기차 충전소	정부지원 없음	정부지원 있음
유치원•어린이놀이터	설치의무 없음	설치의무 있음

Q15   실버타운을 매수할 때 주의사항은 무엇인가요?

거주하기 위해서는 입주자격을 미리 확인해야 합니다.

1. 실버타운 매수 절차

실버타운 입주를 고려할 때, 매수 물건부터 찾기보다는 먼저 원하는 실버타운의 시설과 입주 조건을 파악하는 것이 중요합니다. 매매가 가능한 실버타운으로 한정하여 매매를 통해서만 실버타운에 입주하려고 하는 것은 바람직하지 않습니다. 원하는 실버타운이 매수를 통해서만 입주가 가능하다면 실버타운 운영사에 매수의사를 표시하고 매물로 나온 공실이 있는지 알아보도록 합니다. 또한, 부동산 플랫폼을 이용해 매매로 나온 실버타운을 검색해보는 것도 좋습니다.

2. 매수 조건과 자격

실버타운을 매수하려면 만 60세 이상이어야 하며, 독립적으로 일상생활을 할 수 있을 정도로 건강해야 합니다. 60세 이상이라면 건강 상태와 관계없이 매수 자체는 할 수 있지만, 건강이 좋지 않으면 매수 후 입주가 어려울 수도 있습니다. 매수 과정에서는 실버타운 운영사가 매도자와 협의하여 매수자의 입주자격을 확인하는 경우도 있습니다.

3. 참고사항

서울시니어스타워에서 운영하는 실버타운은 매수자의 입주자격을 다소 엄격히 확인하는 편입니다. 이에 반해 실버타운 기능이 없는 대부분의 100% 분양형 노 인복지주택은 매수자의 입주 자격을 따지지 않습니다.

Q16 ▸ 매수한 실버타운에서 퇴거할 때는 어떻게 해야 하나요?

 매도를 하거나 임대를 줄 수 있습니다.

1. 퇴거 절차

실버타운에서 퇴거하려면 운영사에 퇴거 날짜를 미리 알려야 합니다. 만약 계약 기간 중에 퇴거하게 되면, 새로운 입주자가 들어올 때까지 월 관리비와 공과금을 계속 부담해야 할 수도 있습니다.

2. 소유한 실버타운의 매매와 임대
1) 매도할 경우

소유하고 있는 실버타운을 매도하려면, 먼저 실버타운 운영사에 매도 의사를 알려야 합니다. 이후, 부동산에 물건을 매물로 내놓도록 합니다. 한가지 주의할 점은 매매 성사전에 매수자에게 실버타운 거주 자격에 대해 충분히 설명을 해야 합니다. 만약, 설명이 부족하여 입주자격 요건이 안되는 사람이 매입하게 되어 있을 때에는 분쟁이 발생힐 가능성이 있습니다.

2) 임대를 줄 경우

매도하지 않고 임대를 줄 경우, 전세와 월세 두 가지 방식이 있습니다. 임대 방식은 임대인과 임차인의 고유 권한입니다. 실버타운의 부대시설 이용 권한 및 기타 권리는 매수, 전세, 월세 어떤 방식으로 입주하게 되더라도 동일한 권리와 책임이 부여됩니다. 임대를 줄 때에도 임차인이 입주자격 요건이 되는지 매도 시와 동일하게 실버타운 운영사와 협의할 필요가 있습니다.

Q17   실버타운은 쉽게 매매가 되며 투자 가치가 있나요?

 매매는 일반 아파트와 비슷하며 부동산 투자용으로는 적절하지 않습니다.

1. 100% 분양형 실버타운

100% 분양형 실버타운은 매수자와 거주자에 대한 자격 요건 심사가 비교적 엄격하지 않아서 일반 아파트처럼 자유롭게 매매가 이루어집니다. 그러나 매수자와 거주자는 모두 60세 이상이어야 하기 때문에, 이러한 조건으로 인해 주변 일 반 아파트에 비해 매매가 활발하지 않을 수 있습니다. 물론, 매매의 활발함은 실버타운의 위치와 가격에 따라 달라집니다.

2. 분양/임대 혼합형 실버타운

분양세대와 임대세대가 모두 있는 실버타운은 서울시니어스타워에서 운영하는 5곳이 있습니다. 이 실버타운들은 전체 세대 수가 적고, 만실인 경우가 많아 매매 가능한 빈세대가 잘 나오지 않는 편입니다.

3. 실버타운이 부동산 투자용으로 적절하지 않은 이유

실버타운이 부동산 투자용으로 적절하지 않은 몇 가지 이유가 있습니다. 첫째, 매매가 가능한 노인복지주택은 총 4,000세대에 미치지 않아 물량이 적습니다. 둘째, 같은 평수의 주변 아파트에 비해 시세가 낮고, 가격 변동폭도 적어 투자 수익이 낮습니다. 셋째, 소유 및 입주에 나이 제한이 있어 쉽게 매매가 안 될 수도 있습니다.

Q18 실버타운은 자녀에게 증여나 상속이 되나요?

 자녀가 만 60세 미만이면 증여할 수 없지만 상속은 가능합니다.

상속은 사람이 사망했을 때 그가 살아있을 때의 재산상의 권리와 의무가 법률에 따라 특정한 사람에게 승계되는 것을 말합니다. 상속은 사망이 원인이 되어 자동으로 발생하며, 상속인(상속을 받을 자격이 있는 사람들)은 법률에 따라 정해집니다. 상속에는 법정상속과 유언상속이 있으며, 법정상속은 법에 의해 정해진 상속 순위와 비율에 따라 재산이 분배됩니다. 유언상속은 고인이 생전에 남긴 유언장에 따라 재산이 분배됩니다.

증여는 생존해 있는 사람이 무상으로 재산을 상대방에게 수여하는 의사를 표시하고 상대방이 승낙함으로써 성립하는 계약입니다. 증여는 양도자가 자유롭게 선택할 수 있으며, 법적 계약을 통해 이루어집니다. 증여는 사망과 관계없이 살아있는 동안 재산을 이전하는 것이며, 증여를 받는 사람에게는 증여세가 부과될 수 있습니다. 증여는 증여자의 의사에 따라 자유롭게 재산을 이전할 수 있다는 점에서 상속과 구별됩니다.

실버타운은 만 60세 이상만 소유할 수 있기 때문에, 60세 미만인 사람에게는 소유권을 증여할 수 없습니다. 그러나 상속의 경우에는 자녀의 나이에 관계없이 가능합니다. 실버타운은 60세 이상만 거주할 수 있으므로 상속받은 자녀가 60세 미만일 경우, 소유권은 가질 수 있지만 본인이 거주할 수는 없습니다. 이런 경우, 상속받은 자녀는 60세 이상인 사람에게 매도하거나 임대를 주어야 하며, 본인이 입주할 수는 없습니다.

신청할 수 있으며 주택연금액수는 아파트에 비해 11% 적게 나옵니다.

공동주택(아파트), 오피스텔, 실버타운은 모두 주택연금 신청이 가능합니다. 그러나 공시지가 가격이 동일하더라도, 아파트에 비해 실버타운은 주택연금이 11% 정도 적게 나오며, 오피스텔은 약 14% 정도 적게 나옵니다. 주택연금을 신청하려면 반드시 분양형 실버타운을 소유하고 있어야 하며, 임대형 실버타운은 주택연금을 신청할 수 없습니다.

아래 표는 만 75세 시니어가 각각 공시지가 5억 원인 아파트, 실버타운, 주거용 오피스텔로 주택연금 신청 시 매월 현재 및 향후에 받을 수 있는 액수입니다.

(단위: 만 원)

연령	아파트		실버타운		오피스텔	
	정액형	정기증가형	정액형	정기증가형	정액형	정기증가형
75	185	162	165	144	159	139
80	185	170	165	151	159	145
85	185	185	165	165	159	159
90	185	202	165	180	159	173
95	185	212	165	188	159	181
100	185	231	165	205	159	198

실버타운의 예를 보면 정액형의 경우 월 165만 원을 사망시까지 받을 수 있으며 초기에 적게 받고 3년마다 4.5%씩 증액되는 정기증액형의 경우 첫해인 75세 때 144만 원을 받기 시작해 10년 후인 85세 때 정액형과 같은 165만 원을 받고 95세 때에는 188만 원을 받게 됩니다.

4장 | 매매가 불가능한 임대형 실버타운

Q20 임대형 실버타운의 입주보증금은 얼마인가요?

 입주보증금은 0원에서 10억 원까지 실버타운에 따라 차이가 큽니다.

실버타운의 입주보증금은 시설마다 다르고, 같은 실버타운 내에서도 평형대에 따라 차이가 납니다. 고가 실버타운은 주로 서울과 수도권에 위치해 있으며, 평형대가 클수록 입주보증금도 높아집니다. 특히, 최근에 건설된 실버타운일수록 입주보증금이 더 비싸지는 경향이 있습니다. 중저가 실버타운은 수도권 외곽이나 지방에 주로 위치하고 있으며, 서울에서 밀어질수록 입주보증금이 저렴해지는 특징이 있습니다. 또한, 중저가 실버타운은 대체로 평형대가 작고, 세대별 크기가 다양하지 않은 경우가 많습니다.

임대형 실버타운 중 현재 기획 및 건설 중이며 2025년 입주가 예정된 곳으로는 VL르웨스트, 라우어, 라티브, 백운호수푸르지오숲속의아침스위트 등이 있습니다. 이 4곳은 2024년 10월 기준 아직 오픈되지 않았고, 향후에 변동 사항이 생길 수 있어 100문 100답의 답변에 포함시키지 않았습니다.

순번	구분	시설명	위치	대표평수	입주보증금
1	고가	더클래식500	서울	56	100,000
2		삼성노블카운티	용인	50	64,000
3		더시그넘하우스강남	서울	31	56,000
4		서울시니어스가양타워	서울	25	46,400
5		노블레스타워	서울	22	42,000
6		서울시니어스강남타워	서울	24	35,400
7		더시그넘하우스청라	인천	22	33,200
8		서울시니어스분당타워	성남	25	32,500
9		유당마을	수원	20	21,400
10	중저가	마리스텔라	인천	24	25,000
11		서울시니어스고창타워	고창	20	16,000
12		동해약천온천실버타운	동해	24	15,000
13		흰돌실버타운	부산	25	12,300
14		사이언스빌리지	대전	25	11,000
15		청심빌리지	가평	22	10,000
16		미리내실버타운	안성	21	10,000
17		공주원로원	공주	15	9,000
18		월명성모의집	김천	15	6,600
19		김제부영실버아파트	김제	23	4,100
20		내장산실버아파트	정읍	28	4,100
21		수동시니어타운	남양주	16	3,500
22		일붕실버랜드	의령	10	0

　　고가 실버타운이라 하더라도 입주보증금은 같은 지역의 비슷한 평수의 아파트 전세금보다 저렴한 편입니다. 예를 들어, 더클래식500과 삼성노블카운티가 비싼 이유는 각각 56평과 50평의 넓은 평수이기 때문입니다. 이 두 곳을 제외하면 고가 실버타운의 입주보증금은 3억 원에서 5억 원 사이이며, 중저가 실버타운 중에는 입주보증금이 1억 원 미만인 곳도 있습니다.

Q21 > 반전세나 월세형 실버타운도 있나요?

 4곳이 있으며, 반전세의 경우 입주보증금 선택 범위가 넓습니다.

(단위: 만 원)

순번	구분	시설명	위치	대표평수	입주보증금
1	월세형	서울시니어스서울타워	서울	23	6,000
2		케어닥케어홈배곧신도시점	시흥	7	1,000
3	반전세형	서울시니어스강서타워	서울	24	6,000 ~ 36,000
4		KB골든라이프케어평창카운티	서울	25	3,000 ~ 33,000

1. 서울시니어스서울타워

모든 세대를 실버타운 운영사가 100% 보유하고 있습니다. 이곳은 반전세 없이 월세형으로 운영되며, 입주보증금은 모든 평수에 동일하게 적용됩니다.

2. 케어닥케어홈배곧신도시점

양로시설로 허가받은 이곳은 모든 세대가 월세형으로 운영되며, 반전세 없이 전 세대에 동일한 입주보증금이 적용됩니다.

3. 서울시니어스강서타워

총 142세대 중 101세대가 분양된 상태이고, 나머지 41세대는 회사가 보유하고 있습니다. 회사가 보유한 41세대는 월세나, 반전세 계약이 가능합니다.

4. KB골든라이프케어평창카운티

모든 세대를 운영사가 100% 관리하고 있습니다. 월세와 반전세 형태로 계약이 이루어지며, 세대의 평형에 따라 입주보증금과 월세가 다르게 책정됩니다.

Q22 실버타운은 간호사가 있어 모든 의료 서비스를 제공하나요?

실버타운은 의료기관이 아니므로 의료행위는 제한적입니다.

실버타운은 노인주거복지시설로 분류되기 때문에, 이 안에서 직접적인 의료행위를 하는 것은 법적으로 금지되어 있습니다. 예를 들어, 실버타운에 간호사가 상주하고 있더라도, 주사를 놓거나 혈압과 혈당을 측정하면서 의료적인 조언이나 상담을 제공하는 행위는 의료법 위반이 될 수 있습니다. 따라서, 실버타운 내에서는 이러한 의료행위가 제한될 수밖에 없습니다.

다만, 건강 증진이나 통증 완화를 목적으로 하는 물리치료실이나 사우나 운영은 의료행위에 해당하지 않기 때문에 문제가 되지 않습니다. 이러한 시설은 의료법의 규제를 받지 않으므로, 실버타운 내에서 자유롭게 운영될 수 있습니다.

또한, 실버타운 건물 안에 있거나 바로 근처에 별도로 설립된 의원, 요양병원, 또는 일반병원이 있다면, 이곳은 정식 의료기관으로서 의료 행위를 합법적으로 수행할 수 있습니다.

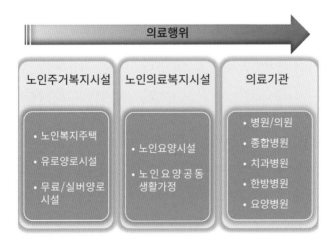

의료행위 →

노인주거복지시설	노인의료복지시설	의료기관
• 노인복지주택 • 유료양로시설 • 무료/실버양로시설	• 노인요양시설 • 노인요양공동생활가정	• 병원/의원 • 종합병원 • 치과병원 • 한방병원 • 요양병원

실버타운이 가지고 있는 주요 부대시설은 무엇인가요?

 식당을 비롯하여 사우나, 헬스장, 물리치료실, 취미 프로그램실을 기본적으로 갖추고 있습니다.

1. 실버타운이 갖추고 있는 일반적인 부대시설

구분	시설
고급 실버타운	헬스장, 사우나, 골프연습장, 영화관, 강당, 취미 프로그램실, 물리치료실, 당구장, 탁구장, 카페 라운지, 북카페/도서관
전원형 실버타운	텃밭, 산책로, 공원, 맨발 걷기 황토길

실버타운은 다양한 부대시설을 갖추고 있습니다. 고급 실버타운은 헬스장, 사우나, 골프연습장, 영화관 등 실내 시설을 갖추고 있으며, 전원형 실버타운은 텃밭, 산책로, 공원 등 자연과 가까운 시설이 있습니다.

2. 특별한 시설을 갖춘 실버타운

구분	실버타운명		
수영장	• 더클래식500 • 삼성노블카운티 • 노블레스타워	• 동해약천온천실버타운 • 서울시니어스고창타워 • 서울시니어스가양타워	• 서울시니어스강서타워
파크골프장	• 동해약천온천실버타운 • 청심빌리지	• 서울시니어스고창타워	
게이트볼장	• 노블레스타워 • 동해약천온천실버타운	• 마리스텔라 • 유당마을	• 서울시니어스가양타워
종교시설	• 마리스텔라(성당) • 월명성모의집(성당) • 흰돌실버타운(성당)	• 미리내실버타운(성당) • 공주원로원(교회) • 유당마을(교회)	• 더시그넘하우스청라(교당)

일반 실버타운에는 잘 없는 특별한 시설로는 수영장, 파크골프장, 게이트볼장, 종교시설 등이 있으며, 각 실버타운마다 시설 규모가 다릅니다.

Q24 실버타운 부대시설은 무료로 이용이 가능한가요?

 기본적으로 무료지만, 일부 프로그램이나 특화된 서비스는 유료입니다.

대부분의 실버타운에서는 헬스장, 사우나, 골프연습장, 수영장 같은 주요 부대시설을 무료로 이용할 수 있습니다. 이러한 시설들은 공간이 많이 필요하고 시설투자 비용이 높아, 실버타운이 아니라면 상당한 요금을 지불해야 하는 유료시설입니다. 그러나 실버타운 장점 중 하나는 이런 시설들을 입주민들이 언제든지 무료로 이용할 수 있다는 점입니다.

그러나 예외적으로, 더클래식500과 같은 일부 실버타운에서는 헬스장, 사우나, 골프연습장 등 특정 시설을 외부인도 유료 회원제로 이용할 수 있도록 운영합니다. 이 경우 입주민은 할인 혜택을 받을 수 있지만, 비용을 내야 합니다. 이는 고급 실버타운의 시설 유지와 관리 비용을 충당하는 동시에, 외부 이용자를 통해 추가 수익을 창출하려는 운영 방식의 일환입니다.

또한, 외부강사가 진행하는 특정 프로그램이나 운동처방사의 도움을 받는 헬스프로그램 등은 유료로 진행될 수 있습니다. 이미용이나 에스테틱 같은 서비스도 추가 비용이 발생합니다.

Q25 입주자들이 가장 많이 이용하는 부대시설은 무엇인가요?

입주민들은 보통 헬스와 사우나를 선호하지만 각 실버타운마다 입주민의 성향에 따라 차이가 있습니다.

실버타운마다, 그리고 입주민마다 선호하는 부대시설이 다릅니다. 입주민의 평균 연령이 높거나 여성 시니어가 많은 경우, 골프 연습과 같은 액티브한 운동은 하기 어려운 경우가 많습니다. 헬스장도 주로 활동적인 남성 시니어들이 이용하는 편입니다.

생각보다 많은 입주민들이 이용하는 시설은 사우나입니다. 사우나는 한번 습관이 들면 매일 이용하는 경향이 있습니다. 일부 시니어들은 아침에 주거세대에서 샤워를 하면 수도사용료도 나오고 샤워실이 지저분해질 수 있기 때문에, 습관적으로 사우나에 와서 아침 샤워를 합니다.

수영장이나 파크골프장 같은 시설도 중독성이 있어서, 매일 이용하는 시니어들이 있습니다. 당구장 역시 시니어들이 애용하는 시설 중 하나로, 특히 여가 시간을 보내기 좋은 장소로 인기가 있습니다. 이처럼, 실버타운의 부대시설은 입주민들의 건강 유지와 여가 생활을 지원하며, 개인의 취향과 생활 습관에 따라 이용 빈도와 선호도가 달라집니다.

실버타운에서 가장 많이 진행되는 프로그램은 무엇인가요?

 취미와 건강관련 프로그램이 많습니다.

1. 신체 활동 프로그램

스트레칭, 요가, 라인댄스, 필라테스 등의 운동 클래스가 있으며, 주로 GX 룸과 같은 전용 공간에서 진행됩니다. 이 프로그램들은 입주민들의 유연성 향상과 신체 활동을 촉진하는 데 도움을 줍니다.

2. 정신 건강 및 사회적 교류 프로그램

정신 건강과 사회적 교류를 위해 웃음치료, 노래교실, 외부 초청 공연 및 음악회 등의 프로그램도 운영됩니다. 웃음치료는 입주민들의 정신 건강과 활력을 높이고, 노래교실은 사회적으로 교류를 증진시키고, 외부 초청 공연과 음악회는 다양한 문화적 경험을 제공합니다.

3. 생활 편의 강좌

입주민들의 생활 편의를 돕기 위한 강좌도 제공됩니다. 스마트폰 사용법이나 키오스크 사용법과 같은 실생활에 유용한 지식을 전달하는 프로그램들이 있으며, 이를 통해 최신 기술을 배우고 생활의 편의를 높일 수 있습니다.

4. 특별 행사 및 야외 활동

실버타운에서는 명절이나 어버이날과 같은 특별한 날을 기념하기 위해 다양한 행사가 열립니다. 또한, 야외 나들이 프로그램도 마련되어 있습니다.

실버타운에서 청소, 빨래, 설거지 등도 다 해주나요?

관리비에 포함되어 있는 주 1~2회의 세대청소는 해주지만 나머지 일상생활 도움은 제한적입니다.

건강이 좋지 않아 프리미엄 층에 거주하거나, 추가 비용을 지불하고 특별 돌봄 서비스를 받는 경우를 제외하면, 대부분의 실버타운 입주민들은 독립적으로 일상생활을 하게 됩니다. 실버타운에서 제공하는 가사지원은 주 1~2회의 세대청소가 대부분입니다.

세탁도 각 세대에서 직접 해야 하며, 이불빨래와 같은 대형 세탁물은 연 1회 정도 실버타운에서 서비스해 주는 경우가 있지만, 대부분은 대형 코인세탁기를 이용하거나 외부 세탁소에 맡겨야 합니다.

가사지원 외에도 택배 및 우편 수신, 전달, 생활불편사항 등은 개인 컨시어지 서비스를 통해 지원받을 수 있습니다. 또한, 셔틀버스 운행, 진료의뢰, 투약지도, 건강상담 등의 간호 서비스도 제공됩니다.

결론적으로, 실버타운 입주민들은 기본적으로 가사 일을 스스로 처리하며, 필요한 경우에만 유료로 추가 서비스를 이용하고 있습니다.

100문 100답

5장 | 입주보증금 반환 보장방법

Q28 > **퇴거 시 입주보증금 반환 안전장치에는 무엇이 있나요?**

 확정일자, 전세권설정, 근저당설정, 보증보험 등이 있습니다.

입주보증금을 보호하고 퇴거 시 반환을 보장하는 안전장치로는 확정일자, 전세권설정, 근저당설정, 보증보험 등이 있으며, 각각의 장단점이 있습니다. 각 실버타운에서 제공하는 입주보증금 반환 안전장치는 다를 수 있으므로, 입주상담 시 반환장치에 대한 정확한 확인이 필요합니다.

항목	장점	단점
확정일자	• 운영사 동의 불필요 • 비용저렴	• 임차보증금 반환 청구 소송필요 • 유료양로시설은 안됨
전세권설정	임차보증금 반환 청구 소송 불필요	• 실버타운 운영사 동의 필요 • 유료양로시설은 안됨
근저당설정	• 근저당 설정액을 정할 수 있음 • 유료양로시설도 가능	실버타운 운영사 동의 필요
입주보증금 반환보증보험	• 가입시 실버타운 운영사에서 보험료 지불 • 유료양로시설도 가능	실버타운 운영사에서 가입할 경우 입주보증금 전액보다 작을 수 있음

Q29   전세권설정, 근저당설정, 보증보험에 대해 설명해 주세요.

 전세권설정은 입주보증금을 돌려받을 권리를 등기에 명시하는 것이며, 근저당설정은 실버타운을 담보로 근저당설정을 하는 것이며, 보증보험은 입주보증금에 대해 보증기관이 액수를 보전해 주는 것입니다.

1. 전세권설정

전세권설정은 입주보증금을 보호하기 위해 등기에 명시하는 절차입니다. 이를 통해 입주자는 보증금과 관련된 문제가 발생했을 때, 다른 채권자보다 우선적으로 보증금을 돌려받을 수 있는 권리를 확보하게 됩니다.

2. 근저당설정

장래에 생길 채권을 최고액까지 담보하기 위한 저당권을 근저당이라 하며 실버타운에 근저당을 잡아놓은 금액만큼 돈을 받을 권리가 있다고 표시하는 것을 말합니다. 만약 실버타운에서 입주보증금을 반환하지 않는다면, 입주민이 채권을 담보로 갖게 된 실버타운을 처분하여 변제를 받을 수 있는 제도입니다.

3. 입주보증금반환보증보험

이 보험은 입주자가 입주보증금을 돌려받지 못할 경우, 보증기관이 실버타운 운영사를 대신해 보증금을 지급하는 제도입니다. 해당되는 실버타운은 주택가격평가액이 12억 원 이하인 노인복지주택으로, 보증 가능한 최대 입주보증금은 주택평가액의 90% 또는 7억 원(지방 소재는 5억 원) 중 더 작은 금액입니다. 보증기관에 따라 보증 한도와 보험료가 달라 질 수 있습니다.

Q30 실버타운 운영사에 보증보험에 들어달라고 요청할 수 있나요?

보증보험을 원한다면 문의할 수 있지만, 강제적으로 요구할 권한은 없습니다.

노인복지법 시행규칙 제17조 제1항 관련 2번 '다' 조항에 따르면, 실버타운 운영사는 입주민의 재산권을 보호하기 위한 안전장치를 제공해야 합니다. 하지만 이 규정에서는 특정 안전장치를 강제하지 않고, 운영사가 보증보험을 비롯하여 전세권설정, 근저당권설정 및 기타 여러 옵션 중에서 하나를 선택할 수 있는 권한이 있습니다.

노인복지법 제17조1항관련 시행규칙 시설 설치에 관한 특례 2번 다항

양로시설·노인공동생활가정 또는 임대형 노인복지주택을 설치하려는 자는 입소자에 대한 보증금 반환채무의 이행을 보장하기 위하여 입소계약 체결 후 보증금 수납일부터 10일 이내에 다음 각 호의 요건에 적합한 인·허가 보증보험에 가입하여야 한다. 다만, 시설 개원이후 입소자별로 전세권 또는 근저당권 설정 등의 조치를 한 경우에는 각각 인·허가보증보험에 가입하지 아니할 수 있다.

(1) **보증내용**: 입소자의 입소보증금 반환채무 이행보증
(2) **보증가입금액**: 입소보증금 합계의 100분의 50 이상
(3) **보증가입기간**: 보증금 납부일부터 퇴소시까지
(4) **보증가입관계**: 시장·군수·구청장을 피보험자로 함
(5) **보험금 수령방법**: 시장·군수·구청장의 확인 하에 입소자가 보험금을 직접 수령함

보증보험이 가장 안전해 보이는데 실버타운에서 잘 가입해 주나요?

 실버타운 중 입주보증금을 보증보험에 들어주는 곳은 거의 없습니다.

실버타운 운영사에서 자체비용으로 입주보증금의 100%를 보증보험에 들어주면 입주민 입장에서는 가장 이상적일 것입니다. 그러나 입주보증금 보증보험을 들어주는 실버타운이 거의 없는데 그 이유는 다음과 같습니다.

1. 보험료 발생
실버타운의 입주보증금 보증보험료는 연간 보증가입금액의 약 0.146%입니다. 이를 기준으로, 입주보증금이 5억 원일 경우, 1년에 약 73만 원, 월 약 6만 원 정도의 보험료가 발생합니다. 실버타운 운영사 입장에서는 세대수가 많을수록 전체 보험료 부담이 커지게 되어, 보증보험 가입을 선호하지 않습니다.

2. 보증가입금액
실버타운 운영사에서 입주보증금을 보증보험에 들어주어도 100%가 아닌 50% 이상이면 (예: 51%) 법적의무를 다하는 것이기 때문에 입주민 입장에서는 보증보험으로 입주보증금을 충당하기 어려울 수 있습니다.

3. 보증금액의 한도
최고 보증금액이 수도권 7억 원, 지방 5억 원입니다. 입주보증금이 7억 원보다 높은 실버타운은 보증금액 한도가 충분치 않습니다.

Q32 일반적인 입주보증금 반환 안전장치는 무엇인가요?

 확정일자와 전세권설정입니다. 둘 다 목적은 같지만 법적인 절차에 있어서 임차보증금 반환청구소송이 다릅니다.

확정일자와 전세권설정이 실버타운에서 가장 많이 제공하는 안전장치입니다. 한 가지 주의할 점은 이러한 확정일자와 전세권설정은 노인복지주택에서만 가능한 보증 방법이며, 양로시설로 허가를 받은 실버타운에서는 확정일자와 전세권설정이 어려울 수 있습니다. 따라서, 이러한 경우에는 입주보증금에 대한 근저당설정이나 보증보험을 들어달라고 요청하는 것이 필요합니다.

확정일자와 전세권설정 등기는 비슷한 효력을 가지고 있지만, 다음과 같은 점에서 차이가 있습니다.

1. 확정일자만 받은 경우
입주보증금을 돌려받기 위해서는 별도로 소유자를 상대로 입주보증금 반환 청구 소송을 제기하고 승소해야만 강제집행 절차로 나아갈 수 있습니다.

2. 전세권설정 등기
별도의 판결 절차 없이도 직접 경매 신청이 가능하여 입주보증금을 우선 변제받을 수 있습니다.

그렇지 않습니다. 일부만 보전이 가능할 수도 있습니다.

2014년부터 2024년까지 10년 동안 입주보증금 반환건으로 운영사와 입주민간에 소송 중이거나 파산한 실버타운은 '명지엘펜하임', '더헤리티지', '더K 서드에이지' 3곳이 있습니다. 이 중 '명지엘펜하임'과 '더헤리티지'에서는 여전히 일부 입주민들이 입주보증금을 돌려받지 못하고 있는 사례가 있습니다.

전세권이나 근저당권 설정의 경우는 등기일 기준에 따른 우선변제가 원칙입니다. 금융권이 선순위로 입주자는 후순위로 되어있을 경우 시설 부도 시 현실적으로 입주보증금 전액 환불이 어렵습니다. 또한, 실버타운 가격 기준으로 보증금을 돌려받을 수 있으므로 보증금 전액을 보상받지 못할 수도 있습니다.

입주민이 비용을 부담하여 입주보증금 반환보증보험에 가입하면, 입주보증금의 반환을 보장받을 수 있습니다. 그러나 이 과정에서 보험료가 발생하며, 반환보증보험은 실버타운의 평가액을 기준으로 최대 90%까지 보장됩니다. 만약 실버타운의 평가액이 입주보증금보다 낮을 경우, 보증보험은 입주보증금의 100%를 보장하지 못하며, 이로 인해 일부 금액은 보증에서 제외될 수 있습니다.

**입주보증금을 안전하게 반환 받을 수 있는
실버타운은 어디인가요?**

 **대기업, 공제회, 종교법인에서 운영하는 실버타운과 오랜 기간 안정적으
로 운영한 곳 등이 안전합니다.**

다음과 같은 조건을 갖춘 실버타운은 비교적 안전하다고 할 수 있습니다.

1. 대기업이 운영하는 실버타운

대기업이 운영하는 실버타운은 보통 입주보증금을 반환할 수 있는 충분한 자금
력을 보유하고 있습니다. 그러나 입주 계약을 체결할 때, 계약의 실제 당사자가
누구인지 명확하게 확인하는 것이 중요합니다. 겉으로는 대기업이 운영하는 것
처럼 보일 수 있지만, 실제 소유자는 다른 회사일 수 있습니다. 운영에 문제가
발생했을 때, 보증금을 돌려줄 책임을 지는 회사의 재정 상태와 규모가 클수록
입주보증금 반환이 보장됩니다.

2. 공제회 등 자산규모가 큰 기관이 운영하는 실버타운

자산규모가 큰 공제회가 운영하는 실버타운도 안전합니다. 예를 들어, 2022년
교직원공제회에서 운영하던 실버타운인 '더K서드에이지'가 최종 파산했을 때,
모든 입주민에게 입주보증금을 100% 반환해 주었습니다. 2024년 기준으로 교
직원공제회의 자산규모는 64조 원, 당기순이익은 8,996억 원에 이릅니다. 이
정도로 자산과 순이익이 큰 공제회는 엄청나게 많은 부동산 자산을 운용하며
한곳의 실버타운 파산으로 인한 손실을 감당하는데 전혀 문제가 없습니다.

3. 종교법인이 운영하는 실버타운

종교법인이 운영하는 실버타운도 비교적 안전합니다. 그러나 어떤 종교법인이
운영하는지 살펴볼 필요가 있습니다. 예를 들어, 천주교의 교구(인천교구, 대구

교구, 수원교구 등) 산하 법인이 운영하는 실버타운은 교구에서 운영을 책임지기 때문에, 운영이 안정적이고 입주보증금을 돌려줄 수 있는 재원이 충분합니다. 다른 종교법인도 그 종교의 본원에서 운영하는 것인지, 자산이 충분한지를 검토해야 합니다. 현재까지 종교법인이 직접 운영하는 실버타운은 전체적으로 운영이 잘 되고, 자산도 튼튼해 안전한 것으로 평가됩니다.

4. 10년 이상 안정적으로 운영된 실버타운

대기업, 공제회, 종교법인이 아닌 주체가 운영하는 실버타운도 10년 이상 안정적으로 운영되고 있고 만실 상태를 유지한다면 충분히 신뢰할 만합니다. 파산했던 실버타운들의 사례를 보면, 대부분 오픈 초기부터 문제가 발생했고, 몇 년 안에 그 문제점이 표면화되었습니다. 반면, 10년 이상 성공적으로 운영된 실버타운의 경우, 갑작스럽게 운영이 어려워지거나 문제가 생긴 사례는 현재까지 보고되지 않았습니다. 따라서 운영 기간이 길고 입주 대기자가 있는 실버타운은 상대적으로 신뢰도가 높다고 볼 수 있습니다.

5. 100% 분양형 실버타운

100% 분양형 실버타운의 경우, 거주자가 임대가 아닌 매수 방식을 통해 소유권을 가지므로 입주보증금과는 무관합니다. 이러한 실버타운이 실버타운으로서의 기능을 잃더라도, 파산이나 심각한 문제는 발생하지 않으며, 일반 아파트와 유사한 형태로 전환될 수 있습니다. 이 과정에서 가격 변동이 있을 수 있지만, 급격한 하락은 드문 편입니다. 오히려 입지가 좋은 경우에는 분양가보다 가격이 오를 가능성도 있습니다.

계약 중도 해지 시 입주보증금 반환이 가능한가요?

 위약금을 제외하고 나머지 금액을 반환 받습니다.

계약 내용에 따라 다르지만, 일반적으로 입주자는 입주보증금에서 2~5%의 위약금을 제외하고 보증금 전액을 돌려받습니다. 그러나 일부 실버타운에서는 과도한 의무거주기간을 설정하거나 높은 위약금을 요구하는 경우가 있어, 보증금을 제대로 돌려받지 못할 가능성도 있습니다. 따라서 입주 전에 계약서의 보증금 반환 규정과 위약금 관련 조항을 꼼꼼히 확인하는 것이 중요합니다.

특히 입주자가 사망하거나 중병을 앓게 되는 등 계약서에 명시된 불가피한 상황이 발생할 경우, 의무거주기간을 채우지 않더라도 보증금 전액을 반환받을 수 있습니다.

또한 계약서에는 보증금 수취인을 지정하는 내용이 포함되어 있으며, 입주자가 사망하면 지정된 수취인이 보증금을 돌려받습니다.

계약기간은 주로 2~5년입니다. 계약기간 동안에는 입주보증금이 인상되지 않지만 새로 입주하는 사람에게는 인상된 보증금이 적용됩니다. 월 관리비와 식비는 매년 인상될 수 있으며 인상폭은 실버타운 운영사와 입주민 운영위원회 간의 협의를 통해 결정됩니다.

Q36 입주보증금도 상속이 되나요?

 상속 재산이 아니며 수취인을 지정할 수 있습니다.

실버타운 운영사와 입주 계약을 체결할 때, 입주보증금의 수취인을 지정하게 되어 있습니다. 따라서 입주보증금은 상속재산이 아닌, 수취인 지정재산으로 취급됩니다. 예를 들어, 입주계약서에 퇴거 또는 사망 시에 입주보증금의 수취인을 사망보험금 수취인처럼 계약자가 특정인을 지정하면, 반환되는 입주보증금은 상속재산으로 자녀들에게 가는 것이 아니라, 계약자가 지정한 특정 수취인에게 반환됩니다. 이 특정 수취인은 가족일 수도 있고, 가족이 아닌 다른 사람일 수도 있습니다.

이와 관련된 대법원 판결이 2022년 1월 14일에 있었습니다. 2021다 271183 사건에서는 부산의 한 OO실버타운에서 입주보증금 1억 1,800만 원의 수취인을 장남으로 지정한 후 입주한 어르신이 사망했습니다. 이후 실버타운은 장남에게 입주보증금을 반환했으나, 다른 자녀들이 이 보증금이 상속재산에 해당한다고 주장하며 장남을 상대로 부당이득반환 소송을 제기했습니다. 그러나 대법원은 장남의 손을 들어주며, 지정된 수취인에게 반환된 보증금은 상속재산이 아니라고 판결했습니다.

이 사례는 입주보증금의 수취인 지정이 상속 문제에 있어서 중요한 역할을 할 수 있음을 보여줍니다. 계약 시 지정된 수취인이 보증금을 수취하게 되어, 해당 금액이 상속재산으로 취급되지 않게 되는 것입니다. 입주보증금이 작은 액수가 아니어서 입주계약 시 수취인 지정에 특별히 신경을 써야 합니다.

6장 | 실버타운별 생활비 분석

실버타운 생활비 항목은 아파트와 다른가요?

 일반 아파트와 생활비 명목은 비슷하나 실버타운 관리비에는 오락, 문화, 건강유지비, 기타 비용 등이 포함되어 있으며 의무식 항목도 따로 있습니다.

구분	일반 아파트	임대형 실버타운
관리비	• 평형에 따라 다름 • 매월 차이가 있음	• 평형과 거주 인원에 따라 다름 • 매월 똑같음
수도광열비	관리비에 포함됨	관리비와 별도로 청구됨
식비	매달 각 세대당 별도 지출	• 의무식 비용은 매월 똑같음 • 의무식 이외의 식비는 별도 지출
오락/문화비	세대당 별도 지출	관리비에 포함
건강 유지비	세대당 별도 지출	
기타 비용	세대당 별도 지출	
의료비	개인에 따라 진료비 및 약제비 지출	개인에 따라 진료비 및 약제비 지출

일반 아파트와 임대형 실버타운에 거주할 때 가장 큰 첫번째 차이는 관리비입니다. 일반 아파트의 관리비는 주로 아파트 관리에 필요한 인건비와 수도, 전기, 가스비 등 기본적인 공과금만 포함됩니다. 이에 비해 임대형 실버타운의 관리비에는 인건비뿐만 아니라 헬스장, 사우나, 수영장 등 부대시설의 운영비와 오락 및 문화 프로그램 비용, 건강관리 서비스, 청소 등 생활 보조 서비스 비용이 추가로 포함되어 있습니다.

이러한 이유로 임대형 실버타운의 관리비는 일반 아파트에 비해 상당히 높으며, 매달 일정 금액으로 정해져 있습니다. 또한, 일반 아파트와 달리 실버타운에서는 수도, 가스, 전기 등의 공과금이 관리비에 포함되지 않고 사용량에 따라 별도로 청구됩니다.

두번째로 큰 차이는 식비에서 발생합니다. 임대형 실버타운에는 입주자가 정해진 횟수의 식사를 의무적으로 이용해야 하는 '의무식' 제도가 있어, 매달 고정된 식비를 지불해야 합니다. 일반 아파트에서는 이런 의무식 개념이 없기 때문에 식사는 각 세대가 자율적으로 해결하며, 이에 따른 비용도 각기 다릅니다.

세번째는 집안 내부의 소소한 수리비용이나 재산세 등은 임대형 실버타운에서는 발생하지 않습니다. 전세로 입주하여 사는 아파트처럼 일정 기간이 지나면 벽지 등 인테리어를 새롭게 해주는 실버타운도 있습니다.

그 외에 필요한 용돈이나 의료비 지출에 대해서는 일반 아파트와 임대형 실버타운 간에 큰 차이가 없습니다. 다만, 일부 실버타운에서는 특정 의료기관과 협력을 맺어 연 1회 무료 건강검진 서비스를 해주거나 협력병원에서 의료비의 일부를 할인해 주는 곳도 있습니다.

Q38 월 비용(관리비, 식비) 외에 추가로 드는 비용이 있나요?

 월 비용 이외에 식비, 공과금 등의 비용이 발생합니다.

관리비와 의무식 외에도 다음과 같은 비용이 발생합니다.

- **식비**: 의무식이 90식이 아닌 경우 의무식 외 식비가 발생합니다. 예를 들어, 의무식이 60식이면 나머지 30식은 따로 비용을 지불하고 식사를 해야 합니다.
- **공과금**: 아파트와 달리, 실버타운에서는 관리비와는 별도로 수도, 전기, 가스 요금이 사용량에 따라 개별적으로 청구됩니다.
- **의료비**: 실버타운 내 의료관련 서비스가 제한적이므로, 병원 진료비나 약값 등 개인적인 의료비는 별도로 부담해야 합니다. 이 비용은 개인의 건강 상태에 따라 달라질 수 있습니다.
- **문화 및 여가 활동 비용**: 실버타운에서 제공하는 문화 프로그램과 여가 활동 중, 외부 강사가 진행하는 특별 프로그램이나 운동치료사의 운동 프로그램 등은 추가 비용이 발생할 수 있습니다.
- **개인 관리 서비스**: 이미용 서비스(헤어, 네일, 마사지 등)나 에스테틱 서비스는 별도입니다.

실버타운에 거주해도 모든 비용이 관리비에 포함되는 것은 아니며, 고정적으로 납부하는 관리비 외에도 추가적으로 지출되는 항목들이 있습니다.

실버타운 거주 시 월 비용이 최소 생활비인가요?

 의무식으로 커버하지 못하는 의무식 이외의 식비도 계산해야 합니다.

임대형 실버타운에서 제공하는 월 의무식 식수(끼니 수)는 20식에서 90식까지 다양합니다. 의무식 식수가 적을수록 실버타운 운영사에 매월 내야 하는 비용도 감소합니다. 의무식이 30식인 실버타운의 월 비용이 150만 원이라면, 의무식이 90식인 실버타운의 월 비용은 180만 원이 될 수 있습니다. 그러나 의무식이 적다고 해서 생활비가 반드시 낮은 것은 아닙니다.

예를 들어, 의무식이 30식인 실버타운의 월 비용이 150만 원이라면 입주민은 나머지 60식을 본인 비용으로 해결해야 합니다. 의무식 단가가 1만 원일 경우 나머지 60식의 비용도 60만 원정도 발생하기 때문에 월 생활비는 150만 원에서 식비 60만 원을 더해 210만 원으로 증가합니다.

이렇게 입주민은 기본적으로 월 90식을 먹는다고 가정할 수 있습니다. 의무식으로 제공되는 식수가 90식이 아닌 경우, 추가 식사는 실버타운 내 식당이나 외부에서 해결해야 합니다. 따라서, 실버타운별 최소 생활비를 계산하기 위해서는 의무식 외 추가 식사의 비용도 함께 고려해야 합니다.

의무식이 90식 미만인 실버타운의 경우, 의무식으로 충족되지 않는 식수를 의무식 단가를 기준으로 추가 계산하고 공과금을 더해서 월 최소 생활비를 산출할 수 있습니다. 실제 생활비는 월 최소 생활비와 별도로 병원비 및 용돈 등 월 1인 50만 원, 부부 100만 원 정도 더 든다고 합니다.

실버타운의 월 생활비가 궁금합니다.

📝 **월 생활비는 1인 기준 88만 원~580만 원으로 실버타운별로 차이가 큽니다.**

실버타운은 생활비를 기준으로 6개의 유형으로 분류할 수 있습니다. 각 유형별 실버타운에 대한 자세한 정보는 질문41~46에서 확인할 수 있습니다.

① 100% 분양형 노인복지주택 (질문41)

② 월세형 실버타운 (질문42)

③ 최고가 임대형 실버타운 (질문43)

④ 고가 임대형 실버타운 (질문44)

⑤ 중가 임대형 실버타운 (질문45)

⑥ 저가 임대형 실버타운 (질문46)

실버타운의 월 생활비 표는 다음과 같은 항목으로 이루어져 있습니다.

- **월 비용**: 관리비에 의무식 식비를 합한 비용입니다. 매월 고정적으로 실버타운에 납부하며 금액은 월마다 변동없이 동일합니다.
- **의무식 수**: 각 실버타운에서 정한 의무식 제공 횟수(끼니)입니다.
- **의무식 단가**: 의무식 1끼니당 가격입니다.
- **의무식 외 식비**: 하루 세 끼, 한 달에 90식을 먹는다는 가정하에, 의무식으로 충당하지 못한 식사 횟수에 의무식 단가를 곱해 계산한 금액입니다.
- **공과금**: 수도, 전기 및 난방비 등 광열비입니다.
- 월 생활비: 월 비용에 의무식 외 식비와 공과금을 더한 금액으로, 한 달 최소 생활비입니다.

매매가가 비싼 대신 월 최소 생활비가 저렴하며 부대시설과 서비스가
제한적일 수 있습니다.

(단위: 평, 만 원)

시설명	위치	대표 평수	월 비용 (관리비 +식비)	의무식 수	의무식 단가	의무식 외 식비	공과금	월 생활비
블루밍더클래식	하남	34	85	35	9,000원	50	관리비에 포함	135
광교아르데코	수원	29	29	0	관련없음	81	관리비에 포함	110
광교두산위브	수원	23	23	0	관련없음	81	관리비에 포함	104
스프링카운티자이	용인	23	50	30	9,000원	54	관리비에 포함	104

　100% 분양형 노인복지주택의 월 최소 생활비는 104만 원에서 135만 원 사이로, 관리비, 식비, 공과금만 포함됩니다. 임대형 실버타운에서 제공하는 오락, 취미, 건강관리, 컨시어지 서비스 비용은 별도로 발생할 수 있습니다. 대부분의 분양형 노인복지주택은 실버타운 기능을 갖추지 못해 월 생활비는 저렴하지만, 편의성과 서비스면에서는 임대형 실버타운에 비해 부족합니다.

　블루밍더클래식, 광교아르데코, 광교두산위브는 진정한 의미의 실버타운이 아니므로, 가사 활동을 스스로 할 수 있고 아파트 생활에 불편함이 없는 건강한 시니어들에게 적합합니다. 돌봄과 서비스가 필요한 고령의 시니어들은 맞춤형 서비스와 편의시설을 제공하는 임대형 실버타운이 더 나은 선택일 수 있습니다.

　스프링카운티자이는 분양형 노인복지주택 중에서 식당과 부대시설을 잘 갖추고 있어 실버타운에 속합니다. 그러나 아무래도 분양형이다보니 고급 임대형 실버타운에 비해 생활 및 돌봄 지원 서비스는 부족할 수 있습니다.

월세형 실버타운의 월 생활비와 특징을 알려주세요.

 입주보증금이 저렴한 대신 매달 지불하는 관리비에 월세가 포함되어
월 생활비가 높습니다.

(단위: 평, 만 원)

시설명	위치	대표 평수	월 비용 (관리비 +식비)	의무식 수	의무식 단가	의무식 외 식비	공과금	월 생활비
KB골든라이프케어 평창카운티	서울	25	395	60	10,000원	30	8	433
서울시니어스 강서타워	서울	24	322	90	7,200원	0	7	329
서울시니어스 서울타워	서울	23	320	90	관리비에 포함	0	7	327
케어닥케어홈 배곧신도시점	시흥	7	300	90	관리비에 포함	0	관리비에 포함	300

　　고가 실버타운 중 입주보증금이 매우 낮은 실버타운은 전세 개념이 아닌 월세 개념에 가까우며, 월세는 관리비에 포함되어 관리비가 상대적으로 높아지기 때문에 월 생활비도 증가합니다. 부대시설과 일상생활 컨시어지 서비스는 고가 임대형 실버타운과 비슷한 수준입니다. 서울시니어스서울타워와 케어닥케어홈배곧신도시점은 이러한 월세형 실버타운으로 운영되고 있으며, 케어닥케어홈배곧신도시점은 입주실 평형대가 작아 월 생활비가 상대적으로 낮은 편입니다.

　　반면, 서울시니어스강서타워와 KB골든라이프케어평창카운티는 월세형과 반전세형을 모두 운영하여 시니어에게 다양한 선택지를 제공합니다. 위 표에서 이 두 곳의 월 생활비는 반전세형이 아닌 월세형 기준입니다. 반전세형 비용구조에 대한 자세한 내용은 책의 2부 '34곳 실버타운 상세소개편'에서 자세히 다루고 있습니다.

최고가 임대형 실버타운의 월 생활비와 특징을 알려주세요.

 평형대가 크고 시설과 서비스가 뛰어납니다.

(단위: 평, 만 원)

시설명	위치	대표 평수	월 비용 (관리비 +식비)	의무식 수	의무식 단가	의무식 외 식비	공과금	월 생활비
더클래식500	서울	56	458	20	15,000원	105	17	580
삼성노블카운티	용인	50	435	90	9,400원	0	15	450

국내 최고가 실버타운은 서울의 더클래식500과 용인의 삼성노블카운티입니다.

더클래식500은 퍼스널 컨시어지 서비스를 제공하며, 야외수영장을 비롯해 여러 가지 부대시설을 갖추고 있어 최고의 실버타운 중 한 곳으로 평가받고 있습니다. 56평형 기준 월 생활비는 580만 원이며, 의무식은 20식으로 1식 당 비용도 실버타운 중 가장 고가인 15,000원입니다.

삼성노블카운티는 7만 평 규모의 대단지를 자랑하며, 단지 내에 삼성노블카운티의원과 돌봄 서비스를 제공하는 프리미엄 층이 있어 후기 고령자나 건강이 좋지 않은 입주민도 편리하게 돌봄을 받을 수 있습니다. 또한, 별도로 실버타운 중 가장 큰 규모의 요양센터가 있어 입주민이 필요시 요양센터로 이전할 수 있습니다. 50평형 기준 월 생활비는 450만 원이며, 의무식은 90식으로 식사 걱정을 할 필요가 없습니다.

이 두 곳은 전국 최고가 실버타운입니다. 경제적인 여유가 충분하다면 누구나 한 번쯤 1순위로 고려해보는 실버타운이며 입주 세대도 대규모입니다.

Q44 고가 임대형 실버타운의 월 생활비와 특징을 알려주세요.

 서울 및 수도권에 위치하며 부대시설과 서비스가 좋습니다.

(단위: 평, 만 원)

시설명	위치	대표 평수	월 비용 (관리비 +식비)	의무식 수	의무식 단가	의무식 외 식비	공과금	월 생활비
더시그넘하우스 강남	서울	31	233	60	11,000원	33	9	275
서울시니어스 분당타워	성남	25	213	60	9,800원	29	8	250
서울시니어스 가양타워	서울	25	216	60	8,500원	26	8	249
서울시니어스 강남타워	서울	24	216	60	8,500원	26	7	249
유당마을	수원	20	230	90	관리비에 포함	0	8	238
더시그넘하우스 청라	인천	22	199	60	11,000원	33	7	239
노블레스타워	서울	22	189	45	9,100원	41	7	237

　모두 서울시내 또는 서울에서 가까운 수도권에 위치하고 있으며 월 생활비는 200만 원 중반대입니다. 서울시니어스타워가 3곳을 운영하며 더시그넘하우스가 2곳을 운영하고 있습니다. 나머지 두 곳은 노블레스타워와 유당마을입니다.

　고가 임대형 실버타운은 더클래식500이나 삼성노블카운티보다는 시설 면에서 다소 떨어질 수 있지만, 여전히 하이엔드 실버타운으로 분류됩니다. 어느 곳에 입주하더라도 시니어들이 안락하고 편안하게 지내기에 충분한 시설과 서비스를 제공하고 있습니다.

중가 임대형 실버타운의 월 생활비와 특징을 알려주세요.

 대부분 지방에 위치하고 있으며 부대시설과 서비스가 수도권 고가 실버타운과 비슷합니다.

(단위: 평, 만 원)

시설명	위치	대표 평수	월 비용 (관리비+식비)	의무식 수	의무식 단가	의무식 외 식비	공과금	월 생활비
마리스텔라	인천	24	161	45	8,000원	36	7	204
청심빌리지	가평	22	171	60	8,300원	25	7	203
흰돌실버타운	부산	25	142	45	5,600원	25	8	175
동해약천온천 실버타운	동해	24	150	90	관리비에 포함	0	7	157
사이언스 빌리지	대전	25	123	60	8,000원	24	8	155
미리내 실버타운	안성	21	149	90	관리비에 포함	0	관리비에 포함	149

　중가 실버타운은 지방에 위치하고 있어 월 생활비가 150~200만 원 사이로, 고가형 실버타운에 비해 비교적 저렴하지만, 시설이나 서비스는 고가형에 뒤지지 않는 경우가 많습니다.

　예를 들어, 마리스텔라, 청심빌리지, 동해약천온천실버타운, 사이언스빌리지는 수도권의 고가 실버타운에 비해 시설과 서비스에서 전혀 손색이 없으며, 오히려 주변 경치는 더 뛰어납니다.

　흰돌실버타운과 미리내실버타운은 시설이 다소 오래되고 평형대가 작지만, 의원, 요양원, 요양병원 등을 함께 갖추고 있어 후기 고령자들에게 의료적 편의성을 제공하고 있습니다.

Q46 저가 임대형 실버타운의 월 생활비와 특징을 알려주세요.

모두 지방에 위치하고 있으며 가성비가 뛰어난 실버타운이 몇 곳 있습니다.

(단위: 평, 만 원)

시설명	위치	대표 평수	월 비용 (관리비 +식비)	의무식 수	의무식 단가	의무식 외 식비	공과금	월 생활비
공주원로원	공주	15	127	90	관리비에 포함	0	관리비에 포함	127
수동시니어타운	남양주	16	120	90	5,600원	0	5	125
일붕실버랜드	의령	10	110	90	관리비에 포함	0	관리비에 포함	110
서울시니어스 고창타워	고창	20	47	30	8,700원	52	6	106
월명성모의집	김천	15	88	90	5,000원	0	관리비에 포함	88
내장산실버 아파트	정읍	28	41	0	3,000원	27	관리비에 포함	68
김제부영실버 아파트	김제	23	15	0	3,500원	32	관리비에 포함	47

이 실버타운들은 모두 지방에 위치해 있으며, 월 생활비가 100만 원을 크게 넘지 않아 매우 저렴합니다. 특히 서울시니어스고창타워, 공주원로원, 월명성모의집은 시설과 서비스에 비해 뛰어난 가성비를 자랑하는 곳들입니다. 서울시니어스고창타워는 내부 식당과 부대시설 및 프로그램을 갖추고 있음에도 불구하고 관리비가 저렴한 것이 큰 장점입니다.

월명성모의집과 공주원로원은 종교법인에서 운영하기 때문에, 부대시설과 서비스 수준에 비해 월 생활비가 상대적으로 낮아 가성비가 매우 뛰어납니다. 내장산실버아파트와 김제부영실버아파트는 월 생활비가 가장 저렴하지만, 식당과 부대시설이 없어 전형적인 실버타운으로 보기에는 어렵습니다.

Q47   1인이 아닌 부부가 입주 시 월 생활비가 얼마나 올라가나요?

관리비는 10~20% 정도 더 올라가며 식비는 2배가 됩니다.

많은 사람들이 부부가 실버타운에 입주할 경우 비용이 두 배가 되는지에 대해 궁금해합니다. 실버타운마다 다르긴 하지만, 일반적으로 같은 평수에 부부가 입주할 경우 관리비는 약 10%에서 20% 정도 증가하며, 의무식 식비는 정확히 두 배가 됩니다. 이를 모두 고려하면, 부부 입주 시 생활비는 1인 입주에 비해 약 30% 정도 증가하게 됩니다

아래 표는 마리스텔라의 실제 월 비용을 보여주며, 1인과 부부일 때의 월 생활비를 비교해보면 25~30% 정도 증가하는 것을 확인할 수 있습니다.

1인 및 부부의 월 비용 예시

(단위: 만 원)

타입	평형	월세		관리비		식비		월 비용	
		1인	부부	1인	부부	1인	부부	1인	부부
A	24	33	33	92	106	36	71	161	210
B	31	46	46	140	162	36	71	222	279

부부 입주 시 비용이 1인 입주에 비해 30%보다 훨씬 더 높아지기도 합니다. 이는 주로 부부 입주 시 넓은 평수를 사용하게 되어 그렇습니다. 또한, 일부 실버타운에서는 부부 입주자에 합당한 최소 평형대를 정해두어 1인실 전용 세대에는 부부가 입주하지 못하는 경우도 있습니다.

100문 100답

7장 | 실버타운 식사와 의무식

Q48 **실버타운에 입주하는 가장 큰 이유는 무엇인가요?**

 식사해결이 가장 큰 이유입니다.

임대형 실버타운에서는 예외 없이 '의무식' 제도가 운영됩니다. 이 제도는 실버타운에서 정한 월 식사 횟수에 따라 모든 입주민이 정해진 식사 수만큼은 식당을 이용해야 하는 제도입니다. 월 30식, 45식, 60식, 90식 등으로 식사 횟수가 정해져 있으며, 입주민은 의무적으로 각 실버타운에서 지정한 식사 횟수를 따라야 합니다.

식사는 식재료 준비, 요리, 설거지, 남은 음식 처리 등 하루 매일 세 번을 반복해야 하는 번거로움이 시니어가 되면 즐거움이 아니라 고행이 될 수도 있습니다. 실버타운에서 생활하는 여성 시니어들에게 실버타운 입주 이유를 물어보면 식사해결을 단연 1순위로 꼽고 있습니다.

특히 홀로 생활하는 남성 시니어들은 사회적 교류가 부족한 경우가 많아, 실버타운에서 함께 식사할 수 있는 이웃이 있어서 사회적 고립을 피할 수 있습니다. 이와 더불어, 규칙적인 식사는 시니어들의 건강유지에도 큰 도움이 됩니다.

Q49 실버타운에서 의무식이란 무슨 뜻인가요?

월 일정수의 식사를 실버타운 내부 식당에서 하도록 규정된 식사입니다.

임대형 실버타운에서는 예외 없이 '의무식' 제도가 운영됩니다. 이 제도는 실버타운에서 정한 월 최소 식사 횟수에 따라 모든 입주민이 의무적으로 식사를 제공받는 것입니다. 월 30식, 45식, 60식, 90식 등으로 최소 식사 횟수가 정해져 있으며, 입주민은 각 실버타운에서 지정한 횟수를 따르게 됩니다.

만약 한 실버타운에서 월 60식 의무식이 정해져 있다면, 입주민이 실제로 그보다 적은 횟수로 식사하더라도 60식에 해당하는 비용이 청구됩니다. 예를 들어, 한 달 동안 50식만 먹었더라도 60식에 해당하는 식비가 청구되는 것입니다. 이는 실버타운 운영사가 최소한의 식비 매출을 보장받기 위한 제도입니다. 입주민들이 의무식 횟수보다 적게 식사하게 되면, 실제로 식사하지 않은 횟수의 식사 비용까지 지불하게 되어 손해를 보게 됩니다.

실버타운 식당에서는 보통 아침, 점심, 저녁 모두 같은 비용으로 간단한 뷔페식이 제공되며, 식사비는 매번 식사할 때마다 지불하는 것이 아니라 한 달의 총 식사 횟수를 계산하여 월말에 청구됩니다. 의무식 횟수보다 더 많이 먹었다면, 추가된 식사비가 계산되어 함께 청구됩니다. 또한 일정기간 이상 실버타운을 비우게 되면 (예: 장기간 해외여행 혹은 병원입원) 그 기간에는 의무식 식비를 면제해 주기도 합니다.

실버타운 내 식당 운영을 가능케 하기 위해서입니다.

의무식 제도가 없으면 다음과 같은 이유로 식당을 운영하기 어렵습니다.

1. 제한된 세대 수

실버타운은 보통 100여 세대에서 최대 300여 세대로 구성되어 있으며, 식당을 이용하는 고객은 입주민으로 한정되어 있습니다. 실버타운 내 식당은 외부인을 받지 않는데, 외부인을 고객으로 받을 경우 외부인이 실버타운 내를 돌아다니게 되어 입주민에게 불편을 초래할 수 있고, 실버타운 고유의 기능을 유지하기 어렵게 됩니다.

2. 입주민의 식당 이용 감소

의무식을 정하지 않으면 입주민들은 필요한 경우를 제외하고는 굳이 식당에서 식사하지 않거나, 집에서 간단히 끼니를 해결하는 경우가 많아집니다. 입주민들이 식당을 자주 이용하지 않으면 실제 식사 인원이 너무 적어져 식당 운영이 어려워집니다.

3. 식당의 운영 효율성을 높임

의무식 제도가 있으면 식사 인원을 미리 파악할 수 있어, 매 식사 때 정확히 몇 명이 식사를 할지 예측할 수 있습니다. 이는 실버타운이 인력과 식재료를 효율적으로 관리하고 안정적인 식당운영을 가능케 합니다.

의무식이 없는 임대형 실버타운도 있나요?

 모든 임대형 실버타운에서는 의무식이 있습니다.

실버타운의 정의는 각자의 해석에 따라 다를 수 있지만, 의무식이 없는 노인복지주택은 존재할 수 있어도 의무식이 없는 실버타운은 없다고 생각합니다. 의무식이 없이는 실버타운 내에 식당운영이 어려우며, 이는 실버타운의 핵심기능 중 하나인 식사 제공이 이루어지지 않는다는 뜻입니다.

예를 들어, 김제부영실버아파트나 내장산실버아파트는 의무식이 없지만, 단지 내에 위치한 노인복지관에서 선택적으로 식사를 할 수 있기 때문에 이 책에 소개되었습니다. 그러나 이러한 곳들은 진정한 의미의 실버타운으로 보기에는 어려운 면이 있습니다. 이와 마찬가지로, 100% 분양형인 광교아르데코와 광교두산위브 역시 의무식과 내부 식당이 없기 때문에 진정한 실버타운으로 간주되기 어렵습니다.

임대형 노인복지주택의 운영사는 분양형과 달리 노인복지주택의 운영과 관리에서 손을 떼고 다른 분양사업을 할 수 있는 입장이 아닙니다. 그래서 어떠한 어려움이 있어도 입주자가 식사를 할 수 있도록 내부에 식당을 운영하기 위해 의무식 제도를 두는 것입니다.

의무식이 부담스러운 사람들은 의무식이 없는 분양형 노인복지주택이나, 내부에 식당이 있는 일반 커뮤니티 아파트를 생각해 볼 수 있습니다.

Q52 왜 실버타운마다 의무식 식사 수가 다른가요?

실버타운의 세대수, 위치, 내부 운영방침에 따라 다릅니다.

실버타운의 규모가 크고 입주민이 많은 경우, 의무식 횟수를 20식이나 30식으로 적게 설정하더라도 식당 운영이 원활하게 돌아갑니다. 대표적인 예로 더클래식500과 스프링카운티자이가 이에 해당합니다.

반면, 입주민 수가 적거나 실버타운이 외딴 곳에 위치해 주변에 식당이 없고, 세대 내 취사 시설이 부족하거나 취사가 금지된 경우에는 의무식을 90식으로 설정하는 경우가 많습니다.

의무식을 90식으로 정한 실버타운이 없을 것 같지만 실제로는 많이 있습니다. 임대형 실버타운 26곳 중 11곳이 의무식 90식이며, 의무식 60식인 곳도 8곳이 있습니다.

시설명	위치	의무식 수
공주원로원	공주	90식
동해약천온천실버타운	동해	90식
미리내실버타운	안성	90식
삼성노블카운티	용인	90식
서울시니어스강서타워	서울	90식
서울시니어스서울타워	서울	90식
수동시니어타운	남양주	90식
월명성모의집	김천	90식
유당마을	수원	90식
일붕실버랜드	의령	90식
케어닥케어홈배곧신도시점	시흥	90식

Q53 의무식 90식은 입주민에게 장점이 하나도 없을 것 같은데요?

 실버타운의 오랜 경험에서 나온 최선의 선택일 수도 있습니다.

월 90식 의무식 제도는 실버타운에서 매 끼니를 반드시 식사해야 한다는 점에서 다소 강제적이고 반복적으로 느껴질 수 있습니다. 하지만 이 제도가 모든 입주민에게 하루도 빠짐없이 양질의 식사를 저렴한 가격에 제공하기 위해 마련되었다는 점을 알게 되면, 어느 정도 수긍이 가기도 합니다.

어르신들이 건강을 유지하는 가장 좋은 방법은 하루 세 번 정해진 시간에 건강한 식사를 이웃과 함께 하는 것입니다. 이러한 식사 습관은 단순히 영양을 섭취하는 것을 넘어, 식사를 위해 하루 세 번 식당까지 걸어가는 과정이 기본적인 운동이 되며, 식사 시간에 간호사나 사회복지사들이 어르신들의 복약을 챙겨주는 경우도 많아 건강 관리에 큰 도움이 됩니다.

어르신들은 절약하는 습관이 몸에 배어있어 불필요한 낭비를 매우 싫어합니다. 의무식을 90식으로 정해놓으면 한 끼라도 거르면 그만큼 먹지 않은 식사 비용을 내게 되어 낭비가 됨으로 꼭 챙겨 드시려고 노력합니다. 또한 의무식이 90식이 아니면 식사 준비가 귀찮아 하루에 한 번 정도 식사를 거르거나 부실하게 드시는 경우가 흔히 발생합니다.

중저가 실버타운 중에는 주변에 식당이 없거나 세대 내에 취사 도구가 마땅치 않은 경우, 90식을 의무식으로 정하는 경우가 많습니다. 그러나 세대수가 많거나 2025년에 오픈 예정인 고가 대형 실버타운은 주변에 식사할 곳이 많아 의무식을 30식으로 적게 책정하기도 합니다.

의무식으로 정해진 식사 수보다 더 식사를 해도 되나요?

당연히 되며 의무식이 90식이 아닌 경우 대부분 의무식보다 식사를 더 합니다.

의무식이 90식 미만인 실버타운에서는 한 달에 정해진 의무식 숫자를 초과하여 더 많은 식사를 하는 것이 가능합니다. 실제로 대부분의 입주민들이 이러한 방식으로 식사를 하고 있습니다. 의무식이라는 개념은 최소한의 식사 횟수를 보장하는 것으로, 입주민이 그 이상으로 식사를 하는 것을 제한하지 않습니다.

만약 60식이 의무식인 실버타운에서 입주민이 월 60식을 넘어 더 많은 식사를 하게 될 경우, 추가로 먹은 식사 횟수에 대한 비용이 별도로 월말에 계산됩니다. 따라서, 실버타운 입주민들은 자신의 필요에 따라 언제든지 추가 식사를 자유롭게 할 수 있습니다.

의무식 단가는 얼마인가요?

 실버타운마다 다르며 최저 5,000원에서 최고 15,000원입니다.

의무식 단가는 실버타운마다 차이가 있습니다. 예를 들어, 월명성모의집은 5,000원으로 가장 저렴한 반면, 더클래식500은 15,000원으로 가장 비쌉니다. 일반적으로 고급 임대형 실버타운에서 의무식 단가는 8,000원에서 11,000원 사이입니다. 입주보증금과 월 관리비가 비싼 실버타운일수록 의무식 단가도 높아지는 경향이 있으며, 이는 고급 실버타운에서 제공하는 식사의 품질이 높은 것을 의미합니다.

그러나, 의무식 단가가 저렴하다고 해서 식사 품질이 낮다고 볼 수는 없습니다. 예를 들어, 월명성모의집 의무식 단가가 5,000원, 서울시니어스강서타워는 7,200원으로 비교적 저렴하지만, 이들 실버타운은 의무식을 90식으로 제공하여 저렴한 비용으로도 양질의 식사를 준비할 수 있는 여건을 갖추고 있습니다. 의무식이 90식인 곳들은 같은 품질의 식사를 제공하면서도 비용을 낮게 책정할 수 있습니다.

시니어들이 실버타운에 입주하는 가장 큰 이유가 바로 식사 제공이기 때문에, 모든 실버타운은 양질의 식사 품질을 유지하려고 노력하고 있습니다. 실버타운 중에서 식당운영을 통해 많은 이익을 남기려는 곳은 없으며, 실질적으로도 그렇게 할 수 있는 구조도 아닙니다.

실버타운별 의무식 단가 (2024년 7월 기준)

시설명	위치	의무식 단가
광교두산위브 (의무식 없음)	수원	9,000원
광교아르데코 (의무식 없음)	수원	9,000원
김제부영실버아파트 (의무식 없음)	김제	3,500원
내장산실버아파트 (의무식없음)	정읍	3,000원
노블레스타워	서울	9,100원
더시그넘하우스강남	서울	11,000원
더시그넘하우스청라	인천	11,000원
더클래식500	서울	15,000원
마리스텔라	인천	8,000원
사이언스빌리지	대전	8,000원
삼성노블카운티	용인	9,400원
서울시니어스가양타워	서울	8,500원
서울시니어스강남타워	서울	8,500원
서울시니어스강서타워	서울	7,200원
서울시니어스고창타워	고창	8,700원
서울시니어스분당타워	성남	9,800원
수동시니어타운	남양주	5,600원
스프링카운티자이	용인	9,000원
월명성모의집	김천	5,000원
청심빌리지	가평	8,300원
KB골든라이프케어평창카운티	서울	10,000원
흰돌실버타운	부산	5,600원

　광교두산위브와 광교아르데코는 100% 분양형 실버타운으로, 식당과 의무식이 없습니다. 이 두 곳은 다른 비슷한 수준의 실버타운 의무식 단가를 적용하였습니다. 김제부영실버아파트와 내장산실버아파트도 식당이 없어 노인복지관의 점심식사 가격을 의무식 단가 기준으로 삼았습니다.

Q56 이번달에 의무식을 다 먹지 못하면 다음달로 이월되나요?

 이월되지 않고 소멸됩니다.

실버타운에서 제공하는 의무식은 월별로 정해진 식사 횟수에 맞춰야 하며, 다 먹지 못한 식사는 이월되지 않고 소멸됩니다. 예를 들어, 월 60식이 의무식으로 정해진 경우, 이는 하루 평균 2식 정도 됩니다. 그러나 입주민은 반드시 매일 2식을 먹을 필요는 없으며, 어떤 날은 3식을, 다른 날은 1식을 먹는 등 자유롭게 식사 횟수를 조절할 수 있으며 월 말에 총 먹은 식사수가 계산됩니다.

만약 의무식보다 더 많은 식사를 할 경우, 추가로 먹은 식사에 대해 1식당 의무식 단가를 곱해 월말에 청구됩니다. 부부가 입주했을 경우, 의무식이 60식이라면 이는 부부 합계가 아닌 각각 60식을 의미합니다.

특이하게도, 스프링카운티자이는 의무식을 다 사용하지 못했을 경우 그 금액을 다른 용도로 사용할 수 있는 유일한 실버타운입니다. 스프링카운티자이의 의무식은 월 30식이며, 다른 실버타운과는 달리 1명당이 아닌 1세대당 30식으로 적용됩니다. 따라서 부부가 입주할 경우, 각자 15식만 해도 합계 30식을 채우게 됩니다. 또한, 사용하지 못한 의무식 식비는 같은 달에 한해 실버타운 내부의 편의점이나 건강식품점에서 다른 식품이나 용품으로 대체하여 사용할 수 있습니다. 이렇게 사용하지 않은 의무식 식비를 다른 상품으로 대체하거나, 의무식 수를 인원이 아닌 세대로 적용하는 경우는 스프링카운티자이가 유일합니다.

Q57 의무식 식단은 어떻게 구성되나요?

영양사, 실버타운 운영사 그리고 입주민 대표자들이 협의하여 결정합니다.

대부분의 실버타운에는 입주민 대표자로 구성된 입주민 운영위원회가 있습니다. 이 운영위원회는 실버타운 운영사, 식단을 책임지는 영양사 및 조리사와 함께 식단에 대해 협의합니다.

보통 일주일 단위로 조식, 중식, 석식의 식단표가 작성되어, 언제 어떤 식사가 제공될지 입주민에게 공지됩니다. 명절이나 어버이날 등 특별한 날에는 특식을 제공하기도 하고, 외부에서 쉐프를 초빙해 BBQ 파티를 열기도 합니다.

일반적으로 식단은 몇 가지 종류의 밥, 국, 3~4종류의 반찬, 그리고 후식으로 구성되어 있어 입주민들이 매번 다른 메뉴를 즐길 수 있도록 배려하고 있습니다.

실버타운 내 식당에서 여러 가지 메뉴 중 하나를 선택할 수 있나요?

매번 식단이 달라지기는 하지만 메인 메뉴 하나를 포함한 간단한 뷔페형 식으로 구성됩니다.

실버타운 식단은 메인메뉴 1개에 밥, 국 반찬, 후식 등으로 구성되어 있습니다. 메인메뉴는 설렁탕, 고등어구이, 고추장돼지볶음 등이 될 수 있습니다. 그렇다고해서 일반 식당처럼 김치찌개, 고등어구이, 설렁탕 등 단품메뉴가 여러 개 있어서 그 중에 선택할 수 있는 것은 아닙니다. 그러나 매 식사마다 다른 메뉴가 제공되며, 일주일치 식단이 미리 공지되어 입주민들은 어떤 메뉴가 제공될지 미리 알 수 있습니다.

일부 실버타운, 예를 들어 서울시니어스타워에서는 특식 메뉴를 도입해 운영하기도 합니다. 가족 방문이나 특별한 이벤트가 있을 때는 정해진 식단 대신 특식을 주문할 수 있습니다. 예를 들어, 6명의 입주민이 게이트볼 게임 후 장어구이나 연어샐러드, 갈비찜 등의 특별한 식사를 원할 경우, 미리 날짜와 메뉴를 예약하면 이러한 특식을 즐길 수 있습니다.

특식이라 하더라도 모든 메뉴를 자유롭게 선택할 수 있는 것은 아니며, 몇 가지 선택 가능한 메뉴 중에서 고를 수 있습니다. 특식 예약은 적어도 며칠 전에 해야 하며, 의무식 비용과는 별도로 추가 비용이 발생합니다.

임대형 실버타운에 거주하는 입주민들은 대부분의 식사를 실버타운 자체 식당에서 해결하지만, 필요에 따라 주변의 다른 식당을 이용하거나, 세대 내에서 직접 식사를 준비하는 경우도 있습니다.

입주민이 앉아있는 테이블로 식사를 가져다 주나요?

 대부분의 실버타운은 입주민이 스스로 음식을 가지고 와서 원하는 자리에 앉아서 식사합니다.

의무식 식단은 주로 밥, 국, 반찬 등으로 구성되며, 뷔페나 배식 형태로 제공됩니다. 입주민들은 보통 직접 쟁반에 밥과 반찬 등을 담아 자리로 가져와 식사합니다.

삼성노블카운티나 케어닥케어홈처럼 직원들이 입주민에게 직접 식사를 제공하는 실버타운도 있습니다. 또한, 고령이거나 건강이 나빠져 식사를 직접 가져가기 어려운 시니어들을 위해 직원들이 식사를 자리까지 가져다주는 경우도 있습니다.

일부 실버타운에서는 다소 몸이 불편한 분들을 위해 메인식당 옆에 작은 연회장 공간을 만들어 평소에는 스스로 배식이 어려운 시니어들이 이용할 수 있게 하고 특별한 날에는 입주민의 가족이 방문하거나 생일 파티를 여는 등 프라이빗한 공간으로 사용하기도 합니다.

Q60 식당의 자리는 지정석인가요?

 대부분 정해져 있지 않고 자유롭게 앉습니다.

실버타운마다 운영 방식에 차이가 있지만, 대부분 입주민들은 정해진 자리가 없이 자유롭게 앉을 수 있습니다. 많은 경우, 입주민들은 개인적으로 선호하는 자리가 있어 자주 같은 자리에 앉게 됩니다.

그러나 의무식 90식을 시행하는 몇몇 실버타운에서는 입주민의 자리를 지정해 놓기도 합니다. 이를 통해 입주민들이 식사를 거르지 않도록 하고, 필요할 경우 약봉지를 입주민의 지정된 테이블에 매번 놓아두어 약을 거르는 일이 없도록 관리합니다. 이러한 방식은 입주민들의 건강을 세심하게 챙기기 위한 노력의 일환으로, 식사와 복약 관리가 잘 이루어지도록 돕고 있습니다.

Q61 식사시간이 정해져있나요?

그렇습니다. 식사시간 대에 식당에 가지 않으면 식사할 수 없습니다.

실버타운에서는 조식, 중식, 석식의 식사 시간이 정해져 있습니다. 일반적으로 식사 시간은 1시간 30분 정도로 운영되지만, 예외적으로 더 클래식500은 식사 시간을 2시간 30분으로 설정하여 입주민들이 보다 편한 시간대에 식사할 수 있도록 배려하고 있습니다.

정해진 식사 시간이 지나면 음식이 정리되며, 그 이후에는 식사가 불가능합니다. 이러한 시간 제한은 효율적인 식당 운영과 식사 관리를 위한 조치로, 입주민들이 규칙적으로 식사를 할 수 있도록 돕는 역할을 합니다.

식사 시간을 놓치거나 식당에 못 갈 때는 어떻게 하나요?

룸서비스를 이용하면 식사를 각 세대로 가져다 줍니다.

실버타운에서는 몸이 불편하거나 여러 이유로 식사 시간에 식당에 내려가기 어려운 입주민들을 위해 룸서비스를 제공합니다. 룸서비스 메뉴가 따로 있는 것은 아니며, 식사 때 나오는 메뉴를 직원들이 각 세대로 가져다줍니다.

이 서비스는 보통 2,000~3,000원 정도의 추가 비용이 발생합니다. 룸서비스는 입주민의 편의를 위해 마련된 서비스로, 필요할 때 언제든지 이용할 수 있습니다.

실버타운에 장기 거주하게 되면 고령화에 따라 장기요양등급 가운데 3~5등급의 재가등급을 받고 재가서비스를 이용하는 입주민들이 생깁니다. 재가서비스는 외부 재가복지센터 소속의 요양보호사가 실버타운을 방문해 주 6일, 하루 3시간씩 입주민의 일상생활을 지원하는 서비스입니다. 이러한 경우, 별도로 2,000~3,000원의 비용을 들여 룸서비스를 받지 않고, 요양보호사가 식당에 내려가 입주민을 대신해 식사를 주거세대로 가지고 옵니다.

Q63 실버타운 식사가 형편없다는 유튜브를 보았는데 사실인가요?

시청자의 흥미를 끌기 위해 과장된 내용이 많으며 대부분의 실버타운 의무식은 가격대비 품질이 좋은 편입니다.

실버타운에서 제공하는 식사는 가성비가 좋다고 평가됩니다. 그 이유는 실버타운이 식사를 통해 이익을 추구하지 않기 때문입니다. 또한, 정해진 식사 인원과 메뉴를 미리 파악하여 식재료를 효율적으로 준비할 수 있어 낭비를 최소화할 수 있습니다. 이는 공공기관 내 구내식당과 비슷합니다. 이러한 식당의 가성비가 좋다 보니 외부인도 자주 와서 이용하는 것을 볼 수 있습니다.

식사 품질에 대한 불만이 생기는 주요 이유 중 하나는 과도한 기대입니다. 예를 들어, 9,000원짜리 식사에서 고급 한정식을 기대하는 것은 비현실적일 수 있습니다. 그러나 일부 입주민들은 과한 기대를 하게 되고, 이러한 차이로 인해 실망하거나 불만을 가질 수 있습니다.

또한, 입주민들의 입맛 차이도 불만의 원인이 됩니다. 어떤 사람은 싱겁게 먹는 반면, 다른 사람은 간이 세다고 느끼며, 일부는 딱딱한 음식을 소화하기 어려워할 수 있습니다. 단일 메뉴로 모든 입주민을 만족시키는 것은 어려운 일입니다. 특히 고혈압 등 노인성 질환을 가진 입주민들이 많아, 음식을 다소 싱겁게 조리하는 경향이 있어 맛이 없다고 느끼는 경우도 있습니다.

대부분의 입주민들은 실버타운 식사에 대해 "가격을 고려할 때 적절하다"는 평가를 내립니다. 그러나 같은 식당에서 비슷한 식사를 계속하게 되니 다소 질릴 수 있습니다. 하지만 이는 특급호텔의 레스토랑에서 식사해도 매일 같은 곳에서 식사하면 비슷한 현상으로 실버타운의 특정문제로 보기는 어렵습니다.

Q64 당뇨나 고혈압이 있어서 식사를 가려 먹어야 하는데 어떻게 하나요?

실버타운의 식사는 기본적으로 건강을 고려하여 균형 잡힌 영양소가 포함된 식단이 제공됩니다.

어르신들이 나이가 들어갈수록 맛을 구별하는 감각이 떨어지며, 고혈압이나 당뇨 같은 노인성 질환을 가진 분들이 많습니다. 이러한 이유로 실버타운에서는 당뇨나 고혈압에 좋은 특별식을 따로 제공하지는 않지만, 전반적으로 건강에 유익한 식단을 준비합니다.

실버타운에서는 보통 밥이 현미, 백미, 잡곡밥 등 두 가지 이상으로 준비되며, 적절한 가지수의 반찬과 단백질 섭취를 위한 육류와 생선 등이 포함됩니다. 식 단은 가급적 지방을 줄이고 싱겁게 조리하여 당뇨나 고혈압에 나쁜 영향을 끼치지 않도록 배려하고 있습니다.

또한, 각 테이블에는 소금과 같은 양념통이 준비되어 입주민들이 개인별로 간을 맞출 수 있습니다. 실버타운의 식사는 일반 외부 식당에 비해 당뇨와 고혈압에 나쁜 영향을 주지 않도록 구성된 건강한 식단으로 준비됩니다. 그러다 보니 간이 세지 않아서 다소 맛이 심심하게 느껴질 수 있습니다.

Q65 세대 내에서 취사가 자유롭나요?

실버타운 종류에 따라 세대 내 취사 가능 여부가 다르며, 대부분의 임대형 실버타운에서는 제한적인 취사만 권장하고 있습니다.

100% 분양형 노인복지주택이나 아파트형 노인복지주택에서는 입주민들이 세대 내에서 자유롭게 요리할 수 있습니다. 이러한 유형에 해당하는 노인복지주택으로는 광교두산위브, 광교아르데코, 블루밍더클래식, 스프링카운티자이와 같은 분양형 노인복지주택과 흰돌실버타운, 내장산실버아파트, 김제부영실버아파트와 같은 아파트형 노인복지주택이 있습니다. 특히, 의무식을 제공하지 않는 광교두산위브, 광교아르데코, 김제부영실버아파트, 내장산실버아파트와 같은 노인복지주택에서는 입주민들이 세대 내에서 직접 식사를 준비해야 합니다.

반면, 임대형 실버타운에서는 간단히 라면이나 간편식을 조리하는 것은 가능하지만, 냄새가 많이 나는 찌개와 같은 요리는 가급적 하지 않도록 권고하고 있습니다. 이는 실버타운 입주의 주요 목적이 식사 준비의 부담을 줄이는 데 있기 때문에, 많은 입주민들이 세대 내에서 번거롭게 요리하지 않고, 실버타운 내 식당에서 식사를 해결하는 경우가 많기 때문입니다.

또한, 일부 양로시설로 허가받은 실버타운에서는 세대 내에 취사시설이 아예 없어, 입주민들이 세대에서 요리를 할 수 없는 경우도 있습니다. 특히, 후기 고령자들이 주로 거주하는 시설에서는 취사 도중 발생할 수 있는 사고나 화재 위험 때문에 실버타운 운영사에서 이러한 부분에 더욱 신경을 쓰고 있습니다.

8장 │ 입주자 건강악화에 따른 돌봄대책

Q66   건강이 나빠지면 실버타운에서 나와야 하나요?

실버타운 입주민이 건강이 나빠지면 운영사와 협의를 통해 추가적인 돌봄 서비스 제공, 재가서비스 등 다양한 해결책을 모색하게 됩니다.

임대형 실버타운의 입주 조건 중 하나는 입주민이 일상생활을 독립적으로 할 수 있을 정도의 건강을 유지해야 한다는 것입니다. 그러나 시간이 지나면서 입주민의 건강이 나빠질 수 있으며, 이는 자연스러운 과정입니다.

대부분의 임대형 실버타운 입주 계약 조건에는 입주민의 건강 상태가 너무 나빠져 도저히 실버타운에서 생활할 수 없을 경우, 계약이 중도에 해지되거나 재계약 연장이 어려울 수 있다는 내용이 포함되어 있습니다.

만약 입주민이 오랫동안 거주해 익숙해진 실버타운을 떠나고 싶지 않은 경우, 입주민과 실버타운 운영사는 협의를 통해 여러 가지 해결책을 모색하게 됩니다. 이러한 해결책은 각 실버타운의 정책, 시설, 규모 등에 따라 달라질 수 있습니다. 예를 들어, 일부 실버타운은 추가적인 케어 서비스를 제공하거나, 요양시설과 연계를 통해 입주민이 실버타운 내에서 계속 머물 수 있도록 지원합니다.

Q67 건강이 악화되면 추가 돌봄을 받을 수 있는 실버타운이 있나요?

 일부 실버타운에서는 별도의 추가비용으로 돌봄 서비스를 제공하고 있습니다.

실버타운에서 입주민의 건강이 서서히 나빠질 때, 대부분의 실버타운에서는 직원들이 입주민에게 조금 더 신경을 써서 도와드립니다. 예를 들어, 식사 시 자리에 앉으면 음식을 가져다주거나, 세대로 룸서비스를 제공하기도 합니다. 그러나 입주민의 건강 상태가 일정 수준 이상 나빠지면, 이러한 일상적인 도움만으로는 충분하지 않을 때가 있습니다.

일부 실버타운은 돌봄이 필요한 세대를 따로 모아 특별층을 운영하기도 합니다. 특별층으로 세대를 옮겨 돌봄을 받거나, 특별층이 없는 경우에는 돌봄이 필요한 세대로 등록하여 유료로 돌봄 서비스를 제공하는 실버타운도 있습니다. 이러한 서비스는 요양원이나 너싱홈에서 제공하는 것이 아니라 실버타운 자체 내의 시스템과 인력에 의해 제공하고 있습니다.

아래는 돌봄케어 서비스를 제공하는 실버타운의 예시입니다.

1. 삼성노블카운티
삼성노블카운티는 건강이 나빠진 후기 고령자를 위해 프리미엄 세대를 운영합니다. 이곳은 고급 호텔에 가면 비즈니스층이 따로 있듯이, 몇 개 층을 프리미엄 세대 층으로 만들어 돌봄이 필요한 입주민을 모셔 케어를 제공합니다. 프리미엄 층에서는 케어 매니저나 요양보호사가 보다 효율적으로 어르신들을 돌볼 수 있으며, 특화된 시설도 마련되어 있습니다. 프리미엄 층에서 생활할 경우, 추가적인 돌봄 서비스 비용이 발생합니다.

2. 더시그넘하우스청라

더시그넘하우스청라는 1~2층을 프리미엄 케어층으로 기획하여, 후기 고령자들의 입주를 받고 있습니다. 이 층에서는 보다 집중적인 돌봄 서비스를 제공하여 건강이 나빠진 입주민들이 편안하게 생활할 수 있도록 지원합니다.

3. 유당마을

유당마을은 특정 층으로 구분하지는 않지만, 입주민의 건강 상태를 등급별로 구분하고 필요시 돌봄 서비스를 제공합니다. 이러한 체계적인 접근을 통해, 입주민의 상태에 맞는 적절한 케어를 제공하고 있습니다.

4. 케어닥케어홈배곧신도시점

케어닥케어홈은 2024년 8월 기준으로 배곧신도시점을 포함해 3곳을 운영 중이며, 후기 고령자를 위한 케어형 실버타운입니다. 이곳은 처음부터 돌봄이 필요한 입주민이나 장기요양등급을 받은 시니어의 입주를 받아, 건강이 나빠져도 같은 장소에서 계속 돌봄을 받을 수 있도록 설계되어 있습니다. 케어닥케어홈은 2024년 말과 2025년 초 현재 3개의 지점 이외에 다수의 지점을 오픈할 예정이어서 입주가 수월할 수 있습니다.

5. 기타

2025년 2월 오픈예정인 부산의 라티브 등 다른 실버타운에서도 돌봄 서비스를 제공하는 곳이 있을 수 있으므로, 실버타운 선택 시 상담을 통해 해당 서비스를 확인해 보는 것이 좋습니다.

Q68 장기요양등급을 받으면 실버타운에서도 재가서비스를 받을 수 있나요?

 집에서와 똑같이 재가서비스를 받을 수 있습니다.

장기요양등급은 돌봄이 필요한 정도를 건강보험공단에서 심사하여 부여하는 등급입니다. 장기요양등급은 1~5등급으로 나뉘며, 1~2등급은 시설 등급, 3~5등급은 재가 등급으로 분류됩니다.

실버타운에 처음 입주할 때에는 장기요양등급을 받을 정도로 건강이 좋지 않은 시니어는 입주할 수 없습니다. 그러나 건강한 입주민도 시간이 지나면서 건강이 나빠져 장기요양등급을 받게 될 수 있습니다. 이런 경우, 입주민이나 실버타운 운영사는 어떻게 돌봄을 제공할지에 대해 고민하게 됩니다. 대부분의 실버타운은 삼성노블카운티처럼 프리미엄 층을 운영하지 않기 때문에, 실버타운 내에서 재가서비스를 받으면 장기요양등급이 있는 입주민들에게 많은 도움이 됩니다.

재가서비스란, 장기요양등급을 받은 시니어들이 장기요양보험에 의해 85%의 비용을 지원받아 요양보호사의 돌봄을 받을 수 있는 제도입니다. 이 서비스는 실버타운과 직접적인 관계가 없는 외부 재가복지센터에서 요양보호사를 실버타운으로 보내 입주민을 케어하는 방식으로 제공됩니다.

한때는 유료양로시설로 허가를 받은 실버타운에서 재가서비스가 허용되지 않은 적이 있었지만 지금은 유료양로시설로 허가받아 운영되는 실버타운에 거주하는 입주민들도 재가 서비스를 받을 수 있습니다.

Q69 재가서비스 비용과 서비스 내용은 무엇인가요?

월 비용은 20만 원 미만이며 일상생활 지원, 간병, 식사 보조 등의 도움을 받을 수 있습니다.

장기요양등급에 따라 비용이 다소 다를 수 있지만, 하루 3시간씩, 일주일에 6일, 한 달에 24일 서비스를 받을 경우 약 20만 원의 비용이 발생합니다. 재가서비스는 실버타운 운영사와는 무관하기 때문에, 이 비용은 실버타운이 아닌 요양보호사를 파견하는 재가복지센터에 지불하게 됩니다.

재가서비스는 실버타운에서 제공하지 않는 돌봄 관련 서비스를 받을 수 있는 좋은 방법입니다. 하루 3시간 동안 요양보호사가 제공하는 서비스는 개인 위생 관리, 세탁 및 청소, 간식 준비 등 가사 지원을 비롯해 병원 동행, 말동무, 심부름 등 개인 비서처럼 거의 모든 것이 가능합니다. 식사 시간에 입주민을 대신해 요양보호사가 식당에서 식사를 받아 세대로 가져오는 경우도 자주 있습니다.

재가서비스에서는 의료 행위나 목욕 지원과 같은 특정 서비스는 제한적일 수 있습니다. 직접적인 의료행위는 금지되어 있으며 체중이 많이 나가는 남성 시니어를 여성 요양보호사가 목욕서비스를 제공하기 어려울 수 있습니다.

요양보호사들은 일반 가정집보다 실버타운에서 일하는 것을 더 선호합니다. 그 이유는 실버타운에서는 입주민들의 식사 준비를 할 필요가 없고, 대부분 입주민들의 건강 상태가 시설 등급을 받을 정도로 매우 나쁘지는 않기 때문입니다. 실버타운에서 재가서비스를 신청하면 오겠다는 요양보호사가 많으니 '나는 혹시 안 되는 것 아닐까?" 망설이지 말고 신청하시길 바랍니다.

Q70 나이가 많아져 실버타운 부대시설 이용이 어려울 때 좋은 방법은 없을까요?

 실버타운 단지 내 혹은 근처의 주간보호센터를 이용할 수 있으면 좋습니다.

장기요양등급을 받을 정도로 건강이 좋지 않은 입주민들은 실버타운에 거주하고 있더라도 부대시설을 제대로 이용하기 어렵습니다. 그렇다고 이러한 입주민들이 하루 종일 각 세대에만 머물러 있으면 지루하고 정신 건강에도 좋지 않기 때문에, 주간보호센터를 이용하는 것이 좋습니다.

다음의 실버타운에서는 건물 안에 주간보호센터를 운영하고 있습니다.

- 서울시니어스가양타워
- 서울시니어스강남타워
- 서울시니어스분당타워
- 서울시니어스강서타워
- 공주원로원

주간보호센터는 어르신들의 유치원과 비슷한 역할을 하는 곳으로, 일반적으로 오전 9시부터 오후 5시까지 운영되며, 노인장기요양등급을 받은 시니어들이 이용할 수 있습니다.

실버타운 내에 주간보호센터가 없다면, 입주민들은 실버타운과 관련없이 주변의 주간보호센터를 이용할 수 있으며, 모든 주간보호센터에서는 어르신들을 위한 송영 서비스를 제공하는 차량을 운행하고 있습니다.

Q71 화장실도 스스로 가지 못할 정도로 건강이 나빠지면 어떻게 하나요?

 시니어의 건강상태에 따라 다를 수 있지만, 요양원이나 요양병원 같은 시설로 이전하는 것이 바람직합니다.

실버타운에서 평생을 거주할 수는 없습니다. 특히, 화장실도 스스로 갈 수 없 을 정도로 건강이 악화되면, 그 이전이라도 요양원이나 요양병원 같은 돌봄 시설이나 의료시설로 이전하는 것이 바람직합니다. 그러나, 많은 시니어들은 오랫동안 생활해온 실버타운을 떠나 다른 곳으로 가는 것을 낯설어 합니다. 특히 부부 중 한 명이 건강이 안 좋아 멀리 떨어진 요양원이나 요양병원으로 가게 되면 부부가 헤어지게 되는 문제도 있습니다.

이러한 문제를 해결하기 위해, 다수의 실버타운 운영사에서는 실버타운 단지 내에 요양원이나 요양병원을 함께 운영하고 있습니다.

구분	실버타운 시설명	위치
요양원	공주원로원	공주
	노블레스타워	서울
	더시그넘하우스강남	서울
	마리스텔라	인천
	일붕실버랜드	의령
	삼성노블카운티	용인
	서울시니어스가양타워	서울
	흰돌실버타운	부산
	케어닥케어홈배곧신도시점	시흥
	월명성모의집	김천
	유당마을	수원
요양병원	서울시니어스고창타워	고창
	수동시니어타운	남양주
요양원 + 요양병원	미리내실버타운	안성

입주민들이 실버타운 내의 요양원이나 요양병원에 입소하게 되면, 익숙한 환경에서 필요한 돌봄과 의료 서비스를 받을 수 있습니다. 특히, 부부의 경우 헤어지지 않고 한 분은 실버타운에, 다른 한 분은 요양원이나 요양병원에 머물면서 매일 만나 시간을 보낼 수 있습니다. 건강한 배우자가 다른 배우자를 휠체어에 태워 단지 내를 함께 산책하거나, 벤치에 앉아 간식을 나누는 등, 일상적인 소소한 순간들을 함께하며 정서적 교류를 지속할 수 있습니다.

특히 더시그넘하우스강남, 삼성노블카운티, 유당마을 내부에 위치한 요양원들은 전국에 있는 약 4,300개의 요양원 중 장기요양보험 시스템에 따르지 않아도 되는 몇 안 되는 사립 요양원입니다. 이러한 사립 요양원은 장기요양등급이 없어도 입소할 수 있으며, 일반 요양원에 비해 단기 입소가 가능하고 입소 및 퇴소 절차가 비교적 간편합니다.

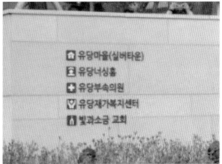

혼자 병원에 가기 어려우면 도움을 받을 수 있나요?

 재가서비스를 받으면 요양보호사에게 요청하고, 받지 않으면 실버타운 컨시어지 서비스를 이용합니다.

재가서비스를 받는 경우, 요양보호사에게 병원 동행 서비스를 요청할 수 있습니다. 또한, 대부분의 실버타운에서는 입주민들의 편의를 위해 병원 동행 서비스나 병원으로 가는 셔틀버스를 운영하고 있습니다. 병원이 멀리 있는 경우, 이러한 병원 동행 서비스에는 추가 비용이 발생할 수도 있습니다.

실버타운에 입주하기 전에 자주 이용하는 병원이 있다면, 그 병원에 가까운 실버타운을 선택하는 것도 하나의 방법입니다. 또한, 실버타운에 입주한 후에는 병원을 실버타운 근처에 있는 병원으로 옮기는 것도 고려할 수 있습니다.

응급상황이 언제든 발생할 수 있거나, 전문의의 정기적인 진찰이 필요한 시니어들은 종합병원이 가까이 있어 걸어서도 갈 수 있는 실버타운을 선택하는 것이 좋습니다. 예를 들어, 마리스텔라와 스프링카운티자이는 걸어서 갈 수 있는 종합병원이 지척에 있어 입주민들이 언제나 쉽게 병원을 방문할 수 있습니다.

100문 100답

9장 | 실버타운에서의 삶

Q73

높은 월 생활비에도 임대형 실버타운에
입주하는 이유는 무엇인가요?

 식사해결이 가장 크며 외롭지 않고 건강을 지킬 수 있어서입니다.

1. 식사제공

실버타운에 입주하는 가장 큰 이유는 식사 문제를 해결할 수 있다는 점입니다. 실버타운에서는 하루 세 번, 규칙적이고 영양가 있는 식사를 제공하여, 여성 시니어들이 식사 준비의 번거로움에서 벗어날 수 있습니다. 또한, 저염식이나 저당식 같은 맞춤형 식단을 제공하여 개별 건강 관리가 용이해집니다.

2. 안전한 생활 환경

실버타운은 문턱이 없는 무장애 설계와 미끄럼 방지매트, 안전바 설치 등은 낙상 사고를 예방하는 데 도움을 줍니다. 또한, 비상벨과 동작 탐지기 등의 안전장치가 방마다 설치되어 있어, 입주민이 혼자 있을 때도 긴급한 상황에서 신속하게 도움을 받을 수 있습니다.

3. 건강관리 서비스

실버타운에서는 간호사들이 혈압, 혈당 등 생체 데이터를 정기적으로 측정하고 모니터링하여 입주민의 건강을 관리합니다. 복약 관리도 제공되어 입주민들이 필요한 약을 잊지 않고 복용할 수 있습니다. 대부분의 실버타운에는 단지나 건물 내부에 의원이 있거나 근처에 병원이 위치해 있어, 필요시 쉽게 진찰을 받을 수 있는 장점이 있습니다.

4. 사회적 교류 및 활동

실버타운에서는 노래교실, 라인댄스, 파크골프, 게이트볼, 당구모임, 또래모임 등의 프로그램과 활동이 운영되어, 입주민들이 이웃과 소통하며 재미있게 지낼 수 있습니다. 입주민들은 종종 함께 국내여행을 가거나 둘레길을 산책하고, 외식을 하며 즐거운 시간을 보냅니다.

5. 부대시설 이용

실버타운은 도서관, 카페, 수영장, 헬스장, 사우나, 골프연습장, 물리치료실, 영화관, 당구장 등의 부대시설을 갖추고 있어, 입주민들이 자신의 취향에 맞는 시설을 무료로 이용할 수 있습니다. 또한, 천주교, 기독교, 원불교 등 종교법인에서 설립한 실버타운의 경우, 입주민들이 편안하게 신앙생활을 할 수 있는 환경이 조성되어 있습니다.

6. 컨시어지 서비스

실버타운의 핵심 서비스 중 하나는 바로 직원들의 세심한 컨시어지 서비스입니다. 실버타운 직원들은 말벗 도우미, 병원 동행, 행정업무 등 입주민의 일상생활에 필요한 것이 있으면 무엇이든 친절하게 도와줍니다.

Q74 임대형 실버타운에서 살면서 불편한 점이 있다면 무엇인가요?

높은 월 비용 부담이 1위이며, 입주민마다 불편한 점은 차이가 있습니다.

실버타운에 입주하는 것의 장점이 많지만, 몇 가지 단점이나 불편함도 있을 수 있습니다. 통계적으로 나온 것은 아니지만, 다음과 같은 점들이 실버타운의 불편한 점으로 지적될 수 있으며, 이는 실버타운마다 편차가 큽니다.

1. 아파트보다 높은 월 비용

임대형 실버타운의 월 생활비는 아파트보다 더 높을 수 있습니다. 이는 식사 서비스와 같은 추가 비용이 포함되기 때문입니다. 높은 비용을 지불하고 양질의 식사를 하루 세 번 제공받을 수 있지만, 경제적 부담이 될 수 있습니다.

2. 의무식

임대형 실버타운에는 의무식이 있어 정해진 수만큼 식사를 해야 합니다. 입주민의 건강을 고려한 규정이지만 일부 입주민에게는 불편할 수 있습니다.

3. 작아진 거주공간

실버타운의 평형대는 일반 아파트에 비해 작으며, 보통 기존에 살던 아파트의 50% ~ 70% 정도로 전용면적이 줄어듭니다. 실버타운에서는 식사를 제공하기 때문에 주방 면적이 작고, 세대 크기가 그리 크지 않아도 생활하는 데 큰 문제는 없습니다. 대신, 다양한 부대시설이 잘 갖추어져 있어 편리하게 생활할 수 있습니다. 하지만 처음에는 좁은 공간에 적응하기 어려울 수 있고, 기존에 가지고 있던 살림살이를 정리할 공간이 부족하다는 느낌을 받을 수 있습니다.

4. 가족 숙박 제한

자녀나 손자들이 놀러 와도 임대형 실버타운에서는 함께 숙박할 수 없는 경우가 많습니다. 이는 방문객의 숙박을 제한하는 실버타운의 규정 때문이며 자녀나, 손자녀들과 하루를 보내고 싶은 어르신들께는 아쉬울 수 있습니다. 일부 실버타운은 가족과 함께 지낼 수 있는 게스트룸을 운영하기도 하니 확인해 보면 좋습니다.

5. 이웃 간의 갈등

고령층 입주민들이 생활하면서 서로의 생활 방식이나 습관이 달라 갈등이 발생할 수 있습니다. 이는 공동생활에서 흔히 일어나는 문제입니다.

6. 고령층 거주로 인한 가라앉은 분위기

실버타운은 주로 고령층이 거주하고 있어, 상대적으로 젊은 시니어들은 전체적인 분위기가 가라앉아 있다고 느낄 수 있습니다. 특히, 입주민의 평균 연령이 높은 실버타운에서는 이런 경향이 더 있을 수 있습니다.

7. 반려동물

실버타운에서는 반려동물을 키우는 것이 대부분 금지되어 있어, 반려동물과 함께 생활하길 원하는 입주민들에게는 단점이 될 수 있습니다.

이와 같은 점들은 실버타운을 선택할 때 고려해야 할 요소들로, 개인의 생활 스타일과 필요에 따라 실버타운 입주 여부를 결정하는 것이 좋습니다.

Q75 실버타운에 입주하면 처음에 낯설지 않나요?

일정 시기가 지나면 바로 정착하게 됩니다.

처음 실버타운에 입주하게 되면, 입주민들이 새로운 환경에 쉽게 적응할 수 있도록 실버타운 사회복지사들이 도움을 주고 있습니다. 예를 들어, 입주자 대표회의 임원이나 동호회에 연결해 주어 자연스럽게 사회적 교류를 할 수 있도록 돕는 것입니다. 또한, 입주 초기에 발생하는 불편사항에 대해 직원들이 신속하게 대응하기 때문에 대부분의 입주민은 한 달 이내에 새로운 생활에 잘 적응합니다.

실버타운 생활의 만족도는 계약해지나 재계약률을 통해 알 수 있습니다. 노환이나 질병으로 인한 장기 입원이나 사망을 제외하고는 계약 중 퇴거하는 경우는 거의 없으며, 1년 이내에 생활이 맞지 않아 퇴거하는 비율은 5% 미만, 일부 실버타운에서는 1%도 되지 않는다고 합니다. 유튜브 등에서 실버타운 생활의 어려움을 이야기하는 영상은 개인적인 것이 많으며, 실제로는 실버타운 생활에 만족하고 잘 지내는 분들이 훨씬 더 많습니다.

Q76   실버타운에 살게 되면 의무적으로 지켜야 하는 것들이 있나요?

 식사시간을 지키는 것 이외에는 특별히 어려운 것은 없습니다.

실버타운에서 거주하면서 지켜야 할 몇 가지 주의사항은 다음과 같습니다.

1. 식사시간

실버타운의 식당은 정해진 식사 시간에만 운영됩니다. 식사를 하기 위해서는 정해진 시간에 식당에 가야 합니다. 만약 그 시간에 식당에 갈 수 없는 상황이라면, 룸서비스를 신청하는 방법이 있습니다.

2. 세대 내 취사

대부분의 임대형 실버타운에서는 세대 내에서 취사나 냄새가 많이 나는 찌개 등의 요리를 준비하는 것을 권장하지 않습니다. 임대형 실버타운은 대부분 의무식이 60식 이상이기 때문에, 세대 내에서 식사를 준비하는 경우가 많지 않습니다. 반면, 분양형 실버타운에서는 입주민들이 세대 내에서 식사를 준비하는 경우가 많아 자유롭게 조리할 수 있습니다.

3. 가족이나 지인 방문 시

방문객이 세대 내에 들어가는 것은 문제가 없지만, 숙박은 허용되지 않습니다. 숙박을 원할 경우, 게스트룸이 따로 있으면 사용하도록 하고 아예 함께 외부에서 하루를 같이 지내는 방법이 있습니다. 분양형 노인복지주택은 아파트와 같아서 누구든 와서 편하게 숙박이 되지만 임대형 실버타운은 실버타운 관리를 위해 외부인의 숙박을 제한하고 있습니다.

4. 오랫동안 부재 시

집을 오랫동안 비우는 경우, 실버타운에 미리 알려주어야 합니다. 이렇게 하면 의무식 식사 비용을 공제받을 수 있고, 실버타운 관리팀에서 입주민의 안전을 관리하고 현황을 파악하는 데 도움이 됩니다.

5. 택배 및 배달 음식

택배와 배달 기사들은 각 세대까지 올라올 수 없기 때문에, 1층 프런트나 로비에서 직접 물건을 찾아와야 합니다.

6. 분양형 실버타운의 매매

분양형 실버타운의 세대를 매매할 경우, 매수자가 누구인지 실버타운 운영사에 알려주고, 매수자가 입주자격이 있는지 사전에 협의하는 것이 바람직합니다. 입주자격이 없는 사람(건강이 심하게 안 좋거나 고령자 등)에게 매도한 경우, 매수자가 나중에 본인이 입주자격이 없다는 사실을 모르고 있었을 경우 매도자가 충분한 사전공지를 하지 않은점에 대해 분쟁 소지가 있을 수 있습니다.

그 외의 생활 방식은 아파트에 사는 것과 큰 차이가 없습니다. 일반적인 공동주택 주거 생활규칙을 따르고, 다른 입주민과 조화를 이루며 생활하는 것이 중요합니다.

Q77 실버타운에는 어떤 사람들이 입주해 있나요?

 주로 연금을 받는 분들이 많으며 충분한 재력을 갖춘 분들도 있습니다.

실버타운의 월 생활비는 보통 200만 원 이상으로, 이러한 비용을 오랜 기간 동안 지속적으로 지불해야 하기 때문에, 실버타운이 생겼던 초창기에는 연금을 주된 생활비로 사용하는 입주민들이 많았습니다. 특히, 공무원연금, 군인연금, 사학연금을 받는 분들과 그들의 배우자들이 많이 입주해 있었습니다.

연금을 받았던 분들은 주로 교사, 공무원, 의료인, 언론인, 법조인 등의 전문 직업을 가졌던 분들로, 대부분 중산층 이상의 경제적 여유를 가지고 있으며, 학력도 높은 편이었습니다. 그러나 2020년에 들어서면서 이전 직업이나 학력에 관련 없이 나름대로 경제적 여유가 있는 시니어들이 많이 입주하고 있습니다. 2022년 이후에는 해외에 거주하던 교포들이 한국으로 귀국하여 실버타운에 입주하는 사례도 증가하고 있습니다. 따라서 요즘은 입주보증금과 월 200만 원 이상의 생활비 여유가 있는 시니어들이 배경에 관련 없이 누구나 입주하는 것 같습니다.

한편, 월 200만 원 미만의 중저가 실버타운에도 여러 가지 배경을 가진 시니어들이 입주해 있습니다. 이분들을 특정 직업군으로 구분하기는 어렵지만, 주로 혼자되신 분들이 많습니다. 실버타운의 종류와 관계없이, 대부분의 입주민들은 자녀의 도움 없이 본인의 자금으로 월 생활비를 지불하는 경우가 많습니다.

실버타운은 텃세가 심하고 특정 배경이 아니면 소외된다는 말이 사실인가요?

 과장된 낭설입니다. 사람사는 곳은 어디나 비슷합니다.

사람들이 모여 사는 곳에서는 자연스럽게 비슷한 성향의 사람들이 어울리는 문화가 존재하지만, 실버타운이라고 해서 이런 문화가 특별히 더 강하게 나타나지는 않습니다. 실버타운은 다양한 배경을 가진 사람들이 모여 사는 곳으로, 특정인을 소외시키거나 외면할 이유가 없습니다. 그리고 수백 명의 입주민이 있더라도 실제로 살다 보면 친밀한 관계를 맺는 이웃은 대개 열 명 이내가 됩니다.

물론 대학모임, 여고동창모임, 이전 직장모임, 종교모임, 동호회 모임 등이 있을 수 있습니다. 이러한 모임의 목적은 텃세를 부리거나 누구를 소외시키려는 것이 아닙니다. 누구든 해당하면 소모임에 가입할 수 있고, 소모임 등이 귀찮으면 마음에 맞는 분들끼리 모여 친목 모임을 할 수도 있습니다. 또한 텃세를 부리거나 사적인 간섭까지 하는 분들이 있으면 굳이 어울리지 않으면 됩니다.

더 중요한 점은 이런 관계 형성이 결국 개인의 성향과 행동에 달려있다는 것입니다. 실버타운에 입주하기 전부터 자식 자랑이나 이념 논쟁에 몰두한 사람은 여전히 그렇게 행동하고, 반대로 이웃과 좋은 관계를 맺었던 사람은 실버타운에서도 긍정적인 관계를 유지합니다. 여러분이 실버타운 입주 전에 이웃과 좋은 관계를 맺고 있다면 걱정하실 것이 없습니다.

Q79 실버타운에 시니어들만 있어서 활력이 떨어지고 무기력해지지 않나요?

꼭 그렇지는 않습니다. 비슷한 연배끼리 있을 때 더 편할 수도 있습니다.

요즘은 일반 아파트에 거주해도 아래, 위층에 누가 사는지 모른 채 지내는 경우가 많습니다. 특별한 경우가 아닌 한, 같은 동에 젊은 입주민이 있어도 시니어들에게 특별히 활력을 불어넣어 주거나 생활에 도움을 줄 일은 많지 않습니다.

또한, 식당과 부대시설이 있는 커뮤니티 아파트에 거주한다고 하더라도, 80세가 넘은 시니어들이 느릿한 동작으로 커뮤니티 시설을 이용하게 되면 괜히 젊은 사람들 눈치를 보게 되는 경우도 있습니다. 이런 상황에서는 오히려 시니어들끼리 모여 있는 실버타운이 심적으로 더 편안할 수 있습니다.

실버타운에서는 입주민들이 나이와 경험이 비슷하여 서로 공감하기 쉽고, 비슷한 생활 패턴과 관심사를 공유할 수 있습니다. 게이트볼장과 파크골프장이 있는 실버타운은 1년에 한두 번 전체 입주민이 참여하는 대회를 열기도 합니다.

물론 이러한 액티비티는 실버타운마다 입주민 평균 연령대가 달라 차이가 있을 수 있습니다. 여러분이 젊고 액티브 하다면 가급적 부부비율이 높고 입주민 평균연령이 낮은 곳이 더 적합할 수는 있습니다.

Q80 실버타운에서는 나이드신 시니어들이 형님 노릇 하나요?

꼭 그렇지는 않습니다. 각자 입주민마다 특성이 다릅니다.

실버타운에 입주하면 고령자가 많아 그분들을 마치 형님처럼 모셔야 하거나 심부름을 해야 하는 것은 아닌지 걱정하는 분들이 있습니다. 하지만 너무 걱정할 필요는 없습니다. 실버타운에 입주할 정도의 시니어들은 대체로 열린 사고와 성숙한 태도를 가진 분들이 많습니다. 물론, 수백 명의 입주민이 함께 생활하다 보면, 그중에는 성격이 까다롭거나 전통적인 유교적 성향을 가진 분들도 있을 수 있습니다.

그러나 이러한 상황은 실버타운뿐만 아니라 어디에서나 있을 수 있는 일입니다. 나이가 젊어도 고루한 사람이 있고, 나이가 많아도 멋지고 개방적인 시니어도 있기 마련입니다. 이전에 살던 곳에서도 그랬듯이, 실버타운에서도 성격이 맞지 않는 사람들과 굳이 친하게 지낼 필요는 없습니다. 수백 명의 입주민 중 자신과 뜻이 잘 맞는 사람들과 어울리며 지내는 것으로도 충분히 행복한 생활을 할 수 있습니다.

다만, 함께 생활하다 보면 도움을 필요로 하는 고령자들이 있을 수 있어, 매번 도와드리기도 어렵고, 그렇다고 모른 척할 수도 없어서 마음의 부담이 될 수는 있습니다. 그러나 입주민이 필요한 도움은 궁극적으로 실버타운 직원들이 해결할 몫이며, 다른 입주민들이 나이가 많다는 이유로 선배나 형님처럼 행동하지는 않습니다.

Q81 실버타운에 몇 살 때쯤 입주하는 것이 좋을까요?

70세가 넘으면 실버타운 입주를 신중히 고려해 보는 것이 좋으며 80세가 넘으면 입주가 어려울 수 있습니다.

실버타운에 입주하는 시기는 개인마다 다르지만, 일반적으로 75세 이전에 입주하는 것이 좋습니다. 80세가 넘으면 입주 연령에 제한이 있을 수 있어, 건강이 좋아도 입주가 어려울 수 있습니다.

60대에 입주하는 것은 다소 이른 감이 있을 수 있지만, 경제활동을 계속하면서 편안한 생활을 원하거나, 실버타운의 부대시설을 적극적으로 활용하고 싶은 시니어라면 60대 입주도 고려할 만합니다. 특히 60대 시니어들은 2025년에 오픈하는 500세대 이상 대형 실버타운을 눈여겨볼 필요가 있습니다. 이러한 곳들은 기존 중소규모 실버타운과 달리 커뮤니티 시설 공간이 엄청나게 넓고 컨시어지 서비스가 호텔과 닮아 있어 모던하고 멋진 곳들이 많습니다.

몸과 마음이 건강하지 않은데도 80대 중반까지 집에서 지내다가 어쩔 수 없이 돌봄이 필요해 실버타운이나 요양원을 알아보는 시니어들이 너무 많습니다. 중요한 사실 중 하나는 같은 85세라 하더라도 집에서 계속 계셨던 분들과 70대 초반에 좋은 실버타운에 입주하여 15년간 살면서 85세가 된 분의 외모와 건강을 보면 차이가 있습니다. 실버타운에 계시는 분들이 보통 5~10년 정도는 젊어 보입니다.

70대 분들도 현재 생활이 괜찮고 건강하다고 방심하여 입주를 미루다 보면, 금방 80세가 넘어버리게 됩니다. 따라서 실버타운 입주를 고려하고 있다면, 생각보다 조금 더 서둘러야 합니다.

Q82　실버타운에 입주하려면 기존 살림살이는 어떻게 하나요?

 대부분 정리하고 최소한의 살림살이만 가지고 오는 것이 좋습니다.

60대에서 70~80대에 접어들면, 그동안 쌓아둔 살림살이 중 더 이상 쓰지 않는 물건들이 많아지지만, 아까워서 버리지 못하고 보관하는 경우가 많습니다. 실버타운에 입주하려면 이러한 물건들을 정리하는 것이 필요합니다. 버리기 아까운 물건들은 아름다운가게와 같은 곳에 기부하여 필요한 사람들에게 나누어주고, 꼭 필요한 물건들만 실버타운으로 가져오는 것이 바람직합니다.

꼭 버릴 수 없이 간직해야 하는 살림살이는 창고업체에 맡겨 보관할 수도 있고, 실버타운에 따라 주차장에 세대별로 작은 창고를 마련해 주는 곳도 있지만 가급적 대부분의 살림살이는 정리하는 것이 좋습니다.

개인 차량이 있는 경우, 입주하려는 실버타운이 도심형으로 서울 시내에 있다면 굳이 개인 차량이 필요하지 않을 수 있습니다. 서울 외곽에 위치해 있어도 대부분 실버타운은 셔틀버스를 운행하거나 지하철 등 교통이 편리하여 차량을 자주 사용할 일이 없습니다. 그러나 서울에서 먼 외곽이나 지방에 위치한 실버타운이라면 개인 차량이 필요할 수 있습니다. 다만, 나이가 들수록 차량 운행이 어려워질 수 있다는 점은 고려해야 합니다.

실버타운은 입주민이 사용할 수 있는 주차시설을 충분히 갖추고 있기 때문에 주차 문제는 발생하지 않습니다. 결론적으로, 실버타운 입주 전에는 필요 없는 물건을 정리하고, 필요에 맞는 가구와 차량 사용 여부를 신중하게 결정할 필요가 있습니다.

100문 100답

10장 | 나에게 맞는 실버타운 찾기

Q83 〉 최고가 실버타운은 모든 점에서 완벽한가요?

 최고가 실버타운이라고 해도 완벽한 실버타운은 없습니다.

실버타운 중 입주보증금과 월 생활비가 가장 높은 곳은 서울의 더클래식500 과 용인의 삼성노블카운티입니다.

1. 더클래식500

서울시 광진구 건국대학교병원 근처에 위치한 최고급 도심형 실버타운으로, 2009년 학교법인 건국대학교에 의해 오픈되었습니다. 1인 기준 56평 입주세대의 입주보증금은 10억 원이며, 월 생활비는 580만 원입니다. 주요 시설로는 피트니스센터, 야외수영장, 골프연습장, 도서관, AV룸 등이 있습니다. 호텔식 컨시어지 서비스, 24시간 운영되는 프런트 데스크와 발레파킹 등, 특급 호텔 수준의 서비스를 제공합니다. 경제적 여유가 있는 시니어들이라면 1순위로 고려하는 곳이며, 편리한 도심생활과 함께 고급스러운 주거환경을 누릴 수 있는 실버타운으로 평가받고 있습니다.

2. 삼성노블카운티

경기도 용인시 기흥구에 위치한 도시 근교형 실버타운으로, 삼성생명공익재단
이 2001년에 설립한 곳입니다. 1인 기준 50평 입주세대의 입주보증금은 6억
4,000만 원이며, 월 생활비는 450만 원입니다. 이곳은 총 7만여 평의 대지에
입주민이 주거하는 타워동과 함께 너싱홈을 비롯하여 생활편의시설의 집합체
인 리빙프라자가 들어서 있습니다. 타워B동에는 건강이 좋지 않은 고령자를 위
한 돌봄 서비스를 제공하는 프리미엄 세대가 마련되어 있습니다. 삼성노블카운
티는 단지 규모, 프로그램 수준, 시설의 다양성에 있어 도시근교형 실버타운 중
최고로 평가받고 있습니다.

그러나 최고가 실버타운이라고 모든 면에서 완벽한 것은 아닙니다. 더클래
식500은 서울 도심에 있어 공기가 맑지 않고 녹지가 적으며, 삼성노블카운티
는 용인에 있어 서울을 생활권으로 삼는 사람들에게는 불편할 수 있습니다.

모든 점에서 완벽한 실버타운은 없기 때문에 자신에게 맞는 실버타운을 찾
아야 합니다. 예를 들어, 월 생활비가 580만 원인 더클래식500에서 지내던 부
모님을 월 생활비 104만 원의 스프링카운티자이로 모시고 이사한 62세 미국
교포와 인터뷰를 한 적이 있습니다. 서울의 최고가 실버타운에서 왜 용인으로
이사를 오셨는지 묻자, 그분은 다음과 같은 이유를 들었습니다.

"더클래식500은 서울에 위치해 있어 공기가 좋지 않으며, 주변에 산책할 만 한
자연 공간이 없습니다. 또한, 반려견의 입주가 허용되지 않습니다"

이처럼 나에게 맞는 실버타운은 따로 있습니다. 각 실버타운의 특성과 나의
필요를 고려하여, 생활 환경, 편의 시설, 주변 자연환경 등을 종합적으로 검토
해 자신에게 맞는 실버타운을 찾는 것이 바람직합니다.

Q84 월 생활비 200만 원 중반대로
갈 수 있는 좋은 실버타운이 있나요?

7곳으로 모두 서울 및 수도권에 위치해 있습니다.

월 생활비 200만 원 중반대로 갈 수 있는 실버타운이 7곳이 있으며 모두 시설
과 컨시어지 서비스가 좋습니다.

1.더시그넘하우스강남

㈜엘티에스가 2017년에 강남구 자곡동에 설립한 도심형 실버타운입니다. 1인
기준 31평의 입주보증금은 5억 6,000만 원이며, 월 생활비는 275만 원입니다.
30~40평형대가 많아 부부가 입주하기 적합합니다. 입주민의 건강 관리를 위
해 혈압과 혈당 체크, 투약 관리 등이 제공되며, 하나로 의료재단과 연계하여
프리미엄 건강 검진 서비스와 진료비 할인 혜택도 주어집니다. 건강이 나빠진
입주민은 부설 요양 센터인 너싱홈에서 돌봄을 받을 수 있습니다. 보증금과 월
생활비가 높은 편이지만, 품격 있는 주거 분위기를 제공하여 강남 지역의 경제
력이 있는 시니어에게 적합한 선택지입니다.

2.더시그넘하우스청라

더시그넘하우스강남을 운영하는 ㈜엘티에스가 청라에 오픈한 실버타운입니
다. 2024년 2월부터 입주를 시작했으며, 2024년 7월 기준으로 가장 최근에 오
픈한 실버타운입니다. 1인 기준 22평의 입주보증금은 3억 3,500만 원이며, 월
생활비는 239만 원입니다. 더시그넘하우스강남의 건물과 시설 기준에 맞추어
청라에 건설하였으며, 전 세대에 발코니와 바닥난방이 추가되어 화분을 키울
수 있고, 실내 공기가 건조하지 않아 건강에 도움이 됩니다. 커뮤니티 시설로는
북카페라운지, 사우나, 실내골프 연습장, 피트니스센터, 명상실, 그리고 원불교
교당이 운영되고 있습니다.

3. 서울시니어스분당타워

송도병원이 2003년에 경기도 성남시 분당구에 오픈한 실버타운입니다. 분당 불곡산 산자락에 위치한 도시 근교형 실버타운으로 분류됩니다. 1인 기준 25평의 입주보증금은 3억 2,500만 원이며, 월 생활비는 250만 원입니다. 주요 부대시설로는 수영장, 사우나, 헬스장, 당구장, 탁구장, 강당, 동호인실, 장기바둑실, 노래방, 영화감상실, 도서실, 카페 등이 있으며, 내부 시설과 운영 관리 수준이 높다는 평가를 받고 있습니다.

4. 서울시니어스가양타워

2007년에 송도병원이 서울 강서구에 설립한 실버타운으로, A동은 실버타운, B동은 요양센터로 구성되어 있습니다. 1인 기준 25평의 입주보증금은 4억 6,421만 원이며, 월 생활비는 249만 원입니다. 후기 고령자 시설인 주간보호센터와 요양원이 있어, 고령으로 몸이 불편해져도 다른 곳으로 이동할 필요 없이 같은 곳에서 지속적인 돌봄과 의료 서비스를 받을 수 있는 것이 이 실버타운의 큰 장점입니다. 특히 세대수가 많고 동호회 활동이 아주 활발한 실버타운으로 정평이 높습니다.

5. 서울시니어스강남타워

서울 강남구 자곡동에 위치한 도심형 실버타운으로, 송도병원이 2015년에 설립했습니다. 총 95세대의 아담한 규모로, 자연과 도심 생활을 동시에 누릴 수 있는 환경을 제공합니다. 1인 기준 24평의 입주보증금은 3억 5,378만 원이며, 월 생활비는 249만 원입니다. 내부 시설은 다소 적지만, 주변 인프라를 최대한 활용할 수 있어 불필요한 관리비를 줄일 수 있습니다.

6. 유당마을

유당마을은 경기도 수원시 장안구 수일로에 위치한 실버타운으로, 1988년에 우리나라 최초의 유료양로시설로 개원했습니다. 2015년에 노인복지주택으로 변경되었으며, 현재 사회복지법인 '빛과소금'에서 운영하고 있습니다. 1인 기준 20평의 입주보증금은 2억 원대 초반이며, 월 생활비는 238만 원입니다. 한국 실버타운의 효시이며 노인복지에 기여한다는 사명감과 투명한 경영으로 노인주거복지시설의 모범적인 선두주자로 자리 잡고 있습니다. 입주민들의 건강 상태에 따라 3단계의 등급을 두고, 그 등급에 따른 차별화된 서비스를 제공해 입주민들이 건강하고 즐겁게 지낼 수 있도록 배려하고 있습니다.

7. 노블레스타워

서울 성북구 종암동에 위치한 도심형 실버타운으로, 2008년에 ㈜백마 C&L이 설립하여 운영 중입니다. 총 239세대로 구성된 이 실버타운은 타워Ⅰ, 타워Ⅱ, 타워Ⅲ으로 나뉘며, 타워Ⅰ과 Ⅱ는 주거동, 타워Ⅲ은 요양원으로 사용되고 있습니다. 1인 기준 22평의 입주보증금은 4억 2,000만 원이며, 월 생활비는 237만 원입니다. 주요 시설로는 온천수영장, 사우나, 헬스장, 에스테틱센터, 시네마홀이 있으며, 온천수영장은 지하 850m에서 끌어올린 온천수를 사용합니다. 설립자가 실버타운 오픈할 때부터 부모님을 모시고 함께 입주하여 거주하면서 다른 입주민도 부모님과 똑같은 마음으로 모시는 곳으로 잘 알려져 있습니다.

Q85 월 생활비 200만 원 미만으로 갈 수 있는 좋은 실버타운이 있나요?

생활비는 중가이지만 서비스는 고급형인 실버타운이 4곳 있습니다.

월 생활비 150~200만 원으로 갈 수 있는 실버타운이 6곳이 있습니다. 그 중에서도 모던하고 시설이 좋은 곳은 4곳으로 다음과 같습니다.

1. 마리스텔라

천주교 인천교구 산하 학교법인 인천가톨릭학원이 2014년에 설립한 도심형 실버타운으로, 인천 서구에 위치해 있습니다. 1인 기준 24평의 입주보증금은 2억 5,000만 원이며 월 생활비는 204만 원입니다. 600병상 규모의 국제성모병원이 단지 내에 위치해있어 입주민들이 긴급상황에서 신속한 응급조치를 받을 수 있습니다. 마리스텔라는 '서로 사랑하며, 사람 냄새 풍기는 공동체'로 신부님이 직접 상주하며 실버타운을 운영합니다. 또한 함께 근무하는 모든 직원들의 헌신이 돋보이는 곳으로 알려져 있습니다.

2. 동해약천온천실버타운

대순진리회 산하 대진복지재단에서 2005년 강원도 동해시에 오픈한 실버타운입니다. 1인 기준 24평의 입주보증금은 1억 5,000만 원이며 월 생활비는 157만 원입니다. 온천탕과 대형 야외풀장을 갖추고 있어 입주민뿐만 아니라 일반인도 유료로 이용할 수 있습니다. 망상해수욕장 등 유명 관광지가 인근에 있어 휴양형 실버타운으로 적합합니다. 대순진리회 식자재 가공공장에서 엄선된 식자재를 지장수를 이용해 씻고 조리하고 있어 자연식을 닮은 식사로 평판이 높습니다.

126   1부 실버타운 100문 100답

3. 청심빌리지

통일교 산하 사회복지법인 청심복지재단에서 2005년 경기도 가평군에 오픈한 실버타운입니다. 1인 기준 22평의 입주보증금은 1억 원이며 월 생활비는 203만 원입니다. 주변이 청평호와 산책로, 텃밭 등으로 자연친화적이며, 남이섬, 아침고요수목원, 유명산자연휴양림 등의 관광명소와 인접해있습니다. 실버타운에는 드물게 파크골프장이 있으며 HJ매그놀리아국제병원과 연계하여 입주민에게 고품질의 의료 연계 서비스를 제공하고 있습니다.

4. 사이언스빌리지

2019년에 오픈한 실버타운으로 대전 대덕연구단지에 위치해 있습니다. 1인 기준 25평의 입주보증금은 1억 원이 조금 넘으며 월 생활비는 155만 원입니다. 사이언스빌리지는 과학기술인을 위한 교류센터로서의 역할을 하며, 입주민의 평균연령이 실버타운 중 젊은 75세로 매우 활기차고 역동적인 곳입니다. 로봇 두뇌운동프로그램 등을 포함한 각종 문화와 여가 프로그램이 매일 운영되는 실버타운으로, 과학자들이 모여 사는 분위기가 한껏 풍기는 곳입니다. 초기에는 과학기술인의 부모 및 배우자, 인근 지역 거주자까지 입주가 가능했으나, 2024년 7월 기준 과학기술인만 입주가 가능합니다.

　이 4곳의 실버타운은 시설과 인적서비스 면에서 서울과 수도권의 고급 실버타운에 비해 전혀 손색이 없으며, 오히려 주변 경치는 더 뛰어납니다. 그럼에도 불구하고 서울에 위치한 고급형 실버타운보다 월 생활비가 저렴한 이유는 서울이 아닌 지방에 위치해 있기 때문입니다. 따라서 굳이 서울이나 수도권에 머물 필요가 없는 시니어들에게는 매우 매력적인 선택이 될 수 있습니다.

Q86 월 생활비 100만 원으로 입주 가능한 규모가 큰 실버타운이 있나요?

규모나 시설에 비해 관리비가 아주 저렴한 곳으로는 스프링카운티자이와 서울시니어스고창타워가 있습니다.

규모가 크고 시설이 잘 갖춰진 실버타운 중에서 월 100만 원 정도의 생활비로 거주할 수 있는 곳으로는 용인의 스프링카운티자이와 고창의 서울시니어스고창타워가 있습니다.

1. 스프링카운티자이

경기도 용인시에 위치한 스프링카운티자이는 1,345세대로 전국에서 가장 큰 규모의 실버타운입니다. 이곳은 내부에 식당, 골프연습장, 헬스장, 북카페, 영화관람실, 당구장, 탁구장, 노래연습실 등 실버타운이 갖춰야 할 모든 시설을 갖추고 있습니다.

스프링카운티자이의 월 생활비가 저렴한 이유는 이곳이 100% 분양형 실버타운이기 때문입니다. 2024년 7월 기준 계약 평수 23평의 매매가격이 약 4억 8,000만 원이며 1인 기준 월 생활비는 104만 원입니다. 매매가는 같은 평형대 고가의 임대형 실버타운의 입주보증금보다 높기는 하지만 월 생활비가 저렴합니다.

스프링카운티자이의 관리비가 낮은 또다른 이유 중 하나는 이곳의 세대수가 고가 임대형 실버타운보다 5배 정도 많다는 것입니다. 이렇게 많은 세대가 부대시설을 이용하고, 그 운영비를 나누어 부담하기 때문에 관리비가 매우 저렴합니다. 더 자세한 내용은 아래 QR코드를 스캔하면 저자가 출연한 TV 프로그램을 볼 수 있습니다.

찾아라마이홈 13-1
스프링카운티자이

2. 서울시니어스고창타워

서울시니어스고창타워는 서울시니어스에서 운영하는 고창의 웰파크시티에 위치한 실버타운입니다. 웰파크시티에는 서울시니어스고창타워 외에도 실내 수영장, 야외워터파크, 사우나 및 스파, 식당, 파크골프장, 펜션, 요양병원, 일반병원, 복합 상가 등이 있는 주거·휴양·관광 복합 공간입니다. 이곳은 대한민국에서 진정한 의미의 은퇴자 마을을 형성한 유일한 곳입니다. 1인 기준 20평의 입주보증금은 1억 6,000만 원이며 월 생활비는 106만 원입니다.

서울시니어스고창타워의 월 생활비가 저렴한 이유는 두 가지입니다. 첫째, 총 539세대로 많은 입주민이 부대시설 운영비를 분담해 관리비가 낮습니다. 둘째, 고창타워가 위치한 웰파크시티에는 이미 다양한 시설이 갖춰져 있어, 실버타운 내에 최소한의 부대시설만 마련하면 되기 때문에 추가적인 관리비가 들지 않습니다.

그러나 서울시니어스고창타워가 모든 시니어들에게 적합한 것은 아닙니다. 세대 수가 많아 관리비가 낮지만, 입주민의 일상생활을 세심하게 도와줄 인력이 충분하지 않을 수 있습니다. 따라서 일상적으로 직원들의 도움을 많이 필요로 하는 후기 고령자에게는 적합하지 않습니다. 또한, 서울에서 멀리 떨어진 위치에 있어 서울에 거주하기를 원하는 시니어들에게도 다소 불편할 수 있습니다.

Q87 월 생활비 100만 원 초반대의 가성비 좋은 실버타운이 있나요?

지방에 가성비가 좋고 화기애애한 분위기의 실버타운이 3곳 있습니다.

규모가 100세대 이상이면서 입주민끼리 가족처럼 지낼 수 있는 월 생활비 100만 원 초반대의 실버타운으로는 다음과 같이 3곳이 있습니다.

1. 월명성모의집

천주교 대구대교구 산하 바오로복지재단이 1999년 경북 김천시에 오픈한 실버타운입니다. 1인 기준 15평의 입주보증금은 6,600만 원이며 월 생활비는 88만 원으로 전국에서 월 생활비가 가장 저렴한 실버타운입니다. 단지 내에 요양원과 의원이 함께 있어 필요시 요양원으로 연계 입소가 가능합니다. 입주동 뒤쪽의 십자가의 길은 천주교 신자인 입주민들에게 산책과 묵상의 장소로 자주 이용되고 있습니다. 성당에서는 매일 미사가 봉헌되며, 입주민 대부분이 천주교 신자로서 영적인 삶을 중요시 여기고 있습니다. 자연 속에서 신앙생활을 중시하며 경제적으로 부담이 적은 실버타운을 찾는 시니어들에게 이상적인 선택지입니다.

2. 공주원로원

한국장로교복지재단이 1996년 충남 공주시에 설립한 대표적인 기독교 재단 실버타운입니다. 1인 기준 15평의 입주보증금은 9,000만 원이며 월 생활비는 127만 원입니다. 초기에는 은퇴 목회자를 위해 개방되었으나, 현재는 기독교 신자를 비롯하여 종교에 상관없이 누구나 입주할 수 있습니다. 기독교 신자가 많아 예배당에서 많은 시간을 보내며 종교활동을 통해 입주민들 사이의 친목을 도모하고 있습니다. 공주원로원은 경제적인 부담이 적고, 종교적인 공동체 생활을 원하는 시니어들에게 안성맞춤입니다. 입주민의 건강과 안부를 챙기며 양질의 생활공간을 제공하는 곳으로 잘 알려져 있습니다.

3. 일봉실버랜드

1996년 설립되어 경상남도 의령군에 위치한 전원형 실버타운으로 사회복지법인 일봉복지관이 운영하고 있습니다. 1인 기준 10평의 입주보증금은 없으며 월 생활비는 110만 원입니다. 입주세대는 본관과 별관에 있으며, 신관은 노인대학으로 사용되고 있습니다. 일봉복지관은 그 밖에도 일봉효누리요양원, 의령노인통합지원센터, 의령시니어클럽을 함께 운영하고 있습니다. 80세가 넘은 고령이어도 건강과 인지 측면에서 독립생활이 가능하면 입주할 수 있습니다. 소란스러운 도시보다는 전원에서 저렴한 월 생활비로 아기자기한 정을 나누며 살고 싶은 시니어들에게 적합합니다.

이 3곳의 실버타운은 경제적으로 여유가 많지 않은 시니어들에게 훌륭한 선택이 될 수 있습니다. 모두 지방에 위치해 있어 입주보증금이 낮고, 종교법인이나 사회복지법인에서 운영하기 때문에 이윤을 추구하지 않습니다.

세대 크기는 10~15평으로 작지만, 1인이 생활하기에는 충분한 공간을 갖추고 있습니다. 또한, 헬스장, 물리치료실, 로비카페, 휴게실, 텃밭 등 기본적인 부대시설을 갖추고 있어 편리한 생활이 가능합니다. 특히, 월명성모의집과 공주원로원은 생활비가 저렴함에도 잘 조성된 부대시설과 환경 덕분에 '진흙 속의 진주'로 평가받기도 합니다.

Q88 신앙생활에 전념하면서 지낼 수 있는 실버타운이 있나요?

10곳 가까이 있습니다. 그러나 다른 실버타운에 거주하여도 종교생활 하는데 전혀 문제가 없습니다.

천주교 재단 혹은 관련 법인에서 설립한 실버타운은 다음 4곳이 있습니다.
- 인천의 마리스텔라 (인천교구 산하 학교법인 인천가톨릭학원)
- 안성의 미리내실버타운 (수원교구 산하 오로지 사회복지법인)
- 김천의 월명성모의집 (대구대교구 산하 사회복지법인 바오로복지재단)
- 부산의 흰돌실버타운 (사회복지법인 로사사회봉사회)

이 4곳의 실버타운 내에는 준본당 성당이 있으며, 신부님이 상주하고 있습니다. 실버타운 내 성당에서는 주말을 비롯해 매일 미사가 봉헌되며, 입주민을 중심으로 레지오 마리애, 성서 모임 등 일반 성당에서와 같은 활동이 이루어집니다. 신부님을 언제든 가까이에서 만날 수 있으며, 입주민들의 신앙생활을 적극적으로 지원합니다. 물론 천주교가 아닌 분들도 입주하고 생활하는데 전혀 문 제가 없습니다. 또한, 이 4곳 모두 실버타운과 함께 요양원도 운영하고 있어, 실버타운에서 생활하다가 건강이 나빠지면 요양원으로 입소할 수 있습니다.

실버타운 내에 교회가 있는 곳입니다.
- 공주의 공주원로원
- 수원의 유당마을

공주원로원은 한국장로교복지재단에서 운영하며, 공주원로원교회가 있습니다. 이 교회에서는 매일 새벽 예배를 비롯해 수요 예배, 금요 예배, 주일 예배를 드립니다. 유당마을은 사회복지법인 빛과소금에서 운영하며, 빛과소금교회가 있습니다. 이 교회에서는 주일 예배, 수요 예배, 새벽 기도회가 열립니다. 이 두 곳도 천주교에서 운영하는 실버타운과 마찬가지로 요양원도 함께 운영하여, 후기 고령자의 건강을 돌보고 있습니다.

기타 종교 재단에서 운영하는 실버타운도 2곳이 있습니다.
• 동해의 동해약천온천실버타운 (대순진리회 산하 사회복지법인 대진복지재단)
• 가평의 청심빌리지 (통일교 산하 사회복지법인 청심복지재단)

대순진리회의 동해약천온천실버타운과 통일교의 청심빌리지 두 곳의 실버타운 입주민 대부분은 대순진리회나 통일교와 관련이 없고, 종교 행사에 큰 관심이 없어 특정 종교 행사가 진행되지는 않습니다.

최근 2024년에 설립된 더시그넘하우스청라에는 원불교 교당이 있으며, 교무 가 상주하고 있습니다. 입주민 대부분은 원불교와 관련이 없으며, 법회는 외부의 원불교 교도를 대상으로 열릴 것으로 예상됩니다.

모든 실버타운의 입주민은 자유롭게 특정 종교를 믿고 신앙 생활을 할 수 있습니다. 교통편이 좋지 않은 지방의 실버타운에서는 입주민을 위해 주말에 차량을 이용해 원하는 종교 시설로 픽업 서비스를 제공하기도 합니다.

Q89   85세 이상인 시니어도 입주가 가능한 실버타운이 있나요?

 몇 곳이 있으며 더 정확한 것은 상담을 통해 확인하는 것이 좋습니다.

대부분의 실버타운은 공식적으로 입주 가능한 최대 나이를 명시하지 않지만, 대기자가 많고 인기가 높은 실버타운일수록 내부적으로 80세에서 최대 85세를 입주 신청자의 나이 상한선으로 설정하는 경우가 많습니다. 그러나 이러한 규정은 절대적이지 않으며, 입주 신청자의 건강 상태나 실버타운의 상황에 따라 유연하게 조정될 수 있습니다.

85세 이상이라도 입주가 가능한 임대형 실버타운은 다음과 같습니다.
- 더시그넘하우스청라
- KB골든라이프케어평창카운티
- 일붕실버랜드
- 케어닥케어홈배곧신도시점

이 외에도 2025년에 오픈하는 대형 실버타운은 입주 연령 상한선을 정해놓고 있지 않습니다. 또한 아래의 실버타운도 가능성이 있으나 입주 신청자의 상황에 따라 다를 수 있으므로 직접 상담을 통해 확인하는 것이 좋습니다.
- 흰돌실버타운
- 미리내실버타운
- 월명성모의집
- 공주원로원
- 수동시니어타운

Q90   장기요양등급을 받아도 입주 가능한 실버타운이 있나요?

 몇 곳이 있으며 더 정확한 것은 상담을 받아 보아야 합니다.

장기요양등급이 나와도 입주가 가능한 실버타운으로는 다음의 3곳이 있습니다.

- 더시그넘하우스청라
- 일붕실버랜드
- 케어닥케어홈배곧신도시점

이 3곳의 실버타운들은 장기요양등급이 있어도 입주가 가능하지만, 최소한 스스로 식당까지 걸어가서 배식을 받을 수 있는 정도의 건강은 갖추고 있어야 합니다. 휠체어를 사용하거나 심한 치매 환자의 경우에는 입주가 어려울 수 있습니다. 또한, 시니어의 건강 상태에 따라 입주 가능 여부가 달라질 수 있기 때문에, 실제로 상담을 받아보는 것이 좋습니다. 2025년 2월 오픈 예정인 부산의 라티브도 장기요양등급을 받은 시니어의 입주를 받아주고 있습니다.

케어닥케어홈은 배곧신도시점 외에도 송추점과 용인점이 있으며 계속해서 지점을 오픈할 예정이어서 대기 없이 입주가 가능한 곳들이 있을 수 있습니다. 더 자세한 정보는 저자가 출연한 OBS TV 프로그램 '찾아라 마이홈'의 다시 보기를 통해 확인할 수 있습니다.

 찾아라마이홈 16-1
케어닥케어홈배곧신도시점

 찾아라마이홈 17-2
케어닥케어홈용인더퍼스트점

유료양로시설은 노인복지주택보다 입주자격이 까다롭지 않고 유연한 편입니다. 이 책자에는 소개하지 않았지만 정원 50인 이상으로 나름대로 규모를 갖춘 유료양로시설은 아래와 같으니 상담 받아 보시길 바랍니다.

어차피 장기요양등급이 나올 정도면 입주를 받아주는 실버타운이 많지 않으며, 그러한 분들은 실버타운 가셔도 부대시설 등을 이용하기 어렵습니다. 따라서 굳이 이용하지도 못할 크고 좋은 시설을 갖춘 실버타운 보다는 살갑고 친밀하게 돌봄을 제공해 주는 유료양로시설이 더 좋을 수도 있습니다.

- 예승실버타운 (경기도 덕양구)
- 효누림실버타운 (경기도 일산동구)
- 늘푸른실버타운 (경기도 일산동구)
- 의왕VIP실버타운 (경기도 의왕시)
- 파티마성모의집 (경기도 여주시)
- 선한마을 (충북 충주시)
- 천안실버타운 (충남 천안시)
- 솔뫼베네딕토의집 (충남 당진시)
- 성바오로안나의집 (경북 군위군)
- 무아의집 (경남 양산시)
- 청라백세마을 (인천 서구)

 찾아라마이홈 16-2
청라백세마을

Q91 의원이나 병원이 가까운 실버타운을 알려주세요.

실버타운 내부에 의원이나 병원이 있거나 걸어서 갈만큼 병원이 가까운 실버타운이 16곳 있습니다.

병원(요양병원 포함)이나 의원이 걸어서 갈 수 있는 거리에 있으면, 자주 의료시설을 방문해야 하는 시니어들에게 매우 편리합니다. 다음은 병원이나 의원을 걸어서 갈 수 있는 실버타운과 해당 의료 시설입니다.

- 마리스텔라 – 국제성모병원 (종합병원)
- 스프링카운티자이 – 용인세브란스병원 (종합병원)
- 서울시니어스서울타워 – 서울송도병원
- 서울시니어스강서타워 – 강서송도병원
- 서울시니어스가양타워 – 행복한의원
- 서울시니어스분당타워 – 시니어스의원
- 서울시니어스고창타워 – 석정웰파크병원
- 삼성노블카운티 – 삼성노블카운티의원
- 더클래식500 – 24시 열린의원
- 노블레스타워 – 노블레스부속의원
- 유당마을 – 유당부속의원
- 월명성모의집 – 월명성모의원
- 흰돌실버타운 – 흰돌의원
- 미리내실버타운 – 대건효도병원
- 수동실버타운 – 연세요양병원
- 청심빌리지 – HJ매그놀리아국제병원

Q92 건강회복을 위해 휴양하기 좋은 실버타운이 있나요?

 고창 웰파크시티 안에 위치한 서울시니어스고창타워를 추천합니다.

　서울시니어스고창타워는 서울시니어스타워에서 고창에 조성한 은퇴자마을인 웰파크시티 내에 위치한 실버타운입니다. 웰파크시티 안에는 휴양을 통해 면역력을 강화하고 건강을 회복하기 좋은 시설들이 많이 있어서 추천할 만한 곳입니다. 실버타운에 공실이 없으면 웰파크시티 내에 있는 힐링카운티에서 장기간 지내는 방법도 있습니다. 서울시니어스고창타워에서 생활하면서 웰파크시티 내 다음과 같은 시설을 편리하게 이용할 수 있습니다.

1. 석정웰파크병원
암환자 재활, 통증 관리, 면역 치료에 특화된 병원으로 정형외과, 내과, 외과, 정신건강의학과, 면역검진센터, 건강검진센터를 운영하고 있습니다. 환자들의 신체적, 정신적 회복을 돕기 위해 재활치료에 중점을 두고 있습니다.

2. 웰파크요양병원
암환자를 비롯한 고령자들의 만성 질환 관리, 재활 치료, 그리고 일상 생활 지원을 목표로 하며, 자연 친화적인 환경에서 환자들이 편안하게 요양하며 관리받을 수 있도록 설계되었으며 간병인들이 친절합니다.

3. 가정간호서비스
석정웰파크병원의 전문 간호사가 담당 의사와 함께 치료 계획을 세운 후, 입주민들에게 치료 및 간호 관리를 제공합니다. 이를 통해 입주민들은 필요한 치료와 관리를 실버타운 내에서 편리하게 받을 수 있습니다.

4. 게르마늄 온천, 수영장, 파동욕장, 맨발 황톳길

게르마늄 온천과 수영장, 스파, 파동욕장이 있어 건강 증진과 면역력 강화에 도움을 줍니다. 또한, 맨발로 걸을 수 있는 황톳길도 조성되어 있어 자연 속에서 힐링을 즐길 수 있습니다.

5. 파크 골프장

입주민은 웰파크시티 내 파크 골프장을 무료로 이용할 수 있으며, 가까운 거리에 있어 걸어서도 쉽게 갈 수 있습니다. 많은 입주민들이 파크 골프를 즐기고 있으며, 파크골프 동호회도 활발하게 운영되고 있습니다.

웰파크시티 단지 내 힐링카운티에서 장기 거주하며 요양 중인 70대 초반의 미국 교포와 인터뷰할 기회가 있었습니다. 초기 암 환자였던 이분은 웰파크시티에 머물면서 체중도 증가하고 건강도 많이 좋아져 매우 만족하고 있었습니다. 물론, 이곳에서 지낸다고 모든 질환이 호전되는 것은 아니지만, 서울시니어스고창타워가 있는 웰파크시티만큼 휴양과 건강을 증진시키는 시설과 환경이 잘 조성된 실버타운 단지는 전국에 없습니다.

더 자세한 정보는 아래 QR코드를 스캔하여 저자가 출연한 OBS TV 프로그램 '찾아라 마이홈'의 다시 보기를 통해 확인할 수 있습니다.

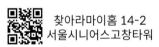
찾아라마이홈 14-2
서울시니어스고창타워

부모님과 같이 입주할 수 있는 실버타운은 없나요?

 나이 제한이 풀린 실버타운에 입주할 수 있습니다.

40~50대 자녀가 부모님을 모시고 살지만, 자녀가 저녁에 부재하거나 여행 중일 때 부모님의 식사와 안전을 보장하기 위해 실버타운 동반 입주를 고려해 볼 수 있습니다. 하지만 모든 실버타운은 자녀의 나이가 24세 미만이거나 60세 이상이어야만 동반입주가 가능합니다.

이러한 상황에서 진정한 의미의 실버타운은 아니지만 부모님을 모시고 살기에 적합한 곳으로는 블루밍더클래식과 정원속궁전이 있습니다. 이곳들은 식당, 부대시설, 여러 가지 프로그램이 잘 갖춰져 있어 자녀들의 부재 시에도 부모님 식사나 안전을 걱정할 필요가 없습니다.

만약 실버타운에 입주하기 마땅치 않다면 내부에 식당과 부대시설을 갖춘 커뮤니티 아파트도 좋은 대안이 될 수 있습니다. 커뮤니티 아파트는 다음과 같은 장점이 있습니다.

- **입주자격**: 커뮤니티 아파트에서는 나이 제한 없이 부모님과 함께 입주할 수 있습니다.
- **부대시설 이용**: 실버타운과 유사하게 내부에 식당, 헬스장, 취미실 등이 있는 커뮤니티 아파트를 선택하면, 부모님이 자녀들 부재 시 식당 및 편의시설을 이용하면서 편하게 생활할 수 있습니다.
- **사회적 활동**: 커뮤니티 아파트에서도 입주민들 간의 교류가 활발하여, 부모님 이 실버타운처럼 동호회나 보임에 참여할 수 있는 기회가 많습니다.

Q94 성별, 나이별로 추천할 실버타운이 따로 있나요?

실버타운마다 특징이 있지만 개인의 선호도가 더 중요합니다.

실버타운을 선택할 때는 시니어의 성별, 나이, 건강 상태, 그리고 생활 방식에 따라 알맞은 곳이 달라질 수 있습니다. 아래는 여성 시니어, 남성 시니어, 액티브 영 시니어, 그리고 나이가 많은 후기 고령자에게 적절한 실버타운에 대한 안내입니다. 그러나 성별과 나이 보다도 개인적으로 각자의 상황과 선호에 맞는 실버타운을 선택하는 것이 필요합니다.

1. 여성 시니어
- **일반적인 현황**: 대부분의 실버타운은 입주민 중 여성 시니어가 70% 이상을 차지합니다. 따라서 여성 전용 실버타운이 따로 있는 것은 아니어서 어느 곳을 입주하더라도 잘 적응하는 편입니다.
- **성격과 선호에 따른 선택**: 조용한 환경을 선호하고 사회 활동이 적은 여성 시니어라면 지방에 위치한 가족적인 분위기의 실버타운이 더 맞을 수 있습니다. 지방의 실버타운은 비용이 저렴하고 오손도손 살아가는 곳이 많습니다. 그렇다고 해서, 경제적 여유가 있음에도 굳이 지방의 실버타운을 고집할 필요는 없습니다. 다양한 부대시설과 프로그램이 있는 도심형 실버타운을 먼저 고려하는 것이 좋습니다.

2. 남성 시니어
- **일반적인 성향**: 남성 시니어는 여성 시니어에 비해 단체 활동에 소극적이며, 실버타운 내 여러 프로그램에도 참여율이 낮은 편입니다.
- **취미와 활동에 따른 선택**: 남성 시니어는 개인 취미 활동을 다양하게 즐길

수 있는 실버타운이 적절할 수 있습니다. 예를 들어, 골프 연습장, 헬스장, 당구장, 탁구장, 바둑방, 서예실, 독서실 등 개인적인 취미를 위한 부대시설이 잘 갖춰진 곳이 좋습니다.

4. 액티브 영 시니어

- **일반적인 현황**: 여전히 어떤 형태이든 경제 활동을 하는 경우가 많고 파크 골프처럼 액티브 한 취미활동에 관심이 많습니다.
- **입주민 평균 나이가 낮은 곳 선택**: 활동적이고 부부 비율이 높은 실버타운이 영 시니어에게 좋을 수 있습니다. 분양형 실버타운이나 2025년에 오픈하는 대형 실버타운은 입주민의 평균 연령이 낮아 또래와 어울릴 기회가 많습니다.

5. 후기 고령자

- **부대시설 이용의 한계**: 후기 고령자는 실버타운 내 수영장이나 골프연습장 같은 부대시설을 이용하기 어려워, 사용하지 않는 시설의 이용료만 지불해야 하는 경우가 많습니다.
- **의료 접근성과 돌봄 서비스**: 후기 고령자에게는 병원이나 의원이 가까운 도심 형 실버타운이 적합합니다. 특히, 후기 고령자를 위해 따로 마련된 돌봄 서비스를 갖추고 있거나 요양보호사가 쉽게 방문하여 재가서비스를 받을 수 있는 실버타운이 좋습니다.

해외교포에게 적절한 실버타운은 어디가 있나요?

 특정 실버타운이 적합하기 보다는 지방에 위치한 실버타운 중 규모가 크고 시설이 좋은 곳에 많이 입주해 있습니다.

2022년 이후 해외 교포들의 국내 실버타운 입주가 증가하면서, 몇몇 실버타운에서는 해외 교포의 비율이 20~30%에 달하는 경우도 있습니다. 해외 교포들의 비율이 높은 실버타운은 다음과 같습니다.
- 고창의 서울시니어스고창타워
- 가평의 청심빌리지
- 동해의 동해약천온천실버타운
- 용인의 스프링카운티자이

이들 실버타운의 공통점은 다음과 같습니다. 첫째, 지방에 있어 조용하고 평화로운 환경을 제공합니다. 둘째, 수도권에 비해 공실이 있어 입주가 비교적 쉬우며, 셋째, 입주보증금과 월 생활비가 저렴하여 경제적으로 매력적입니다. 마지막으로, 주변 자연환경이 좋고 공기가 맑아 쾌적한 생활을 할 수 있습니다.

해외에서 온 교포들은 대개 한국에 연고가 적기 때문에, 굳이 공기가 나쁘고 복잡한 수도권에 머물 필요를 느끼지 않습니다. 또한, 미국과 같은 큰 나라에서 살아온 경험 때문에 몇 백 킬로미터 떨어진 지방을 멀다고 느끼지 않습니다. 이러한 이유로 교포들은 자연환경이 좋고, 공실이 있으며, 경제적으로도 부담이 적은 실버타운을 선호합니다.

Q96 반려동물을 키울 수 있는 실버타운이 있나요?

 2024년 7월 기준 실버타운 중 스프링카운티자이와 KB골든라이프케어평창카운티가 가능합니다.

반려견 동반 입주를 허용하는 실버타운은 다음과 같습니다.

1. 반려견 동반 입주 허용 실버타운 (2024년 7월 기준)
- 스프링카운티자이
- KB골든라이프케어평창카운티

2. 2025년 오픈 예정이며 반려견 동반 입주 허용 실버타운
- 서울의 VL 르웨스트
- 부산의 라우어
- 부산의 라티브

2024년 7월 기준 반려동물이 허용되는 실버타운은 2곳이며, 2025년이 되면 3곳이 더 추가될 예정입니다.

1. 많은 실버타운이 반려동물을 허용하지 않는 이유
- **위생 관리의 어려움**: 반려동물이 실내에서 생활할 경우, 털과 오물로 인해 위생 관리를 유지하는 것이 어려워질 수 있습니다.
- **다른 입주자들의 이해와 동의 필요**: 반려동물에 알레르기가 있거나 반려동물에 대한 두려움이 있는 입주자들의 이해와 동의가 필요합니다.
- **입주민의 사망 후 책임 문제**: 입주민이 사망하거나 더 이상 반려동물을 돌볼

수 없는 상황이 발생했을 때, 반려동물의 돌봄 책임을 누가 질 것인지 명확하지 않을 수 있습니다.

특히, 이미 반려동물을 허용하지 않는 실버타운에서 새롭게 반려동물 입주를 허용하는 것은 기존 입주자의 이해와 동의를 얻기 어려워서 쉽지 않은 결정입니다. 반면, 새롭게 오픈하는 실버타운은 처음부터 내부 규정에 의해 반려동물 동반 입주를 허용할 수 있습니다.

2. 반려동물 허용 시 제한 조건 (출처: KB골든라이프케어평창카운티)

- **체중 제한**: 반려견의 체중이 10kg 이하이어야 하며, 1마리만 허용됩니다.
- **예방 접종**: 종합백신과 광견병 예방접종 완료 증명서를 제출해야 합니다.
- **견종 제한**: 로트와일러, 진돗개 등 공격성이 높은 견종은 제한됩니다.
- **반려동물 종류 제한**: 반려견, 반려묘 외에 타인에게 혐오감을 줄 수 있는 반려동물은 제한됩니다.
- **케이지 사용**: 반려동물이 밖으로 출입할 때는 케이지를 사용해야 합니다.
- **출입 제한**: 바깥 출입을 위한 동선 외에 반려동물의 출입은 제한됩니다.
- **서비스 제공 시 제한**: 직원이 세대를 방문하여 청소, 룸서비스, 돌봄 등의 서비스를 제공하는 동안 반려동물은 울타리나 케이지 내에 있어야 합니다.
- **입마개 착용 권고**: 상황에 따라 입마개 착용을 권고할 수 있습니다.

이러한 조건들은 반려동물과 입주민 모두의 안전과 편의를 위해 마련된 것입니다. 실버타운에 반려동물과 함께 입주를 고려할 때는, 이러한 제한 조건을 충분히 이해하고 준비하는 것이 필요합니다.

5억원과 10억원대 아파트를 소유한 75세 시니어 기준으로 설명해 보겠습니다.

2024년 5월 20일 관련 법 개정으로 인해, 자가 아파트를 소유한 시니어들이 주택연금을 신청하면서 노인복지주택(실버타운)으로 이주하는 것이 허용되었습니다. 이 개정 전에는 자가 주택을 주택연금에 신청하면, 특별한 사유(예: 병원 입원 등)가 없는 한 해당 주택에서 이사하는 것이 금지되어 있었습니다.

이제는 자가 아파트를 주택연금에 들어 초기 인출금을 받고, 남은 금액에 대해 주택연금을 받으면서 동시에 실버타운으로 이주할 수 있습니다. 또한, 비어 있는 아파트를 월세로 줄 수 있게 되어, 추가적인 수입을 얻을 수 있습니다.

아래는 5억 원대와 10억 원대 아파트를 소유한 75세 시니어가 실버타운으로 입주하게 될 때 아파트를 활용해 받을 수 있는 금액을 산정해 보았습니다.

1. 매매가 5억 원대 아파트를 소유한 75세 시니어
- **매매가 5억 원대 아파트의 월세 수입**: 월 130만 원
- **주택연금 초기 인출금**: 2억 원
- **초기 인출금 후 주택연금**: 월 63만 원
- **총 월 수입 (월세 + 주택연금)**: 130만 원 + 63만 원 = 193만 원

75세 시니어가 매매가 5억 원대의 아파트를 소유하고 있는 경우, 주택연금을 신청해 초기 인출금 2억 원을 현금으로 받고 나머지 3억 원의 주택 가치를 주택연금으로 전환하면, 평생 매월 63만 원의 연금을 받을 수 있습니다. 이렇게 되면 초기 인출금 2억 원과 월세 및 주택연금 합계 193만 원의 월 수입이 생

깁니다.

이 금액과 월 수입으로 다음과 같은 중저가 실버타운에 입주할 수 있습니다.

- 서울시니어스고창타워 (고창)
- 청심빌리지 (가평)
- 동해약천온천실버타운 (동해)
- 사이언스빌리지 (대전, 과학인공제회 회원만 입주 가능)
- 공주원로원 (공주)
- 월명성모의집 (김천)
- 흰돌실버타운 (부산)
- 기타 저가 실버타운

2. 매매가 10억 원대 아파트를 소유한 75세 시니어

- **매매가 10억 원대 아파트의 월세 수입**: 월 200만 원
- **주택연금 초기 인출금**: 4억 원
- **초기 인출금 후 주택연금**: 월 117만 원
- **총 월 수입 (월세 + 주택연금)**: 200만 원 + 117만 원 = 317만 원

10억 원대 아파트를 소유한 75세 시니어는 주택연금을 신청해 초기 인출금 4억 원을 받고, 나머지 6억 원에 해당하는 집 가치를 주택연금으로 전환하면, 평생 매월 117만 원의 연금을 받을 수 있습니다. 이렇게 되면 초기 인출금 4억 원과 월세 및 주택연금 합계 317만 원의 월 수입이 생깁니다. 이 금액과 월 수입으로 더클래식500과 삼성노블카운티를 제외한 거의 모든 실버타운에 입주할 수 있습니다.

다음과 같은 경우 연금이 달라질 수 있습니다. 특히 부부일 경우 배우자가 계속 받을 수 있도록 약정하지 않으면 신청자가 사망 시 연금이 중단됩니다. 주택연금 신청 시 몇 가지 고려해야 하는 항목은 아래와 같습니다.

1. 부부의 경우
주택연금 신청자가 사망한 후에도 배우자가 계속해서 연금을 받게 되면, 신청자의 나이뿐만 아니라 배우자의 나이도 따져보아야 합니다. 예를 들어, 신청자가 75세이고 배우자가 70세라면, 주택연금은 70세 기준으로 산정되므로 75세 신청자 기준보다 연금이 적어집니다.

2. 주택연금의 형태
주택연금은 정액형, 초기증액형, 정기증가형 등이 있으며, 앞의 예시는 정액형을 기준으로 한 것입니다. 정액형은 변동 없이 일정한 금액이 지급되지만, 실버타운의 월 비용인 관리비와 식비는 매년 상승할 수 있습니다.

3. 추가 수입과 자산
입주민에 따라 주택연금과 월세 이외에도 국민연금이나 기타 자산이 있을 수 있으므로, 이러한 요소를 모두 고려하여 재정 계획을 세워야 합니다.

4. 주택연금 계산
주택연금 액수는 한국주택연금공사 홈페이지의 '주택연금 예상 연금 조회' 기능을 통해 쉽게 계산할 수 있습니다.

청약금 납부, 입주보증금 준비, 공실이 있는 평형이나 층에 우선 입주
등의 방법으로 입주를 앞당길 수 있습니다.

인터넷이나 유튜브에서 실버타운의 대기가 3~5년이라는 이야기가 종종 있
지만, 실제로는 과장된 경우가 많습니다. 일부 인기 있는 실버타운을 제외하고
는 대 부분 대기 기간이 그리 길지 않으며, 특정 평형대나 조건에 따라 더 빨리
입주할 수 있는 경우도 많습니다.

예를 들어, 스프링카운티자이와 같은 분양형 실버타운이나 서울시니어스
타워와 같은 분양/임대 혼합형 실버타운도 공실이 자주 생기는 편입니다. 또
한, 2024년에 오픈한 더시그넘하우스청라와 KB골든라이프케어평창카운티는
2024년 9월 기준으로 공실이 많이 있었습니다. 2025년에 오픈 예정인 VL르웨
스트, 라우어, 라티브도 공실이 있거나 대기가 길지 않을 것입니다.

지방에 위치한 중저가 실버타운은 대기기간이 도심형 실버타운에 비해 상대
적으로 짧기 때문에, 관심이 있다면 주저하지 말고 대기를 걸어두는 것이 좋습
니다. 아래는 실버타운에 빨리 입주할 수 있는 방법입니다.

1. 청약금을 내고 대기를 걸어두기
- 관심있는 실버타운에 청약금을 내고 대기자 명단에 등록해 놓으면 공실이
  발 생할 때 연락을 받을 수 있습니다.
- 대기를 취소하면 청약금은 바로 돌려줍니다.

2. 입주보증금을 준비해 두기

• 입주보증금을 언제라도 입금할 수 있도록 준비합니다.

• 실버타운 운영사 측에 입주보증금 100%가 이미 준비되어 있으며 다음주라도 바로 입주가 가능하다고 알려주면 공실이 발생할 때 조금은 우선적으로 연락을 받을 수 있습니다.

3. 공실이 있는 평수나 층에 우선 입주하기

• 처음부터 마음에 드는 평수나 층이 아니더라도, 공실이 나오면 일단 입주하는 것도 하나의 방법입니다.

• 입주한 후 실버타운 운영사에 원하는 평형대나 층을 미리 이야기해 두고, 공실이 발생하면 다른 대기자보다 우선적으로 옮길 수 있도록 요청할 수 있습니다.

4. 자주 실버타운 운영사와 부동산에 연락하기

• 매매가 가능한 실버타운의 경우, 운영사에 자주 연락해 매매나 임대 공실이 있는지 확인하고, 부동산에도 연락해 새로 나온 물건이 있는지 주기적으로 확인하도록 합니다.

이러한 전략을 통해 실버타운 입주 기회를 최대한 빠르게 잡을 수 있습니다. 설혹 대기 기간이 길더라도, 적극적으로 대기자 명단에 이름을 올리고 실버타운 운영사와 지속적으로 연락을 유지하는 것이 필요합니다.

Q99 실버타운 상담 시 무엇을 주의 깊게 보아야 하나요?

 입주상담 시 알아보아야 할 것과 관찰을 통해 알아볼 것이 있습니다.

실버타운에 입주를 결정하기 전에, 여러 중요한 요소를 확인하고 직접 경험해보는 것이 바람직합니다. 상담을 통해 얻는 정보뿐만 아니라, 실제로 방문하여 실버타운의 내부와 외부를 돌아보며 직접 확인해야 하는 부분도 있습니다. 이러한 과정을 통해 보다 나은 결정을 내릴 수 있습니다.

상담 시 체크항목

- **비용**: 입주보증금, 중도퇴거 시 위약금, 관리비, 선납금, 의무식, 식비, 부대시설 이용료, 수도광열비
- **입주보증금 반환장치**: 확정일자, 전세등기, 근저당설정, 보증보험, 기타
- **입주세대**: 층, 방향, 계약면적, 전용면적, 발코니(베란다), 냉난방시스템, 빌트인가구, 무장애디자인, 응급벨, 스마트케어시스템
- **부대시설**: 식당, 물리치료실, 헬스장, 사우나, 수영장, 간호사실, 영화관, 강당, 휴게실, 편의점, 골프연습장, 당구장, 취미룸
- **야외시설**: 파크골프장, 텃밭, 게이트볼장, 정원, 산책길
- **프로그램**: 요가, 에어로빅, 라인댄스, 스트레칭, 웃음치료, 음악교실, 인문학강좌
- **식사**: 의무식 수, 1식당 비용, 특별식, 식단, 룸서비스, 식사체험 여부
- **입주민**: 총인원, 남녀비율, 부부/싱글비율, 평균연령대, 재가등급받은 입주민
- **기타**: 의원/병원, 요양원, 주간보호센터, 성당이나 교회 유무
- **계약**: 계약기간, 입주보증금 납입절차, 계약해지 및 연장 항목

관찰을 통한 체크항목

- **식사 체험**: 가능한 경우, 실버타운에서 나오는 식사를 해보면 좋습니다. 또한 식당 앞에 1주일치 식단표를 붙여놓는 곳이 많으니 사진을 찍어서 꼼꼼히 체크해 보도록 합니다.

- **숙박 체험 가능 여부**: 일부 실버타운에서는 단기 숙박 체험을 제공하여, 실제 생활 환경과 편의시설을 직접 경험할 수 있는 기회를 제공합니다. 특히 동해약천온천실버타운과 월명성모의집에서는 이러한 체험이 가능하며, 상담을 통해 다른 실버타운에서도 체험 기회를 확인하는 것이 좋습니다. 숙박 체험은 실버타운을 이해하는데 효과적이며, 동해약천온천실버타운의 경우 하루나 그보다 더 긴 기간동안 숙박시설을 유료로 이용할 수 있습니다. 부모님과 동해안 여행을 계획하면서 일반 숙박 시설 대신 동해약천온천실버타운에서 묵어보는 것도 좋은 방법입니다. 이곳이 실버타운이라는 점을 사전에 알리지 않고 체험해 보면, 실버타운에 대한 부정적인 선입견이 자연스럽게 없어질 수도 있습니다. 청심빌리지와 월명성모의집도 체험숙박이 가능합니다.

- **입주민과의 대화**: 로비나 휴게실에서 휴식을 취하고 있는 입주민들과 대화하여, 그들의 생활 만족도와 실버타운에 대한 의견을 들어보는 것만큼 더 실질적인 것은 없습니다. 실버타운 알아보러 왔다고 하면서 입주민들에게 말을 건네면 아주 친근하게 대해 주며 그곳의 생활을 이야기해줍니다.

- **관찰**: 입주민과 직원들의 표정을 관찰하고, 직원들이 입주민을 어떻게 대하는 지 주의 깊은 관찰이 필요합니다. 직원들의 태도와 입주민의 표정은 그들의 생활 만족도와 관리 상태를 가늠할 수 있는 중요한 지표가 됩니다.

Q100 나에게 맞는 실버타운 찾는 법을 종합적으로 정리해 주세요.

 ① 비용 ② 건강과 나이 ③ 위치 ④ 규모와 부대시설 ⑤ 운영업체
⑥ 의무식 순으로 살펴보았습니다.

실버타운 입주를 결정할 때 고려해야 할 주요 요소는 다음과 같습니다.

1. 비용
- **경제적 여유**: 실버타운 입주 결정에서 가장 중요한 요소는 경제력입니다. 장기적인 관점에서 예산을 따져보도록 합니다.
- **충분한 예산**: 경제적 여유가 충분하다면, 고급 실버타운인 더클래식500과 삼성노블카운티를 우선 고려할 수 있습니다. 이곳들은 고급 시설과 최고의 서비스를 제공하는 대표적인 실버타운입니다. 그 외에 수도권과 부산의 고급 실버타운을 찾아보도록 합니다.
- **제한된 예산**: 경제적 여유가 제한적이라면, 입주보증금과 월 생활비를 기준으로 어떤 실버타운이 가능한지 선별해야 합니다. 그 후에 나에게 맞는 옵션을 비교해 봅니다.

2. 건강과 나이
- **건강**: 건강 정도를 객관적으로 평가하여 인지하고 있어야 합니다.
- **나이**: 나이가 많으면 입주 가능한 실버타운이 제한적일 수 있습니다. 이러한 경우, 해당 조건을 받아주는 실버타운을 중심으로 선택할 수밖에 없습니다.
- **젊고 건강한 시니어**: 80세 미만이고 건강 상태가 좋다면, 경제적 여유에 따라 여러 곳의 선택지가 있을 수 있습니다.

3. 위치
- **도심형 실버타운**: 서울 및 수도권에 위치해야 한다면, 도심형 실버타운을 고려할 수 있습니다. 병원과 문화시설 접근성이 뛰어납니다.
- **전원형 실버타운**: 공기가 맑고 자연환경이 좋은 곳을 선호한다면, 도심에서 벗어난 전원형 실버타운이 적합합니다. 대부분 비용이 부담이 없고, 조용하고 여유로운 생활을 할 수 있습니다. 주어진 환경을 활용한 산책이나 운동으로 건강 회복에도 도움이 됩니다.
- **도시 근교형 실버타운**: 서울과 가까운 도시 근교형 실버타운은 도심과 전원의 장점을 모두 누릴 수 있습니다. 병원과 문화시설이 가깝고, 자연환경이 좋은 경우가 많습니다.

4. 규모와 부대시설
- **특정 부대시설**: 병원, 파크 골프, 수영장, 종교시설, 스크린 골프장, 산책로 등 특정 시설이 필요하다면, 그러한 시설을 갖춘 실버타운을 알아보는 것이 좋습니다.
- **수도권 실버타운**: 수도권에 위치한 실버타운은 규모와 부대시설에 큰 차이가 없으므로, 내부에 요양원이나 병원이 있는지 살펴보도록 합니다.
- **지방 실버타운**: 지방에 위치한 실버타운은 수도권의 실버타운에 비해 규모나 부대시설의 차이가 큽니다. 규모가 크고 부대시설이 잘 갖춰진 실버타운을 우선적으로 고려하는 것이 좋습니다.

5. 운영업체
- **수익추구**: 노인복지에 대한 개념 없이 수익을 목적으로 운영하는 실버타운은 입주민이 약자 (후기 고령자, 돌봄이 필요한 입주민)가 되었을 때 재계약을 하지 않거나 해결책 마련에 미흡할 수 있습니다.
- **운영철학**: 운영이익에 앞서 시니어를 모신다는 마음을 가진 실버타운의 운

영 방식과 직원들의 서비스 마인드는 규모와 시설보다 더 중요한 요소입니다.

- **주인의식**: 설립자가 주인의식을 가지고 끝까지 운영책임을 지는 실버타운이 좋습니다.

6. 의무식

- **식사품질**: 식사는 실버타운 생활에서 매우 중요한 요소이므로, 가능하다면 실버타운의 식사를 직접 경험해 보는 것이 좋습니다.
- **의무식 수**: 월 의무식 수가 많다고 너무 부담을 느낄 필요는 없습니다. 의무식이 많으면 처음엔 부담스러울 수 있지만, 장기적으로는 건강한 생활 유지에 도움이 됩니다.
- **의무식 단가**: 고급 실버타운에서는 의무식 단가가 적당히 높은 것이 오히려 좋습니다. 단가가 지나치게 낮으면 만족스러운 식사 품질을 유지하기 어려울 수 있습니다.

이와 같은 요소들을 고려하여 자신의 상황에 가장 적합한 실버타운을 선택해 야 합니다. 경제적 여유, 나이와 건강 상태, 위치, 규모와 부대시설, 운영업체, 의무식 등을 종합적으로 검토하여 선택을 하는 것이 좋습니다.

실버타운 검토 시 주요 항목 체크리스트 ☑

주요항목		
1. 실버타운 형태	☐ 100% 분양형	☐ 100% 임대형
2. 실버타운 위치	☐ 도심형	☐ 도시근교형
3. 입주보증금	☐ 평형별 입주보증금	☐ 납부 방식
4. 월 생활비	☐ 관리비	☐ 의무식 식비
5. 운영 주체 평가	☐ 운영사 평판	☐ 운영 주체 규모
6. 입주 자격	☐ 나이	☐ 건강
7. 계약 내용	☐ 계약 기간	☐ 의무 거주 기간
8. 식사 서비스	☐ 의무식 식사 수	☐ 1식당 비용
9. 생활편의 서비스	☐ 청소/세탁 서비스	☐ 컨시어지 서비스
10. 입주세대	☐ 전용률	☐ 발코니
11. 돌봄 시설	☐ 사립 요양원	☐ 공립 요양원
12. 의료시설 접근성	☐ 실버타운 내 의원/병원	☐ 대형병원 접근성
13. 의료지원	☐ 간호사 상주	☐ 복약 관리
14. 부대시설 및 프로그램	☐ 주요 시설	☐ 종교시설
15. 대중교통 편의성	☐ 버스	☐ 지하철
16. 주변 생활 인프라	☐ 생활편의 시설	☐ 여가문화 시설
17. 입주민	☐ 입주 인원수	☐ 싱글/부부 비율
18. 기타	☐ 입주 체험 가능 여부	☐ 입주 대기 기간

상세항목

☐ 임대/분양 혼합형	☐ 월세형	☐ 케어형 실버타운
☐ 전원형		
☐ 입주비	☐ 입주보증금 증액형	☐ 입주보증금 감면형
☐ 부대시설 이용료	☐ 공과금	☐ 의무식 외 식비
☐ 운영 법인	☐ 직원 전문성 및 서비스	☐ 운영 경험
☐ 동반 가족 유무	☐ 반려동물	
☐ 중도 퇴거 시 위약금	☐ 입주보증금 반환 규정	☐ 입주보증금 반환 안전장치
☐ 식단 메뉴 구성	☐ 식당 위치	☐ 배식 방식
☐ 병원 동행 서비스	☐ 금융/법률 자문 서비스	☐ 세대별 창고
☐ 빌트인 가구/가전	☐ 세대 내 조리 가능 여부	☐ 세대의 층/방향
☐ 주야간보호센터	☐ 재가복지센터	☐ 프리미엄 돌봄세대
☐ 요양병원	☐ 협력병원	
☐ 응급상황 대처 시스템	☐ 병원 예약 서비스	☐ 정기 건강검진 서비스
☐ 프로그램 및 동호회	☐ 텃밭	☐ 편의점/마트
☐ 셔틀버스		
☐ 지역사회 연계 시설	☐ 공원 및 산책로	
☐ 평균 연령대	☐ 입주민 성향 및 분위기	☐ 남녀 성비
☐ 게스트룸 여부		

세부사항별 실버타운 체크리스트 ☑

입주보증금

- ☐ 평형에 따른 입주보증금
- ☐ 보증금 납부 방식 (일시불/분할)
- ☐ 보증금 금액에 따른 혜택
- ☐ 보증금 반환 시 공제되는 항목
- ☐ 중도 퇴거 시 보증금 반환 규정
- ☐ 사망 시 보증금 반환 절차 및
  상속 규정
- ☐ 보증금에 대한 전세권 설정, 보험 가입
  등 보호 장치
- ☐ 계약 갱신 시 보증금 변동 가능성

월 생활비

- ☐ 월 관리비 총액
- ☐ 관리비 포함 항목
- ☐ 관리비 인상 주기와 인상률 상한선
- ☐ 월 의무식 식비 및 횟수
- ☐ 식단의 다양성과 영양 균형
- ☐ 식사를 하지 못할 시 식비 공제 여부
- ☐ 개별 세대의 공과금 비용
- ☐ 헬스장, 수영장 등
  부대시설 이용료 포함 여부
- ☐ 문화 프로그램 등 참여 비용

위치

- ☐ 도심과의 거리
- ☐ 자녀/가족 거주지와의 거리
- ☐ 지형 (평지인지 경사가 있는지)

교통

- ☐ 버스정류장/지하철역 위치와 거리
- ☐ 셔틀버스 운행 여부 및 노선
- ☐ 주차공간

상업 및 문화/여가 시설

- ☐ 대형마트/편의점 등 상업시설 접근성
- ☐ 은행/우체국 등 금융기관 접근성
- ☐ 식당/카페 등 외식 시설 접근성
- ☐ 도서관/영화관 등 문화공간 접근성
- ☐ 체육관/수영장 등 운동시설 접근성
- ☐ 복지관 등 지역사회 연계시설 접근성

자연 환경

- ☐ 주변 환경에 따른 소음 및 대기 수준
- ☐ 공원, 산책로 등 주변 녹지 수준
- ☐ 도시근교형/전원형의 도심 접근성
  (거리 및 교통편)
- ☐ 주변 경관 (산/강/호수 등)

식당환경 및 식사 서비스

- ☐ 식사 제공 방식 (뷔페식/주문식)
- ☐ 식단의 다양성 및 특별식
  (저염식/당뇨식 등) 제공
- ☐ 식당의 크기 및 식당까지 접근성
- ☐ 식사시간과 식사시간 유연성
- ☐ 식사 배달 서비스 여부
- ☐ 정기적인 식단 평가 및
  개선 프로세스 존재 여부

운영 및 관리

- ☐ 운영 주체의 신뢰도 및 경험
- ☐ 운영사의 평판
- ☐ 직원들의 전문성
- ☐ 직원들의 서비스 태도
- ☐ 입주자 의견 수렴 시스템 보유 여부
- ☐ 시설의 청결도 및 유지보수 상태
- ☐ 시설 보안 및 안전 관리

생활 편의 서비스

- ☐ 청소 및 세탁 서비스의 주기와 범위
- ☐ 은행, 우체국 등 업무 대행 및
  개인 맞춤형 지원 서비스
- ☐ 개인 전용 창고 제공 여부

의료지원

- ☐ 실버타운 내 의료시설 (의원/클리닉)
- ☐ 24시간 상주하는 의료진
  (간호/간호조무사)
- ☐ 응급 상황 대응 시스템의 구축
- ☐ 응급실이 있는 종합병원과의 거리
- ☐ 방문 간호 서비스 이용 가능 여부
- ☐ 물리치료실 등 재활 시설
- ☐ 외부 병원 진료 시 동행 서비스 제공

요양시설 운영

- ☐ 실버타운 내 요양원 설치
- ☐ 인근 요양원/요양병원 연계
- ☐ 요양원 전원 시 우선 입소 여부
- ☐ 실버타운 내 주야간보호센터 운영
- ☐ 자체 돌봄시설 운영

부대시설 및 프로그램

- ☐ 운동 시설
  (헬스장/수영장/파크골프장 등)
- ☐ 취미/여가 시설
  (도서관/영화관/텃밭 등)
- ☐ 운동 프로그램(요가/수영 등) 운영
- ☐ 취미 활동(독서/원예 등) 지원
- ☐ 동호회 활동 지원 및
  문화 행사 및 공연 제공
- ☐ 입주자 간 교류 프로그램 운영

입주세대

- ☐ 공급면적과 전용면적 등
  실거주 공간 크기
- ☐ 주방 가구, 세탁기, 붙박이장, 에어컨
  등 빌트인 여부
- ☐ 일조량 및 채광 상태 확인
- ☐ 공용 시설(식당, 운동시설)과의
  접근성 확인
- ☐ 바닥재질, 문턱 및 안전시설 설치 여부
- ☐ 베란다/발코니 등 보유 여부

입주민 성향 및 분위기

- ☐ 입주민의 평균 연령대
- ☐ 입주민 남녀 성비
- ☐ 싱글과 부부 비율
- ☐ 입주민의 활동성 (프로그램 참여도)
- ☐ 입주민 간의 교류
- ☐ 새로운 입주민 환경 분위기
- ☐ 장기 거주자와 신규 입주자 비율
- ☐ 중도 퇴거율
- ☐ 특정 그룹 형성/배타적인 분위기 여부
- ☐ 입주민의 교육 수준 및 직업적 배경
- ☐ 활발한 종교활동 및 주를 이루는 종교

기타

- ☐ 입주자격 조건 (나이/건강상태)
- ☐ 방문객 규정 (숙박/식사 등)
- ☐ 애완동물 동반 가능 여부
- ☐ 개인 소지품 반입 제한 사항
- ☐ 화재 및 재난 대비 시설
- ☐ 지역 사회와의 연계
  (복지관/어린이집 등)
- ☐ 온천 등 특이시설 보유
- ☐ 임대형/분양형/임대분양혼합형 여부

2부

전국 34곳 실버타운 상세분석

실버타운 별 특징을 알아보고
나에게 맞는 실버타운 찾기

이한세 박사의
시니어스토리

1장 시니어스토리 선정 30곳 실버타운

01 공주원로원

02 광교두산위브

03 광교아르데코

04 김제부영실버아파트

05 내장산실버아파트

06 노블레스타워

07 더시그넘하우스강남

08 더시그넘하우스청라

09 더클래식500

10 동해약천온천실버타운

11 마리스텔라

12 미리내실버타운

13 블루밍더클래식

14 사이언스빌리지

15 삼성노블카운티

16 서울시니어스가양타워

17 서울시니어스강남타워

18 서울시니어스강서타워

19 서울시니어스고창타워

20 서울시니어스분당타워

21 서울시니어스서울타워

22 수동시니어타운

23 스프링카운티자이

24 월명성모의집

25 유당마을

26 일붕실버랜드

27 청심빌리지

28 케어닥케어홈배곧신도시점

29 KB골든라이프케어평창카운티

30 흰돌실버타운

실버타운 비용 분석 (가나다 순)

순번	시설명	위치	형태	대표평수	입주보증금 / 매매가	관리비	의무식 식비
1	공주원로원	공주	임대	15	9,000	127	관리비에 포함
2	광교두산위브	수원	분양	23	55,000	23	의무식 없음
3	광교아르테코	수원	분양	29	58,000	29	의무식 없음
4	김제부영실버아파트	김제	임대	23	4,100	15	의무식 없음
5	내장산실버아파트	정읍	임대	28	4,100	41	의무식 없음
6	노블레스타워	서울	임대	22	42,000	148	41
7	더시그넘하우스강남	서울	임대	31	56,000	167	66
8	더시그넘하우스청라	인천	임대	22	33,200	133	66
9	더클래식500	서울	임대	56	100,000	428	30
10	동해약천온천실버타운	동해	임대	24	15,000	150	관리비에 포함
11	마리스텔라	인천	임대	24	25,000	125	36
12	미리내실버타운	안성	임대	21	10,000	149	관리비에 포함
13	블루밍더클래식	하남	분양	34	66,000	85	관리비에 포함
14	사이언스빌리지	대전	임대	25	11,000	75	48
15	삼성노블카운티	용인	임대	50	64,000	350	85
16	서울시니어스가양타워	서울	임대	25	46,421	165	51
17	서울시니어스강남타워	서울	임대	24	35,378	165	51
18	서울시니어스강서타워	서울	월세	24	6,000	257	65
19	서울시니어스고창타워	고창	임대	20	16,000	21	26
20	서울시니어스분당타워	성남	임대	25	32,500	154	59
21	서울시니어스서울타워	서울	월세	23	6,000	320	관리비에 포함
22	수동시니어타운	남양주	임대	16	3,500	70	50
23	스프링카운티자이	용인	분양	23	48,000	23	27
24	월명성모의집	김천	임대	15	6,600	88	관리비에 포함
25	유당마을	수원	임대	20	21,400	230	관리비에 포함
26	일붕실버랜드	의령	임대	10	0	110	관리비에 포함
27	청심빌리지	가평	임대	22	10,000	121	50
28	케어닥케어홈배곧신도시점	시흥	월세	7	1,000	300	관리비에 포함
29	KB골든라이프케어평창카운티	서울	월세	25	3,000	335	60
30	흰돌실버타운	부산	임대	25	12,300	117	25

- 대표평수: 각 실버타운별 세대수가 가장 많은 평수
- 입주보증금/매매가: 임대형과 월세형은 입주보증금, 분양형은 매매가 (2024년 7월 기준)
- 관리비: 실버타운에서 매월 청구하는 관리비 (매월 변하지 않고 같음)
- 의무식 식비: 실버타운에서 매월 청구하는 의무식 식비 (관리비에 포함되기도 함)
- 월 비용: 관리비+의무식 식비로 실버타운에 매월 고정적으로 내야 하는 비용

월 비용	월간 의무식 수	의무식 단가	월간 의무식 외 식비	공과금	월 생활비
127	90	관리비에 포함	0	관리비에 포함	127
23	0	9,000원	81	관리비에 포함	104
29	0	9,000원	81	관리비에 포함	110
15	0	3,500원	32	관리비에 포함	47
41	0	3,000원	27	관리비에 포함	68
189	45	9,100원	41	7	237
233	60	11,000원	33	9	275
199	60	11,000원	33	7	239
458	20	15,000원	105	17	580
150	90	관리비에 포함	0	7	157
161	45	8,000원	36	7	204
149	90	관리비에 포함	0	관리비에 포함	149
85	35	관리비에 포함	50	관리비에 포함	135
123	60	8,000원	24	8	155
435	90	9,400원	0	15	450
216	60	8,500원	26	8	250
216	60	8,500원	26	7	249
322	90	7,200원	0	7	329
47	30	8,700원	52	6	106
213	60	9,800원	29	8	250
320	90	관리비에 포함	0	7	327
120	90	5,600원	0	5	125
50	30	9,000원	54	관리비에 포함	104
88	90	5,000원	0	관리비에 포함	88
234	90	관리비에 포함	0	8	238
110	90	관리비에 포함	0	관리비에 포함	110
171	60	8,300원	25	7	203
300	90	관리비에 포함	0	관리비에 포함	300
395	60	10,000원	30	8	433
142	45	5,600원	25	8	175

- 월간 의무식 수: 실버타운에서 정한 의무식의 수
- 의무식 단가: 의무식 1식당 단가로 의무식 식비를 월간 의무식 수로 나눈 비용
- 월간 의무식 외 식비: 월간 의무식 수가 90식이 아닌 경우 나머지 식사에 대한 추가 비용 (의무식 단가 적용)
- 공과금: 전기, 수도, 난방비 등으로 평당 3,000원으로 계산하여 일괄적으로 대표평수에 3,000원을 곱함
- 월 생활비: 고정적으로 실버타운에 내는 월 비용에 의무식 외 식비와 공과금을 더한 월 최소 생활비

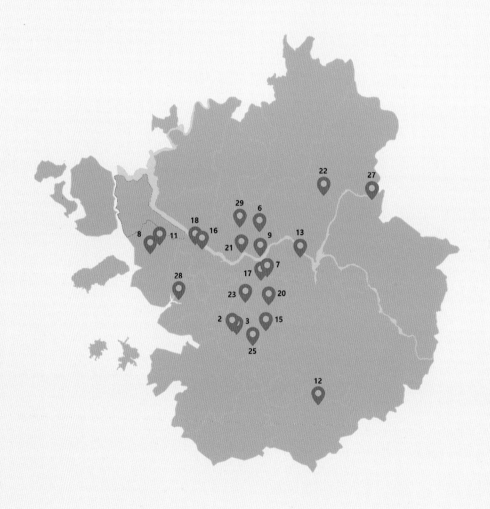

수도권 외 지역 실버타운

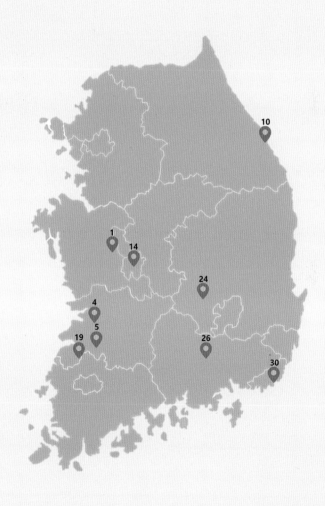

가격순 실버타운 비용 분석 (월 생활비 기준)

형태	구분	시설명	위치	대표평수	입주보증금 / 매매가	관리비	
임대형	최고가	더클래식500	서울	56	100,000	428	
		삼성노블카운티	용인	50	64,000	350	
	고가	더시그넘하우스강남	서울	31	56,000	167	
		서울시니어스가양타워	서울	25	46,421	165	
		서울시니어스분당타워	성남	25	32,500	154	
		서울시니어스강남타워	서울	24	35,378	165	
		더시그넘하우스청라	인천	22	33,200	133	
		유당마을	수원	20	21,400	230	
		노블레스타워	서울	22	42,000	148	
	중가	마리스텔라	인천	24	25,000	125	
		청심빌리지	가평	22	10,000	121	
		흰돌실버타운	부산	25	12,300	117	
		동해약천온천실버타운	동해	24	15,000	150	
		사이언스빌리지	대전	25	11,000	75	
		미리내실버타운	안성	21	10,000	149	
	저가	공주원로원	공주	15	9,000	127	
		수동시니어타운	남양주	16	3,500	70	
		일봉실버랜드	의령	10	0	110	
		서울시니어스고창타워	고창	20	16,000	21	
		월명성모의집	김천	15	6,600	88	
		내장산실버아파트	정읍	28	4,100	41	
		김제부영실버아파트	김제	23	4,100	15	
월세형		KB골든라이프케어평창카운티	서울	25	3,000	335	
		서울시니어스강서타워	서울	24	6,000	257	
		서울시니어스서울타워	서울	23	6,000	320	
		케어닥케어홈배곧신도시점	시흥	7	1,000	300	
100% 분양형		블루밍더클래식	하남	34	66,000	53	
		광교아르데코	수원	29	58,000	29	
		광교두산위브	수원	23	55,000	23	
		스프링카운티자이	용인	23	48,000	23	

- **대표평수**: 각 실버타운별 세대수가 가장 많은 평수
- **입주보증금/매매가**: 임대형과 월세형은 입주보증금, 분양형은 매매가 (2024년 7월 기준)
- **관리비**: 실버타운에서 매월 청구하는 관리비 (매월 변하지 않고 같음)
- **의무식 식비**: 실버타운에서 매월 청구하는 의무식 식비 (관리비에 포함되기도 함)
- **월 비용**: 관리비+의무식 식비로 실버타운에 매월 고정적으로 내야 하는 비용

의무식 식비	월 비용	월간 의무식 수	의무식 단가	월간 의무식 외 식비	공과금	월 생활비	페이지
30	458	20	15,000원	105	17	580	266
85	435	90	9,400원	0	15	450	344
66	233	60	11,000원	33	9	275	238
51	216	60	8,500원	26	8	250	358
59	213	60	9,800원	29	8	250	414
51	216	60	8,500원	26	7	249	372
66	199	60	11,000원	33	7	239	252
관리비에 포함	230	90	관리비에 포함	0	8	238	480
41	189	45	9,100원	41	7	237	224
36	161	45	8,000원	36	7	204	292
50	171	60	8,300원	25	7	203	508
25	142	45	5,600원	25	8	175	550
관리비에 포함	150	90	관리비에 포함	0	7	157	280
48	123	60	8,000원	24	8	155	330
관리비에 포함	149	90	관리비에 포함	0	관리비에 포함	149	306
관리비에 포함	127	90	관리비에 포함	0	관리비에 포함	127	172
50	120	90	5,600원	0	5	125	440
관리비에 포함	110	90	관리비에 포함	0	관리비에 포함	110	496
26	47	30	8,700원	52	6	106	400
관리비에 포함	88	90	5,000원	0	관리비에 포함	88	468
의무식 없음	41	0	3,000원	27	관리비에 포함	68	214
의무식 없음	15	0	3,500원	32	관리비에 포함	47	204
60	395	60	10,000원	30	8	433	536
65	322	90	7,200원	0	7	329	386
관리비에 포함	320	90	관리비에 포함	0	7	327	428
관리비에 포함	300	90	관리비에 포함	0	관리비에 포함	300	522
32	85	35	9,000원	50	관리비에 포함	135	320
의무식 없음	29	0	9,000원	81	관리비에 포함	110	196
의무식 없음	23	0	9,000원	81	관리비에 포함	104	186
27	50	30	9,000원	54	관리비에 포함	104	452

- **월간 의무식 수**: 실버타운에서 정한 의무식의 수
- **의무식 단가**: 의무식 1식당 단가로 의무식 식비를 월간 의무식 수로 나눈 비용
- **월간 의무식 외 식비**: 월간 의무식 수가 90식이 아닌 경우 나머지 식사에 대한 추가 비용 (의무식 단가 적용)
- **공과금**: 전기, 수도, 난방비 등으로 평당 3,000원으로 계산하여 일괄적으로 대표평수에 3,000원을 곱함
- **월 생활비**: 고정적으로 실버타운에 내는 월 비용에 의무식 외 식비와 공과금을 더한 월 최소 생활비

실버타운 주요 항목 평가표

형태	구분	시설명	위치	부대시설	컨시어지 서비스	대중교통 편의성
임대형	최고가	더클래식500	서울	A	A	A
		삼성노블카운티	용인	A	A	B
	고가	더시그넘하우스강남	서울	A	A	B
		서울시니어스가양타워	서울	A	A	A
		서울시니어스분당타워	성남	A	A	B
		서울시니어스강남타워	서울	A	A	B
		더시그넘하우스청라	인천	A	A	B
		유당마을	수원	A	A	B
		노블레스타워	서울	A	A	B
	중가	마리스텔라	인천	A	A	B
		청심빌리지	가평	A	B	C
		흰돌실버타운	부산	B	B	B
		동해약천온천실버타운	동해	A	B	C
		사이언스빌리지	대전	A	B	B
		미리내실버타운	안성	C	B	C
	저가	공주원로원	공주	B	B	C
		수동시니어타운	남양주	C	C	C
		일붕실버랜드	의령	C	C	C
		서울시니어스고창타워	고창	B	B	C
		월명성모의집	김천	C	B	C
		내장산실버아파트	정읍	C	C	C
		김제부영실버아파트	김제	C	C	C
월세형		KB골든라이프케어평창카운티	서울	A	A	B
		서울시니어스강서타워	서울	A	A	A
		서울시니어스서울타워	서울	B	A	B
		케어닥케어홈배곧신도시점	시흥	C	A	B
100% 분양형		블루밍더클래식	하남	B	C	A
		광교아르데코	수원	B	C	B
		광교두산위브	수원	B	C	B
		스프링카운티자이	용인	A	C	A

- 부대시설: A등급-모든 것을 갖추었음, B등급-규모가 작거나 관리자가 없음. C등급-제한적이거나 거의 없음.
- 컨시어지 서비스: A등급-일상생활, 건강관리, 병원동행, 개인법률상담 등 밀착 도움이 가능함
  B등급-어느정도 도움이 가능함, C등급-개인적인 밀착 도움이 없거나 제한적임.
- 교통 편의성: A등급-도보 거리에 지하철역과 버스정류장이 모두 있음, B등급-버스정류장만 있음, C등급-지하철역과 버스정류장 모두 없거나 버스정류장이 있어도 버스가 자주 오지 않음.

의료시설 접근성	주변 의원 및 병원	돌봄 시설 접근성	요양원 주간보호센터	페이지
A	건국대학교병원	C	없음	266
B	삼성노블카운티의원	A	돌봄층 운영, 사립 요양원	344
C	없음	A	사립 요양원	238
B	행복한의원	A	공립 요양원, 주간보호센터	358
A	분당서울대병원	B	주간보호센터	414
C	없음	B	주간보호센터	372
C	없음	A	돌봄층 운영	252
B	유당부속의원	A	돌봄세대 운영, 사립 요양원	480
B	노블레스부속의원	B	공립 요양원	224
A	국제성모병원	B	공립 요양원	292
A	HJ매그놀리아국제병원	C	없음	508
B	흰돌의원	B	공립 요양원	550
C	없음	C	없음	280
C	없음	C	없음	330
B	대건효도병원	B	공립 요양원	306
C	없음	A	공립 요양원, 주간보호센터	172
B	수동연세요양병원	C	없음	440
C	없음	B	공립 요양원	496
A	석정웰파크병원	C	없음	400
B	월명성모의원	A	공립 요양원, 주간보호센터	468
C	없음	C	없음	214
C	없음	C	없음	204
C	없음	C	없음	536
A	강서송도병원	B	주간보호센터	386
A	서울송도병원	C	없음	428
C	없음	A	돌봄세대 운영, 공립 요양원	522
C	없음	C	없음	320
C	없음	C	없음	196
A	아주대학교병원	C	없음	186
A	용인세브란스병원	C	없음	452

- 의료시설 접근성: A등급-실버타운 단지 내 또는 걸어갈 수 있는 거리에 실버타운 운영법인에서 직접 운영하거나 운영하지 않더라도 종합병원, 준종합병원, 병원을 갖추고 있음, B등급-의료시설로 의원급을 갖추고 있음, C등급-실버타운 단지 내에 아무런 의료시설이 없음.
- 돌봄시설 접근성: A등급-실버타운에 돌봄세대를 위한 돌봄층/돌봄세대를 운영하거나, 실버타운 내에 사립 요양원을 갖추고 있음, B등급- 주간보호센터 혹은 공립 요양원이 있음, C등급-돌봄시설이 없음.

충청남도 공주시 연수원길 47-30   041-853-2347

소개

공주원로원은 한국장로교복지재단이 운영하는 실버타운으로, 충남 공주시에 위치해 있다. 1996년에 설립되어 현재 105세대로 구성된 대표적인 기독교 재단 실버타운이다. 초기에는 은퇴 목회자를 위해 개방되었으나, 현재는 기독교 신자를 비롯하여 종교에 상관없이 누구나 입주할 수 있다.

입주비용은 평형에 따라 9,000만 원에서 1억 2,000만 원이며, 월 비용은 1인 127만 원에서 부부 239만 원까지 다양하다. 기본 계약 기간은 2년이며, 이후 자동 연장된다. 요양원과 주간보호센터를 함께 운영하여 건강이 악화될 경우 쉽게 요양원으로 옮길 수 있다.

공주시내에서 차로 10분 거리의 한적한 주거지에 위치해 있으며, 내부에는 산책로, 정원, 물리치료실, 식당, 예배당 등 부대시설이 있다. 식사는 뷔페식으로 제공되며, 의무식 90식이 포함되어 있다. 식당은 지정석으로 운영되어 입주민의 안부를 확인하고 있다.

공주원로원은 기독교 신자가 많아 예배당에서 많은 시간을 보내며 종교 활동을 통해 입주민들 사이의 친목을 도모하고 있다. 공주원로원교회를 담당하는 담임목사님이 계셔 매일 예배를 드리고 있다. 관리비에는 물리치료실 이용, 청소 및 세탁 서비스, 공주시내로의 차량 지원 등이 포함되어 있어 추가 지출이 적다. 입주민의 평균 연령은 80세 중반 정도로, 대부분 이곳에서 여생을 보내겠다는 마음으로 지내고 있다.

공주원로원은 경제적인 부담이 적고 종교적인 공동체 생활을 원하는 시니어들에게 적합하다. 기독교 정신을 바탕으로 입주민들이 서로의 건강과 안부를 챙기며 정이 넘치는 실버타운으로 잘 알려져 있다.

입주비용

평형별 입주보증금

평형	입주보증금	
	1인	부부
15	9,000만원	1억원
18	1억1,000만원	1억2,000만원
22	1억2,000만원	1억3,000만원
23	1억2,000만원	1억3,000만원

입주보증금은 평형별로 다소 차이가 있다. 1인 기준 가장 작은 평형인 15평형의 9,000만 원부터 가장 큰 평형인 23평형의 1억 2,000만 원까지 있다. 부부일 경우 이 비용에서 1,000만 원이 추가된다. 입주보증금은 일종의 시설 이용료 선납금 역할을 하기 때문에 매월 입주보증금의 0.3%를 시설 이용료 형식으로 공제한다.

기본 계약 기간은 2년이며, 계약 만기 이전에 입주민의 사정으로 계약을 해지해 퇴거할 경우 입주보증금의 5%를 위약금으로 지불해야 한다. 기본 계약 기간인 2년이 지나면, 특별히 계약을 해지하지 않는 한 계약은 자동으로 연장된다. 최초 계약 기간인 2년이 지난 이후에는 언제든지 계약 해지가 가능하며, 이 경우 위약금은 없다.

카페테리아

재단설립자 에드워드 아담스의 초석

월 비용

평형별 월 비용

(단위: 만 원)

평형	관리비+식비		시설 이용료 선납금		월 비용	
	1인	부부	1인	부부	1인	부부
15	100	200	27	30	127	230
18	100	200	33	36	133	236
22	100	200	36	39	136	239
23	100	200	36	39	136	239

식비를 포함한 관리비는 평형에 관계없이 싱글은 100만 원, 부부는 200만 원이다. 여기에 더해 매월 시설 이용료 선납금 형식으로 입주보증금에서 0.3%가 공제된다. 예를 들어, 보증금이 9,000만 원인 경우 월 27만 원, 1억 원인 경우 월 30만 원이 공제된다. 이를 합산하면, 싱글의 경우 대략적인 월 비용은 127~136만 원, 부부의 경우 230~239만 원이 된다.

입주보증금이 시설 이용료 선납금으로 모두 소진되려면 27년이 걸리기 때문에, 평생을 지내겠다고 생각하면 실제 발생하는 월 비용은 싱글인 경우 100만 원, 부부는 200만 원에 불과하다.

관리비에는 의무식인 90식 식사비용, 물리치료실 이용, 청소 및 세탁 서비스, 공주시내에서 시장이나 은행 등을 방문할 때 필요한 차량 지원 비용 등이 포함되어 있다. 난방비, 전기세, 상수도세 등 각종 공과금도 시설 이용료 선납금에 포함되어 있어, 관리비와 시설 이용료 선납금 외에 추가로 지출되는 비용은 크지 않다.

입주민마다 다르겠지만, 한 여성 입주민의 경우 월 100만 원의 비용에 추가로 개인용품 구매, 외부 병원 진료비 등을 포함해 총 월 생활비는 140~170만 원 정도가 든다고 한다. 2주 이상 장기로 주거 공간을 비우게 되는 경우에는 비운날짜만큼 생활비에서 공제해 주는 혜택도 있다.

식물원 앞 쉼터

위치 및 주변 환경

공주원로원은 충남 공주시에 위치한 전원형 실버타운이다. 서울고속버스터미널에서 40분 간격으로 출발하는 고속버스를 이용하면 약 1시간 30분 만에 공주고속버스터미널에 도착하며, 터미널에서 택시로 약 10분 거리다. 자차로는 공주 IC에서 2km 정도 공주시내 방향으로 이동하면 도착할 수 있다.

공주원로원은 공주시 중심가와 비교적 가까운 위치에 있지만, 슈퍼마켓, 은행, 약국 등 생활 편의시설을 이용하려면 시내로 나가야 한다. 입주민들은 택시나 또는 하루 두 차례 운행되는 실버타운 셔틀버스를 이용해 시내를 다녀올 수 있다.

실버타운 진입로에서 본관까지 이어지는 길은 경사가 있어 외부 산책이 다소 어렵지만, 내부에는 잘 조성된 산책로가 있어 쾌적하게 산책을 즐길 수 있다. 나눔의 숲은 아담스하우스의 로비까지 깨끗하게 다듬어져 잘 조성되어 있으며 산책로를 따라 화초와 나무가 잘 꾸며져 있어 입주민들이 산책을 하기에 좋다. 홍복섭하우스 뒤편의 데크 산책로에는 곳곳에 테이블과 의자가 놓여 있으며, 정성껏 가꾼 등나무 아래에 마련된 대형 평상과 물레방아가 조화를 이루는 휴식 공간이 있다.

공주원로원에는 식물원 역할을 하는 유리 온실이 있어 관심 있는 입주민들이 정성껏 화초를 가꾸며 시간을 보내고 있다. 아기자기한 산책로와 모양 있게 가꾼 정원수는 전원적인 분위기를 더해준다. 텃밭에서는 고추, 오이, 토마토 같은 채소를 직접 재배할 수 있으며 틈만 나면 텃밭에 가서 얼마나 더 자랐는지 살펴보는 입주민들에게 큰 즐거움을 준다. 수확한 싱싱한 오이와 토마토는 식사 자리에서 이웃 입주민과 나누며, "텃밭에서 바로 딴 자연식이라 더 건강에 좋다"며 웃음과 이야기꽃을 피우기도 한다.

식사 서비스

식당은 신관인 아담스하우스 1층에 위치해 있다. 월 비용에는 의무식 90식의 식사 비용이 포함되어 있어 식사를 하지 않아도 비용이 감면되지 않는다. 식사는 뷔페식으로 제공되며, 입주민들은 각자 입맛에 맞게 음식을 담아갈 수 있다. 몸이 불편한 입주민의 경우 직원이 배식을 도와주고, 건강상의 이유로 요청이 있을 때는 입주 세대로 식사를 배달해 준다. 이 경우 1회당 1,000원의 배달 비용이 발생한다. 초기에는 배달비용이 없었으나, 입주민 중 일부가 편리함을 이유로 배달을 선호하면서 운동량 감소 우려로 유료로 전환되었다.

식사는 전문 영양사가 구성하며, 김치와 물김치는 기본으로 제공되고 나머지 반찬은 매일 다양하게 바뀐다. 입주민의 생일에는 미역국과 조기구이가 특별식으로 제공되며, 식당 입구 게시판에 생일을 표시해 입주민들이 서로 축하 인사를 나누고 친분을 돈독히 할 수 있도록 배려하고 있다. 식탁마다 소금, 간장 등의 양념통이 마련되어 있어, 저염 건강식으로 조리된 음식을 개인의 기호에 맞춰 간을 조절할 수 있다.

식당의 전 좌석은 지정석으로 운영되며, 테이블마다 이름표가 붙어 있어 자리 문제로 혼란을 겪을 필요가 없다. 지정석은 입주민의 안부를 확인하는 역할도 한다. 식사 시간에 자리가 비어 있으면 누구인지 금방 알 수 있어, 직원이 방으로 전화를 걸고, 연락이 안 되면 직접 찾아가 안부를 확인한다. 신규 입주민의 경우 성향이 비슷한 분들과 어울릴 수 있도록 자리 배치를 적절히 안배해, 쉽게 이웃을 사귈 수 있도록 돕고 있다.

생활 편의 서비스

병원, 은행, 약국, 목욕 등 개인적인 볼일을 보러 공주 시내로 나가는 입주민을 위해 매일 오전과 오후 한 차례씩 시내를 왕복하는 셔틀 차량을 운행한다. 특별히 금요일에는 목욕을 위한 외출을 돕는 차량이 별도로 지원되며, 입주민이 요청하면 정해진 시간에 관계없이 무료로 차량을 제공하여 생활 편의를 돕고 있다.

각 층마다 요양보호사가 상주하면서 입주민의 생활 전반을 살피고 있으며, 1주일에 한 번씩 각 세대를 방문해 청소와 빨래를 해준다. 입주민이 건강 문제 등으로 추가적인 청소나 빨래 서비스를 요청하면, 약간의 비용을 받고 추가 서비스를 받을 수 있다.

입주민 가족은 언제든지 공주원로원을 자유롭게 방문할 수 있다. 숙박을 원할 경우, 1박에 2만 원 정도의 비용으로 게스트룸을 이용할 수 있으며, 미리 예약이 필요하다. 가족들이 차를 가지고 올 경우 실버타운 곳곳에 주차할 수 있는 공간이 많아 방문객이 편리하게 이용할 수 있다. 매월 영락교회에서 자원봉사자 10여 명이 방문해 입주민들에게 무료 이·미용을 해주고 있다.

물리치료실

의료 관련 서비스

실버타운 내에 상주 의사는 없으나, 한 달에 두 번 계약의사가 방문한다. 정기적으로 약을 복용해야 하는 경우, 간호사에게 약을 맡기면 식사 때 지정된 자리에 약을 놓아 시간에 맞춰 복용할 수 있도록 돕는다.

외부 병원 방문이 필요할 때는 항상 직원이 동행하며, 공주 시내까지의 동행에는 별도의 비용이 발생하지 않는다. 그러나 공주를 벗어나 충남대병원이나 건양대병원 등 다른 지역 병원으로 갈 경우에 발생하는 추가비용은 입주민이 부담해야 하며, 외부 병원 진료비 또한 입주민 자부담이다.

아담스하우스 2층에는 물리치료사가 상주하는 물리치료실 겸 프로그램실이 있으며, 물리치료를 위한 침상 10여개와 마사지 기구가 마련되어 있다. 오전에는 실버타운 입주민이, 오후에는 요양원 입주민이 사용할 수 있도록 시간제한이 있으며, 무료로 이용할 수 있다.

공주원로원은 같은 재단에서 요양원, 주간보호센터, 방문요양센터도 함께 운영하고 있다. 건강이 다소 안 좋아 장기요양등급을 받게 되면 낮에는 주간보호센터에서 운영하는 프로그램에 참석할 수 있으며, 요양보호사가 입주실을 방문해 케어해주는 방문요양서비스도 받을 수 있다. 방문요양보호사는 청소, 빨래, 목욕 등의 가사를 도와주고 입주민의 운동을 위해 산책도 함께 해 주며 필요시 병원도 동행해 준다. 이 밖에도 입주민의 심리적 안정을 위해 딸처럼 말동무도 해주는 등 가족처럼 가깝게 지내는 경우가 많다.

건강이 더 악화되어 시설급여를 받게 되면, 다른 곳으로 이주할 필요 없이 아담스하우스에 위치한 요양원에 입소할 수 있다.

입주세대 내부

초기에 지어진 홍복섭하우스는 2층 건물로, 방향은 동향이며 47세대 모두 15평형이다. 아담스하우스는 4층 건물로 총 58세대로, 18평형, 22평형, 23평

편백나무로 고급스럽게 마감된 세대 내부

형으로 이루어져 있다. 대부분의 세대는 남향으로, 23평형만 방 2개가 딸린 아파트형 구조이며, 나머지는 모두 원룸형 구조이다. 세대의 실제 전용면적은 계약 평수의 약 50% 남짓이어서 처음에는 다소 좁다고 느낄 수 있지만, 식사와 여가 활동 등으로 주로 집밖에 많이 있고, 입주세대는 잠만 자는 공간이기 때문에 큰 불편함은 느끼지 않는다.

아담스하우스의 남향 공간은 온종일 햇볕이 들며, 들판을 내려다보는 조망이 뛰어나다. 15평형, 18평형, 22평형에는 장롱, 신발장, 싱크대, 세탁기가 설치되어 있다. 이외의 침대, 에어컨, 냉장고, TV 등은 입주민이 직접 준비해야 한다.

15평형은 현관과 화장실이 다소 좁게 느껴질 수 있지만, 18평형과 22평형은 화장실에 세탁기가 들어갈 정도로 넉넉하고, 현관에 간이 의자가 있어 앉아서 신발을 신고 벗을 수 있다. 모든 세대에는 작은 베란다가 있어 빨래를 말리는 데 편리하다. 욕실에는 줄을 당기는 방식의 비상호출 장치가 설치되어 있으며, 거실에는 인터폰이 있어 응급상황에 대비할 수 있다.

15평형이 공실이 될 때마다 편백나무를 활용한 인테리어 리모델링을 진행하고 있다. 현재까지 47세대 중 21세대가 리모델링을 완료해 깔끔하고 정돈된 모습으로 변신했다.

주요 시설 및 프로그램

실버타운 내 주요 부대시설

건강 관련	여가 및 취미관련	생활 편의 관련
수치료실	공주원로원교회	세탁실
작업치료실	당구장	이미용실
물리치료실	족욕장	
피트니스센터	황톳길	
	카페	

부대시설은 모두 신축 건물인 아담스하우스에 위치해 있다. 각 층마다 휴게실이 있으며, 각 층에 거주하는 분들이 이곳에 삼삼오오 모여서 장기나 바둑을 두거나 TV를 시청하기도 한다. 지하에는 공주원로원교회가 있는데 담임 목사님이 계셔서 하루도 빠짐없이 예배를 드리고 있다. 1층에는 카페와 피트니스 센터 (건강관리 센터)가 2층에는 물리치료실이 있다. 물리치료실을 오전 9시부터 11시까지 무료로 이용할 수 있으며 오후에는 요양원 입소자들이 이용한다. 물리치료실은 강당처럼 넓어 프로그램실을 겸하고 있어 강사가 리드하는 건강체조, 율동찬양 등의 프로그램도 이곳에서 진행된다. 최근에는 야외에 족욕장과 황톳길을 조성하여 입주민의 건강 증진에 힘쓰고 있다.

프로그램

정기적으로 주관하는 프로그램은 주로 찬양 프로그램 위주이다. 그 중에서도 율동 찬양은 입주민들의 참여가 활발하고 자주 진행된다. 그 외에도 공예품 만들기, 건강 체조 등이 인기가 있으며, 프로그램 시작 30분 전에 방송으로 알려 적극적인 참여를 권유한다.

실버타운 내부에서 진행하는 프로그램 외에도 나들이나 외식 등 외부에서 진행하는 프로그램도 수시로 운영하고 있다. 외부 프로그램의 경우 차량을 제공하여 입주민들이 불편함 없이 참여할 수 있도록 돕고 있다.

입주민 성향과 분위기

총 105세대 중 부부세대가 14세대이며, 싱글 입주민의 대다수가 여성으로 여성 비율이 훨씬 높다. 입주민 대부분은 이곳에서 계속 지낼 계획으로 중간에 퇴거하는 경우가 많지 않으며, 평균 연령은 80세 정도이다. 대부분의 입주민이 이곳에서 여생을 보내겠다는 마음으로 지내고 있다.

족욕장

    공주원로원에 오랫동안 거주하셨던 분들은 서로를 평생지기로 생각하고있다. 1층 로비카페나 식물원 앞 쉼터, 혹은 족욕장에서 삼삼오오 모여서 도란도란 이야기를 나누는 모습을 흔히 볼 수 있다.

    입주민들은 공주원로원의 좋은 평판을 듣고 전국 각지에서 왔기 때문에, 공주 지역 주민보다는 서울을 비롯한 여러 지역 출신들로 구성되어 있다. 특히, 입주민의 90% 이상이 독실한 개신교 신자로, 예배당에서 많은 시간을 보내며 종교가 입주민들 사이의 친목을 도모하는 중요한 연결 고리가 되고 있다.

저자 리뷰

공주원로원은 직원 기숙사에 거주하며 입주민들과 함께 생활하는 오정호 대표의 헌신이 돋보인다. 오 대표는 부임 이후 10년 동안 공주원로원의 기숙사에서 생활하며 직원들과 함께 시설 안팎의 궂은일을 도맡아 하고 있다. 예를 들어, 홍복섭하우스 뒤쪽에 새로 만든 데크길은 외부업체의 도움 없이 오 대표와 직원들이 함께 만든 것으로, 직원들뿐만 아니라 입주민들에게도 큰 의미가 있는 사랑받는 공간이 되었다.

비용 대비 가성비가 전국 실버타운 중 가장 좋은 편에 속한다. 120~130만 원의 월 비용에는 90식 의무식을 포함하여 물리치료실, 공주시내로 나가는 차량, 청소 및 세탁, 공주시내 병원 동행, 실버타운 내 취미 시설 이용과 다양한 프로그램이 모두 포함되어 있다.

90식 의무식을 시행하면서 만실을 유지하는 실버타운은 좋은 실버타운으로 평가받는다. 초기 도입이 어려울 수 있지만, 90식 의무식을 도입하면 그 혜택은 고스란히 입주민에게 돌아간다. 90식 의무식을 통해 입주민의 건강과 안부를 챙기고 양질의 식사를 제공할 수 있다. 공주원로원의 식당 좌석은 모두 지정석으로, 각 지정석에 입주민 이름이 적혀있어 간호사가 입주민 이름이 쓰인 약봉지를 두어 투약 복용을 돕는다. 이렇게 식당에 지정석을 두고 투약관리까지 하는 곳은 공주원로원 이외에 거의 없다.

15평형 세대가 빌 때마다 비용이 높음에도 편백나무로 인테리어를 하는 리모델링을 진행하고 있다. 편백나무는 피톤치드를 함유하고 있어 항균작용을 통해 면역기능을 증대하고 스트레스를 완화시켜주는 것으로 알려져 있다. 비용이 높아도 입주민의 건강을 먼저 생각하는 마음을 공주원로원에서 확인할 수 있다.

또 다른 장점은 건강 악화를 대비한 주간보호센터와 요양원 시설을 갖추고 있는 점이다. 단지 내에 주간보호센터와 요양원을 운영하고 있어, 노화와 건강 악화로 시설급여를 받은 입주민들이 자연스럽게 요양원으로 옮겨 생활할 수 있다. 실버타운 입주 후 거동이 불편해져도 자신이 생활하던 단지 내의 요양원으로 옮길 수 있는 것은 큰 장점이다.

공주원로원은 기독교 은퇴 목회자를 위한 시설로 시작되어 지금도 입주민 대부분이 기독교인이다. 입주민 90%가 독실한 개신교 신자로, 공주원로원교회에는 담임 목사님이 있다. 정기 예배로는 새벽예배, 수요예배, 금요예배, 주일 오전과 오후 예배가 있으며, 매 예배에 약 100여 명의 어르신들이 참여한다. 주일 예배에서는 어르신 성가대와 중창단이 함께 찬양하며, 구역 예배와 소그룹 활동도 활발하게 진행된다.

목사님은 예배뿐만 아니라 신앙 상담과 심방을 통해 어르신들이 마음의 평안을 찾고 신앙 생활을 충실히 이어갈 수 있도록 돕고 있다.

공주원로원은 경제적 부담을 덜고 안정된 노후를 원하는 시니어들에게 적합한 실버타운이다. 2025년 오픈 예정인 대규모 실버타운은 입주보증금이 5억 원 이상에 월 수백만 원의 비용이 들지만, 공주원로원은 입주보증금이 1억 원대 초반에, 월 비용이 130만 원으로 경제력이 넉넉치 않은 시니어들에게 오랜 기간 든든한 쉼터 역할을 해왔다.

실버타운에서 여생을 보내기로 결심할 때 종교는 중요한 문제 중 하나일 수 있다. 신앙 생활을 함께하며 좋은 공동체를 이룰 수 있는 곳으로, 공주원로원은 기독교 신자라면 적극 추천할 만한 곳이다.

소개

광교두산위브는 두산중공업이 시공하고 코람코자산신탁이 광교개발로부터 위탁받아 시행한 노인복지주택으로, 경기도 수원시 영통구에 위치하고 있다. 2018년에 완공된 이 단지는 총 6개 동, 547세대로 구성되어 있으며 겉으로 보여지는 외관은 일반 아파트와 크게 다르지 않다. 영동고속도로 동수원 IC와 용인시흥고속도로 광교상현 IC에서 약 10분 거리에 있어, 입주민들이 서울 및 수도권을 손쉽게 오갈 수 있다. 신분당선 광교중앙역과 가까워 대중교통 이용이 편리하고, 아주대학교병원이 걸어서 10분이내 도착할 수 있을 정도로 가깝다.

2018년 분양 당시, 광교두산위브의 분양가는 주변 아파트에 비해 저렴했으며, 현재도 같은 평수의 주변 아파트보다 저렴한 편이다. 입주민들은 분양받아 직접 거주하거나 임대를 놓는 경우가 많아 매매와 임대가 모두 가능하다. 입주비용은 23평형이 5억~6억 원, 28평형이 7억 2,000만 원, 35평형이 9억 원으로, 주변 다른 아파트 시세의 60~75% 수준이다.

단지 내 피트니스 센터, 당구장, 탁구장, 골프연습장 등의 시설이 있으며, 실비로 이용할 수 있다. 그러나 분양 당시 계획되었던 카페테리아와 식당은 운영되지 않고 있어 전형적인 실버타운으로 볼 수 없다. 또한, 지하 상가에 한의원과 약국이 있지만 노인복지주택과는 별도로 운영되며 필요한 입주민들은 유료로 이용하고 있다.

광교두산위브의 입주 세대는 무장애 설계를 적용해 휠체어 이동이 편리하고 낙상 위험을 줄였으며, 일반 아파트와 유사한 구조로 주방에서는 가스레인지도 사용할 수 있다. 관리비는 일반 아파트와 비슷하며 부대시설을 이용할 수 있지만, 고가 실버타운에 비해 시설이 제한적이고 컨시어지 서비스 등 인적 서비스는 거의 없다.

입주비용 및 월 비용

평형별 매매 및 전세가격

평형	세대수	매매	전세
23	193	5억 5,000만원	2억 9,000만원
28	177	7억 2,000만원	3억 8,000만원
34	177	9억원	4억 7,000만원

2024년 7월 기준 광교두산위브의 매매가는 분양 당시보다 소폭 상승했다. 23평형은 5억~6억 원, 28평형은 7억 2,000만 원, 35평형은 9억 원에 거래되고 있다.

관리비는 일반 아파트와 비슷한 평당 1만 원 정도이다. 의무식이 없으며 관리비가 실버타운처럼 높지 않다. 단지 내 피트니스 센터나 골프연습장을 이용할 경우 일반 관리비와 별도로 추가 이용료가 부과된다.

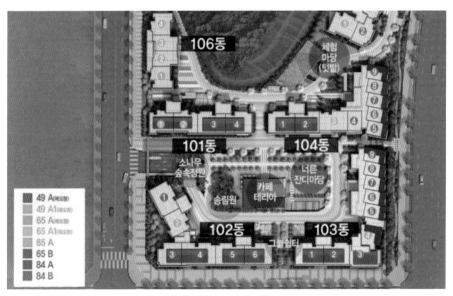

광교두산위브 단지 배치도

위치 및 주변 환경

교통이 매우 편리한 위치에 있다. 영동고속도로 동수원 IC와 용인시흥고속도로 광교상현 IC에서 차로 약 10분 거리에 있어 서울에서 쉽게 갈 수 있다. 아주대학교병원이 걸어서 갈 수 있을 정도로 가까워 입주민들이 쉽게 의료 시설을 이용할 수 있다. 또한, 원천호수를 중심으로 조성된 광교호수공원이 인근에 있어 산책을 다녀오기에도 좋다.

롯데아울렛과 롯데시네마, 수영장 시설을 갖춘 광교체육센터도 도보로 이용할 수 있으며, 마을버스를 이용하면 더 편리하다. 신분당선 광교중앙역이 가까워 대중교통 이용이 수월하며, 단지 앞 광교법조타운의 개발로 인해 다양한 편의시설과 인프라가 더욱 확장될 것으로 보인다.

또한, 다양한 문화시설과 커뮤니티 센터가 근처에 있어 입주민들이 다양한 여가 활동을 즐기기에도 좋은 환경을 제공한다.

광교두산위브의 주변 지도

식사 서비스

분양 당시 시행사는 입주민에게 내부 식당을 운영하여 식사를 제공하려 했으나, 의무식을 반대하는 입주민들이 많아 결국 식당을 운영하지 못하고 있다. 따라서 현재 단지 내에서 자체적으로 운영하는 식당은 없으며, 일반 아파트처럼 집에서 식사를 해결하거나 단지 주변 식당을 이용해야 한다.

의료 관련 서비스

광교두산위브는 특별한 의료 서비스를 제공하지 않는다. 대신, 지하 상가에 독립적으로 입점한 한의원과 약국이 있어 물리치료가 필요한 입주민들이 유료로 이용할 수 있다. 진료를 받거나 의료적 처치가 필요할 경우에는 외부 의원이나 아주대학교병원을 이용해야 한다.

상가 내 약국

입주 세대 내부

입주 세대 내부는 일반 아파트와 거의 구별되지 않을 정도로 비슷하다. 모든 방문에 턱이 없는 무장애 설계를 통해 휠체어 이동이 용이하고 화장실에 안전바가 설치되어 낙상의 위험을 줄인 것이 일반 아파트와 다른 점이다.

방 3개로 구성된 가장 큰 평수인 34평형은 모두 원천호수 쪽으로 창문이 나 있어 경치가 좋다. 주방 옆에는 알파룸이라는 공간이 있으며, 입주민별로 편의에 따라 벽을 설치해 완전히 독립된 방으로 사용하거나 개방된 상태로 두어 주방 공간을 넓게 활용하고 있다.

대부분의 노인복지주택은 화재의 위험 때문에 전기로 작동하는 취사도구만 사용하고 가스레인지는 제한하는 경우가 많다. 그러나 광교두산위브는 내부 식당이 운영되지 않아 각 세대별로 가스레인지를 사용하고 있다.

추가적으로, 입주민의 안전과 편의를 위해 내부 비상 호출 버튼과 응급 상황을 감지하는 센서가 설치되어 있어 신속한 대응이 가능하다.

주방

주요 시설 및 프로그램

　광교두산위브는 전형적인 실버타운은 아니지만 일반 아파트와 구별되는 몇 가지 특징이 있다. 당구장, 피트니스 센터, 실내 골프 연습장, 프로그램실을 갖춘 커뮤니티 센터가 있어 입주민들이 자유롭게 이용할 수 있다. 또한 법적으로 모든 노인복지주택에는 사회복지사가 근무해야 하며, 광교두산위브에도 사회복지사가 상주해 입주민들을 위한 활동을 지원한다. 예를 들어, 사회복지사가 수원시에 제안서를 제출해 강사료를 지원받아 입주민이 실버 쿠킹이나 실버 댄스 같은 프로그램에 참여할 수 있도록 도와주고 있다.

　하지만 의무식과 컨시어지 서비스가 제공되지 않아 일부 입주민들은 불편함을 느낄 수 있다. 일반 아파트와 비슷한 면이 많아 자체 프로그램 및 동호회 활동이 임대형 실버타운보다 다소 부족할 수 있으며, 커뮤니티 활동을 자발적으로 활성화해야 하는 점도 입주민들에게는 부담으로 작용할 수 있다.

피트니스 센터

입주민 성향과 분위기

　광교두산위브에 분양받은 입주민들 중에는 근처에 사는 자녀들과 가까이 지내기 위해 이사 온 사례가 많다. 그러나 노인복지주택이기 때문에 24세 미만의 자녀 외에는 전입 신고가 되지 않아, 자녀와 함께 생활하는 가구는 거의 없다. 입주민의 평균 연령도 전형적인 실버타운에 비해 훨씬 낮다. 대부분의 입주민은 건강하여 스스로 식사를 준비하는 데 어려움이 없다.

　또한, 약간의 이용료를 내고 단지 내부에 있는 피트니스 센터나 골프 연습장을 이용하는 입주민은 약 60% 정도로, 많은 입주민이 나름대로 커뮤니티 시설을 이용하고 있다. 특히, 운동 시설을 통해 건강을 유지하려는 입주민들이 늘어나면서 체력 증진에 대한 관심도 높아지고 있다.

　입주민 간의 교류는 활발하지 않지만, 일부 소규모 모임이 자발적으로 형성되어 소통이 이어지기도 한다.

당구장

저자 리뷰

광교두산위브는 지하 2층, 지상 15층의 6개 동의 건물로 이루어진 분양형 노인복지주택이다. 각 동 사이의 거리가 넓어 답답함이 없으며, 전체적으로 외관도 깔끔하고 조경도 잘 가꾸어져 있다. 주변에는 광교호수공원과 원천호수 산책로가 있어 자연을 가까이에서 누릴 수 있다. 주변에 다양한 상업 시설이 있어 생활 편의성도 좋다. 특히, 아주대학교병원이 매우 가까워 필요한 경우 편하게 병원을 이용할 수 있다.

광교두산위브의 매매가는 주변 아파트 시세에 비해 낮다. 매매 시기에 따라 다르지만, 2024년 9월 기준으로 35평형의 매매가격이 9억 대인 반면, 비슷한 평수의 주변 아파트는 12~15억 원에 거래되었다. 시설이나 위치 면에서 부족함이 없음에도 35평형이 3~6억 원 정도 낮다는 특징이 있다. 또한 분양형이기 때문에 노인복지주택이라 하더라도 주택연금 신청이 가능하다.

이렇게 주변 아파트에 비해 가격이 낮은 이유는 소유 및 주거가 60세 이상만 가능하다는 나이 제한 때문이다. 소유는 60세 이상만 할 수 있으며, 거주는 부부의 경우 한 명이 60세가 넘어야 하며, 자녀는 24세 미만만 함께 동거할 수 있다. 이는 광교두산위브가 노인복지법에 따라 노인복지주택으로 허가를 받고 시공 및 분양된 곳이기 때문이다.

단지 내에는 피트니스 센터, 당구장, 실내 골프연습장, 탁구장, GX룸, 노래방 등의 다양한 커뮤니티 시설이 있다. 단지 내 상가에는 한의원과 약국이 있어 편하게 이용할 수 있다. 그러나 일반 실버타운의 핵심인 식당을 운영하지 않아 입주민들은 직접 식사를 해결해야 한다. 또한, 셔틀버스, 청소, 빨래, 의료 및 건강관련 개인 돌봄 서비스도 제공되지 않는다.

식당 운영과 일상생활 지원을 하지 않는 이유는 관리비 절감을 위해 입주민

협의에 따라 결정된 사항이며, 그 결과 월 관리비는 20~30만 원 수준으로 매우 낮다. 광교두산위브는 실버타운이라기보다 일반 커뮤니티 아파트에 가깝다. 광교두산위브뿐만 아니라 100% 분양형 노인복지주택은 대부분 이러한 형태를 띄고 있다.

광교두산위브는 상대적으로 낮은 매매가와 관리비, 그리고 편리한 교통 및 생활 편의성을 갖춘 노인복지주택이다. 60세 이상이지만 건강하여 식사, 운동, 취미 등을 스스로 해결할 수 있고, 주변 시세보다 저렴한 커뮤니티 아파트를 찾고 있다면 광교두산위브는 좋은 주거지가 될 수 있다. 그러나 70~80대 중반이 넘어 식사 준비가 번거롭고, 직원들이 자녀처럼 소소한 일상 생활을 챙겨줄 곳이 필요한 시니어들은 식사와 건강관련 서비스가 좋은 임대형 실버타운이 적합하다.

광교아르데코 03

경기도 수원시 영통구 광교로42번길 80   031-215-3435

소개

광교아르데코는 경기도 수원시 영통구 이의동에 위치한 노인복지주택으로, 2017년 한국자산신탁이 시행하고 성우건설이 시공한 3개동 261세대의 단지이다. 수원월드컵경기장 인근에 위치해 있으며 혜령공원과 아주대학교 캠퍼스가 인접해 있어 산책을 하기에 좋다.

영동고속도로의 동수원IC와 용인서울고속도로 광교IC가 가깝고, 신분당선 광교중앙역과도 인접해 교통 편의성이 좋다. 단지 앞에서 마을버스를 이용해 광교중앙역까지 약 10분 정도 걸리며, 수원월드컵경기장 방향 대로변에서 광역버스와 시내버스를 이용할 수 있다.

입주세대는 일반 아파트와 비슷하며, 무장애 설계와 욕실 안전바 설치 등 시니어의 안전을 배려하였다. 매매가는 2024년 9월 기준 평형별로 24평형이 5억 원, 28평형이 5억 6,000만 원, 29평형이 5억 8,000만 원이며, 전세는 3억 1,000만 원에서 3억 6,000만 원 수준이다. 광교아르데코는 식사 서비스가 제공되지 않으며, 커뮤니티 센터 이용료도 별도로 발생하지 않기 때문에 월 비용이 저렴하다.

커뮤니티 센터에는 식당, 피트니스 센터, 물리치료실, 야외 게이트볼 경기장 등이 갖춰져 있으나, 식당은 운영되지 않는다. 대신 입주민들은 집에서 식사를 준비하거나 단지 외부의 식당을 이용하고 있다. 커뮤니티 센터 내 카페테리아는 사교 공간으로 활용되고 있다.

광교아르데코는 일반 실버타운에서 제공하는 인적 서비스가 필요 없는 건강한 시니어들에게 적합하며, 수도권의 인프라를 누리면서도 조용하고 안정된 주거지를 원하는 사람들에게 추천할 만하다.

입주비용 및 월 비용

평형별 전세가격

평형	세대수	매매	전세
24	44	5억원	3억1,000만원
28	43	5억6,000만원	3억5,000만원
29	174	5억8,000만원	3억6,000만원

초기 분양 당시 광교아르데코의 가장 큰 평수인 29평형은 약 4억 원 수준이었으며, 2024년 9월에는 약 6억원 정도에 거래되고 있다. 같은 평수 기준 인근의 실버타운인 광교두산위브에 비해서 약간 더 저렴하다. 거래량은 많지 않으며, 대부분 분양받은 입주민들이 계속 생활하고 있다.

광교아르데코는 식사가 제공되지 않고 커뮤니티센터 이용에 별도의 비용이 발생하지 않아, 입주민의 생활 방식에 따라 월 생활비가 달라진다. 이에 따라 각 입주민은 자신의 필요에 맞게 생활비를 유연하게 조절할 수 있다.

위치 및 주변 환경

광교의 핵심 교통 요지인 신분당선 광교중앙역은 도보로 약 7분 거리이며, 버스를 이용하면 두 정거장 만에 도착할 수 있다. 아주대학교 뒤편으로는 산책길이 조성되어 있고, 도보 10분 거리의 버스정류장에서 강남, 분당 등을 오가는 광역버스를 이용할 수 있어 교통 편의성이 높다. 수원월드컵경기장의 부대시설을 이용할 수 있으며 스포츠센터 내의 수영장에서 수영 강습도 받을 수 있다. 생활 편의시설로는 광교중앙역 인근에 있는 롯데마트가 대표적이며, 아브뉴프랑과 광교푸르지오 월드마크 아파트 상가 등 다양한 상업시설이 자리해 있어 충분한 먹거리와 볼거리가 있다.

주변 상가

단지 바로 옆에는 혜령공원이 있으며 원천호수가 있는 사색공원까지 1.5km 정도 되는 공원길이 연결되어 아침저녁 운동 삼아 산책하기에 좋다. 사색공원 옆에는 광교호수공원이 있어 다층의 수변경관인 '어반레비'와 6곳의 테마를 가진 공간인 '둠벙'을 둘러볼 수 있다.

이 밖에 아주대학교병원과도 가까워 자주 병원을 찾아야 하는 입주민들에게 매우 편리하다.

식사 서비스

단지 입구에 위치한 카페테리아는 원래 식당 자리였으나, 입주민들의 사용 빈도가 적어 식당 운영에 어려움이 있어 철수하게 되었다. 현재 입주민들은 당구 테이블이 놓인 카페테리아를 사교 공간으로 활용하고 있다. 식사는 각 세대가 집에서 알아서 준비하며, 필요시 아주대학교병원 식당 등 외부 식당을 이용할 수 있다. 앞으로도 일반적인 실버타운과 같은 식사 서비스 체계를 갖추기는 어려워 보여 입주민들이 의무식 없이 식사를 스스로 해결하고 있다.

서예실

생활 편의 서비스

실버타운 단지 입구에 위치한 상가에는 부동산과 편의점이 입점해 있어 기본적인 생활 편의시설을 갖추고 있다. 하지만, 주변의 생활 편의시설은 이 정도가 전부다.

초기 계획은 식당, 의료 및 간호사실, 피트니스 룸, 북카페, 물리치료실, 대회의실 등을 마련하고 운영하는 것이었지만, 현재는 서예 동호회가 활동하는 프로그램실 정도만 운영되고 있다. 셔틀버스는 운행하지 않으며, 주차 시설도 세대당 1대가 안되는 0.87대로 다소 부족한 편이다. 주차료는 세대당 1대는 무료이지만, 2대일 경우 3만 원, 3대일 경우 5만 원의 추가 비용이 발생한다.

이처럼 광교아르데코는 초기 계획과 달리 제한된 편의시설을 운영하고 있지만, 기본적인 생활을 유지하는 데는 큰 문제가 없다. 입주민들은 각자의 생활 방식에 맞춰 자율적으로 생활하며, 필요시 외부 인프라를 활용할 수 있다.

의료 관련 서비스

단지 내에서 입주민을 위한 어떠한 의료 서비스도 제공하지 않는다. 그러나 아주대학교병원이 가까이 있어 입주민들이 쉽게 종합병원에 갈 수 있는 장점이 있다. 이러한 접근성 덕분에 입주민들은 필요할 때 전문적인 의료 서비스를 받을 수 있으며, 건강 관리에 있어서 큰 불편을 겪지 않는다.

입주세대 내부

입주세대 내부는 일반 아파트와 크게 다르지 않다. 모든 평형에 화장실은 2개가 있으며 가장 작은 24평형만 방이 2개이며 28, 29평형은 방이 3개인 구조이다. 모든 식사를 세대별로 각자 준비해야 하므로 주방에는 가스레인지가 설치되어 있다. 욕실에 안전바를 설치한 것이 노인복지주택임을 보여주는 유일한 시설이며 이 외에는 일반 아파트와 구별되는 점이 거의 없다.

입주민 성향과 분위기

급여 생활을 하던 퇴직자와 교사 출신의 입주민들이 많다. 이들은 퇴직 후 처음으로 노인복지주택 생활을 경험하면서 일반 주택과의 차이점에 대한 이해 부족으로 인해 초기에는 불만을 제기하는 경우가 있었다. 하지만 시간이 지나면서 입주민들은 이러한 생활 방식에 익숙해졌고, 아파트형 노인복지주택의 장점을 인식하게 되었다. 현재는 많은 입주민들이 광교아르데코의 생활에 만족하고 있다.

저자 리뷰

광교아르데코는 100% 분양형 노인복지주택으로, 광교두산위브와 같은 형태를 띠고 있지만 단지 규모에서 차이가 있다. 광교두산위브는 547세대인 반면, 광교아르데코는 261세대로 더 작으며 수원월드컵경기장 인근 대로변에서 약 400미터 안쪽에 위치해 있어, 외부 소음이 적고 아늑하다.

노인복지주택이어서 젊은 입주민이 없어 적적할 것이라는 생각이 들 수 있다. 그러나 요즘 일반 아파트에서도 이웃과 서로 인사하지 않고 지내는 경우가 많아, 30~40대 젊은 세대들이 같은 동에 살아도 60대 이상 시니어와 어울리는 일은 거의 없다. 오히려 광교아르데코처럼 60세 이상의 비슷한 연배의 시니어들이 서예실이나 카페테리아 등에서 자주 만나며 삶의 소소한 이야기들을 나누다 보면 공감대가 쌓이며 격 없는 친숙한 이웃이 될 수 있다.

단지를 방문할 때마다 취미실에서 서예를 즐기는 입주민들을 볼 수 있다. 이러한 조용한 환경은 입주민들이 함께 취미생활을 즐기며 은퇴 후의 소소한 즐거움을 나누기에 이상적이다.

광교아르데코는 광교두산위브와 마찬가지로 실버타운의 핵심기능인 식당운영을 비롯하여 건강과 문화관련 컨시어지 서비스가 없다. 그러나 이러한 시설이 없다고 해서 일반 아파트에 비해 거주하는데 특별히 불편한 점은 없다. 소유 및 거주에 나이 제한이 있지만 주변의 같은 평형 아파트에 비해 가격이 저렴하다. 그렇게 본다면 60세 이상으로 어차피 살아야 할 아파트가 필요한 시니어라면 굳이 비싼 아파트를 구입하는 것보다 다소 저렴한 가격에 100% 분양형 노인복지주택에서 거주하는 것도 나쁠 이유는 없다.

앞서 언급한 광교두산위브와 마찬가지로, 식사를 스스로 준비하고 일상생활을 문제없이 할 수 있는 건강한 시니어라면 100% 분양형 노인복지주택도 충분히 좋은 선택이 될 수 있다. 특히, 이러한 주택은 저렴한 가격대로 제공되며, 60세 이상만 소유 및 거주할 수 있다는 점에서 오히려 나이에 따른 프리미엄을 누릴 수 있다. 나이가 많다는 이유로 노인복지법에 따른 혜택을 받아, 더 합리적인 가격에 좋은 주거 환경을 제공받는 셈이다.

그러나 식사를 직접 준비하는 것이 번거롭고, 비용이 더 들어도 언제든 도움이 필요할 때 직원들에게 요청하여 불편함 없이 지내기를 원하는 시니어라면, 실버타운 기능을 갖춘 임대형 실버타운이 더 적합하다. 임대형 실버타운에서는 기본적인 식사 제공뿐만 아니라 개인적인 케어와 생활 지원을 받을 수 있으며, 입주민들 간의 교류와 동호회 활동을 통해 외롭지 않게 지낼 수 있다.

결국 분양형 노인복지주택과 임대형 실버타운은 각자의 장단점이 있을 뿐, 서로 다른 특징을 가진 선택지들일 뿐이다. 시니어 자신의 생활 방식과 필요에 맞춰 어떤 곳이 더 적합한지 판단하는 것이 중요하다. 자립적인 생활을 선호하는 시니어라면 분양형 노인복지주택이 적합하고, 일상생활 지원과 사회적 교류를 더 중시하는 시니어라면 임대형 실버타운이 더 나은 선택일 수 있다. 본인의 필요와 선호에 맞는 곳을 선택해 안정적이고 만족스러운 노후를 보내는 것이 핵심이다.

김제부영실버아파트 04

전북특별자치도 김제시 하동1길 79-1   063-545-0343

소개

김제부영실버아파트는 전북특별자치도 김제시에 위치한 노인 친화형 아파트로, 2000년 11월에 문을 열었다. 지방자치단체인 김제시가 기획한 전원형 실버타운 단지 내에 위치하며, 김제시 노인종합복지관, 노인대학, 요양원, 요양병원, 게이트볼 경기장 등과 함께 조성되어 있다. 5층 건물로, 한 층당 30세대씩 총 150세대로 이루어져 있다. ㈜부영이 건설하였으며, 노인종합복지관 등 관련 시설은 국비와 지자체 예산으로 건설되었다.

입주보증금은 11평형 2,100만 원, 17평형 3,150만 원, 23평형 4,100만 원으로, 퇴거 시 100% 반환된다. 월 비용은 관리비와 공과금 등 약 15만 원 미만이며, 점심 식사는 노인종합복지관 식당에서 1식에 3,500원으로 해결할 수 있다.

김제부영실버아파트는 의무식 및 시설 관리비가 없어 경제적 부담이 적다. 입주민들은 김제시 노인종합복지관에서 운영하는 모든 프로그램과 게이트볼장 등 주변 시설을 무료로 이용할 수 있으며, 복지관 식당을 이용해 식사 비용을 줄일 수 있다.

김제 시내에서 차로 약 10분 거리에 위치해 있으며, 단지 내에는 슈퍼, 약국, 은행 등의 생활 편의시설이 없다. 김제노인종합복지관에서는 하루 총 6차례 셔틀버스를 운행하여 입주민들이 이용할 수 있다. 아파트 내 경비실에서는 관리인이 24시간 교대로 근무하며 입주민의 사소한 불편사항을 해결해 준다.

김제부영실버아파트는 지자체가 기획한 성공적인 실속형 실버타운 모델로 꼽힌 바 있으며, 언론에도 여러 번 소개되었다. 여러 지자체와 실버타운 관계자들이 벤치마킹을 위해 방문하기도 했다. 실버아파트 주변의 노인 관련 공공시설을 무료로 사용할 수 있어 최소한의 비용으로 외롭지 않은 노년을 보낼 수 있는 후보군 중 하나로 손꼽힌다.

입주비용

평형별 입주보증금 (단위: 만 원)

평형	입주보증금
11	2,100
17	3,150
23	4,100

입주보증금은 평형에 따라 2,100~4,100만 원이다. 1년 단위로 계약이 이루어지며, 중도에 계약을 해지할 경우에도 별도의 위약금은 없다. 퇴거 시 입주보증금을 환불해 준다.

월 비용

일반적인 실버타운과는 운영 형태가 다르다. 자체적인 부대시설이나 프로그램이 없기 때문에 시설 이용비나 의무식 비용이 발생하지 않는다. 다만 약간의 관리비와 사용하는 전기, 도시가스 요금 등의 공과금은 세대별로 부과된다.

식비는 입주세대가 어떻게 준비하느냐에 따라 다를 수 있다. 김제시 노인종합복지관 구내식당의 점심 식사는 1식에 3,500원으로, 복지관이 문을 여는 주중에는 이곳에서 점심 식사를 해결하는 입주민들이 많다. 그러나 모든 입주민들이 이용하는 것은 아니며, 대부분 스스로 식사를 준비한다. 아파트 주변 공터의 텃밭에서 채소를 수확할 수 있어 식재료 준비에 도움이 된다.

세대별 공과금은 평수가 크지 않아 관리비를 포함해도 월 15만 원 미만이다. 복지관의 점심 식사값을 기준으로 식비를 계산하고, 일반관리비와 공과금을 더해도 기본적인 월 생활비는 50만 원을 크게 넘지 않는다.

게이트볼장

위치 및 주변 환경

　단지 가운데 김제부영실버아파트를 중심으로 노인종합복지관, 노인전문요양원, 노인대학, 노인일거리마련센터, 게이트볼장 등이 함께 들어서 있다. 또한 주변에 김제시민운동장, 김제시립도서관 등이 있다. 김제시민 운동장 옆으로 문화체육공원 및 지평선 자생식물원과 작은 저수지 주변 산책로가 있어 산책하기 좋다.

식사 서비스

　의무식으로 식사를 제공하는 일반 실버타운과 달리, 기본적으로 식사는 각 세대에서 스스로 해결해야 한다. 점심 식사는 노인복지관 구내식당을 이용할 수 있다. 노인복지관 1층에 위치한 구내식당은 채광이 좋고, 깔끔하게 유니폼을 입은 조리사들이 일하고 있어 청결한 느낌을 준다. 한 끼에 3,500원으로 저렴하며, 월요일부터 금요일까지 점심만 제공한다. 노인복지관 식당은 영양사가 매일 다른 메뉴의 식단을 준비하며, 가격에 비해 음식의 질이 좋다고 입소문이 나 있다.

생활 편의 서비스

김제 시내를 다녀올 때에는 김제노인종합복지관에서 하루 6차례 운행하는 무료 셔틀버스를 이용할 수 있다. 45인승 시내버스 크기의 셔틀버스는 매번 만석으로 운행될 정도로 이용률이 높다.

세탁과 청소 서비스는 제공되지 않는다. 다만 건강이 좋지 않거나 거동이 불편한 경우에는 가사 돌봄 서비스를 이용할 수 있다. 지방자치단체의 주도로 실버아파트 입주민 사이에서 가사 돌봄 서비스를 시행하고 있다.

비교적 젊고 건강한 입주민이 거동이 불편하거나 아픈 입주민을 돌보는 프로그램으로, 세탁과 청소, 설거지 등 가사 서비스, 이동보조, 말벗서비스 등이 포함된다. 이 프로그램은 노인 일자리 사업의 일환으로 진행되며, 이용자는 무료로 이용할 수 있고, 서비스 제공자는 지자체로부터 보수를 받는다.

처음 입주할 때에는 어느정도 건강하였지만 세월이 지나면서 90이 넘이 거동이 불편한 입주민이 생기게 된다. 모든 시니어가 무료 돌봄 서비스를 받을 수 있는 것은 아니며 65세 이상 기초생활수급자, 차상위계층 또는 기초연금수급자 중 독거·조손가구 등 돌봄이 필요한 노인에 해당된다.

의료 관련 서비스

아파트 단지에는 의료시설이 없으며 800미터 떨어진 곳에 재활치료센터와 인공신장실을 갖춘 가족사랑요양병원이 자리 잡고 있다. 내과, 일반외과, 흉부외과, 재활의학과, 한방과가 있어 중풍, 뇌혈관질환, 치매, 심장질환, 호흡기질환, 수술 후 근골격계질환, 암관련 진료를 볼 수 있다.

단지에서 2km쯤 떨어진 곳에 우석병원이 있다. 입주민은 관절 치료, 안과 진료, 물리치료 등을 위해 셔틀버스를 타고 시내에 있는 우석병원도 이용하고 있다. 보다 전문적인 치료가 필요할 경우에는 익산병원이나 전북대병원을 이용해야 한다.

입주세대 내부

5층 건물로, 각 층마다 30세대가 생활하고 있어 총 150세대로 이루어져 있다. 이 중 10세대는 23평형이며, 나머지는 모두 11평형과 17평형이다. 일반적으로 실버타운은 건물 내부에 다수의 부대시설을 갖추고 있지만, 이곳은 부대시설이 전혀 없어 전용률이 80%로 매우 높다. 따라서 같은 17평형이라도 전용률이 50%에 불과한 일반적인 실버타운에 비해 실평수가 넓다.

건물 전체가 남향으로 지어졌으며, 복도의 한쪽으로만 입주 세대가 있어 현관을 열어두면 맞바람이 통해 한여름에도 에어컨 없이 생활하는 세대가 많다. 세대 내부는 싱크대와 신발장만 붙박이로 되어 있으며, 필요한 가구는 입주민이 직접 구비해야 한다. 주방 조리 기구는 하이라이트가 아닌 가스레인지를 설치해 사용하고 있다.

화장실에는 욕조가 없고 샤워기만 마련되어 있으며, 변기 옆에는 안전바와 비상호출버튼이 설치되어 있다. 거실에도 안전을 위한 비상호출버튼이 설치되어 있다. 5년마다 도배를 새로 하기 때문에 실내가 비교적 깨끗하게 유지되며, 주변에 특별히 높은 건물이 없고 녹지가 많아 전망이 좋다.

주요 시설 및 프로그램

자체적인 시설이나 프로그램을 운영하지 않지만, 김제시에서 위탁받아 대한성공회유지재단이 운영하는 김제노인종합복지관과 노인대학, 게이트볼 경기장 등을 이용할 수 있다. 김제노인종합복지관은 구내식당을 비롯해 건강관리실, 당구장, 탁구장, 도서관 등의 시설을 갖추고 있다.

김제노인종합복지관

김제노인종합복지관은 월요일부터 금요일까지 운영되며, 복지관을 이용하

김제노인종합복지관

려면 먼저 회원으로 등록해 회원카드를 발급받아야 한다. 이 회원카드를 통해 프로그램은 물론 셔틀버스와 식당도 이용할 수 있다.

복지관에서 제공하는 프로그램은 생활체조, 수지침, 요가, 서예, 라인댄스, 스마트폰 이용법, 영어 강습 등으로 다양하다. 모든 프로그램은 전문강사가 진행하며, 참여비용은 무료이거나 재료비 수준의 소액이다. 각 프로그램별로 10~30명의 정원이 있으며, 분기별로 신청을 받아 수업을 진행한다.

복지관 별관인 다온관에 있는 건강관리실에서는 혈압이나 혈당검사 등의 간단한 검사가 가능하며, 러닝머신, 사이클 등 운동기구가 마련되어 있다. 벽걸이형 대형 TV가 설치되어 있어 헬스장 겸 사랑방으로 매우 인기가 높다.

입주민 성향과 분위기

대부분 여성 싱글 입주민이며, 남성 입주민은 드문 편이다. 2인 이상이 같은 세대에 사는 가구는 7~8세대 정도로 아주 적다. 부부만 동반 입주를 허가하는 대부분의 실버타운과 달리 같은 세대에 부부가 아닌 자매나 친구들도 같이 살 수 있다. 오픈 초기부터 함께 생활해 온 입주민들도 여전히 있다. 그러한 분들은 20년 가까이 이웃으로 지내와서 그런지 전체적인 실버아파트 분위기는 여름에 현관문을 아예 열어두고 생활할 정도로 서로 친밀하다.

입주민의 연령 분포는 60대 후반부터 90대까지 다양하지만, 70대 후반에서 80대 중반이 가장 많다. 입주자격은 만 60세 이상으로 노인성질환이나 치매가 없으면 된다. 다만, 싱글인 경우 나이가 85세 이상이면 입주가 안되며, 부부인 경우에는 두 분 중 한분만이라도 85세 이하면 입주가 가능하다.

저자 리뷰

　김제부영실버아파트는 김제시가 기획하고 ㈜부영이 실버아파트로 건설하여 임대 및 관리하고 있는 전원형 실버타운이다. 다른 수도권의 고급 실버타운들이 콘도미니엄 형태로 내부에 식당, 헬스장, 프로그램실 등을 갖추고 있는 것과는 달리, 김제부영실버아파트는 일반 서민 아파트와 똑같으며, 주요 복지시설들은 아파트 밖의 노인복지관과 같은 곳에 분산되어 있다. 그럼에도 불구하고 김제부영실버아파트를 소개하는 이유는 지자체 주도 노인복지주택 1호로서, 저렴한 월 비용으로도 다양한 부대시설과 복지 혜택을 누릴 수 있는 시범적인 모델을 제시하기 때문이다.

　김제부영실버아파트의 입주보증금은 약 2,000만 원에서 4,000만 원 사이로, 매우 저렴하며 일반 실버타운과 달리 관리비가 거의 없어 월 50만 원 정도의 생활비로 주거와 식사를 해결할 수 있다. 물론, 저렴한 입주보증금과 관리비로 운영되는 서민형 아파트로 시설 면에서 도심의 고가 실버타운과 비교하기에는 무리가 있다.

　수도권의 고급 실버타운이 내부에 식당과 프로그램실을 갖추고 있다면, 김제부영실버아파트는 식당과 부대시설이 전혀 없으며 주변에 노인복지관, 노인대학, 요양병원, 게이트볼장 등의 시설이 조성되어 있다. 입주민들은 이러한 시설을 무료로 사용할 수 있어서 경제적 부담이 적다. 식사에 있어서도 노인복지관 식당에서 1식당 3,500원으로 식사를 해결할 수 있다. 전체적인 단지 구성과 시스템은 이 책에서도 소개되는 내장산실버아파트와 부산의 흰돌실버타운과도 비슷하다.

　김제부영실버아파트의 가장 큰 특징은 입주민 간의 높은 친화력이다. 여름에는 각 세대가 현관 문을 열어놓고 지내며, 복도에 마련된 간이 휴게실에서 입주민들이 삼삼오오 모여 담소를 나누는 것을 흔히 볼 수 있다. 계절별로 회비를 걷어 나들이를 가기도 하고 팀을 이루어 게이트볼장에서 함께 게임을 하기도 한다. 경제적으로 풍요롭지는 않지만, 이웃과의 교류를 중요시하는 성향의 시니어들은 이곳이 가족 같은 분위기여서 사람사는 재미를 느낄 수 있다.

결론적으로 김제부영실버아파트는 서민형 노인복지주택으로, 저렴한 입주보증금과 생활비로 생활할 수 있는 주거지이다. 일반 실버타운의 부대시설이 없는 대신, 실버아파트 주변에는 노인종합복지관, 요양병원, 게이트볼장, 노인대학, 텃밭 등의 시설과 복지 인프라가 가까이 있어, 입주민들은 필요한 시설을 편리하게 이용할 수 있다.

또한, 사교적이고 개방적인 이웃들이 많아, 혼자 집에서 외롭게 지냈던 시니어라면 좋은 이웃을 사귀는 기회도 가질 수 있다. 다만, 임대형 노인복지주택임에도 불구하고 관리비가 거의 없다는 장점이 있지만, 컨시어지 서비스나 고급 실버타운에서 제공하는 추가적인 편의 서비스는 없으며, 시설 면에서도 차이가 크다는 점은 고려해야 한다.

소개

　내장산실버아파트는 전북특별자치도 정읍시 칠보산 기슭에 위치한 노인친화형 아파트로, 2008년에 오픈했다. 이 아파트는 김제부영실버아파트와 유사한 형태로, 자체 부대시설이 없고 주변의 노인복지관, 노인대학, 게이트볼장 등과 연계하여 하나의 실버타운 단지로 조성되었다. 147세대가 '희망', '행복', '사랑'이라는 이름의 총 3개동에 나눠져 있다. 관리실은 시설 유지 보수와 관리를 담당하며, 보안은 CCTV로 관리된다.

　입주세대 내부는 15평형부터 40평형까지 4개의 평형으로 구성되어 있으며, 붙박이장과 싱크대가 설치되어 있다. 입주비용은 평형에 따라 15평형은 1,950만 원, 21평형은 3,400만 원, 28평형은 4,100만 원, 40평형은 7,100만 원이다. 매입과 임대가 모두 가능하며, 월 비용은 관리비와 공과금을 포함해 24~49만 원 정도다. 식사는 스스로 해결해야 하며, 노인종합복지관 구내식당에서 점심을 3,000원에 이용할 수 있다.

　내장산실버아파트는 산으로 둘러싸여 있어 경치가 아름답고 공기가 맑다. 산책로와 텃밭이 마련되어 있어 입주민들이 건강을 유지하고 여가를 즐기기에 적합하다. 노인종합복지관에서는 노인맞춤형 프로그램과 동호회를 운영하며, 입주민들은 이를 무료로 이용할 수 있다. 게이트볼 경기장은 돔 지붕을 설치하여 날씨에 상관없이 이용할 수 있도록 하였다.

　내장산실버아파트의 인근에 정읍시요양병원과 정읍사랑병원이 있다. 병원 동행서비스는 없지만 필요시 관리실에서 구급차를 호출해준다.

　입주민들은 주로 정읍시 근교지역 출신으로, 이웃 간 친밀한 관계를 유지하며 지낸다. 경제적인 부담이 적으며, 내장산의 아름다운 자연 속에서 주변시설을 활용한 취미생활을 하고 이웃과 소통하면서 지내기 좋은 곳이다.

입주비용

평형별 입주보증금

평형	세대수	매매가격	입주보증금
15	21	6,700만원	1,950만원
21	49	9,000만원	3,400만원
28	49	1억2,000만원	4,100만원
40	28	1억7,000만원	7,100만원

　매입과 임대가 모두 가능하지만, 임대 방식으로 입주한 세대가 많은 편이다. 실버아파트는 15평, 21평, 28평, 40평 네 가지 평형이 있으며, 평형에 따라 입주보증금과 월세(월 시설 사용료)가 달라진다. 지성주택이 보유한 아파트를 매입할 경우, 가격은 입주보증금의 약 3배 정도이다.

　매입한 경우, 월세는 없고 기본관리비와 공과금만 부담하면 된다. 임대가 아닌 매입을 선택할 경우, 초기 비용은 높지만 장기적으로는 경제적일 수 있다.

월 비용

평형별 월 비용

(단위: 만 원)

평형	관리비 및 공과금	월세	월 비용
15	9	15	24
21	12	16	28
28	17	24	41
40	24	25	49

　자체적인 부대시설이 없어, 일반 아파트 수준의 관리비만 청구된다. 각 세대에서 사용하는 수도, 전기 요금을 포함하여 관리비는 월 9~24만 원이며 여기

조감도

에 월세를 더하면 매월 내야 하는 총비용은 24~49만 원 사이다

　식비는 식사 준비 방식에 따라 달라지지만, 점심은 바로 옆 노인종합복지관 구내식당을 이용할 수 있다. 이 식당에서 한 끼 식사 비용은 3,000원이며. 이를 기준으로 식비를 계산하면, 1인당 월 90식, 약 27만 원이 든다.

　따라서, 세대별로 관리비 및 공과금, 식비를 합산하면, 15평형의 경우 총 월 51만 원, 40평형의 경우에도 76만 원을 넘지 않는다. 이는 경제적으로 여유롭지 않은 시니어들에게 큰 장점이며, 노인종합복지관에서 제공하는 복지 서비스도 저렴하게 이용할 수 있다.

위치 및 주변 환경

　내장산실버아파트는 전북 정읍시 칠보산 기슭에 위치해 있으며, 내장산과도 가까운 거리에 있다. 정읍역과 서울 용산역 간 KTX가 거의 매시간 운행되며,

약 1시간 30분이 걸린다. 정읍 IC에서 약 10분 거리에 있어 자가용을 이용해도 편리하다.

인근의 정읍사랑병원과 정읍아산병원까지는 자동차로 10~15분 정도 걸리며, 마트, 약국, 은행 등 생활 편의시설은 차로 5분 거리에 위치해 있다. 내장산까지는 차로 10분 거리이고, 금산사, 고창 선운사, 새만금 등 주요 관광지도 모두 1시간 이내에 있어 가족이 방문시 입주민과 나들이하기에 좋다.

산을 등지고 있어 공기가 좋으며, 실버아파트 인근에 둘레길이 있다. 소나무가 많은 산길은 경사가 급하지 않고 곳곳에 나무의자가 설치되어 있어 걷기 운동을 하기에 적합하다.

식사 서비스

일반적인 실버타운과 달리, 기본적으로 식사를 각 세대가 스스로 해결해야 한다. 주중 점심은 바로 옆에 있는 정읍노인복지관 구내식당을 이용할 수 있으며, 식사비가 저렴하여 많은 입주민이 이곳에서 점심을 해결하고 있다.

아파트 주변에는 입주민들이 가꾸는 텃밭이 있어 부식비를 절약할 수 있다. 노인정에서 만난 세 분 어르신의 말에 따르면, 텃밭을 가꾸는 부지런한 입주민들이 많아 가끔 돼지고기나 필요한 식재료를 조금씩 사면 한겨울을 제외하고는 식비가 크게 들지 않는다고 한다.

생활 편의 서비스

각 세대는 독립적으로 생활하며, 청소와 세탁은 입주민이 스스로 해야 한다. 관리실에는 시설 유지 보수나 관리비 책정 등 일반적인 아파트의 관리실과 동일한 역할을 하는 직원 2명이 상주하여 시설관리 및 입주민들의 불편사항에 대한 민원 처리를 도와주고 있다.

아파트 단지 및 복지관에는 차량 100여 대를 주차할 수 있는 주차공간이 있다. 70~80대의 입주민 중에서도 자가운전자가 많아 주차장은 붐비는 편이다. 많은 입주민이 노인복지관에서 정읍 시내까지 순환하는 무료 셔틀버스를 이용한다. 셔틀버스는 오전 9시부터 오후 5시까지 1시간 간격으로 정읍시와 노인복지관을 왕복 운행한다.

의료 관련 서비스

자체적으로 별도의 의료 및 간호 서비스를 제공하는 시설이 없다. 응급상황이 아닐 경우, 입주민들은 가까이에 있는 정읍시요양병원을 주로 이용하며, 평소 자신이 다니는 병원은 노인복지관에서 운행하는 셔틀버스를 이용해 방문한다. 응급상황이 발생하면 관리실에서 구급차를 불러주는 등의 도움을 받을 수 있다.

정읍사랑병원은 자동차로 약 10분 이내의 거리에 있으며, 노인주간치료센터가 별도로 운영되는 정읍아산병원은 차로 약 15분 정도 걸린다.

입주세대 내부

총 147세대로, 15평형, 21평형, 28평형, 41평형의 네 가지 평형으로 구성되어 있다. 이 중 21평형과 28평형의 세대수가 많다. 세대 구성원이 1~2명인 경우가 많아 15평형과 21평형이 인기가 높아 작은 평수는 공실이 드물다. 21평형은 방 2개, 욕실 1개, 거실, 부엌으로 구성되어 있으며, 방과 욕실이 비교적 넓다. 일반적인 실버타운이 부대시설 등의 공용 공간 때문에 전용률이 낮은 것과 달리, 이곳의 전용률은 80% 이상이다.

각 세대에는 붙박이장과 싱크대가 있으며, 냉장고, 세탁기, 가스레인지 등은 입주민이 직접 구비해야 한다. 난방 시스템은 지열을 이용한 에너지를 사용하고, 물을 순환시켜 찬 공기를 만들어내는 수랭식 에어컨이 설치되어 있다. 에너지 절약형 보일러와 냉방장치는 관리비 절약에 도움을 준다.

방마다 비상 호출 버튼이 설치되어 있으며, 공용 복도의 양쪽에는 안전바와 비상 호출 버튼이 곳곳에 설치되어 있다. 더운 날에는 현관을 열어 놓고 생활하는 세대가 많은데, 복도식 아파트 구조여서 베란다 쪽 창문과 현관을 열면 맞바람으로 환기가 잘되고 맑은 산바람이 들어온다.

주요 시설 및 프로그램

자체적으로 운영하는 프로그램이 없지만, 바로 옆에 있는 정읍시노인종합복지관에 등록하면 복지관의 여러 프로그램에 참여할 수 있다. 라인댄스, 웰빙 요가, 노래 교실 등 대부분의 프로그램이 무료로 진행되며, 본인에게 맞는 프로그램을 골라 신청할 수 있다. 일부 과목은 재료비가 들지만, 실비 수준으로 부담이 적다. 또한, 컴퓨터 활용, 스마트폰 기초교육 과정 등이 개설되어 있어 유익하다. 헬스장 시설도 잘 갖춰져 있으며, 구내식당에서 점심 식사도 가능하다.

여러 명의 사회복지사가 이용자들의 편의를 살피고 있어 실버아파트 입주민뿐 아니라 정읍시에 거주하는 시니어들도 활발히 이용하고 있다. 평생교육 차원에서 마련된 노인대학이 복지관 가까이에 있으며, 복지관 옆에 있는 게이트볼 경기장은 매우 인기가 많아 이용자들로 붐빈다. 특히 몇 년 전 돔 형식의 천장을 설치해 날씨에 상관없이 사용이 가능하다.

내장산실버아파트의 부속 건물인 관리동의 2층은 실버아파트 노인정과 취

정읍시 노인복지관

미실, 3층은 관리 사무소로 활용되고 있다. 노인정에는 기본적인 취사시설이 있어 삼삼오오 모여 간단한 식사를 준비해 먹기도 하고, 취미실에서 바둑이나 탁구를 즐기거나 TV를 시청하기도 한다.

입주민 성향과 분위기

2008년 입주 초기에는 부부 세대와 싱글 세대의 비율이 반반 정도였으나, 시간이 지나면서 점차 싱글 세대가 늘고 있다. 특히 싱글 세대의 다수는 여성으로, 80세 이상일수록 여성의 비율이 높다. 전체 입주민의 평균 연령은 70대 후반이다.

대다수 입주민은 정읍시 근교 지역 출신으로, 이웃 간에 친밀하게 지내는 분위기다. 교사 출신 등 교양과 사회적 지위를 갖춘 입주민도 상당수 있다. 최근 몇 년간 인터넷을 통해 정보를 접하고 상담을 하는 경우도 꾸준히 늘고 있다.

내장산실버아파트는 김제부영실버아파트를 벤치마킹하여 정읍시에서 조성한 노인 친화형 아파트로, 여러 면에서 김제부영실버아파트와 유사하다. 주변에는 게이트볼장, 정읍시노인복지관, 정읍시립 요양원과 요양병원 등이 함께 자리잡고 있어 편의시설과 의료 시설을 이용하기에 편리하다.

주변 내장산의 아름다운 자연환경은 수도권 실버타운에서는 볼 수 없는 장관을 선사한다. 완만한 산길과 계단식 산책로는 입주민들이 산책을 즐기기에 최적이며, 꽃과 나무가 무성한 산책로 주변과 맑은 물이 흐르는 계곡은 볼거리가 풍부하다. 입주민들은 함께 가꿀 수 있는 텃밭에서 간단한 농작물을 재배해 먹기도 한다.

바로 300미터 옆에 정읍시노인복지관이 있어 쉽게 이용할 수 있다. 정읍노인복지관은 지상 3층, 지하 1층의 1,200평이 넘는 현대식 건물로 시니어들에게 각종 프로그램과 편의 시설을 제공하고 있다. 1층 경로식당에는 점심 식사를 3,000원에 먹을 수 있으며, 건강관리실, 인지지원센터를 통해 필요한 서비스를 받을 수 있다. 2층에는 컴퓨터실, 대강당, 체력단련실 등이 마련되어 있으며, 3층에는 장기터와 당구장이 있다. 또한 체육관에는 탁구장과 포켓볼장이 있어 입주민들은 무료로 운동과 여가를 즐길 수 있다.

노인복지관옆에는 정읍시 치매안심센터가 들어서있다. 이곳에서는 치매 조기검진, 치매환자 등록관리, 치매 예방교육사업 등을 통합적이고 체계적으로 제공하여, 치매걱정 없는 건강한 노년의 삶을 누릴 수 있도록 돕고 있다. 혹시 모를 치매가 걱정인 시니어라면 내장산실버아파트에 살면서 치매예방 및 관리도 할 수 있다.

게이트볼장도 노인복지관 옆에 있어 편하게 걸어서 갈 수 있다. 게이트볼 경기장은 천장을 돔 형식으로 시설을 확장해 궂은 날씨에도 이용할 수 있다. 게이트볼장은 두 개가 있어 시니어들이 두 팀으로 나누어 게임을 하기도 한다. 상급반과 초급반으로 나뉘어 처음 하는 사람들도 상급반 시니어들의 도움을 받아 연습할 수 있다.

게이트볼 팀 구성은 주거지에 관계없이 모든 시니어가 참여할 수 있어 실버아파트 입주민들도 정읍시 다른 지역 시니어들과 함께 팀을 이뤄 어울리게 된다. 일반 실버타운이 주로 실버타운 거주자들끼리 어울릴 수밖에 없는 구조인 것과 달리, 내장산실버아파트 입주민은 노인복지관 프로그램이나 게이트볼장을 이용하면서 정읍시에 거주하는 다른 시니어들과 폭넓게 교류할 수 있다.

내장산실버아파트의 전체적인 분위기와 주거환경은 김제부영실버아파트의 업그레이드된 버전이다. 김제부영실버아파트는 대부분 11~17평의 작은 평수로 구성되어 있지만, 내장산실버아파트는 28~40평형이 절반을 차지해 부부가 입주하기에 적합하다. 내장산실버아파트는 김제부영실버아파트보다 평수가 크고 시설도 좋아, 본인의 차량을 가지고 자유롭게 이동하며 멋진 자연환경을 즐기고 싶은 시니어들에게도 추천할 만하다.

노블레스타워 06

서울특별시 성북구 종암로 90   02-910-6090

소개

노블레스타워는 서울특별시 성북구 종암동에 위치한 도심형 실버타운으로, 2008년에 ㈜백마 C&L이 설립하여 운영 중이다. 노블레스타워는 총 239세대며 타워 I과 II는 주거동으로 타워 III은 요양원으로 구성되어 있다. 노블레스타워는 고려대학교 근처에 위치해 교통이 편리하며, 근처에는 백화점, 대형마트, 종합병원 등 생활 편의시설이 잘 갖춰져 있다.

입주비용은 평형에 따라 3억 3,000만 원에서 7억 원 사이로 다양하며, 계약 기간은 2년 단위로 재계약이 가능하다. 월 비용은 1인 기준 174만 원~252만 원, 부부 기준 306만 원~337만 원이다. 식사는 뷔페식으로 제공되며, 서염식 등 건강을 고려한 식단이 준비된다. 몸이 불편한 입주민에게는 직원들이 테이블까지 음식을 가져다주는 서비스가 제공되고 있다.

노블레스타워의 주요 시설로는 온천수영장, 온천사우나, 피트니스 센터, 탁구장, 당구장, 스크린골프장, 영화관, 서예실, 찜질방 등이 있다. 특히 온천수영장은 지하 850m에서 끌어올린 온천수를 사용하며, 사우나 역시 수영장처럼 온천수를 이용한다. 운동처방사가 상주하는 피트니스 센터와 전문 마사지 서비스가 있는 에스테틱센터도 운영되고 있다.

입주민들은 운동, 교양, 취미 프로그램에 무료로 참여할 수 있다. 건강체조, 생활요가, 아쿠아로빅, 역사 이야기, 인문학 강좌, 서예교실 등이 정기적으로 진행되며, 동호회 활동도 활발하다.

설립자인 한문희 대표가 2008년 오픈 당시부터 입주하여 입주민들과 함께 생활하며 시설을 운영하고 있다. 노블레스타워는 소비자중심경영(CCM) 인증을 획득한 바 있어 입주민을 위해 맞춤형 경영을 하고 있다. 현재 만실 상태로 대기자가 많아 6~12개월 정도 대기해야 한다.

입주비용

평형별 입주보증금

평형	세대수	입주보증금
18	28	3억3,000만원
19	20	3억5,000만원
21	6	4억원
22	58	4억2,000만원
33	52	5억5,000만원
37	52	5억8,000만원
39	13	6억3,000만원
45	10	7억원

입주세대는 18평에서 45평까지 8개의 평형이 있으며, 입주보증금은 3억 3,000만 원에서 7억 원 사이로 설정되어 있다. 가장 세대 수가 많은 평형은 22평형, 33평형, 37평형이며, 입주보증금은 평수에 따라 차이가 있다. 세대별 전용률은 63~76%로 일반적인 실버타운에 비해 높다.

계약 기간은 2년이며, 2년 단위로 재계약이 가능하다. 계약 해지 시 잔여 기간에 따라 입주보증금의 3~5%의 위약금이 발생하나, 사망의 경우 위약금 없이 반환된다. 입주 시 시설관리비 예치금 300만 원을 납부하며, 퇴거 시 반환된다. 각 세대는 개별 등기가 되어 있어 전세권 설정 또는 전월세 신고를 통해 입주보증금을 보장받을 수 있다.

입주보증금을 적게 내고 대신 월세를 더 내는 저보증금식 계약도 가능하다. ① 5천만원 -> 매달 20만원 ② 1억원 -> 매달 40만원. ③ 1억5천만원 -> 매달 60만원 월세를 내는 방식이다. 예를 들어 19평 세대를 입주보증금 3억 5,000만 원보다 1억 5,000만 원 적은 2억 원만 내고 입주한 후 매월 월세로 60만 원을 내면 된다. 매월 월세를 내기 번거로우면 안 내고 지내다가 퇴거 시 밀린 월세를 계산하여 입주보증금에서 제하는 방식도 있다.

월 비용

평형별 월 비용

(단위: 만 원)

평형	관리비		식비		월 비용	
	1인	부부	1인	부부	1인	부부
18	134	-	41	-	174	-
19	137	-	41	-	178	-
21	144	-	41	-	185	-
22	148	-	41	-	189	-
33	180	225	41	81	221	306
37	187	231	41	81	227	312
39	192	237	41	81	233	318
45	211	256	41	81	252	337

평형별 관리비는 1인 싱글 기준으로 134만 원에서 211만 원까지 다양하다. 세대 내에서 취사가 가능하며, 기본적으로 45식 의무식이 제공되지만, 추가로 식사를 원할 경우 1식당 9,000원이 월 비용에 추가된다. 관리비와는 별도로 45식 의무식 식비는 41만 원으로, 이를 포함한 1인 기준 월 총 비용은 174만 원에서 252만 원 정도가 된다.

부부는 33평 이상 세대에만 입주가 가능하며, 식비를 포함한 부부세대의 월 비용은 306만 원에서 337만 원으로, 싱글에 비해 약 34% 정도 더 높다.

황토 발마사지

하늘 공원

위치 및 주변 환경

　노블레스타워는 고려대학교 근처에 위치한 전형적인 도심형 실버타운이다. 서울 시내 주거지역에 위치해 있어 각종 편의시설과의 접근성이 좋을 뿐 아니라, 지역 주민과의 교류도 용이하다. 도보로 5분 거리에 6호선 고려대역이 있으며, 노블레스타워 바로 앞에 버스정류장이 있어 대중교통 이용이 편리하다. 2026년에는 동북선 경전철이 완공되어, 노블레스타워에서 3분 거리에 종암역이 신설되면 지하철 이용이 더욱 편리해질 예정이다.

　대중교통으로 5분 이내 거리에 백화점, 대형마트 등 생활 편의시설이 갖춰져 있으며 고대안암병원, 경희의료원 등 대형 종합병원이 자리잡고 있다. 도보로 이동할 수 있는 거리에 개운산과 고려대 캠퍼스가 있어 입주민들이 산책로와 운동 코스로 이용할 수 있다. 또한, 정릉천을 따라 걷기 도로가 있고, 홍릉수목원, 북서울 꿈의숲, 북한산 산책로 등의 근린공원 시설이 인접해 있다.

주변 상가

식사 서비스

타워 Ⅰ동에 위치한 식당은 넓고 깨끗하게 관리되어 있으며, 많은 인원이 쾌적하게 식사할 수 있다. 영양사가 상주해 기본 영양식과 저염식 식단을 제공하며, 뷔페식으로 운영되어 입주민들이 개인의 기호와 건강 상태에 맞춰 음식을 선택할 수 있다. 월요일부터 금요일까지 매일 아침 건강 해독 주스와 죽을 제공하며, 쌀밥, 현미밥, 잡곡밥도 항상 준비되어 있다. 노블레스타워를 운영하는 ㈜백마 C&L이 소유하고 있는 철원농장에서 재배된 무공해 쌀을 사용한다.

식당은 신세계푸드㈜에서 위탁받아 운영하고 있다. 신세계푸드㈜는 신세계의 인프라와 노하우를 바탕으로 대기업 최초로 위탁 급식 사업에 진출한 전문업체이다. 명절 음식이나 계절에 따라 특별 요리도 제공되어 입주민들의 만족도를 높이고 있다. 몸이 불편한 입주민에게는 직원이 음식을 테이블로 가져다주고, 룸서비스도 제공된다.

입주민 전용식당

생활 편의 서비스

주 1회 무료 청소 서비스를 제공하며, 방문객들도 입주민과 함께 실버타운의 식당에서 식사를 하고 부대시설도 이용할 수 있어 가족이나 지인들과 함께 시간을 보내는 것이 가능하다.

사회복지사들은 입주민들에게 홈 네트워크 사용 방법, 부대시설 이용 방법 등 사소한 것부터 동호회 활동 관련 상담, 심리 상담, 생활상의 불편사항, 고민 해결 등 생활 전반에 대한 문의와 상담을 해준다. 또한, 입주민이 원할 경우 자산관리사, 세무사, 법무사 등의 전문가로부터 개인별 자산 관리, 세무 상담, 법무 상담 등의 맞춤형 서비스를 받을 수 있어, 경제나 법적인 문제에 대해서도 전문적인 도움을 제공받을 수 있다.

이러한 서비스는 입주민들의 일상에서 발생할 수 있는 여러 문제를 해결해 줌으로서 안정적이고 편안히 생활할 수 있도록 해준다.

노블레스 클리닉

의료 관련 서비스

　노블레스타워 내에는 "노블레스부속의원"이 있어 내과 의사가 근무하며 입주민들을 대상으로 진찰과 진료, 처방전 발급을 해준다. 부속의원은 1차 병원으로 입주민이 대학병원 등 3차병원에서 진료를 받아야 하는 경우에는 진료의뢰서를 작성해 주기 때문에 쉽게 3차병원에서도 진료를 받을 수 있다. 노블레스부속의원의 의사가 모든 입주민의 건강 이력과 성격까지 상세히 파악하고 있어 필요한 맞춤형 건강 관리가 가능하며, 이를 통해 미세한 건강 변화도 잘 파악할 수 있다. 또한, 이곳 의사는 바쁜 대학병원과 달리 충분한 시간을 들여 입주민을 진료하고, 사소한 이야기까지 경청해준다. 이는 단순한 신체 건강 관리 이상으로 입주민들의 마음 건강에도 긍정적인 영향을 미친다.

　노블레스부속의원과 별도로 물리치료사가 상주하는 물리치료실에는 약 10개의 침상이 마련되어 있어, 도수치료와 물리치료를 무료로 받을 수 있다.

물리치료실

입주세대 내부

노블레스타워의 입주세대는 I동에 205세대, II동에 34세대가 있다. I 동에는 19평형, 22평형, 33평형, 37평형, 39평형, 45평형 등 다양한 평형이 있으며, II동에는 18평형과 21평형의 소형 평형만 있다.

37평형 세대는 전용률이 63%로, 실평수는 약 23평 정도 된다. 방 2개, 거실, 화장실로 이루어져 있으며, 구조가 일반 아파트와 다를 바 없어 생활하기에 적합하다. 세대 내에는 붙박이장, 세탁기, 냉장고, 인덕션, 에어컨이 갖추어져 있으며, 공기청정기, 높낮이 조절이 가능한 빨래건조대, 발지압기 등도 마련되어 있다. 식탁이나 침대 등은 개인이 준비해야 한다.

주요 시설 및 프로그램

실버타운 내 주요 부대시설

운동 및 미용 관련	취미관련	오락 및 여가 관련	생활 편의 관련
골프연습장(스크린)	게이트볼장	노래방	유기농마트
온천수영장	당구장	그랜드홀(대강당)	노블레스카페
온천사우나	도서관	시네마홀(소강당)	세탁실
불가마찜질방	서예실	성큰가든	
에스테틱센터	배드민턴장	둘레길	
피트니스센터	탁구장	햇살공원/하늘공원	

흥미롭게도 노블레스타워 신축 공사 중에 지하에서 온천수가 발견되어 현재 수영장, 사우나 등에서 모두 이 온천수를 사용하고 있다. 온천수는 지하 850m에서 나오며 심정 온도는 33.1℃, 토출 온도는 27.1℃, 일일 적정 양수량은 309톤이다. 주요 성분은 중탄산염나트륨으로, 알칼리성을 띠고 있는 것으로 알려져 있다.

온천수영장

　온천수로 채워져 있는 수영장은 수심 1.1m이며, 25m길이의 3개 레인으로 구성되어 있다. 입주민들이 쾌적하게 이용할 수 있도록 다소 따뜻하게 수온이 조절되고 있다. 한 달에 두 번 물을 교체할 정도로 깨끗하게 관리되며, 한쪽에는 수마사지가 가능한 개별 탕이 마련되어 있다. 수영장에서 바로 사우나로 이동할 수 있도록 설계되어 있으며, 사우나 역시 항상 온천수가 나오며 찜질방도 갖추어져 있다.

　피트니스 센터에는 운동처방사가 상주하면서 개별 맞춤식 운동을 지도하고 있다. 에스테틱센터에서는 전문 마사지사로부터 마사지를 받을 수 있으며 유료이다.

　요가와 스포츠댄스 등 많은 인원이 함께하는 문화여가 프로그램은 그랜드홀에서 진행된다. 그랜드홀은 가수를 초청한 공연을 비롯한 행사에 이용된다. 시네마홀에서는 건강과 재테크 등을 주제로 명사를 초청해 강연과 강좌를 열며, 일주일에 한 번씩 영화를 상영한다. 국경일이나 공휴일 또는 기상 상황 변동으로 외부 나들이가 취소될 경우 이곳에서 영화를 감상할 수 있다.

실버타운 내 주요 프로그램

운동 프로그램	교양 프로그램	취미 프로그램
수건, 맷돌, 건강체조	역사이야기	장구, 도예, 서예교실
생활요가	가곡, 가요, 노래교실	게이트볼, 포켓볼
에어로빅, 아쿠아로빅	인문학강좌	요리교실
어깨 재활 운동	명사특강	바둑, 장기, 루미큐브
건강박수, 건강강좌		나들이
황토밭 걷기		그림스케치

　　게이트볼, 포켓볼/당구 동호회, 루미큐브, 마작동호회, 바둑, 골프, 텃밭가꾸기 등 다양한 활동을 통해 입주민들은 서로 교류하면서 즐거운 시간을 함께 보낼 수 있다. 또한, 한문희 대표는 입주민들의 건강을 위해 단지 내에 황토밭을 만들었다. 황토는 예로부터 항균작용이 있어 유해물질을 방출하고 우리 몸안의 독소를 중화시키는 효능이 있으며 혈액순환 개선, 통증완화, 불면증 개선 등 많은 효능이 있는 것으로 알려져 있다. 입주민은 시간제한 없이 365일 언제든지 황토밭을 이용할 수 있다.

그랜드홀 운동사진

입주민 성향과 분위기

총 239세대에 300여 명이 입주해 있다. 2008년 처음 문을 연 시기에 입주하여 현재는 나이가 90이 넘었지만 건강하게 지내고 있는 시니어들도 다수 있다. 그러나 지금 입주하려면 최대 나이가 85세를 넘지 않아야 한다.

부부보다 싱글 입주민의 비율이 높으며, 여성 입주민이 70%를 차지하고 있다. 입주민들은 교사나 공무원 출신으로 연금 생활자가 많다. 오랜 직장생활을 한 후 은퇴한 분들도 많으며 여전히 시를 쓰거나 그림을 그려 실버타운 내부를 꾸미고 단장하는 데 적극적으로 참여하는 분들도 있다.

매일같이 수영을 즐기는 80세 여성 입주민도 있으며 입주민끼리 카톡 단톡방을 만들어 수시로 소통하며 마음에 맞는 시니어끼리 노블레스타워 근처의 식당에서 삼겹살에 소주를 곁들이기도 한다. 로비홀에서 음악회가 열리면 모두 참석해 함께 즐기곤 한다.

로비홀에서 열린 명덕챔버오케스트라 음악회

저자 리뷰

노블레스타워는 2008년 설립 당시 분양 세대와 임대 세대를 혼합해 운영하는 구조였으나, 시간이 흐르면서 안정적 운영과 효율적 관리를 위해 임대형으로 전환되었다. 운영사는 분양 세대를 매입해 임대 세대로 전환하였고, 현재 대부분의 세대가 임대형으로 운영되고 있다.

이 사례는 노인복지주택 운영에 중요한 시사점을 제공한다. 100% 분양형과 임대형은 운영 방식에서 큰 차이를 보이는데, 진정한 노인복지를 실현하기 위해서는 임대형이 더 적합하다는 점이 여러 사례에서 입증되었다. 실버타운의 성공적인 운영에는 운영사의 전문성과 진정성 있는 헌신이 필수적인데, 100% 분양형 노인복지주택의 경우 분양 후 수익을 이미 얻은 시행사는 실버타운 운영에 대한 동기부여가 약할 수밖에 없다.

특히, 시행사가 손을 떼고 입주민들이 운영을 맡게 될 경우, 비용 절감을 위해 식당이나 사우나 같은 공용시설이 폐쇄되면서 실버타운은 점차 일반 아파트로 변하게된다. 노블레스타워는 이러한 문제를 인식하고, 수익보다는 입주민 복지 향상을 선택한 사례로, 운영사인 ㈜백바 C&L의 임대형 전환 결정은 실버타운 운영의 모범적인 방향성을 제시하고 있다.

또다른 특징은 한문희 대표가 2008년 노블레스타워가 오픈할 때부터 살던 집을 떠나 아예 이곳으로 입주했다는 것이다. 실버타운을 운영하는 시설장이 잠시 거주하는 경우는 종종 있지만, 설립자가 처음부터 실버타운에 입주해 현재까지 살고 있는 경우는 전국 실버타운 중 유일하다.

2008년 당시 만 50세였던 한문희 대표는 70대 후반인 부모님을 모시고 노블레스타워에 입주했다. 당시 실버타운에 대한 부정적인 인식이 많았지만, 한문희 대표는 실버타운을 노인들이 편안하고 살기 좋은 곳으로 만들어 가고자 부모님과 함께 입주한 것으로 알려져 있다. 부모님과 비슷한 연배의 입주민들도 부모님을 모시는 마음으로 실버타운을 운영해 왔다. 2008년부터 10여 년 이상 함께 살던 아버님은 2021년에, 어머님은 2024년에 작고하셨지만, 부모님과 함께 했던 시간은 진정으로 어르신들을 어떻게 모셔야 하는지를 배우는 계기가 되었으며, 그 경험이 고스란히 노블레스타워 운영에 녹아 있다.

한문희 대표는 24시간 상주하면서 입주민들의 불편 상황과 실버타운 곳곳을 꼼꼼히 살피고 있어 직원들이 대표님 때문에 힘들다고 하소연할 정도이다. 복도에 떨어진 작은 휴지 하나, 휴게실에 비뚤어진 의자 하나 그냥 넘어가는 법이 없으며 입주민과 함께하는 각종 행사에 빠짐없이 참여하고 있다.

이러한 입주민 중심의 경영으로 노블레스타워는 2020년에 실버타운 업계 최초로 한국소비자원에서 운영하고 공정거래위원회에서 인증하는 소비자중심경영(CCM) 인증을 받았다. 2022년에도 재인증을 받았으며 이번 2024년에도 3회 연속 재인증에 성공했다. 이는 입주민 위주의 실버타운 경영철학을 공식적으로 인정받은 것이다. 최근에는 후불제 상조인 노블레스 상조를 출범시켜 '60세부터의 즐거움과 90세 이후의 편안함'을 넘어 사후까지 책임지는 적극적인 의지를 보여주고 있다.

일부 실버타운들이 경제 논리로 인해 분양에만 급급하여 입주민을 위한 서비스가 미비해 입주민과 마찰을 빚어온 것과 달리, 노블레스타워는 법적으로 분양할 수 있음에도 임대를 택해 진정한 실버타운의 모습을 보여주고 있다.

2024년 9월 기준으로 만실 상태이며, 대기자가 많아 6~12개월 정도 대기해야 한다. 그러나 평형과 층에 상관없이 공실이 나오는대로 바로 입주할 수 있으면 빠른 입주가 가능할 수도 있다.

서울특별시 강남구 자곡로 204-25   02-576-4400

소개

더시그넘하우스강남은 ㈜엘티에스가 2017년 서울특별시 강남구 자곡동에 오픈한 최고급 도심형 실버타운이다. 이곳은 편리한 교통과 함께 대모산, 세곡공원, 탄천 등이 가까이 있어 도심 속에서도 자연을 누릴 수 있다. 지하 3층, 지상 5층의 건물에 170세대가 입주해 있으며, 임대형 실버타운으로 계약 기간은 4년 단위로 연장이 가능하다.

더시그넘하우스강남은 다른 실버타운을 벤치마킹하여 업그레이드된 시설과 시스템을 갖추고 있어 최고급 실버타운으로 꼽힌다. 입주보증금은 4억 4,000만 원에서 10억 7,000만 원 사이이며, 1인 기준 월 비용은 202만 원에서 341만 원이다.

모든 입주 세대는 원목 쪽마루로 마감되어 있고, 드럼형 세탁기와 인덕션 등 빌트인 가전이 설치되어 있다. 주요 부대시설로는 진료실, 피트니스 센터, 극장, 카페, 도서관 등이 있으며, 200석 규모의 대식당과 연회실도 갖추고 있다. 이곳에서는 실버 요가, 미술 공예, 스마트폰 교실 등 다양한 프로그램이 운영되어 입주민들의 풍요로운 생활을 지원한다.

입주민의 건강 관리를 위해 혈압과 혈당 체크, 투약 관리 등이 제공되며, 하나로 의료재단과 연계하여 프리미엄 건강 검진 서비스와 진료비 할인 혜택도 주어진다. 건강이 나빠진 입주민은 부설 요양 센터인 너싱홈에서 일상생활 돌봄을 받을 수 있다.

입주민들은 주로 전직 공무원이나 전문직에서 은퇴한 분들이며, 일부는 여전히 현업에 종사하는 경우도 있다. 입주보증금과 월 생활비가 다소 높은 편이지만, 고급스러운 주거 분위기여서 강남 지역에 거주하며 경제적으로 여유가 있는 시니어들에게는 매력적인 선택지가 될 수 있다.

입주비용

평형별 입주보증금

타입	평형	세대수	입주보증금
B	23	25	4억4,000만원
C	31	75	5억6,000만원
D	33	5	6억7,000만원
E	36	15	7억3,000만원
F	36	5	7억3,000만원
G	42	10	8억7,000만원
H	48	10	10억3,000만원
I	48	5	10억3,000만원
J	48	10	10억3,000만원
K	49	5	10억5,000만원
L	50	4	10억7,000만원

더시그넘하우스강남은 총 170세대로 평형에 따라 11개 타입으로 나뉜다. 각 타입은 다음과 같이 원룸형 형태를 비롯하여 여러 형태의 주거 공간을 제공하여 입주민들이 자신의 생활양식과 예산에 맞게 선택할 수 있다.

- 원룸형 (B 타입): 1인용, 전용면적 12평
- 방 1개 + 거실형 (C, D, E, F 타입): 전용 면적 16~19평
- 방 2개 + 거실형 (G, H, I, J, K, L 타입): 전용 면적 21~26평. 24평 이상은 발코니 제공으로 약 1평 정도의 서비스 면적이 주어짐.

입주보증금은 가장 작은 원룸형 B 타입 23평형이 4억 4,000만 원이며, 50평형에 가까운 큰 평수는 10억 원이 넘는다. 가장 많은 세대가 입주해 있는 C 타입 31평형은 5억 6,000만 원이다. 계약은 4년 단위로 이루어지며, 입주보증금은 최소 거주기간인 2년 이후 퇴거 시 전액 반환된다. 또한, 입주보증금의 안전성을 확보하기 위해 세대별 1순위 전세권 설정을 제공하고 있다.

월 비용

평형별 월 비용

(단위: 만 원)

타입	평형	관리비		식비		월 비용	
		1인	부부	1인	부부	1인	부부
B	23	136	-	66	-	202	-
C	31	167	194	66	132	233	326
D	33	179	206	66	132	245	338
E	36	189	216	66	132	255	348
F	36	189	215	66	132	255	347
G	42	246	246	66	132	312	378
H	48	269	269	66	132	335	401
I	48	268	268	66	132	334	400
J	48	269	269	66	132	335	401
K	49	272	272	66	132	338	404
L	50	275	275	66	132	341	407

더시그넘하우스강남의 월 비용은 관리비와 1인 기준 월 60식의 의무식 식비가 함께 청구된다. 관리비에는 직원 인건비, 공용 시설 유지비, 소모품 비용, 화재보험료, 세대 청소비 등이 포함되며, 11가지 평형 타입에 따라 월 136만 원에서 275만 원까지 다양하다. 세대 난방비, 상하수도비, 전기세, 전화료, TV 수신료, 룸서비스 비용 등은 별도로 부과된다.

부부가 입주하는 경우 관리비를 조금 더 내야 한다. 30평형대는 27만 원을 더 내며 40평형 이상은 부부가 입주해도 추가되는 관리비가 없어 부담이 되지 않는다.

입주보증금을 더 많이 내거나 적게 내는 대신 월 관리비를 조절할 수 있으므로, 자세한 사항은 상담을 통해 확인하는 것이 좋다.

위치 및 주변 환경

더시그넘하우스강남은 도심형 실버타운으로, 강남보금자리주택지구 내에 위치하여 주변에 식당과 카페 등 다양한 편의시설이 밀집해 있어 생활이 편리하다. 대모산, 안개근린공원, 세곡공원과 같은 공원이 인근에 위치해 있고 탄천도 20분 거리에 있어 자연환경을 즐길 수 있고, 전원의 여유로움도 있다. 수서전철역이 가까워 3호선과 수인분당선, SRT를 이용할 수 있어 교통이 편리하다.

문화생활을 위한 현대백화점 압구정 본점, 롯데백화점 강남점과 잠실점, 예술의 전당도 근처에 있어 다양한 문화와 쇼핑을 즐기기에 좋다. 의료 접근성도 뛰어나 삼성서울병원, 강남세브란스병원, 서울아산병원, 분당서울대병원 등 주요 종합병원을 쉽게 이용할 수 있다.

식사 서비스

더시그넘하우스강남은 200석 규모의 대식당과 연회실, 테라스를 갖춘 레스토랑을 보유하고 있으며, 성큰가든과 접해 있어 쾌적한 환경에서 식사를 즐길 수 있다. 전문 영양사가 하루 세 끼 저지방, 저염의 건강한 식단을 제공하며, 영양 관리뿐만 아니라 각종 연회 서비스도 지원한다.

식당은 뷔페식으로 운영되지만, 몸이 불편한 입주민들을 위해 '행복식당'이라는 별도의 식당도 운영하고 있다. 행복식당은 메인 식당과 공간이 분리되어 있어 몸이 불편한 입주민들이 편안한 마음으로 여유롭게 식사할 수 있다.

새로운 입주민은 개인 건강 상태에 따라 피해야 할 음식 등을 영양사와 상담하여 식단을 관리할 수 있다. 조식은 한식과 양식 두 종류의 메뉴로 제공되며, 중식과 석식은 단일 메뉴로 제공된다. 식당 입구에는 손을 씻을 수 있는 세면대

식당

도 마련되어 있다.

의무식은 60식으로, 나머지 30식은 자유롭게 식당에서 식사를 하거나 각 세대 내에서 간단한 요리를 직접 해 먹을 수 있다. 식당에서 식사할 경우 1식당 비용은 11,000원이며, 의무식 외에 추가로 식사를 하면 월말에 비용이 자동청구된다. 반대로, 10일 이상 해외여행이나 개인적인 이유로 실버타운에 없을 때에는 미리 부재 기간을 알려주면 의무식 비용을 그 기간 동안 차감해 준다.

거동이 불편한 입주민을 위해 식사를 세대로 가져다주는 룸서비스도 제공되며, 이 경우 2,000원의 비용이 발생한다. 식단은 1주일 단위로 공개되어 미리 제공되는 식단을 알 수 있다. 제공되는 식단의 메뉴 외에 추가로 특식이 먹고 싶을 때에는 2~3일 전에 예약하면 된다. 특식은 갈비찜, 떡갈비, 장어구이 등이 있으며, 의무식 식단에 포함되지 않기 때문에 별도의 비용이 발생한다.

생활 편의 서비스

입주민의 편의를 돕기 위해 평일 하루 7회 수서역부터 삼성서울병원까지 인근 지역을 순회하는 셔틀 차량을 운행하고 있다. 주 2회 세대 청소가 기본으로 제공되며, 필요시 택배, 우편, 심부름, 세탁 등도 도와준다.

세대별 시설 관리는 물론 24시간 보안 경비, 민원 처리, 게스트룸 대여 등의 서비스를 제공하여 입주민들이 편안하게 생활할 수 있도록 돕고 있다. 또한, 장기 보관이 필요한 물건들을 보관할 수 있도록 각 세대마다 1개의 창고를 마련해 주고 있다.

의료 관련 서비스

건강관리센터에 간호사가 24시간 상주하며 건강 상담과 함께 혈압, 혈당 체크부터 투약 관리까지 기본적인 건강 관리를 해준다. 이곳에서 입주민은 전문적인 재활치료와 통증 완화를 위한 물리치료도 받을 수 있다. 응급상황이 발생할 경우 인근 대형병원으로 신속한 후송을 도와준다.

하나로 의료재단과 연계하여 프리미엄 건강 검진 서비스와 진료비 할인 혜택을 제공한다. 또한, 피트니스 센터에서 맞춤형 운동 지도를 통해 입주민들의 건강과 체력을 유지시켜 주는 프로그램이 진행된다.

실버타운 내부에 부설 요양 센터인 너싱홈이 있다. 너싱홈은 1인실과 2인실로 구성되었으며 총 60세대이다. 실버타운에서 생활하다가 건강이 안 좋아져서 독립적인 생활이 어려우면 너싱홈으로 옮겨갈 수 있다.

31평 C타입 세대 거실과 침실

입주세대 내부

　세대 내부는 모두 원목 쪽마루로 마감되어 고급스럽고 차분한 느낌을 준다. 드럼형 세탁기, 냉장고, 시스템 에어컨, 인덕션 등이 빌트인으로 설치되어 있으며, 옷장과 펜트리도 마련되어 있어 편리하다. 샤워 부스에는 앉아서 씻을 수 있는 의자가 설치되어 있고, 화장실에는 안전바와 일체형 비데를 설치하여 입주민들의 안전과 위생을 배려하였다.

　가장 많은 세대수를 차지하는 C타입은 75세대로, 31평형이며 전용 면적은 약 16평이다. 싱글 시니어가 주로 거주하지만, 부부도 거주가 가능하다. 거실과 침실은 한옥 스타일의 미닫이 문으로 분리되어 있으며 벽이 두껍지 않고 슬림하여 공간 활용도를 높였다.

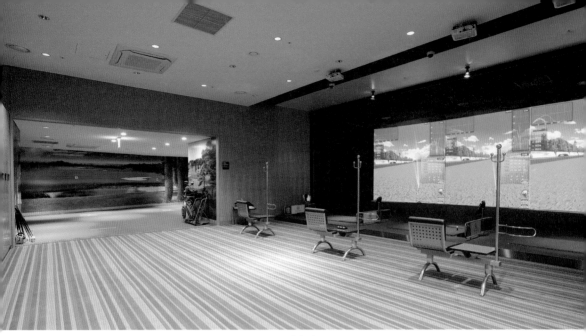

골프 연습장

주요 시설 및 프로그램

실버타운 내 주요 부대시설

클리닉존	웰니스존	컬쳐존	그 외 편의 시설
진료실	피트니스 센터	극장	로비카페
간호사실	건강체조실	노래방	라운지
물리치료실	골프연습장	대강당	옥상
재활센터	사우나	서예실	중앙정원
	당구장	게임룸	
	탁구장	아뜰리에	
		컴퓨터실	
		도서관	

실버타운 내에는 다양한 부대시설이 마련되어 있어 편리하고 풍요로운 생활을 할 수 있다. 클리닉존에는 진료실, 간호사실, 물리치료실, 재활센터가 있어 입주민들의 건강 관리를 지원한다. 웰니스존에는 피트니스 센터, 건강체조실,

골프연습장, 사우나가 있어 운동과 휴식을 즐길 수 있다. 컬쳐존에는 극장, 노래방, 대강당, 서예실이 마련되어 있다. 그 외에도 로비카페, 라운지, 컴퓨터실, 도서관 등의 편의시설이 있다.

여가 프로그램은 입주민들이 다채로운 활동을 즐길 수 있도록 각양각색의 활동이 마련되어 있다. 운동 및 창작활동으로는 실버요가, 스트레칭, 미술공예, 노래교실, 두뇌튼튼교실 등이 있다. 문화 및 교육 활동으로는 영화상영, 꽃꽂이, 스마트폰교실 등이 제공된다. 또한, 동호인 활동, 종교 활동, 일일 나들이, 여행 프로그램, 명절 이벤트 등의 사회 및 종교 활동도 마련되어 있다.

더시그넘하우스강남의 자랑인 성큰가든은 모든 세대에서 개인 정원을 가진 듯한 느낌을 주기 위해 디귿(ㄷ)자 형태로 설계되었다. 이곳은 레스토랑과 연계된 야외 식사 이벤트 등에 최적화된 장소이기도 하다. 넓고 고급스러운 라운지는 프리미엄 실버타운의 품격을 갖추고 있으며, 라운지의 북카페에서는 햇살

북카페

가득한 공간에서 책을 읽거나 휴식을 취하는 입주민들이 많다.

옥상에는 정원 테라스와 휴게 공간이 마련되어 있어 자유롭게 이용하고 산책을 즐길 수 있다. 또한, 옥상에는 지정 텃밭도 조성되어 있어 관심 있는 입주민들은 텃밭을 분양받아 가꿀 수 있다.

보안 및 안전 관련

입주세대마다 응급벨, 동작감지센서, 원패스 시스템 등이 설치되어 있어 안전과 편의를 도모하고 있다. 응급벨 시스템은 입주민이 응급상황 시 세대 내 응급버튼을 누르면 프런트에 비상벨이 울려 사회복지사와 간호사가 즉시 대처하여 입주민의 상태를 파악할 수 있게 되어 있다. 화장실에도 안전바와 응급벨이 설치되어 있어 더욱 안전하다.

또한, 동작감지센서를 통해 입주민의 움직임을 모니터링하며, 일정 시간 동안 움직임이 없으면 이상 징후로 판단하여 확인 절차를 진행한다. 원패스 시스템은 출입과 식사를 포함한 여러 기능을 하나의 시스템으로 통합하여 관리한다. 예를 들어, 입주민의 하루 식사 사용량 등이 시스템에서 확인되며, 2번 연속으로 식사를 거를 경우 혹시 무슨 일이 있는지 세대로 전화를 걸어 안부를 살핀다.

입주민 성향과 분위기

전직 공무원이나 전문직 은퇴자들이 많으며, 여성 비율이 높고 싱글 입주민들 역시 대부분 여성이다. 일부 입주민은 여전히 강남권에 직장을 두고 현업에 종사하고 있다. 매일 함께 식사하면서 지내다 보면, 자연스럽게 종교나 취미가 같은 입주민들끼리 어울리게 되며, 건물 옥상에 있는 정원 겸 작은 텃밭을 함께 가꾸기도 한다.

은퇴 전 강남 생활권에 거주하던 입주민들이 많으며, 자녀들이 근처에 살고 있는 경우도 있다. 부부가 함께 더시그넘하우스강남에서 생활하다가 배우자 중 한 명이 돌봄이 필요해지면 실버타운 내 너싱홈으로 입소하고, 혼자서 생활하는 입주민도 있다.

옥상정원

더시그넘하우스강남의 더시그넘은 시그니처와 프리미엄의 합성어로, 고급 실버타운을 상징한다. 이곳은 엘티에스그룹의 자회사인 ㈜도타이가 노인주거 복지의 발전을 위해 설립한 공간으로, 노인들이 은혜로운 삶을 살 수 있는 장소로 기획되었다. 원래 이 부지는 원불교 교당이 지어질 예정이었으나, 사정이 여의치 않아 엘티에스그룹의 박세훈 회장이 이곳에 더시그넘하우스를 탄생시켰다. 박세훈 회장은 독실한 원불교 재가교도로서, 사회복지법인 유린보은동산의 이사장과 국제구호개발단체인 세이브 더 칠드런의 이사를 역임하였고, 현재는 아름다운가게 이사를 맡고 있다. 유린보은동산은 유린원광종합사회복지관, 원광장애인종합복지관, 유린원광노인요양원 등 14개의 복지시설을 운영하고 있다. 박세훈 회장은 평소 상없는 마음으로 작은 밀알이 되는 역할론을 강조해 왔다.

더시그넘하우스강남은 기존 실버타운과 차별화된 시설과 운영 시스템을 자랑하며, 특히 하드웨어와 소프트웨어 측면에서 세심한 노력을 기울인 고급 실버타운이다. 설립 초기부터 다른 실버타운의 운영 사례를 벤치마킹해, 입주민들의 돌봄 요구를 충족하기 위한 체계를 갖추었다. 예를 들어, 유당마을과 노블레스타워는 처음에는 주거 공간만 운영하다가 입주민들이 돌봄이 필요해지면서 케어홈과 요양원을 추가로 설립했다. 이를 참고한 더시그넘하우스강남은 처음부터 실버타운 내부에 너싱홈을 마련하여, 입주민들이 장기요양등급 없이도 필요한 돌봄 서비스를 받을 수 있도록 했다.

더시그넘하우스강남은 높은 입주보증금과 월 생활비로 인해 경제적으로 여유가 있는 입주민들이 주를 이룬다. 입지, 시설, 평형대 크기, 입주보증금을 고려할 때, 더시그넘하우스강남은 클래식500과 삼성노블카운티에 이어 가장 럭

셔리한 실버타운 중 하나로 꼽히며, 하이엔드 분위기를 자아낸다. 로비의 그랜드 피아노와 정복 차림의 직원들은 마치 고급 5성급 호텔의 라운지를 연상시키고, 내부 인테리어 역시 고급스러운 느낌을 준다.

고급스러운 분위기 못지 않게 식사 품질도 평판이 좋으며, 직영 운영 방식을 통해 식자재 비용과 인건비로 식사 비용의 100%를 사용하며, 이익을 남기지 않는 것으로 알려져 있다. 이 중 식자재 비용은 전체 예산의 60%를 차지하고 있어, 신선하고 좋은 재료를 사용해 입주민들에게 고품질의 식사를 제공하고 있다. 이러한 운영 방식은 타 실버타운에서 찾아보기 어려운 시스템으로, 입주민들에게 양질의 식사를 제공하려는 운영자의 철학이 잘 드러난다. 식단 구성은 한식, 중식, 일식 등 다양한 메뉴로 이루어져 있으며 미리 예약만 하면 의무식 이외의 갈비찜, 떡갈비, 장어구이 등의 특식도 먹을 수 있다.

경제적 여유가 있으며 강남에 거주하기를 원하는 액티브한 시니어들에게 더시그넘하우스강남은 1차적으로 고려해 볼 만한 실버타운이다. 그러나 높은 인기 때문에 2024년 9월 기준으로 100세대 이상이 입주 대기 중이며, 입주 제한 연령이 80세로 제한되어 있어 당장 입주하기 어려운 점은 아쉬움으로 남는다.

소개

더시그넘하우스청라는 인천광역시 청라국제도시에 위치한 고급 실버타운으로, 지하 3층에서 지상 9층까지 총 131세대로 구성되어 있다. 2024년 2월에 입주를 시작했으며, 인천국제공항고속도로와 경인고속도로에 인접해 있어 서울 및 인천으로의 접근이 용이하다. 모든 세대는 고급 원목으로 마감이 되어있고 발코니가 설치되어 있다.

입주보증금은 22평형이 3억 3천만 원, 부부가 거주하기 좋은 30평형은 4억 8천만 원이며, 월 비용은 1인 기준 약 200만 원, 부부는 300만 원 중반대이다. 또한, 매월 의무식은 60식이며, 추가 식사는 1식당 11,000원이다. 커뮤니티 시설로는 북카페라운지, 사우나, 실내골프연습장, 피트니스 센터, 명상실 등이 있으며, 원불교 교당을 운영하여 입주민들이 명상과 마음공부 프로그램에 참여할 수 있다.

보안과 안전을 위해 각 세대에는 응급벨과 동작감지센서 등이 설치되어 있다. 응급 상황 시 신속히 대처할 수 있도록 시스템이 구축되어 있으며, 식수 사용량 확인 서비스 등을 통해 입주민의 안전을 사전에 대비하여 관리하고 있다. 더시그넘하우스청라는 건강 상태에 따라 입주 여부를 결정하며, 연령에 특별한 제한은 없다. 특히, 실버타운과 요양원의 중간 단계인 프리미엄층을 운영해, 건강이 다소 좋지 않은 입주민도 입주가 가능하다.

이곳은 더시그넘하우스강남 설립자인 박세훈 회장의 시니어를 위하는 마음이 담긴 시설로, 직원들도 잘 교육되어 있다. 서울 도심에 비해 주변 인프라가 다소 부족할 수 있으나, 머지않아 모두 완비될 것으로 보인다. 높은 품질의 식사를 즐기며 명상 프로그램과 마음공부 등을 통해 보람되고 의미 있는 노후를 보내고자 하는 시니어에게 더시그넘하우스청라는 좋은 선택지가 될 것이다.

입주비용

평형별 입주보증금

타입	평형	세대 수	입주보증금
A1	22	57	3억2,900만원~3억3,500만원
A2	22	8	3억2,900만원~3억3,500만원
A3	22	9	3억2,900만원~3억3,500만원
B1	27	12	4억2,700만원~4억3,400만원
B2	29	6	4억7,500만원~4억8,200만원
C	30	12	4억8,300만원~4억9,100만원
G	30	1	4억6,400만원
I	33	1	5억1,000만원
H	35	3	5억3,800만원~5억4,300만원
AA	44	7	6억6,500만원~6억8,000만원
D	44	6	7억2,000만원~7억3,200만원
E	45	6	7억2,000만원~7억3,200만원
F	58	1	9억원
J	65	1	9억9,000만원
PH	88	1	17억7,000만원

더시그넘하우스청라는 세대별 평형과 구조에 따라 11개 타입으로 나뉜다. 원룸 스타일의 싱글형 A타입과 부부를 위한 D~F타입, J타입, PH타입 등 여러 타입의 주거 공간이 있다. 입주민들은 금액에 맞게 선택할 수 있으며, 세대 평수에 따라 보증금의 금액이 달라진다.

가장 세대수가 많으며 혼자 지내기 좋은 22평형의 입주보증금은 3억 3,000만 원 정도이다. 이보다 평수가 커서 부부가 지내도 좋을 만한 20평대 후반~30평 세대는 1억 원 정도가 더 높은 4억 원대 중후반이다. 물론 여유가 있는 입주민은 40평대의 세대로 입주할 수 있으며 입주보증금은 6~7억 원대가 된다. 입주 계약기간은 기본 2년이며 연장이 가능하다.

입주보증금은 전세권 설정을 통해 보호된다. 또한, 더시그넘하우스청라는 입주민의 입주보증금으로 건설되는 일반적인 선분양 방식이 아닌, 모회사인 ㈜엘티에스가 건물을 짓고 후분양하는 실버타운이다. 따라서, 입주민이 1순위 전세권자로 설정되어 보증금을 돌려받는 데 문제가 없다. 다만, 전세권 설정을 원하면 입주민이 본인 비용으로 해야 한다.

월 비용

평형별 월 비용
(단위: 만 원)

타입	평형	관리비		식비		월 비용	
		1인	부부	1인	부부	1인	부부
A1	22	133	-	66	-	199	-
A2	22	133	-	66	-	199	-
A3	22	133	-	66	-	199	-
B1	27	163	193	66	132	229	325
B2	29	179	209	66	132	245	341
C	30	185	215	66	132	251	347
G	30	184	214	66	132	250	346
I	33	199	229	66	132	265	361
H	35	215	245	66	132	281	377
AA	44	266	266	66	132	332	398
D	44	297	297	66	132	363	429
E	45	306	306	66	132	372	438
F	58	387	387	66	132	453	519
J	65	426	426	66	132	492	558
PH	88	640	640	66	132	706	772

월 비용은 22평형에 입주하는 싱글의 경우 식비 포함 약 200만 원 정도이다. 이보다 평수가 큰 30평형에 부부가 입주하게 되면 식비 포함 150만 원 정도가 올라가 350만 원 가까이 된다.

월 비용은 일반 관리비와 1인 월 60식 의무식 식비로 구성된다. 일반 관리비에는 직원 인건비, 공용시설 유지비, 소모품비, 화재보험료, 세대 청소비(주 2회) 등이 포함되어 있다. 세대 난방비, 상하수도비, 전기세, 전화료, TV 수신료, 룸서비스 비용 등은 별도로 부과되며 월 약 10~15만 원 정도이다.

관리비는 평형 크기에 따라 다르며, 같은 평수라 하더라도 27~35평 이용시 부부의 경우 1인에 비해 30만 원 정도의 추가 금액이 발생한다. 관리비와 식비를 포함한 월 비용은 물가 상승률에 따라 매년 변동이 있을 수 있다.

부대시설 이용료는 월 관리비에 포함되어 있다. 실버타운 내 노래방, 골프연습장, 피트니스 센터, 사우나 등의 모든 시설을 무료로 자유롭게 이용할 수 있다. 그러나 골프연습장에서 골프게임을 하거나 외부 강사가 진행하는 프로그램에 참가하는 경우 별도의 비용이 발생할 수 있다.

위치 및 주변 환경

더시그넘하우스청라는 인천광역시 청라국제도시에 위치하고 있다. 인천국제공항고속도로, 경인고속도로, 수도권제2순환고속도로와 인천 지하철 2호선을 통해 서울을 손쉽게 갈 수 있다. 또한 지하철 7호선 노선 연장 공사가 진행되고 있어 향후 교통은 더욱 좋아질 것으로 보인다.

주변에 송학산을 비롯하여 용머리공원, 연일공원, 문화2호공원(창해공원), 커낼웨이 수변공원, 청라호수공원 등의 공원과 베어즈베스트청라CC, 인천그랜드CC 등 다수의 골프장이 인접해 있다.

홈플러스, 롯데마트, 하나로마트 등 대형 마트와 영화관(메가박스, CGV), 청라커낼에비뉴 등 편의시설 및 상업시설이 가까이 있다. 이밖에 아파트 단지와 다세대 주택 단지에 식당가 및 편의점, 카페 등 편의시설이 있어 간단한 식사 및 쇼핑에는 문제가 없으며 2025년에는 스타필드청라가 오픈 예정이다.

주변 상가의 전문 의원들 외에도 가톨릭관동대학교 국제성모병원과 2025년 완공 예정된 아산병원의료복합센터 등 의료시설이 가까이 있다.

식사 서비스

식당은 지하 1층 로비에 있으며 들어가는 입구에 손을 씻을 수 있는 세면대가 마련되어 있다. 식당은 메인식당과 작은 연회장으로 나뉘어져 있다. 작은 연회장은 입주민의 가족이 방문하거나 생일 파티, 혹은 스스로 배식이 어려운 시니어 등이 프라이빗한 공간으로 사용할 수 있으며, 대식당은 입주민의 식사장소로 사용하고 있다. 두 식당은 불투명 유리문으로 분리되어 있는데 전체를 열고 닫을 수가 있어서 필요시 두 장소를 분리하거나 하나로 사용할 수 있다.

메인식당의 한쪽은 성큰가든에 맞닿아 있어 유리문 너머로 가든이 바라보이

식당

며 자연채광으로 식당 안이 밝다. 날씨가 따듯하면 유리문을 모두 열어서 신선한 공기와 함께 자연에서 식사를 하는 느낌을 가질 수 있다.

더시그넘하우스청라는 더시그넘하우스강남의 운영경험을 바탕으로, 식당을 운영하고 있다. 모든 식재료는 더시그넘하우스강남과 공동구매하여 매입단가 경쟁력을 높이고 더시그넘하우스강남에서 쌓인 노하우를 그대로 더시그넘하우스청라에도 적용하고 있다.

단체식당 운영방식은 위탁 또는 직영으로 나뉘는데, 더시그넘하우스 강남과 청라는 직영으로 운영하여 마진을 없애고 입주자들에게 맞춤형 식단을 제공하기 위해 노력하고 있다. 더시그넘하우스청라의 영양사와 조리사들도 오픈 전 더시그넘하우스강남에 근무하면서 식당의 노하우를 전수받았다.

식비는 끼니 당 11,000원이며, 이 중 60%가 재료비, 40%가 인건비로 구성된다. 재료비가 60%로 높은 이유는 신선한 고품질의 식재료를 사용하기 위해서다. 예를 들어, 쌀은 이천산 최고 등급을 사용하고, 과일은 가락시장에서 납

야외 바베큐와 식사

품 받으며, 해산물은 제주나 남해에서 산지 직송으로 공수한다. 이러한 철저한 관리로 높은 식사 품질을 유지하고 있다.

더시그넘하우스강남이 만실을 넘어 대기가 많은 이유 중에 하나는 식사가 고급스럽고 맛있다는 평가 때문이다. 더시그넘하우스는 실버타운 입소를 결정하는 중요한 요소 중 하나가 식사에 있음을 인지하고 그만큼 더시그넘하우스청라에서도 식사품질에 신경을 쓰고 있다.

생활 편의 서비스

입주민의 편의를 돕기 위해 인근 지하철역과 병원을 순회하는 셔틀 차량을 운행하고 있다. 주 2회의 세대 청소 서비스를 기본으로 제공하고 있으며 세탁 대행 서비스도 제공하여 입주민들은 가사노동에서 자유로울 수 있다. 로비층에 24시간 운영되는 프런트가 있어 입주민들의 생활 안내와 불편 접수를 상시 처리하며 택배, 우편, 심부름 등 각종 대행 서비스와 같은 컨시어지 서비스를 제공한다.

의료 관련 서비스

청라에는 프리미엄 세대(1층~2층, 총 26세대)를 운영하고 있다. 프리미엄 세대란 실버타운과 너싱홈의 중간단계로 인지능력에는 문제가 없으나 고령이거나 건강상태가 다소 좋지 않아 부분적으로 도움이 필요한 시니어들을 대상으로 케어 서비스를 제공하고 있다. 또한, 밀착 케어를 제공함으로써 삶의 질을 유지할 수 있고, 프라이버시나 자기결정 능력을 가지고 생활할 수 있도록 함으로써 고령자의 에이징 인 플레이스를 실현할 수 있도록 노력하고 있다.

입주세대 내부

131세대 중 57세대로 가장 많은 세대를 차지하는 22평(전용면적 11.5평)은 원룸형이며 거실과 침실은 대형 미닫이 유리문으로 분리되어 있어 개폐가 가능하다. 천장 층고는 일반 아파트 평균인 2.3m 보다 높은 2.6m로 답답하지 않고, 침실은 대형창으로 발코니와 연결되어 있어 개방감이 좋다.

실내는 지역난방으로 공급하는 중앙공급식 바닥 난방으로 되어 있고 FCU(Fan Coil Unit)로 작동되는 에어컨이 각 세대에 설치되어 냉방효과 대비 전기료가 낮다. 또한 세대 전체가 3중 시스템창호를 포함하여 에너지 효율이 좋은 건축자재를 사용하였다.

에어컨을 포함하여 발코니에 세탁/건조 겸용 세탁기, 거실에 냉장고, 인덕션, 수납장, 신발장, 침실에 붙박이 옷장 등이 빌트인 되어 있다. 공간활용을 높이기 위해 접이식 식탁과 필요할 때만 잡아당기면 숨어있던 슬라이딩 의자가

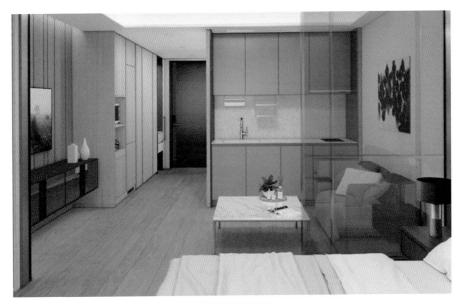

A타입 세대 내부

나온다. 또한 현관에는 신발을 신고 벗기 편하게 의자가 설치되어 있다.

바닥을 비롯해 모든 마감제는 천연목을 사용하였으며, 간접조명으로 눈의 피로를 줄였고 주방의 싱크대 상판도 오염이 되지 않는 고품질 이태리산 타일을 적용하여 품격을 더했다.

주요 시설 및 프로그램

단지 내에는 북카페라운지, 사우나, 실내골프연습장, 피트니스, GX룸, 식당, 명상실, 대강당 등 다양한 커뮤니티 시설이 마련되어 있다. 특히 입주민들의 몸 건강과 마음건강 모두를 배려한 시설이 돋보인다.

건강과 체력유지를 위해 피트니스, GX룸, 당구장, 탁구장, 골프연습장 및 스크린골프게임룸, 사우나 등을 갖추었으며, 마음건강을 위해 명상룸이 있어 와

대강당

선, 좌선, 명상, 선요가 등을 할 수 있다. 또한, 원불교 교당이 시설 내에 자리하고 있으며 원불교 교무가 상주하고 있다. 원불교 교무를 통해 명상, 다도 등의 프로그램이 운영되며 일주일에 한 번 법회가 진행된다. 원불교 신자가 아니어도 입주민은 자유롭게 참여할 수 있다.

세대에서는 보관이 어려운 물건들을 보관할 수 있는 세대별 창고를 지하 주차장에 마련하여 세대 당 1개씩 사용할 수 있다. 특히 주차장과 인접해 있어 골프채 등을 보관하고 이용하기에 편리하다. 옥상정원에는 작은 텃밭과 조경, 벤치 등이 조성되어 있어 입주민이 소일거리를 할 수 있는 공간으로도 활용된다.

보안 및 안전 관련

입주세대마다 응급벨, 동작감지센서, 원패스 시스템 등이 설치되어 있다. 세대에서 응급 버튼을 누르면 즉시 프런트에서 확인이 가능하여 사회복지사와 간호사가 즉각적으로 대처할 수 있도록 되어 있다.

또한, 일일 식수 사용량 확인 서비스를 통해 안전 관리를 하고 있으며, 두 번 연속으로 식사를 거를 경우 세대에 전화를 걸어 안부를 확인한다. 이를 통해 입주민의 동정을 능동적으로 파악하고 안전관리를 하고 있다.

입주민 성향과 분위기

다른 실버타운에서는 최대 나이 80~85세로 입주민의 연령에 제한을 두고 있지만 더시그넘하우스청라는 입주민의 연령 보다는 보행 및 인지검사를 통해 건강 상태를 확인한 후 입주 여부를 판단한다. 건강하기만 하면 연령이 80세 혹은 그 이상이더라도 입주가 가능하다.

명상실

　입주 후 노령으로 돌봄이 다소 필요한 입주민을 위해 1층과 2층의 일부 세대
는 돌봄이 가능한 프리미엄 세대로 구성되어 있다. 더시그넘하우스강남과 달리
내부에 요양원을 운영하고 있지는 않지만, 향후 돌봄이 필요한 입주민들의 편
의를 도모할 수 있을 것으로 보인다.

　거리상으로 보면 인천공항에서 가깝다. 아무래도 인천공항과 가깝고 서울
도심의 분위기는 아니어서 해외교포분들과 꼭 서울에서 지내지 않아도 되는 입
주민들이 많다. 또한 2024년 초 본격적으로 입주를 시작하였기 때문에 그만큼
입주민들의 평균 연령이 낮을 수밖에 없어 나들이, 골프를 비롯한 활동적인 프
로그램을 즐기는 액티브 시니어들이 많다.

저자 리뷰

더시그넘하우스청라는 여러 면에서 독특한 특징을 가지고 있다. 건물의 설계와 마감에 많은 노력을 기울였으며, 이는 더시그넘하우스강남보다 더 업그레이드된 시설로 입주민들에게 최상의 편의성을 제공하려는 의도를 엿볼 수 있다. 예를 들어, 바닥난방, 발코니, 원목 마감, 간접조명, 방음소재 등은 입주민들이 편안하게 생활할 수 있도록 신경 쓴 부분들이다. 특히, 바닥난방은 온돌처럼 따뜻한 바닥을 제공하여 겨울철 호흡기 질환과 피부 건조를 예방하는 데 기여하며, 전 세대에 발코니를 설치하고 원목과 간접조명으로 내부를 마감한 것도 일반 실버타운에서 보기 드문 일이다. 식당과 대강당을 비롯한 공용시설의 천장에 소리의 울림을 흡수할 수 있는 흡음제를 사용한 것에서도 입주민들의 편안한 생활을 위한 세심한 배려를 엿볼 수 있다.

더시그넘하우스청라는 육체적인 건강뿐만 아니라 정신적인 건강에도 많은 노력을 기울이고 있다. 명상센터와 원불교 교당을 운영함으로써 입주민들이 마음의 안정을 찾을 수 있도록 돕고있다. 원불교 교당은 천주교 성당이나 개신교 교회처럼 종교시설이며, 성직자인 원불교 교무가 상주하여 법회를 열고 개인상담과 명상도 진행하고 있다. 누구나 자유롭게 법회에 참가해 설법을 들을 수 있으며 관심이 있다면 교화단을 통해 마음공부를 할 수도 있다.

더시그넘하우스강남과 청라를 소유하고 있는 ㈜엘티에스 박세훈 회장은 독실한 원불교 교도로, 실버타운 운영을 통해 돈을 벌지 않는다는 철학을 가지고 있다고 알려져 있다. 2017년 개원한 더시그넘하우스강남도 분양이 가능했지만 임대형으로 운영하고 있다. 그 이유는 분양하면 운영사가 책임을 다하지 않게 될 가능성이 있기 때문에 임대 운영을 해야만 끝까지 책임지고 시설을 운영할 수 있다는 것이다. 실버타운 최초로 더시그넘하우스청라를 후분양한 이유도 입주자들이 실제로 완공된 시설을 본 후 입주를 결정할 수 있도록 배려한 결과라고 한다.

더시그넘하우스청라는 2017년 더시그넘하우스강남 이후 7년 만에 새롭게 오픈한 실버타운으로, 현대적인 시설과 시스템을 자랑한다. 오픈 초기임에도 불구하고 더시그넘하우스강남의 운영 노하우를 그대로 옮겨와 안정적인 운영을 이어가고 있다. 또한, 이곳은 실버타운과 요양원의 중간 성격을 가진 프리미엄 층이 있어, 나이가 많거나 건강이 다소 좋지 않은 시니어들을 위한 돌봄시스템을 운영하고 있다. 다른 실버타운에서 건강 문제로 입주가 어려울지라도, 이곳의 프리미엄 세대에서는 입주가 가능할 수 있으니 상담을 받아 볼 수 있다.

더시그넘하우스청라의 아쉬운점으로는 서울이 아닌 인천 청라지구에 위치해 있음에도 입주보증금이 낮지 않으며, 월 생활비도 서울의 평균적인 실버타운보다 높은 편이라는 점을 들 수 있다. 또한, 신도시 특성상 주변 인프라가 아직 충분히 갖춰지지 않아 편의시설 이용에 불편함이 있을 수 있으며, 실버타운 주변에 다른 건물이 없어 다소 황량한 느낌이 들 수 있다. 하지만 향후 지역 개발이 진행되면서 편의시설이 들어설 예정이므로, 시간이 지나면 생동감 있는 지역으로 발전할 것으로 예상된다.

이러한 점들을 종합해 보면, 더시그넘하우스청라는 설립자의 열정과 철학이 반영된 시설로, 입주민들에게 육체적·정신적으로 모두 안락한 삶을 제공하려는 노력이 돋보인다. 더시그넘하우스강남에서 사전 교육을 받은 직원들을 배치하여 전문적인 서비스를 제공하고 있으며, 명상실에서 마음을 돌보고 시니어로서 의미 있는 삶을 살고자 하는 사람들에게 특히 적합하다. 시니어를 위한 보금자리는 단순한 편안함을 넘어서, 명상과 성찰로 내 인생의 후반부를 아름답게 완성시킬 수 있는 곳이라면 이 또한 좋을 것이다.

소개

더클래식500은 2009년 학교법인 건국대학교가 오픈한 최고급 도심형 실버타운으로 서울특별시 광진구 건국대학교병원 근처에 자리하고 있다. 총 385세대로 모든 세대가 56평형 대형 단일 평수로 구성되어 있으며, 고급 주상복합아파트 또는 특급호텔을 연상케 한다. 서울 도심에 위치해 있어 교통이 편리하며, 한강, 아차산, 뚝섬유원지 등과 가까워 도심 속에서도 자연을 느낄 수 있다.

입주비용은 실버타운 중 가장 높아서 모든 세대의 입주보증금은 10억 원, 월비용은 1인 기준 458만 원이다. 계약은 3년 단위로 이루어지며, 입주를 위해 청약금 3,000만 원을 내고 일정 기간 대기해야 한다. 입주민들은 전직 교수, 고위 공무원, 의사, 사업가 등 상류층 인사와 자본가들이 많다.

지하 1층부터 지상 4층까지는 대규모 스파, 피트니스 센터, 스크린골프, 커피숍, 약국, 병원, 증권회사, 레스토랑 등 편의시설이 입점해 있다. 같은 건물 내에 증권사, 웨딩홀, 호텔 등의 시설이 함께 있어 외부인도 자유롭게 이용할 수 있어 처음 방문하는 사람들은 실버타운임을 알아차리기 쉽지 않다.

입주민들은 운동, 교양, 취미 프로그램에 참여할 수 있으며, 동호회 활동도 활발하다. 주요 시설로는 피트니스 센터, 야외 수영장, 골프 연습장, 도서관, AV룸 등이 있다. 호텔식 컨시어지 서비스와 직원이 24시간 상주하는 프런트 데스크, 발레파킹 등과 같은 특급호텔 수준의 서비스를 제공한다. 의료 관련 서비스로는 라이프케어 팀의 전담 간호사가 24시간 응급콜에 대응하며, 건국대학교병원과 연계한 종합적인 건강 관리 서비스를 제공한다.

경제적 여유가 있는 시니어들 가운데 편리한 도심 생활과 함께 고급스러운 주거 환경을 누릴 수 있는 최고의 실버타운으로 평가받고 있다.

입주비용

평형별 입주보증금

평형	입주보증금
56	10억원

모든 세대가 56평형으로 이루어져 있으며, 분양 세대는 없고 3년 계약으로 입주보증금을 내는 임대로만 100% 운영되고 있다. 입주보증금과 월 비용이 고가임에도 불구하고 쉽게 공실이 나오지 않기 때문에 입주 대기를 위해 청약금 3,000만 원을 내고 청약 신청을 한 후 일정 기간 기다려야 입주할 수 있다. 입주신청 나이는 79세 이하로 제한된다.

입주보증금은 최초 계약금 1억 2천만 원을 납부한 후 입주 시 나머지 잔금을 완납해야 하며, 계약 만료 후 퇴거할 때 전액 돌려받을 수 있다. 계약기간은 3년 주기이며, 중도해지 시 계약 잔여기간에 대해 입주보증금의 3%를 위약금으로 납부해야 한다.

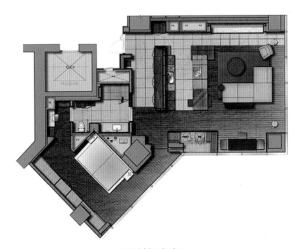

56평형 평면도

월 비용

평형별 월 비용

(단위: 만 원)

평형	관리비	식비	월세	월 비용
56	253	30	175	458

모든 세대는 56평형으로 평수가 동일하기 때문에 매월 부과되는 관리비도 전 세대가 동일하다. 한 달에 의무식은 20식으로, 1식당 비용은 1만 5천 원이다. 난방비, 전기세, 상수도세 등 공과금은 세대별로 따로 납부해야 하며, 사용량에 따라 조금씩 차이는 있지만 월 평균 30만 원 정도가 부과된다. 싱글 기준 월 비용은 공과금 제외하고 관리비와 월세 175만 원을 포함하여 458만 원이된다. 1인 세대와 부부 세대 모두 월 관리비 253만 원은 동일하며, 주 2회 기본적인 청소 및 세탁 서비스가 제공된다.

스파, 피트니스 센터, 수영장, 골프 시설을 이용하기 위해서는 피트니스 센터 멤버십에 가입해야 한다. 가입은 선택 사항이며, 비용은 1년에 1인당 389만 원이다. 입주민이 아닌 외부인은 3,800만 원의 입회보증금을 내고 가입해야 하지만, 입주민에게는 입회보증금이 없다.

전체 입주민의 70% 가량은 피트니스 센터 회원으로 가입되어 있다. 회원으로 등록하지 않을 경우 활용할 수 있는 시설과 프로그램에 제한이 많고, 이웃과의 사교 활동에 어려움이 있기 때문에 입주 당시에는 회원으로 등록하지 않았더라도 입주 6개월 이내에 많은 입주민이 회원으로 등록하는 편이다. 피트니스에 관심이 없거나 나이가 많아 피트니스 센터를 이용할 체력이 충분치 않은 입주민 중 약 30%는 비회원으로 남아 있다.

위치 및 주변 환경

한강이 내려다보이는 서울 도심에 위치해 있어 훌륭한 조망을 자랑하며, 지하철 2호선과 7호선 건대입구역에서 도보로 3분 이내의 거리에 위치해 있어 대중교통 이용이 매우 편리하다. 자동차를 이용할 경우에도 올림픽대로, 강변북로, 수도권제1순환고속도로 등을 통해 외곽으로 쉽게 이동할 수 있다.

도보로 5분 내 거리에 백화점, 대형 할인마트, 쇼핑몰, 멀티플렉스 영화관, 은행, 대학병원 등 생활문화 시설과 편의시설이 밀집해 있어 입주민들이 편리하게 이용할 수 있다. 또한, 바로 옆에 문화재단과 문화체육 시설을 갖춘 광진구 시설관리공단이 있어 공연과 문화 행사를 즐길 수 있다.

인접해 있는 건국대 캠퍼스의 호수길이나 어린이대공원 등으로 산책이 가능하며, 한강, 아차산, 뚝섬유원지 등과도 가까워 도심 속에서도 자연을 느낄 수 있다. 이러한 위치적 장점 덕분에 입주민들은 편리한 도심 생활과 자연의 여유로움을 동시에 누릴 수 있다.

식사 서비스

B동 3층에는 입주민 전용 식당이 있으며, 이 식당은 영양사와 조리사, 직원 등 경험 많은 전문 인력을 갖춘 외식 업체에서 위탁 운영하여 600여 명의 입주민에게 양질의 식단과 서비스를 제공하고 있다. 식단은 일주일 치가 미리 공개되며, 식사 시간은 2시간 30분으로 충분한 여유를 두어 입주민들이 편안하게 식사할 수 있도록 배려하고 있다.

식사는 뷔페식으로 제공되며, 거동이 불편하거나 기력이 약한 입주민의 경우 직원들이 자리로 음식을 가져다준다. 아침은 전형적인 조식 뷔페로 구성되며, 점심과 저녁은 메인 메뉴 외에도 밥과 국, 세 가지 이상의 반찬이 준비된다.

식당

이외에도 죽, 야채 샐러드, 빵, 커피나 식혜, 과일이 항상 기본으로 제공된다.

입주민 전용식당의 1식 비용은 15,000원이며, 1인당 20식을 의무적으로 제공한다. 전용식당 외에도 건물 내에 이탈리안 레스토랑, 한식 레스토랑, 호텔뷔페 등이 운영되어 개인 비용으로 이용할 수 있다. 또한, 더클래식500은 상권이 발달한 밀집 지역에 위치해있어 20식의 의무식 외에도 실버타운 밖에서 자유로운 식사 선택이 가능하다.

생활 편의 서비스

호텔식 주거 환경과 서비스를 최대 장점으로 내세우고 있어 유료 발레파킹, 도어맨, 리셉션, 프런트, 퍼스널 컨시어지 등 특급 호텔 수준의 서비스가 갖춰져 있다.

입주민 전용 주차장은 지하 3층부터 5층까지 별도로 마련되어 있으며, 세대별로 주차 구역을 지정해 차량 번호를 표시해 놓았다. 주차는 세대당 1대가 가능하며, 1대가 추가될 때마다 월 5만 원을 추가로 지불해야 한다.

가족이나 지인이 방문할 경우 입주민과 동반하여 각종 부대시설을 이용할 수 있지만, 몇몇 시설의 경우에는 별도의 비용을 지불해야 한다. 숙박을 하게 될 경우에는 할인된 가격으로 호텔을 이용할 수 있다.

의료 관련 서비스

라이프케어 팀의 전담 간호사가 상주하면서 24시간 응급콜에 대응하며 물리치료, 건강 및 영양 상담 등의 의료 관련 서비스를 제공한다. 간호사뿐만 아니라 운동처방사, 물리치료사 등이 상주하고 있어 입주민은 언제든지 기본 건강관리, 운동관리 등에 대해 상담할 수 있다.

3층에 위치한 병원은 더클래식500 입주민뿐 아니라 일반인도 이용할 수 있는 1차 의료 기관이다. 물리치료는 유료로 제공되며, 입점해있는 정형외과에서 원하는 시간에 이용 가능하다. 입주세대에서 호출 버튼을 누르면 의료진 및 중앙관리 시스템과 연결되는 원스톱 서비스가 이루어지며, 응급상황 발생 시 긴급 처치 후 건국대학교병원으로 연계한다. 응급상황이 아니라도 입주민들은 언제든지 건국대학교병원을 이용할 수 있도록 연계 서비스가 제공된다. 더클래식 500에서 건국대학교병원까지는 차량으로 2~3분 거리이다.

입주세대 내부

50층 건물인 A동의 174실과 40층 건물인 B동의 211실, 총 385개 세대로 운영되며, 모든 세대는 56평형으로 동일하다. 층수와 방향에 따라 내부 구조는

거실

4개 타입으로 나뉘며, 전용률은 일반적인 실버타운보다 높은 약 70% 수준으로 37~39평형이다.

A동 46층의 서향 입주세대에 들어가면 안방에서는 건국대학교의 전경이 내려다보이고, 거실에서는 한강의 전경이 파노라마같이 펼쳐진다. 현관에서 보이는 벽이 거실의 한 면을 이루며, 56평형임에도 방은 하나만 있어서 거실이 넓은 편이다. 세대에 따라 방을 분리해서 추가로 사용하는 경우도 있다.

주방에는 4구짜리 전기 하이라이트가 설치되어 있어 취사가 가능하고, 환기팬도 설치되어 있다. 싱크대는 2인 식사를 준비하는데 무리가 없고, 3단 서랍형 김치냉장고와 일반 냉장고, 드럼세탁기가 주방 공간에 모여 있다. 세탁기 위쪽으로 천장 고정형 빨래 건조대가 설치되어 있다.

화장실에는 인공지능 비데, 세면대와 간이 파우더룸, 샤워부스가 설치되어 있으며, 안전상의 이유로 욕조는 없다. 비상호출벨과 안전바 장치도 잘 되어 있다. 욕실 바닥은 샤워부스를 제외하고 하수구 없이 건식으로 관리하도록 설계되어 있다. 대형 평형인 56평형임에도 불구하고 화장실이 하나밖에 없는 점이 다소 아쉬울 수 있다.

주요 시설 및 프로그램

실버타운 내 주요 부대시설

운동 및 미용 관련	오락 및 여가 관련	생활 편의 관련
피트니스센터	오디오비디오(AV)룸	세탁소
사우나&스파	게임룸(장기, 바둑, 당구 등)	이탈리안레스토랑
미용실	카페	은행
야외수영장(7~8월 개장)	커피숍	증권사
골프연습장	도서관	

　지상 4층에는 피트니스 센터가 있으며, 지하 1층에는 스파와 골프연습장이 있다. 5층에는 회원 전용 카페와 함께 장기, 바둑, 당구 등을 즐길 수 있는 입주민 전용 게임룸이 있다. 6층에는 이탈리안 레스토랑, 도서관, 영화 및 음악감상실인 AV룸이 있어 입주민들은 운영시간 내에 자유롭게 이용할 수 있다. A동과

실외수영장

B동 사이 본부 건물 5층에는 야외수영장도 있어 여름에는 마치 도심 속 특급호텔로 피서 온듯한 느낌을 가질 수 있다.

실버타운 내 주요 프로그램

건강 프로그램	교양 프로그램	취미 및 문화 여가 프로그램
국선도	금융강좌	댄스교실
시니어발레	원예교실	합창단
건강학교(1:1 운동)	스마트폰강좌	바둑교실
당구교실	영어/일본어/중국어 회화	노래 교실
건국대학교병원 건강강좌	자원봉사	미술 강좌 (도예, 캘리그라피, 서양화)

입주민뿐만 아니라 외부인도 자유롭게 이용할 수 있는 이탈리안 레스토랑, 뷔페, 하우스 웨딩홀, 미용실, 뷰티케어센터, 세탁소 등이 있다.

문화여가 프로그램의 수강료는 5~12만 원 선이며 동호회 활동도 활성화되

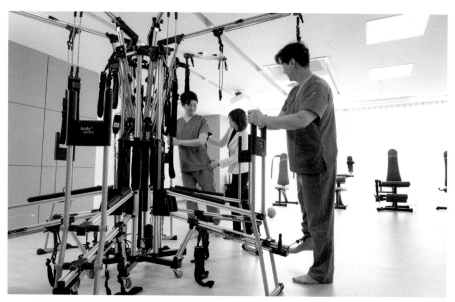

건강 학교

어 있다. 합창 동호회, 댄스 동호회, 바둑 동호회, 서예 동호회 등 각종 동호회와 모임이 활발하게 운영되고 있다. 또한 건국대학교와 연계해 도서관 출입 및 도서열람이 가능하며, 건국대학교 미래지식교육원에서 진행하는 교육 프로그램 수강료 할인 등의 혜택을 제공받을 수 있다. 앞으로도 건국대학교, 건국대학교 미래지식교육원, 롯데백화점 문화센터, 광진문화센터 등과 연계한 프로그램을 지속적으로 추가할 예정이다.

더클래식500 자체적으로 매월 클래식 공연을 실시하며, 5월 가정의 달 행사, 12월 연말 파티 등을 기획하여 입주민 간에 친목을 도모할 수 있는 시간을 마련하고 있다.

입주민 성향과 분위기

클래식 공연

총 385세대 중 부부와 싱글의 비율이 거의 6:4 정도로 이루어져 있다. 부부 비율이 모든 실버타운 중 가장 높은 편에 속한다. 싱글의 70%는 여성으로, 전체 입주민 중 여성이 더 많은 편이다. 입주민의 평균 연령은 80대 초반이며, 여전히 사회활동을 하고 있는 분들도 다수 있다.

　서울뿐만 아니라 부산 등 지방 출신이 골고루 섞여 있으며, 해외 영주권자 등 교포 출신도 있다. 입주보증금과 월 생활비가 높은 만큼 대체로 사회적, 경제적으로 높은 지위에 있던 분들이 많다. 처음 문을 열었을 당시에는 최고의 서비스를 제공하는 시설이었던 만큼 기업의 오너나 준재벌 수준의 상류층이 많았고, 분위기가 보수적이었다. 그러나 근래에 와서는 자영업자나 전문직 출신의 입주민이 많아지면서 개방적인 분위기로 바뀌고 있다.

　입주민 중에는 은퇴 전 합창단에 몸 담거나 음악에 관련된 일을 하셨던 분들도 있어 합창단을 조직해서 발표를 하기도 한다. 이렇게 입주민 간의 감성적 유대감을 높이고 공동체적인 삶을 살아가고 있다.

입주민 합창발표

더클래식500은 일반적인 실버타운이라기보다는 주거형 특급호텔에 더 가깝다. 어디를 둘러보아도 우리가 일반적으로 알고 있는 실버타운 이미지보다 특급호텔 이미지가 더 강하다. 이는 건립 당시부터 '1세대 CEO 또는 지도자 계층의 은퇴 후 삶을 주도하겠다'는 콘셉트로 주거 공간을 특급호텔 수준으로 설계했기 때문이다. 1층 로비나 입구에서도 실버타운이라는 이미지가 없으며, 은행과 커피숍을 비롯한 각종 편의시설이 있고, 지하부터 지상 4층까지는 스파, 이탈리안 레스토랑, 식당, 병원, 헬스클럽 등이 입점해 있어 외부인 출입이 자유롭다. 입주민들이 자가용을 타고 정문에 도착하면 도어맨이 문을 열어주며 발레파킹도 가능하다. 입주민들은 전용 엘리베이터를 타고 입주세대로 올라가며, 이는 특급호텔에서나 볼 수 있는 광경이다.

총 150여 명의 직원이 입주민을 위해 의료, 식사, 정서 지원, 생활 편의, 보안 등의 서비스를 제공하며, 원스톱 콜센터를 운영해 입주민의 불만과 민원을 해결하고 있다. 특히, 신규 입주민의 초기 적응을 돕는 일부터 간단한 은행 심부름에 이르기까지 밀착 서비스를 제공하는 전담 매니저가 입주민의 생활 전반을 살피는 호텔식 컨시어지 서비스를 제공하고 있다. 더클래식500은 도심형 실버타운으로서 호텔식 밀착 서비스를 제공하는 전국 최고의 톱클래스 실버타운이다. 경제적인 여유만 있다면 누구든 가고 싶어 하는 곳이다.

그러나 이렇게 최고의 실버타운에도 고려할 점이 있다. 예를 들어, 56평형의 대형 평수임에도 화장실이 하나밖에 없어 부부가 입주할 경우 불편할 수 있다. 대형 평수의 아파트나 최근 지어지는 아파트의 경우 화장실이 2개인 경우가 많다. 그럼에도 화장실에 1개 뿐인것은 불편함을 느낄 수 있다. 물론 대부분 생활하면서 익숙해지지만, 초기에 다소 어색할 수 있다.

더클래식500은 모든 것이 다 좋지만 도심에 있어 공기가 맑지 않고 반려동물을 키울 수 없어 불편하다는 의견도 있다. 도심형 실버타운은 아무래도 공기가 맑기 어려우며, 더클래식500을 포함하여 대부분의 실버타운은 반려동물 동반입주를 허용하지 않는다. 이렇듯 아무리 톱클래스 실버타운이라 하더라도 개인적 상황을 모두 맞추어 줄 수는 없다.

또한, 더클래식500과 같은 최고급 실버타운에 '끼리끼리' 문화가 존재하는지에 대해 의구심을 품는 시니어들도 있다. 예를 들어, 여성 시니어들 사이에서는 특정 여대를 나오지 않으면 소외될까 걱정하거나, 남성 시니어들은 판검사나 고위 공직자 출신이 아니면 존중받지 못할 것이라는 등의 확인되지 않은 소문들이 있다. 그러나 이러한 소문들은 몇몇 호사가나 유튜버들이 관심을 끌기 위해 퍼뜨린 낭설에 불과하다. 실제로는 특정 여대보다는 전통 있는 몇몇 여고 모임이 있으며, 법조인이 많다 보니 자연스럽게 법조인들 간의 연대감이 형성되는 것일 뿐이다. 오히려, 더클래식500에서는 여행, 종교, 취미 등을 중심으로 한 다양한 소모임들이 활발하게 운영되고 있으며, 소모임과 상관없이 본인과 마음이 맞는 이웃과 친구가 되어 자연스럽게 어울리며 생활하는 경우가 더 많은 편이다.

더클래식500은 실버타운 중 대기자가 가장 많은 곳으로 알려져 있다. 워낙 시설과 서비스가 좋다 보니 한 번 입주하면 중간에 계약을 해지하는 경우가 매우 드물다. 그러다 보니 초기에 입주한 분들의 연세가 많아지면서 입주민의 고령화가 진행되고 있다. 이를 극복하려는 방안으로 더클래식500은 공식적으로 새롭게 입주하는 입주민의 연령을 최대 79세로 제한하고 있다. 아무리 경제력과 건강이 좋아도 79세가 넘으면 입주가 어려울 수 있다. 따라서 여러분이 79세 미만이고 경제력이 있다면 시기를 놓치지 않는 것이 중요하다.

소개

동해약천온천실버타운은 강원특별자치도 동해시에 위치한 휴양형 실버타운으로, 대순진리회 산하 사회복지법인 대진복지재단에서 운영하고 있다. 2005년 3월에 문을 열었으며, 모든 세대에서 동해의 일출을 볼 수 있도록 설계되어 있다. 본관 건물은 지하 2층, 지상 10층 규모로, 총 146세대로 이루어져 있다.

입주비용은 평형에 따라 21평형 1억 3,000만 원, 24평형 1억 5,000만 원, 42평형 2억 5,000만 원으로 다양하다. 월 비용은 1인 기준 140~150만 원, 부부 기준 200~220만 원이며, 한 달 의무식 90식의 식사 비용, 냉난방 비용, 수도 요금, 온천 이용료 등이 모두 포함되어 있다.

본관 건물 지하에는 동해약천골 지장수가 샘솟고 있으며, 온천탕과 대형 야외 풀장을 갖추고 있어 입주민뿐만 아니라 일반인도 유료로 이용할 수 있다. 망상해수욕장 등 유명 관광지가 인근에 있어 휴양형 실버타운으로 적합하다.

동해약천온천실버타운을 운영하는 대진복지재단에서는 지장수를 생수로 가공해 전국에 유통하는 생수 공장과 두부, 콩나물 등 식자재 가공 공장을 소유하고 있다. 이러한 식자재 가공 공장에서 엄선된 식자재를 실버타운에도 공급하고 있다. 또한, 실버타운 식당에서 제공하는 모든 음식은 지장수를 이용해 씻고 조리하고 있어 자연식을 닮은 식사로 평판이 높다.

생활 편의를 위해 시내를 순환하는 셔틀버스를 하루 세 차례 운행한다. 의료 관련 서비스로는 식당 앞 간호사실에서 혈압과 혈당을 측정해주며 물리치료실을 이용할 수 있다.

시설에 비해 월 비용이 낮아 경제적 부담이 적고, 동해안 해안의 자연 속에서 힐링하며 그라운드골프 등 취미활동을 하며 지내기 좋다.

입주비용

평형별 입주보증금

평형	입주보증금
21	1억3,000만원
24	1억5,000만원
42	2억5,000만원

　동해약천온천실버타운은 21평형 44세대, 24평형 54세대, 42평형 48세대로 구성되어 있으며, 모든 입주 세대가 탁 트인 동해 전망을 자랑한다. 세 가지 평형의 세대 중에서 선택할 수 있으며, 평형별로 입주보증금이 다르다. 싱글이 아닌 부부가 입주할 경우에도 입주보증금은 동일하다.

월 비용

평형별 월 비용　　　　　　　　　　　　　　　　　　　　　　(단위: 만 원)

평형	월 비용(관리비+식비)	
	1인	부부
21	140	-
24	150	200
42	-	220

　관리비에는 시설 이용료를 비롯해 한 달 의무식 90식의 식사 비용, 냉난방 비용, 수도 요금, 온천 이용료 등이 모두 포함된다. 24평 싱글의 경우 월 이용료는 식비 포함 1인 150만 원이며, 부부의 경우 200만 원이다.

　입주형 외에도 단기간 체험 입주를 할 수 있는 기회를 제공한다. 체험숙박 비용은 21평 2인 기준 1박에 약 130,000원 정도로 시즌과 날짜에 따라 다소

그라운드 골프장과 황톳길 정원

다를 수 있다. 체험숙박 비용안에는 하루 3끼 식사 및 무료 온천과 부대시설 이용이 포함되어 있다. 최소 혹은 최대 숙박일은 정해져 있지 않지만 적어도 며칠 혹은 1주일 정도 지내보면 좋다.

위치 및 주변 환경

동해약천온천실버타운은 동해의 푸른 바다를 굽어보는 망운산 자락에 위치하고 있다. 자동차를 이용할 경우 영동고속도로 망상 IC에서 강릉 방향 7번 국도를 타면 5분 이내에 도착하며, 망상해수욕장에서는 자동차로 6분 이내 거리이다. 묵호역까지는 KTX를 이용해서 갈 수 있으며, 강릉에서는 동해대로를 이용해 30분이면 도착할 수 있다.

산기슭에 위치해 있기 때문에 실버타운의 부대시설 이외에 문화, 여가 및 기타 생활 편의 시설이 가까운 거리에 없다는 것이 조금 불편하다. 차를 타고 15

분 정도 나가야만 은행, 마트, 극장 등 여러 가지 편의시설을 이용할 수 있다. 망상해수욕장은 걸어서 30분 이내로 갈 수 있을 정도로 가깝고, 정동진, 경포대, 속초 등 유명 관광지도 차로 1시간 이내 거리여서 가족과 지인들이 방문할 경우 함께 즐길 수 있는 곳이 많다.

식사 서비스

식당은 지하 1층에 있으며, 아침은 7시, 점심은 12시, 저녁은 6시부터 각 한 시간씩 뷔페식으로 운영된다. 하루 세 끼를 의무식으로 제공하기 때문에 식사를 하지 않더라도 관리비에서 식비를 공제하지는 않는다.

식당에서는 산나물과 직접 만든 두부 등의 식재료를 이용해 조미료를 사용하지 않는 자연 식단을 제공한다. 실버타운의 식자재는 모두 지장수로 가공된

식당

식품만을 사용하며, 사용되는 야채류의 60%는 직원들이 시설 내 텃밭에서 직접 재배한 것이다. 재단에서 운영하는 식자재 공장이 강원도 전역에 몇 곳이 있는데, 여기서 김치, 도토리묵, 두부, 순두부, 청국장 등을 만들며, 콩나물 재배에도 지장수를 사용하고 있다.

입주민들 대부분이 90식을 모두 먹으며, 몸이 불편해서 식당에 나오기 어려운 경우에는 무료로 룸서비스를 제공한다. 동해약천온천실버타운의 가장 큰 자랑거리는 건강한 식재료로 만들어진 식사이다. 해마다 체험 숙박자들이 끊이지 않는 이유도 건강식의 맛있는 식사가 큰 비중을 차지하고 있다.

생활 편의 서비스

청소는 입주민이 직접 해야 하지만, 월 10만 원으로 4회 청소 서비스를 제공받을 수 있다. 세탁은 세대별로 비치된 세탁기를 이용하며, 침구류의 경우 개별적으로 실버타운과 계약된 세탁 전문 업체를 통해 할인된 금액으로 세탁물을 맡길 수 있다.

은행, 대형마트, 극장 등 생활·문화에 관한 대부분의 편의시설이 차로 15분 정도 이동해야 하는 거리에 있기 때문에 하루 세 차례 시내를 순환하는 셔틀버스를 운행하고 있다. 오전 첫 차는 주로 골프를 치러 나가는 입주민들이 사용하고, 나머지 두 번은 대형마트에 가거나 쇼핑을 가는 입주민들이 이용한다.

간단한 생필품은 굳이 시내에 있는 대형마트에 갈 필요 없이 실버타운 지하 1층에 있는 작은 슈퍼마켓을 이용하면 된다. 일반 편의점보다 훨씬 더 많은 생필품이 구비되어 있다. 일요일에는 입주민의 신앙생활을 위해 필요시 셔틀버스를 제공해 예배와 미사에 참여할 수 있도록 도와주고 있다.

의료 관련 서비스

식당 앞에는 간호사실이 있어 식사 때 내려오는 입주민들의 혈압과 혈당을 재고 건강을 관리한다. 그 옆에는 침상 10여 개가 갖춰진 물리치료실에 물리치료사가 상주하고 있어 주중에 무료로 사용할 수 있다.

응급상황 시 119안전신고센터를 호출해 주고, 입주민이 요청하면 병원까지 동행하는 서비스도 마련되어 있다. 준종합 규모의 병원은 차로 10분 이내 거리에 있으며, 종합병원인 강릉아산병원은 차로 40분 이내 거리에 있다.

입주세대 내부

전용 면적은 약 50% 정도로, 21평형은 원룸 구조이며, 24평형은 작은 방 하나가 더 있다. 42평은 큰방, 작은방, 거실로 구성되었으며 일부 세대는 화장실이 2개이다. 싱글 입주민들은 주로 21평형을 선호하고, 부부 입주민들은 24평형이나 42평형을 선호하는 편이다.

42평은 큰방, 작은방, 거실로 구성되었으며 일부 세대는 화장실이 2개이다. 거실 베란다에서 정면으로 동해의 바다 풍경이 펼쳐지며, 본관 건물 앞의 야외 수영장과 잘 꾸며진 녹지와 조경 시설이 한눈에 들어와 휴양지의 느낌을 자아낸다.

실내는 바닥과 벽면이 전체적으로 흰색으로 마감되어 깨끗하고 고급스러운 느낌을 준다. 바닥은 대리석 느낌이 나는 세라믹 소재로 되어 있으며, 거실과 침실의 붙박이장과 싱크대 등은 모두 흰색 모노톤의 하이그로시 제품이라 깔끔하면서도 모던한 분위기다. 각 세대에는 에어컨, 세탁기, 인덕션, 거실 장식장이 갖추어져 있으며, 침실에는 동작 감지 센서가 설치되어 있다.

야외온천풀장

주요 시설 및 프로그램

실버타운 내 주요 부대시설

건강 관련	오락 및 여가 관련	생활편의 관련
동해약천온천	소극장	이미용실
헬스장	야외온천수영장	슈퍼마켓
황톳길	탁구장/당구장	생활상담실
물리치료실	노래방	
배드민턴장	그라운드골프장	
게이트볼장	서예실	
	피아노실/악기연습실	

입주민들은 온천탕, 야외수영장, 헬스장, 황톳길 정원 등을 무료로 사용할 수 있으며, 차로 5분 거리에 위치한 보양온천컨벤션호텔의 실내수영장 시설도 할인 혜택을 받아 이용할 수 있다.

본관 건물 지하 1층에 위치한 약천온천탕은 실내 온천탕 4개와 50여 개의 샤워부스를 갖추고 있다. 온천수는 중탄산나트륨천으로, 알칼리수여서 경도가 낮아 세척력이 우수한 것으로 알려져 있다.

이외에도 지장수탕과 심층해수탕이 마련되어 있고, 화석 소금 사우나, 옥 사우나, 자수정 사우나, 황토 사우나 등 사우나 시설을 즐길 수 있다. 입주민들은 무료로 이용할 수 있으며, 일반인에게는 8,000원의 입장료가 부과된다.

지하 1층에는 슈퍼마켓과 이미용실이 있다. 슈퍼마켓에서는 생필품을 판매하며, 이미용실은 항상 이용 가능하지만 비용은 개인이 부담해야 한다. 여러 종류의 운동기구가 갖춰진 헬스장도 있지만, 트레이너는 상주하지 않는다. 식당 옆에는 취미실, 악기 연습실이 있어 입주민들이 언제든 이용할 수 있다.

외부강사가 진행하는 프로그램으로는 시니어 맞춤형 라인댄스와 서예 교실 등이 있으며, 보통 주 1~2회씩 진행된다. 그 외에는 입주민들이 동호회 형태로 취미활동을 즐기는 경우가 많으며, 현재 맨발걷기, 탁구, 당구, 그라운드 골프, 명상 등 왕성한 활동을 하고 있다. 매주 토요일과 일요일 오후 1~3시까지 소극장에서 영화를 상영한다.

해수탕 / 황토탕

입주민 성향과 분위기

부부와 싱글이 비슷한 비율로 입주해 있으며, 대다수의 실버타운과 달리 성비가 비슷하다. 문을 연 지 19년이 되었으며, 초기 입주민 중에는 90세를 훌쩍 넘은 분들도 많다. 수도권에서 온 입주민이 대부분이지만, 강원도와 경상도 지역 출신의 입주민도 늘어나고 있다. 특히 은퇴 후 자연과 더불어 건강한 노후를 보내고 싶다는 의지가 강한 입주민이 많다. 입주민끼리 건강을 위해 망상해수욕장의 백사장을 같이 걷기도 하고 가까운 강릉 단오제 축제 나들이에 다녀오기도 한다.

최근에는 해외교포와 전문직 은퇴자들의 입주상담이 많아졌고, 특히 60대 입주민도 늘고 있어 평균연령이 점차 낮아지고 있다. 또한, 대순진리회 산하 재단에서 운영하고 있지만 종교와 무관하게 입주할 수 있다. 여러 종교를 가진 입주민들이 생활하고 있으며 그중에 개신교 신자분들이 가장 많다.

강릉 단오제 축제 나들이

저자 리뷰

동해약천온천실버타운은 망운산 산기슭에 위치해 산으로 둘러싸여 있으며, 모든 세대에서 동해의 푸른 수평선을 볼 수 있다. 이러한 자연환경은 국내 최고로 평가받는다. 동해에 위치해 여러 관광명소도 가깝고, 망상해수욕장까지는 걸어서 2km 정도로 왕복 1시간이면 충분히 다녀올 수 있다. 특히 맨발로 땅을 걷는 어싱(Earthing) 요법이 건강에 좋다고 알려져, 많은 입주민이 망상해수욕장의 모래사장을 걷는 것을 즐긴다.

사회복지법인 대진복지재단은 실버타운뿐만 아니라 생수공장과 식자재공장도 함께 운영하고 있다. 같은 재단에서 김치, 도토리묵, 두부, 청국장 등의 식재료를 공급하며, 채소류의 60%는 직원들이 텃밭에서 직접 재배해 사용하므로 건강식단을 준비할 수 있다. 채소를 씻고 밥을 짓는 데에도 일반 수돗물이 아닌 지하 지장수를 이용한다. 식사도 90식을 의무식으로 정해놓고 가급적 모든 입주민이 하루 세 끼를 꼭 먹도록 유도한다. 시니어들에게는 하루 세 번 정해진 시간에 조리사가 해주는 따뜻한 밥을 친구 같은 동료 입주민들과 함께 먹는 것이 더할 나위 없는 보약이다. 이렇게 90식을 포함하고도 월 비용이 1인 150만 원으로, 같은 등급의 실버타운 중에서도 가성비가 높다.

망상해수욕장이 가까운 것을 비롯해 그라운드 골프장과 지장수를 이용한 온천탕을 무료로 사용할 수 있다. 그라운드 골프장과 파크 골프장은 전원형 실버타운이 가질 수 있는 특권이며, 전국 30여 곳의 실버타운 중 동해약천온천실버타운, 청심빌리지, 서울시니어스고창타워만이 가지고 있다. 온천탕도 노블레스타워, 서울시니어스고창타워 등 몇 곳만 가지고 있는데, 동해약천온천실버타운은 유일하게 그라운드 골프장, 온천탕, 야외 워터파크를 모두 갖추고 있다.

수도권이나 대도시에서 꼭 지내지 않아도 되는 시니어들 중 경제적 부담을 덜고 건강을 돌보고 싶은 사람들에게 동해약천온천실버타운은 좋은 선택지가 될 수 있다. 특히 며칠씩 숙박체험도 가능하니 잘 활용하면 좋다. 예를 들어 동해안 여행할 때 부모님을 모시고 와서 굳이 실버타운이라고 언급하지 말고 동해약천온천실버타운을 일반 숙박시설처럼 사용하며 부모님이 어떻게 생각하는지 확인해 볼 수 있다.

저자도 10여 년 전 어머니에게 실버타운을 은근히 내비쳤지만, 그 당시만 해도 대부분의 어르신들이 실버타운에 대해 좋지 않은 선입감을 가지고 있었다. 지금은 어머니가 이미 90세가 넘고 건강도 좋지 않아 실버타운에 입주하고 싶어도 너무 늦어버렸다. 실버타운을 방문할 때마다 어머니와 동년배인 분들이 건강하게 지내는 것을 보면 그때 어머니에게 조금 더 적극적으로 실버타운을 권해볼 걸 하는 아쉬움이 있다.

실버타운을 무료 양로원이나 노인 기숙사 정도로 생각하는 부모님이 있다면 동해약천온천실버타운에서 숙박체험을 하며 입주 여부를 떠나 전반적으로 실버타운이 어떻게 운영되는지 알려드리면 좋을 것이다. 실버타운에 대한 선입감을 없애드리는 차원에서라도 동해약천온천실버타운에서의 며칠간의 체험숙박은 좋은 경험이 될 것이다.

소개

마리스텔라는 천주교 인천교구 산하 학교법인 인천가톨릭학원이 2014년에 설립한 도심형 실버타운으로, 인천광역시 서구 심곡동에 위치해 있다. '마리스텔라'는 '바다의 별'을 의미하며, 성모 마리아를 상징한다. 지하 5층, 지상 12층 규모로 총 264세대며, 2층부터 12층까지 모든 세대에서 천마산을 조망할 수 있다. 도심에 있으면서도 전원적인 분위기다.

입주비용은 24평형 2억 5,000만 원, 35평형 3억 6,400만 원이며, 계약 기간은 3년이다. 월 비용은 24평형 1인 기준 161만 원, 부부 기준 210만 원이며, 35평형은 1인 기준 222만 원, 부부 기준 279만 원이다.

600병상 규모의 국제성모병원이 단지 내에 위치해 있으며, 24시간 응급센터를 갖춘 대규모 종합병원으로 입주민들이 긴급 상황에서 신속한 응급조치를 받을 수 있다. 실버타운 내에는 48명 정원의 성모요양원도 있어 필요시 요양원으로 옮겨 갈 수 있다.

지하에는 북카페, 편의점, 은행 등이 입점해 있으며, 외부인도 자유롭게 이용할 수 있어 실버타운의 고립감이 없다. 지상에는 음식점, 카페 및 휴게 시설이 조성되어 있어 입주민들이 편리하게 이용할 수 있다.

마리스텔 안에는 성당이 있으며, 주임 신부님이 상주하여 주일 미사와 매일 미사를 봉헌하고 있다. 입주민 중 천주교 신자가 많지만, 신앙과 관계없이 누구나 입주할 수 있다. 다양한 프로그램이 운영되고 있으며, 특히 폼 롤러 운동, 가곡 교실, 야외 나들이 같은 활동에 입주민들이 활발히 참여하고 있다. 마리스텔라는 실버타운 중에서도 프로그램이 가장 활발하게 진행되는 곳으로, 입주민들 간의 친목도 높은 것으로 잘 알려져 있다.

입주비용

평형별 입주보증금

타입	평형	입주보증금
A	24	2억5,000만원
B	35	3억6,400만원

입주보증금은 계약 기간과 평형에 따라 약 2억 5,000만 원~3억 6,400만 원 사이다. 계약금은 입주보증금의 10%이며, 계약 후 3개월 이내에 잔금을 지불해야 한다. 계약 기간은 3년이며, 개인 사정이나 단순 변심으로 계약을 해지하면 입주보증금의 5%에 해당하는 위약금을 내야 한다.

월 비용

평형별 월 비용
(단위: 만 원)

타입	평형	월세		관리비		식비		월 비용	
		1인	부부	1인	부부	1인	부부	1인	부부
A	24	33	33	92	106	36	71	161	210
B	35	46	46	140	162	36	71	222	279

입주보증금 외에 각 세대에 부과되는 월세는 평수에 따라 각각 33만 원에서 46만 원이다. 관리비는 부대시설 사용, 세대별 청소 서비스, 층별 복도 난방비 등 공용 시설 관리에 필요한 시설 유지비와 인건비 등을 포함한다. 의무식은 45식으로 1식당 7,900원으로 월 36만 원이 청구된다.

매달 부과되는 금액은 월세, 관리비, 식비로 24평형 1인 기준 161만 원이다. 부부는 45식 의무식 식비에 관리비 14만 원이 추가되어 월 210만 원 정도가 된다. 35평형으로 평수를 늘리면 이보다 70만 원 정도 비용이 올라간다.

마리스텔라의 주변 모습

위치 및 주변 환경

마리스텔라는 광역시에 속하지만 천마산 아래 자리 잡고 있어 복잡한 도심의 모습은 아니다. 도시에 있으면서 전원적인 정취를 풍기는 곳이다. 실버타운 전체가 285미터 높이의 천마산을 마주하고 있어 전망이 뛰어나며, 주변에는 입주민이 산책을 할 수 있는 1.2km의 둘레길이 조성되어 있다.

교통편으로는 인천 도시철도 2호선을 이용하여 서구청역에서 내리면 도보로 12분 정도밖에 안걸린다. 서울에서 오려면 경인고속도로 서인천 IC에서 5분거리여서 쉽게 올 수 있다. 인천국제공항과 김포국제공항까지도 20~30분이면 갈 수 있어 국내외 여행을 하기에도 좋다. 또한, 바로 앞에 국제성모병원 버스정류장이 있어 10분 간격으로 검암역 등을 오가는 버스가 운행되고 있다.

주변 시설을 보면 인천 서구청, 경찰서, 등기소, 보건소 등의 관공서가 도보 및 자동차로 10분 이내 거리에 있다. 편의시설로 은행, 대형마트, 영화관, 아울렛 매장, 생활 스포츠 시설 등이 집적되어 있는 청라 국제도시는 차로 15분 거리에 위치하고 있어 언제든지 손쉽게 다녀올 수 있다.

식사 서비스

식당은 건물 1층에 마련되어 있다. 내부는 채광이 잘 되어 밝고 환하다. 지정석 없이 자유롭게 앉을 수 있으며, 음식은 배식으로 제공된다. 중앙 셀프바에는 죽, 물김치, 소스류와 커피, 차가 마련되어 자유롭게 이용할 수 있다. 음식은 저염 건강식으로 조리되며, 훈제 오리고기 등 단백질을 충분히 섭취할 수 있는 영양식과 함께 매끼 그린 샐러드가 제공된다.

식당 왼쪽 벽 알림판에는 일주일 단위의 식단표, 공지사항 등이 게시되어 있다. 개인 배식이 어려운 입주민에게는 직원들이 상차림을 돕고, 약간의 비용으로 룸서비스를 제공한다. 의무식은 45식이며, 그 이상 먹는 식사에 대해서는 1식 당 7,900원씩 추가 비용이 발생하며 월말에 청구된다.

생활 편의 서비스

평일 오전 8시부터 오후 6시까지 운행되는 셔틀버스는 입주민의 발이 되어주고 있다. 가까운 지하철역과 관공서, 대형마트 등을 순회하며 입주민들의 편의 생활을 돕고 있어 만족도가 높다.

건물 지하 1층부터 지하 5층까지는 입주민 및 방문객, 국제성모병원 이용자들을 위한 주차장이 마련되어 있으며, 500여 대 주차가 가능하다. 지하 3층에는 입주민을 위한 창고가 마련되어 있어 대여해 사용할 수 있다.

일주일에 한 번 청소 서비스가 제공되며, 세탁은 개별 세대에 갖춰진 세탁기를 이용해 직접 해야 한다. 부피가 큰 세탁물의 경우 주 1회 방문하는 세탁 업체에 맡겨 세탁할 수 있다.

국제성모병원

의료 관련 서비스

　종합병원인 국제성모병원이 바로 같은 단지에 있다는 점이 마리스텔라의 의료 서비스에서 가장 큰 강점이다. 실버타운 내에 간호사, 건강관리사, 사회복지사 등 시니어에게 필요한 인력이 상주하고 있으며, 1층 간호실에는 숙련된 간호사가 당뇨, 고혈압 등 기저 질환에 대해 수시로 확인하고 있다.

　마리스텔라와 연계된 국제성모병원은 총 661병상, 35개 임상진료과, 12개 전문센터를 운영하며 수술로봇 등 최첨단 의료장비를 갖춘 대학병원이다. 4대 암 평가 최우수 등급을 획득하고, 환자 경험 평가에서 종합병원 전국 1위를 달성하는 등 노년기 질환에 대해 더욱 전문화된 의료 서비스를 제공하고 있다. 국제성모병원을 운영하고 있는 학교법인 인천가톨릭학원에서 마리스텔라 실버타운도 함께 운영하고 있어 실버타운 입주민에게는 진료할인 혜택을 주고 있다.

　실버타운의 지하 및 지상 통로로 병원과 연결되어 있어 촌각을 다투는 응급 상황 시 빠르고 안전하게 환자를 이송할 수 있다. 마리스텔라 직원들이 수시로 응급상황 발생 시 환자를 실버타운에서 국제성모병원 응급실로 이송하는 훈련을 하고 있어 심장 질환, 뇌신경 질환이 염려되는 고령자가 골든타임을 놓치지 않고 최적의 처치를 받을 수 있다.

실버타운과 같은 단지 내에 48명 규모인 성모요양원이 있어 요양서비스 필요시 이용할 수 있다. 실버타운에서 생활하다가 건강이 나빠져 성모요양원으로 옮기길 원하면 요양원 입소 절차에 따라 마리스텔라의 계약을 해지하고 보증금을 반환받은 후 성모요양원에 입소할 수 있다. 입주민 중에는 요양원에 갈 정도는 아니지만 도움이 필요한 경우 방문 요양 서비스를 이용하거나 개인적으로 생활도우미 등을 고용하는 경우도 있다.

심폐소생술 실행

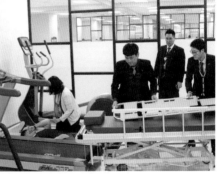
이동용 카트 준비

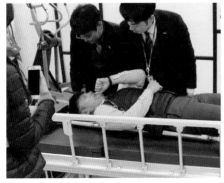
이동용 카트로 환자 옮김

복도를 통해 국제성모병원 응급실로 이송

입주세대 내부

마리스텔라는 24평형 220세대와 35평형 44세대로 구성된 총 264세대로 이루어져 있다. 전용률은 약 55%로 천장이 높고 채광이 좋아 24평형도 좁거나 갑갑하다는 느낌이 들지 않는다.

24평형은 원룸형 구조인데, 가운데 슬라이딩 도어를 열면 원룸이 되고 닫으면 침실과 거실로 구분된다. 욕실에는 미끄럼 방지 타일이 깔려 있으며, 낮은 세면대와 샤워 의자가 설치되어 있어 고령자가 사용하기에 적합하다. 낙상사고의 위험 때문에 욕조를 없앴으며, 비상벨과 안전바를 설치하여 응급상황에 대비하였다.

욕실 문 역시 슬라이딩 도어로 되어 있어 문턱이 없다. 베란다에는 세탁기와 빨래 건조대가 설치되어 있으며, 이외에도 식탁, 전기레인지, 냉장고, 에어컨 등이 빌트인 되어있으며, 개인소유의 가구를 갖고 들어와도 무방하다.

세대 24평 거실

35평형은 24평형의 기본 빌트인 구성에 그릇 장식장(빌트인)이 추가로 갖춰져 있으며, 수납공간도 더 넉넉하다. 침실과 서재로 사용하기에 좋은 2개의 독립된 방이 있으며, 방 사이에는 드레스룸이 마련되어 있다. 세탁기가 설치되어 있는 베란다에서 바라보는 천마산 전망이 좋으며, 전체적인 실내 구조는 콘도나 작은 아파트를 연상케 하며 부부가 지내기 좋다.

주요 시설 및 프로그램

우리춤 체조

가곡 교실

김장담는 수녀님과 신부님

폼 롤러 운동 프로그램

실버타운 내 주요 부대시설

건강 관련	오락 및 여가 관련	생활편의 관련
100세 건강센터	노래방	성당
사우나	북카페	은행
찜질방	취미/동호회실	편의점
게이트볼장	강당	
	케어가든	
	당구장	
	탁구장	

　1층 정문으로 들어오면 안내 데스크가 있고, 오른쪽에 입주상담실과 프로그램실이 있다. 1층 로비는 호텔식 로비 느낌을 주며, 외부인이나 방문객도 자유롭게 이용할 수 있다. 규모가 꽤 크며, 친분이 있는 입주민들이 모여서, 혹은 방문한 가족들과 함께 담소를 나누며 커피를 마시는 모습을 볼 수 있다.

　안내 데스크 왼쪽으로는 간호사실과 사무실이 있으며, 성당도 이곳에 위치

매일 미사

해 있다. 성당은 약 100여 명이 앉을 수 있으며, 내부가 밝고 성당 입구에는 성당 사무실과 수도자실이 위치해 있다. 미사 중이 아니더라도 조용히 기도와 묵상을 하는 입주민을 볼 수 있으며, 매우 조용하고 소음이 없다. 특별 미사나 기타 행사가 있을 때는 지하 1층에 있는 대성전을 이용한다.

1층 성당과 간호사실을 제외한 대부분의 부대시설은 지하 1층에 마련되어 있다. 건물법상 지하 1층이지만, 일반인의 눈에는 지하가 아닌 1층처럼 보인다. 지하 1층 복도를 통해 국제성모병원 쪽으로 나가면 바로 지상 외부로 연결되기 때문이다. 따라서 햇볕이 잘 들어오며 지하 같은 느낌이 전혀 없다. 부대시설 종류는 일반 고급 실버타운과 비슷하며, 이 밖에 계절별 나들이, 단체 쇼핑, 영화관람 등의 외부 프로그램도 기획되고 있다.

마리스텔라는 부산의 흰돌실버타운, 김천의 월명성모의집처럼 준본당으로 지정되어 있다. 2014년 4월 22일 준본당으로 지정되면서 실버타운 원장 신부님이 주임신부님 역할을 겸하고 있다. 매일 미사가 있으며, 평일 및 주말 오전

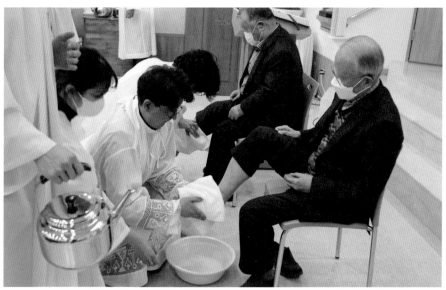
본당 신부님이 입주민의 발을 닦아주는 세족례 의식

10시에 봉헌된다. 이 밖에 레지오마리에, 성가대, 제대회, 헌화회, 전례단 등 일반 본당에 준하는 활동들이 이루어진다.

입주민 성향과 분위기

부부 25%, 싱글 75%로 싱글이 많으며, 싱글의 75% 정도는 여성 시니어들이다. 평균연령은 83세지만 60대 입주민들도 있으며, 80% 이상이 천주교 신자이다. 입주민들은 대체로 독립적이지만, 서로 화합하며 친하게 지낸다. 나이가 비슷한 또래 모임을 비롯하여 야외 나들이 등 활동을 함께 해서다. 매일 미사와 식사시간을 통해 서로 소통하며 천주교 성향이 짙지만, 타 종교를 가진 입주민에 대해 전혀 배타적이지 않다.

국립민속박물관 야외 나들이

마리스텔라는 좋은 실버타운이 갖추어야 할 조건을 골고루 갖춘 곳이라고 할 수 있다. 대중교통과 가깝고 자동차로 접근하기에도 편한 도심형 실버타운이면서도 천마산을 앞에 두고 있어 전원의 혜택도 충분히 누릴 수 있다.

마리스텔라의 최대 장점 중 하나는 국제성모병원이다. 시니어들에게는 응급상황 대처 능력이 무엇보다 중요한데, 마리스텔라는 24시간 응급센터를 갖춘 661병상 규모의 국제성모병원이 같은 단지에 위치해 있어 전국 실버타운 중 단연 최고다. 지하와 지상을 통해 연결된 통로로 빠르게 응급센터에 도착할 수 있고, 심장마비 시 골든타임인 4분 이내에 도착할 수 있다. 이는 심장질환이 있는 시니어들에게는 생사가 달린 문제다. 또한, 요양원을 함께 운영하고 있어 입주민이 지내다 고령이 되어 돌봄이 필요해질 때 옮겨갈 수 있다.

인천교구의 준본당으로 지정된 성당이 마리스텔라 건물 안에 있으며, 주임 신부님이 상주하고 있다. 신부님은 주일 미사와 매일 미사를 드리고 있어 천주교 신자들이 편안하게 신앙생활을 할 수 있다. 입주민들은 신부님을 늘 가까이 대할 수 있어 신앙생활뿐만 아니라 신부, 수녀님과 함께 김장을 담그기도 하고, 고민이 있을 때 영적 상담을 받을 수도 있다.

마리스텔라는 단순한 육체적 건강을 넘어 마음의 건강과 입주민의 일상생활 편의를 위한 프로그램도 돋보인다. 마음 다스리기 정기 강좌를 비롯하여 스마트폰 잘 다루기, 키오스크 활용법 익히기 등의 프로그램을 통해 입주민들이 노년의 본인을 성찰하고 돌아볼 수 있도록 하고, 외부 음식점이나 카페에 가서도 키오스크를 사용할 줄 몰라 당황하지 않도록 배려하고 있다.

마리스텔라 지하층은 국제성모병원의 편의시설이 함께 조성되어 있어 실버타운의 고립감이 없다. 지하 1~2층의 몰(Mall)과 지상 1층 로비, 국제성모병원 및 야외 공원은 외부인도 자유롭게 드나들 수 있으며, 성큰 가든(Sunken Square)에서는 야외 공연이 열리곤 한다. 가든 주변의 야외 테라스에서 커피를 마실 수 있고, 지하 푸드코트에서는 다양한 메뉴를 즐길 수 있다.

전형적인 도심형 실버타운이면서 최고급 호텔식 서비스를 제공하는 '더클래식500'에도 일반인에게 개방된 편의시설이 있다. 최대 규모를 자랑하는 '삼성노블카운티'도 리빙프라자를 운영하는 등, 외부와 단절되기 쉬운 실버타운의 고정관념을 벗어나려고 노력하고 있다. 마리스텔라는 이 두 곳처럼 개방된 시설이 있음에도 두 곳에 비해 가격경쟁력이 있다. 월 비용은 35평형 1인 기준 222만 원으로 '더클래식500'의 절반 이하이고, '삼성노블카운티'의 60% 수준이다.

많은 실버타운들이 다채로운 프로그램이 있다고 내세우지만 참여율이 저조하거나 잘 운영되지 않는 경우가 많다. 그러나 마리스텔라는 입주민이 직접 참여하는 프로그램으로 가곡교실, 야외 나들이, 또래 모임, 웃음교실, 로비음악회, 인지 운동 프로그램, 라인댄스 등이 있으며 실제로 활동하는 모습을 매월 네이버 블로그에 게시하고 있어 확인할 수 있다 (blog.naver.com/marisstella2014)

마리스텔라를 한마디로 표현한다면 '서로 사랑하며, 사람 냄새 풍기는 공동체'(요한복음 13장 34절)로 정리할 수 있다. 신부님이 무릎을 꿇고 입주민의 발을 닦아주는 세족례처럼 모든 직원들이 입주민의 손발이 되어주는 곳이다. 저자는 독실한 천주교 신자인 모친을 모실 요량으로 유일하게 실버타운 한 곳에서 입주 상담을 받아 본 적이 있었는데, 그곳이 바로 마리스텔라이다.

소개

미리내실버타운은 천주교 수원교구 산하 '오로지사회복지법인'이 운영하는 실버타운으로, 경기도 안성시 미리내 성지 안에 위치해 있다. 2001년에 처음 문을 열었으며, 고지대에 자리 잡고 있어 아래로는 넓은 들판과 저수지가 보이는 아름다운 경관을 자랑한다.

미리내실버타운은 5층부터 9층까지 입주 세대가 있으며, 3층과 4층에는 2020년에 개원한 미리내요양원이 위치해 있다. 같은 건물 안에는 요양병원인 대건효도병원이 함께 있어 입주민들이 필요한 의료 서비스를 받을 수 있다. 실버타운 1층에는 성당이 있으며, 입주민의 90% 이상이 천주교 신자이다.

입주비용은 일반 객실의 경우 1억 원(1인)에서 2억 원(부부), 빌트인 객실은 1억 5,000만 원(1인)이다. 월 비용에는 식대, 시설 및 프로그램 이용료, 관리비 등이 포함되어 있다. 계약 기간은 종신이며, 7년 이내 퇴소 시 보증금의 5% 또는 500만 원을 공제하고 반환해 준다.

실버타운 내에는 체력단련실, 프로그램실, 이미용실, 취미생활실, 매점, 카페 등의 부대시설이 마련되어 있다. 외부 강사가 진행하는 노래 교실, 독서, 실버 체조, 원예 등 다양한 프로그램이 진행되고 있다. 신앙생활을 위한 미사와 병자 영성체, 교리 상담, 세례 성사 등도 정기적으로 이루어지고 있다.

입주민들은 대부분 여성 시니어로, 평균 연령은 85세 이상이다. 미리내실버타운은 신앙을 중요시하며, 경제적인 부담이 적고, 평화로운 환경에서 여생을 보내고자 하는 시니어들에게 적합한 실버타운이다.

입주비용

평형별 입주보증금

타입	평형	입주보증금	
		일반 객실	빌트인 객실
1인실	21	1억원	1억5,000만원
부부실	42	2억원	-

입주보증금은 평형에 따라 1~2억 원 정도이다. 과거에는 입주보증금을 일정 기간에 걸쳐 공제하는 정산형 보증금 공제방식이 있었으나, 현재는 신규 입주민에게 적용하지 않는다. 입주세대는 개인실과 부부실로 구분되며 개인실은 일반 객실과 빌트인 객실로 나뉘어 있어 원하는 세대를 선택할 수 있다.

계약기간은 종신이며, 만약 7년 이내에 퇴소할 경우 보증금의 5% 또는 500만 원을 공제하고 나머지 금액을 반환해 준다. 7년 이후에 퇴소할 경우에는 보증금을 공제하지 않고 전액을 돌려준다.

입주 허용 나이는 60~85세이며, 식사, 청소, 세탁, 개인 위생 등의 일상생활이 가능해야 한다. 입주를 위해서는 내방하여 상담을 한 후 빈 세대가 있으면 입주 신청서를 작성하고 입주보증금의 10%를 계약금으로 입금해야 한다.

제출해야 하는 서류로는 시설 입소용 건강진단서, 의사 소견서 및 약 처방전 등이 있다. 결핵, B형 간염, 매독 등의 특정 질병에 대한 검사는 입주 전 1개월 이내에 이루어져야 한다.

월 비용

평형별 월 비용

(단위: 만 원)

타입	평형	월 비용	
		일반 객실	빌트인 객실
1인실	21	149	165
부부실	42	298	-

1인 월 비용은 90식 의무식을 포함해 149만 원이다. 부부의 경우 비용은 정확하게 2배인 월 298만 원이다. 다른 실버타운의 경우 부부 비용은 1인 비용의 2배가 아니라 식비에 약간의 관리비가 추가되는 것에 비해, 미리내실버타운은 정확히 2배여서 비싸게 보일 수 있다. 그러나 1인은 21평형에서 지내지만, 부부는 42평형에서 생활하기 때문에 세대의 면적도 2배로 커진다. 부부일 때 비용이 많이 비싸지는 이유는 식비뿐만 아니라 세대의 크기도 2배로 커지기 때문이다. 42평형은 싱글에게 제공되지 않으며, 부부의 경우에만 42평형에서 생활하도록 하고 있다.

월 비용은 세대별 전기요금이나 통신비 같은 개별 공과금을 제외하고, 월 90식 식대, 시설 및 프로그램 이용료, 실버타운 관리 인력 인건비, 시설 관리 유지비, 공동 공과금이 모두 포함된다. 따라서 생활비로 월 비용 이외에 별로 추가로 들어갈 것이 없다. 간병인을 동반할 경우에는 80만 원의 추가 금액이 발생하며, 월 비용은 매년 물가 상승률을 반영하여 변경될 수 있다.

위치 및 주변 환경

경기도 안성에 위치한 미리내실버타운은 한적한 교외의 들길을 지나 산으로 진입하는 초입에 있는 고지대에 자리 잡고 있다. 실버타운 인근에는 버스나 전철 등의 대중교통이 다니지 않아 입주민과 방문객이 대중교통을 이용하기에는 불편함이 있다. 자동차를 이용할 경우, 경부고속도로 서안성 IC에서 약 10분 정도 소요되며, 영동고속도로 용인 IC에서는 22km 거리이다.

근처에 미리내성지가 있으며, 실버타운 뒤쪽에 있는 오솔길을 통해 미리내성지로 넘어갈 수 있을 정도로 거리가 가깝다. 산책 겸 운동 삼아 매일 성지에 다녀오는 입주민도 있다. 미리내성지는 한국 최초의 신부인 김대건 안드레아 성인의 묘소가 있는 천주교 최대의 성지로 꼽힌다. 실버타운 진입로 길 건너에 있는 미리내마을은 마을 입구에 성모상이 있을 정도로 이 지역은 예전부터 박해를 피해 들어온 초기 천주교 신자들의 교우촌이다. 그래서인지 전체적으로

주변 풍광

실버타운을 비롯해 지역 전체가 종교적인 기운이 느껴지는 곳이다.

식사 서비스

식당은 1층에 위치해 있으며 넓고 통유리창으로 되어 있어 채광이 좋고 소나무 등 잘 가꾸어진 앞마당을 바라볼 수 있다. 식단은 매일 일반식과 죽이 제공되며, 식탁 자리는 지정되어 있지 않고 뷔페식으로 운영된다.

입주민들은 의무적으로 90식을 해야 하며, 이는 건강 유지와 운동 기회를 제공하기 위한 경영 방침으로 개원 이래 계속해서 고수되고 있다. 일부 입주민이 비용을 아끼기 위해 식사를 거르는 경우가 있기 때문에, 이를 방지하고자 의무식을 통해 균형 잡힌 식사를 제공하고 있다. 1개월 이상 장기 외출이나 외박 시에는 식비를 공제해 준다.

함께 식사하면서 담소하는 입주민

생활 편의 서비스

　안성시를 오가는 셔틀버스는 주 5회, 고삼면을 오가는 셔틀버스는 주 2회 운행된다. 실버타운 주변에는 생활 편의 시설이 거의 없기 때문에 입주민들은 주로 셔틀버스를 이용해 시내에 나가 볼일을 본다. 셔틀버스를 이용하기 어려운 입주민들을 위해서는 은행 및 관공서 업무를 대행해주거나 우편물 및 택배를 각 세대로 전달하는 서비스가 마련되어 있다.

　건물 앞마당에 약 30대의 주차 공간이 마련되어 있으나, 대부분의 입주민이 80세 이상의 고령자로 차를 소유한 입주민이 거의 없어 주로 방문객이나 직원들이 이용하고 있다.

의료 관련 서비스

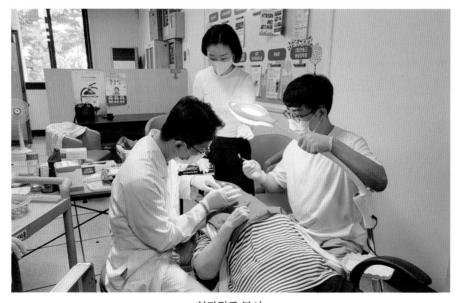

치과진료 봉사

실버타운 로비층에 들어서면 같은 건물의 바로 좌측에 대건효도병원이 있다. 대건효도병원은 노인요양병원으로, 치매, 고혈압 등 노인성 질환에 대한 양한방협진을 하며 물리치료실도 갖추고 있다. 미리내실버타운과는 같은 오로지 사회복지법인 산하기관으로, 입주민에게는 혈압체크를 무료로 지원한다. 또한, 입주민이 다치거나 응급상황이 발생했을 때 기본 처치를 하고 보호자와 상담 후 병원으로 후송한다.

입주세대 내부

미리내실버타운은 높은 지대에 위치해 온종일 볕이 잘 들고, 베란다 쪽 출입문이 통창으로 되어 있어 채광과 전망이 뛰어나다. 산과 들판, 미산 저수지의 평화로운 풍경이 한눈에 내려다보인다. 21평형 세대의 전용면적은 8.5평으로

입주 세대 내부

전용률이 약 41%로 계약 평수보다 전용면적이 작은 것이 아쉬운 점이다.

방은 원룸형으로 구성되어 있으며, 작은 베란다에는 빨래 건조대를 둘 수 있고, 작은 싱크대도 설치되어 있어 개인적인 취사 도구를 사용할 수 있다. 일반 객실에는 붙박이장, 신발장, 싱크대, 에어컨이 기본 제공되며 빌트인 객실은 TV, 냉장고, 드럼세탁기, 침대프레임, 전자레인지 등이 추가로 제공된다.

실내 취사는 원칙적으로 허용되지 않지만, 전자레인지나 전기로 작동되는 조리기구를 통해 간단히 인스턴트 식품을 데우거나 커피를 끓이는 것 등은 가능하다.

비상 상황에 대비해 거실과 화장실에는 비상 호출벨이 설치되어 있다. 화장실에는 욕조가 있으며, 미끄럼 방지를 위한 안전바도 설치되어 있어 안전하게 사용할 수 있다.

주요 시설 및 프로그램

대성당

실버타운 내 주요 부대시설

운동관련	여가 관련	생활편의 관련
체력단련실	프로그램실	이미용실
	취미생활실	매점
	노래방	카페
	사랑방	

2층에 있는 체력 단련실에는 트레이너가 상주하지는 않지만 여러 가지 운동 기구와 안마 의자, 워킹 레일이 설치되어 있다. 체력 단련실과 연결된 카페는 입주민들이 식사 후에 자유롭게 사용할 수 있도록 마련된 곳이다. 이 카페는 앞쪽으로 넓은 베란다가 있어 시원한 경치를 즐기며 이웃들과 친목을 도모할 수 있다.

내·외부 강사가 진행하는 프로그램으로는 노래교실, 독서와 함께하는 여정, 실버체조, 원예프로그램 등이 있으며, 컬러링북, 워킹 레일 시간 등의 활동도

소근육운동 프로그램

진행된다. 그 외에도 야외 나들이, 명절 행사 및 특별 프로그램이 마련되어 있다. 천주교에서 운영하는 만큼 매일 미사와 주일미사가 있으며, 병자 영성체, 교리 상담, 세례성사 등이 이루어지고 있다.

보안 및 안전 관련

본관 건물 로비에는 안내 직원이 있어 방문객을 일일이 체크하고 있다. 24시간 응급상황 대응 시스템이 갖추어져 있으며, 자동 제세동기와 비상 호출기가 설치되어 있다. 각 세대에 설치된 비상 호출벨을 누르면 복도에 설치된 알람이 울리도록 되어 있어 신속한 대처가 가능하다. 또한, 매일 아침 사회복지사들이 각 세대를 방문해 입주민들의 안위를 확인하고 있다.

노래교실

입주민 성향과 분위기

미리내실버타운은 신부님이 설립한 곳으로, 입주민의 약 90%가 천주교 신자지만, 교회나 절에 다니는 분들도 소수 있다. 입주민들의 연세가 많아 실버타운의 프로그램을 활동적으로 즐기기보다는 편안한 마음으로 노후를 보내기 위함이 주요 목적이다. 이 때문에 140여 명의 입주민 중 30~50명 정도만 프로그램에 활발히 참여하며, 나머지 분들은 주로 신앙생활을 하며 조용히 지낸다.

90식의 의무식이기 때문에 하루 세번 모든 입주민이 식당에서 만나게 된다. 서로 친한 입주민끼리 자리에 앉게 되어 늘 서로 얼굴을 보고 지낸다. 식사시간 때 한번이라도 빠지면 서로 안부를 묻는 등 천주교를 바탕으로 입주민간에 돈독한 신앙공동체를 형성하고 있다.

성당에서 조용히 기도하는 입주민

미리내실버타운은 1992년에 천주교 신자들의 후원으로 설립된 무료 노인 양로시설 '작은안나의 집'에서 시작되었다. 오갈 곳 없던 노인들을 사제관에 모신 것이 계기가 되어 천주교 수원교구 오로지사회복지법인이 설립되었고, 이후 다양한 복지 사업을 전개하면서 미리내실버타운을 오픈하게 되었다. 2001년에 '있는 자와 없는 자들이 통하는 공간'이라는 의미를 담아 '유무상통마을'로 오픈했으나, 이후 미리내실버타운으로 명칭을 변경하였다.

오로지종합복지원 산하에는 미리내실버타운 이외에도 미리내실버타운 건물 내에 있는 미리내요양원, 대건효도병원을 비롯해 성베드로의집, 작은안나의집, 요한나주간보호센터, 성모이주여성의집 등이 있다.

미리내실버타운은 90식 식사를 포함한 월 생활비가 1인 기준 149만 원으로, 동급 규모의 실버타운에 비해 경제적이다. 또한, 전원형 실버타운으로 경기도에 위치하여 한적하고 자연친화적이면서도 서울에서 멀지 않은 곳에 있다.

미리내실버타운으로 들어서는 진입로에는 작은 마을이 하나 있는데, 미리내마을이다. 미리내마을은 조선 말기, 신유박해와 기해박해 시기에 종교탄압을 피해 모여든 천주교 신자들의 교우촌이다. 이 마을 사람들은 밭을 일구고 그릇을 구워 생계를 이어갔다. 천주교 신자들이 그릇을 굽기 위해 피운 불빛이 깊은 밤 은하수처럼 보였기 때문에, 이 마을을 '미리내마을'이라고 부르게 되었다.

미리내마을 끝자락에는 미리내성지가 위치하고 있으며, 미리내실버타운에서 걸어서 10분 거리에 있다. 미리내성지는 천주교 성지로 김대건 안드레아 신부님이 잠들어 있는 곳이다. 신앙 생활을 중시하는 입주민들에게 미리내성지는 중요한 장소일뿐더러, 평소에도 타지역의 많은 천주교인들이 찾고 있는 한국 최대의 성지이다. 이렇게 미리내실버타운은 천주교 분위기가 물씬 풍기는 곳이다 보니, 입주민의 90% 이상이 천주교 신자이다.

미리내실버타운에는 신부님이 상주하며 성당이 있어서 주일뿐만 아니라 매일 미사가 봉헌되고 있다. 원장 신부님은 대건회와 레지오마리에를 통해 영적 독서 모임도 진행하는 등 입주민의 영적 성장을 위해 노력하고 있다. 신부님의 강론뿐만 아니라 교회 안팎의 덕망 있는 강사, 성직자, 수도자들이 실버타운을 방문해 다양한 심신 및 교양 강좌를 열어 입주민들이 생의 마지막을 깨우침 속에서 지낼 수 있도록 도와드리고 있다.

고령화된 입주민의 요양과 병원 방문, 편리한 의료 서비스를 제공하기 위해 실버타운 내에 요양원과 요양병원을 갖추고 있는 점도 눈에 띈다. 실버타운에 입주해서 생활하다가 노인성 질환이 심해질 경우, 요양원과 요양병원으로 이동할 수 있도록 연계서비스가 제공되고 있다.

종교가 입주에 제약이 되지는 않지만, 천주교 신자가 많아 신자가 아닌 분들에게는 성당의 미사나 천주교 활동들이 다소 낯설게 느껴질 수 있다. 그러나 천주교는 종교를 강요하는 편이 전혀 아니어서, 종교적인 성향에 관계없이 영적인 교양강좌를 듣고, 소란스럽지 않은 평화로운 환경에서 주변을 산책하며 명상으로 노후를 보내고 싶은 분들에게는 매우 적합하다.

블루밍더클래식 13

경기도 하남시 하남대로 770   031-796-8751

소개

블루밍더클래식은 경기도 하남시 신장동 하남시청 맞은편에 위치한 도심형 실버타운으로, 2010년에 오픈되었다. 지하 3층부터 지상 20층까지 2개 동으로 구성되어 있으며, 총 220세대로 이루어져 있다. 일반적인 실버타운에 비해 전용률이 74%로 높아 입주민들에게 넓은 생활 공간을 제공한다.

입주비용은 평형에 따라 차이가 있으며, 30평 중반대가 매매가 6억 6,000만 원에서 7억 4,000만 원, 전세가 3억 5,000만 원에서 3억 9,000만 원 수준이다. 월 관리비는 35식 의무식 포함 1인 기준 약 70~80만 원, 2인 기준 100~110만 원정도 한다. 선택사항으로 헬스장, 사우나, 물리치료실 등을 이용할 수 있는 건강 관리비가 있으며, 골프연습장을 포함하면 추가 비용이 발생한다.

블루밍더클래식 내에는 동아리와 모임이 활성화되어 있다. 기독교와 천주교 신자들의 종교 모임, 골프, 등산, 걷기, 바둑, 장기, 노래방, 헬스 등 취미 활동이 이루어지고 있다. 지하 1층에는 입주민 전용 노래방, 영화관, 탁구장, 헬스장, 골프연습장이 마련되어 있다.

블루밍더클래식은 실버타운으로는 이례적으로 운영사가 아닌 입주민대표회의에서 식당운영을 비롯해 모든 시설 운영과 관련된 사항들을 논의하고 결정하고 있으며 대표적인 모범사례로 꼽히고 있다.

또한, 다른 실버타운과 달리 법적으로 60세 미만도 입주가 가능하여 자녀 세대와도 함께 거주할 수 있다. 2008년 8월 4일 이전에 사업 계획이 승인된 노인복지주택에 한 해 한시적으로 입주민 나이 규제를 풀어준 결과이다. 60세 미만의 성인 자녀들이 부모님을 모시고 살아도 법적으로 문제가 없는 몇 안 되는 노인복지주택이다. 자녀들이 출장으로 집을 비워도 부모님은 동년배 친구들과 어울려 전용식당에서 식사를 함께 할 수 있어 자녀 부재시에도 문제가 없다.

입주비용

평형별 전세가격

평형	세대수	매매	전세
34	148	6억6,000만원	3억5,000만원
35	36	6억7,000만원	3억5,000만원
38	36	7억4,000만원	3억9,000만원

분양 당시 전 세대를 분양하여, 회사 소유분의 임대형은 존재하지 않는다. 일부 입주민들은 매입하지 않고 전세나 월세 형태로 거주하고 있다. 매매가는 2024년 7월 기준으로 6~7억 원대였으며 그 이후에 계속 상승세에 있어 정확한 가격은 매매 시점에 따라 다를 수 있다. 같은 평형이라 하더라도 위치와 층수에 따라 약간의 가격차이가 있다.

월 비용

월 생활비를 결정하는데 중요한 관리비는 1인 기준으로는 35식 의무식 식대를 포함한 경우 약 70~80만 원 정도다. 2인 부부의 경우 55식 의무식 식대를 포함하여 약 100~110만 원 사이이며, 이는 일반적인 도심형 실버타운에 비해 매우 저렴하다. 관리비에는 선택사항으로 건강 관리비가 포함되어 있다. 건강 관리비는 헬스장, 사우나, 물리치료실 통합 이용료로 30,000원이며, 골프 연습장까지 포함하면 50,000원이다.

위치 및 주변 환경

수도권 전철 5호선 하남시청역과 하남검단산역 중간에 위치하고 있으며, 하남시청역까지 도보로 약 10분이 걸린다. 하남 대로변과 인접해 있으며, 큰 길을 건너면 바로 하남시청이 위치하고 있다. 교통이 편리하여 자동차로 5분 거리의 상일 IC를 통해 올림픽대로, 수도권제1순환고속도로, 중부고속도로, 서울양양고속도로로 빠르게 접근할 수 있다.

도보로 3분 이내에 대형마트인 홈플러스가 있고, 도보로 2분 거리에 하남시청 공원과 인근의 덕풍천 산책로가 위치하여 도심형 실버타운임에도 편리한 생활환경과 자연진화적인 쾌적한 생활을 누릴 수 있다. 또한 복합 쇼핑몰인 스타필드 하남과 하남유니온파크, 수변공원인 당정뜰도 걸어서 갈 수 있는 거리에 있다.

하남시청에서 바라본 블루밍더클래식

식사 서비스

입주민 전용 식당은 연간 두 번, 설날과 추석을 제외하고는 연중 운영된다. 아침과 점심에는 식당이 문을 열며 저녁에는 문을 열지 않는다. 대신 저녁에는 식사를 미리 주문하면 식당은 문을 열지 않지만 식사를 각 세대로 배달해 주어 저녁 식사도 문제가 없게끔 관리하고 있다.

의무식은 1인당 35식, 부부의 경우 합계 55식이며 1식당 가격은 9,000원이다. 건강이 좋지 않아 이동이 어려운 입주민을 위해 입주 세대까지 식사를 배달해주는 룸서비스도 1,000원의 비용으로 이용할 수 있다.

식단은 입주민 대표회의에서 협의하여 결정되며, 다양하고 균형 잡힌 메뉴를 제공하기 위해 노력한다. 의무식 이외의 식사는 세대 내에서 조리하여 해결하거나 외부의 식당을 이용하면 된다. 주변 상가에는 다양한 먹거리가 있어 식당을 골라서 식사할 수 있다.

생활 편의 서비스

입주민 전용식당이 있다는 것 이외에 청소나 세탁 같은 생활 편의를 제공하지는 않는다. 그러나 혼자사는 시니어들에게 있어서 생활 편의 보다 더 중요한 것은 이웃 입주민의 관심이다. 대부분의 100% 분양형 노인복지주택은 식당을 운영하지 않기 때문에 모든 입주민이 매일 서로 얼굴보기가 어렵다. 그러나 이렇게 의무식이 있는 노인복지주택은 적어도 하루에 한 번 정도는 얼굴을 보며 식사를 같이하기 때문에 늘 나오던 입주민의 얼굴이 보이지 않으면 무슨 일이 있는지 서로 연락하며 안부를 묻는다. 또한, 간단한 수리 등 도움이 필요하면 입주민 대표회의나 관리팀에 연락하면 해결해 준다.

의료 관련 서비스

시설 내에는 의원이나 병원이 없지만, 물리치료실이 있으며 간호조무사가 상주하고 있다. 입주민들은 블루밍더클래식과 협약을 맺은 하남시 햇살병원을 이용하거나, 자신이 평소에 이용하는 병원으로 진료를 다닌다.

입주세대 내부

총 220세대로 구성된 두 개 동으로 이루어져 있으며, 34평형, 35평형, 38평형 세 가지 유형이 있다. 전용면적이 74%로 일반적인 실버타운의 50%대보다 훨씬 넓다. 34평형의 실평수가 25평으로 세대 내부로 들어가 보면 생각보다 넓어 놀라게 된다.

34평형과 35평형은 방 2개와 거실 1개, 화장실 2개로 구성되어 있고, 38평형은 방 3개가 있다. 전체적인 구조는 일반 아파트와 유사하며, 안방과 작은 방에는 붙박이장이 설치되어 있다. 욕실에는 욕조가 설치되어 있으며, 세면대의 높낮이를 조절할 수 있다.

주요 시설 및 프로그램

블루밍더클래식 안에는 종교 및 취미 동아리와 모임이 운영되고 있다. 기독교 및 천주교 신자들의 종교 모임부터 골프, 등산, 걷기, 바둑, 장기, 노래방, 헬스 등 여러 취미 동아리가 활성화되어 있다. 건물 1층에는 바둑, 장기, 루미큐브 등을 즐길 수 있는 시설이 마련되어 있고, 지하 1층에는 입주민 전용 노래방, 영화관, 탁구장, 헬스장, 골프연습장이 있다.

피트니스 센터

스트레칭 근력운동

바둑, 오락룸

입주민 로비 연주회

기독교와 천주교 신자들은 각각 매월 정기적으로 모임을 가진다. 기독교 신자 35명은 대강당에서, 천주교 신자 50명은 북카페에서 만남을 갖는다. 골프 동아리인 드림골프회는 양평의 TPC 골프장에서 매월 라운딩을 즐기며, 등산회는 계절이 좋은 봄과 가을에 정기적으로 산행을 즐기고 있다.

입주민 성향과 분위기

전체 220세대 중 130세대는 시니어 세대로, 나머지 90세대는 비시니어 세대로 구성되어 있다. 일반적인 노인복지주택과는 달리 60세 미만도 입주와 전입 신고가 가능하다. 정부는 2011년 3월 30일, 노인복지주택의 입주민 자격에 관한 특례조항을 만들어 2008년 8월 4일 이전에 사업계획이 승인된 노인복지주택에 한해 나이를 60세 이상으로 제한하는 규정을 폐지했다. 이에 따라 블루밍더클래식은 60세 이하도 집을 소유하거나 거주할 수 있다.

블루밍더클래식은 70~80대 시니어분들이 60세 미만의 다소 젊은 입주민들과 어울려 살고 있다. 나이차이가 있어도 입주민들끼리 나들이도 가는 등 마치 가족처럼 화목하게 지내고 있다. 아무래도 실버타운 식당에서 같이 식사하고 동호회에서 자주 만나다 보면 자연스럽게 가까워질 수밖에 없다. 시설의 모든 문제와 건의 사항 등은 입주민대표회의를 통해 결정된다. 입주민대표회의는 14명의 운영위원과 7명의 임원으로 구성되었으며 합리적으로 운영되고 있다.

저자 리뷰

블루밍더클래식은 커뮤니티 시설이 있는 아파트와 비슷하다. 법적으로는 노인복지주택임에도 불구하고 거주할 수 있는 연령이 60세로 제한되어 있지 않으며, 누구나 나이에 상관없이 소유 및 임대가 가능하다. 이렇게 형태적으로 커뮤니티 아파트와 비슷해 보이지만, 실버타운과 커뮤니티 아파트의 장점을 모두 갖추려고 노력한 모습이 보인다. 블루밍더클래식은 매매가 가능한 분양형 실버타운이지만 임대형 실버타운과 같거나 다른 점들이 존재한다.

거주자들의 나이 제한이 없다는 점이 블루밍더클래식의 가장 큰 특징이다. 220세대 중 60%인 130세대는 60세 이상의 시니어들로, 주로 70~80세 이상인 분들이 많이 거주하고 있다. 나머지 40%는 60세 미만의 중장년층과 간혹 젊은 세대도 포함되어 있다. 70~80대 시니어들은 일반 커뮤니티 아파트에서 젊은 세대와 함께 사는 것이 다소 불편할 수 있다. 커뮤니티 아파트 대부분의 부대시설들이 아이들이나 젊은 세대 중심으로 만들어져 있으며 사용자들도 젊은 세대들이 많기 때문이다.

일반 커뮤니티 아파트에서 연로하신 시니어 분들이 부대시설을 이용하기 위해 느릿느릿 걸어다니거나 식당에서 식판을 들고 돌아다니면 일부 젊은 입주민들은 다소 부담스러운 시선으로 바라볼 수도 있다. 그러나 블루밍더클래식은 원래부터 시니어를 위한 노인복지주택으로 승인되어 있다. 법이 일부 개정되어 2008년 이전에 허가가 나온 노인복지주택은 60세 미만도 소유와 주거가 가능하게 해 준 것뿐이다. 따라서 블루밍더클래식의 원 주인은 60세 이상 시니어며, 60세 미만은 오히려 시니어분들에 의해 혜택을 받고 입주한 셈이어서 70~80대 시니어들이 젊은 세대들 눈치를 볼 이유가 없다.

100% 분양형 실버타운임에도 식당과 의무식이 있는 점도 블루밍더클래식

의 특별함이다. 일반 커뮤니티 아파트에서는 의무식 개념이 없지만, 블루밍더클래식에서는 시니어들의 건강을 위해 의무적으로 식사를 제공한다. 이를 통해 이웃들과 자연스럽게 친해지고, 식사를 거르지 않고 건강을 유지할 수 있다. 100% 분양형 노인복지주택 중 의무식이 있는 곳은 이곳과 용인의 스프링카운티자이, 분당의 정원속궁전 등 몇 곳 되지 않는다.

블루밍더클래식은 관리비가 저렴하여 부대시설이 다채롭진 않지만 동호회 활동 등 입주민 교류가 활발한 편이다. 의무식이 있는 임대형 실버타운의 관리비는 비싸지만, 블루밍더클래식은 1인당 35식 의무식을 포함하고도 월 관리비가 80만 원을 넘지 않는다. 월 관리비가 저렴함에도 불구하고 이곳에서는 임대형 실버타운처럼 이웃 간의 교류와 동호회 활동이 활발하게 이루어지고 있다.

부모님을 모시고 2대가 같이 입주하여 지내기 좋다. 부모님을 모시고 사는 60세 미만의 성인 자녀들이 매일같이 어르신의 식사와 일상을 챙기기 어려운 경우, 블루밍더클래식은 좋은 선택이 될 수 있다.

저자의 지인은 자녀들이 모두 독립한 후, 아내와 함께 85세 된 어머니를 모시고 살고 있다. 어머니가 건강하시긴 하지만, 매일 아침저녁 어머니 식사를 챙기는 일이 결코 쉽지 않다고 한다. 어머니의 식사를 준비하는 수고로움도 있지만, 저녁에 약속이 있거나 아내와 함께 며칠 지방에 휴가라도 다녀올 요량이라면 혼자 남겨진 어머니의 식사 때문에 전전긍긍 하게 된다.

친구는 어머니가 독실한 기독교 신자인 점을 고려해, 블루밍더클래식과 같은 실버타운에서 어머니와 함께 생활하는 방안을 진지하게 고민하고 있다. 블루밍더클래식처럼 기독교 모임이 있는 곳이라면, 친구 부부가 집을 비우더라도 어머니께서 다른 신자들과 자연스럽게 교류하며 단지 내 식당에서 식사하고 교우들과 시간을 보낼 수 있어 마음이 놓일 것 같다고 생각하고 있다.

사이언스빌리지 14

대전광역시 유성구 대덕대로 522　042-348-3100

소개

사이언스빌리지는 2019년에 완공된 과학기술인 전용 액티브 실버타운으로, 대전광역시의 대덕연구단지에 위치해 있다. 이 실버타운은 과학기술인공제회가 운영하며, 지하 2층, 지상 10층 규모로 총 240세대가 모두 임대형이다. 초기에는 과학기술인의 부모 및 배우자, 인근 지역 거주자까지 입주가 가능했으나, 2024년 9월 기준 과학기술인만 입주가 가능하다.

주변에 갑천근린공원, 탄동천 산책로, 한밭수목원 등이 인접해 있어 친환경적이다. 교통도 편리해 대전역과 북대전 IC에서 접근이 용이하며, 인근에 충남대학교병원과 대전성모병원 등 주요 의료기관이 있어 의료시설도 가까이 있다.

입주세대는 전용면적 12평형과 20평형으로 나뉘며, 각 세대는 붙박이장, 전기레인지, 냉장고, 세탁기 등을 갖추고 있다. 낙상 방지를 위한 안전 손잡이, 비상벨, 무동작감지시스템 등이 설치되어 있어 안전사고를 예방할 수 있다.

입주비용은 1억 260만 원에서 1억 8,490만 원까지 평형에 따라 다르며, 월 비용은 관리비와 의무식 60식의 식사비를 포함하여 1인 기준 122~173만 원, 부부 기준 191~242만 원이다.

사이언스빌리지는 은퇴한 과학기술인을 위한 교류 센터 역할을 하며, 입주민들의 평균 연령이 비교적 젊은 75세로 활기차고 역동적인 곳이다. 매일 다양한 문화 및 여가 프로그램이 운영되며, 특히 로봇 두뇌 운동 프로그램과 같은 특화된 프로그램은 과학자들이 모여 사는 독특한 분위기를 보여준다.

사이언스빌리지는 활동적인 삶을 추구하는 시니어들이 많이 입주해 있으며, 비용 대비 시설과 서비스 수준이 매우 우수하다. 입주 자격을 갖추고 있으면서 젊고 활기찬 실버타운을 찾는 사람들에게 적합한 선택지가 될 수 있다.

입주비용

평형별 입주보증금

타입	평형	입주보증금
B3	24	1억260만원~1억895만원
B2	24	1억363만원~1억1,004만원
B1	25	1억551만원~1억1,203만원
A4	39	1억6,786만원~1억7,824만원
A2	40	1억7,029만원~1억8,083만원
A3	40	1억7,187만원~1억8,250만원
A5	40	1억7,255만원~1억8,323만원
A1	41	1억7,413만원~1억8,490만원

입주비용은 기본형과 보증금 증액형으로 나뉘는데, 보증금 증액형은 입주보증금 금액을 늘리는 대신 월 관리비를 할인해주는 형태로 초기 목돈이 들어가지만 매달 산정된 금액만큼 관리비에서 할인이 되어 월 부담이 준다.

예를 들어, 40평형의 기본 입주보증금이 1억 8,000만 원이라면, 3억 원을 추가하여 4억 8,000만원을 납부하면 월 관리비를 약 110만 원 정도 할인 받을 수 있다. 보증금 증액형에 대한 자세한 사항은 상담을 통해 확인해야 한다.

입주보증금은 2년 이상의 의무거주 기간을 충족하면 퇴거 시 100% 반환되며, 거주 기간 동안에는 인상되지 않는다. 다만, 3년마다 재계약이 이루어지며 입주보증금 변동이 있을 수 있다.

24평형 평면도

40평형 평면도

월 비용

평형별 월 비용

(단위: 만 원)

타입	평형	관리비		식비		월 비용	
		1인	부부	1인	부부	1인	부부
B3	24	74	95	48	96	122	191
B2	24	74	95	48	96	122	191
B1	25	75	96	48	96	123	192
A4	39	120	141	48	96	168	237
A2	40	122	143	48	96	170	239
A3	40	123	144	48	96	171	240
A5	40	124	145	48	96	172	241
A1	41	125	146	48	96	173	242

　월 비용은 입주보증금 기본형의 경우, 1인 기준으로 식비를 포함하여 122~173만 원이며, 부부의 경우 191~242만 원이다. 40평형 경우 보증금 증액형을 선택하면 추가 납부 금액에 따라 월 18~110여 만 원이 관리비에서 할인되어 관리비 부담이 줄어든다.

　월 비용은 관리비와 식비로 구성된다. 관리비에는 직원 인건비, 시설 및 서비스 이용료, 시설 유지비, 청소비 등이 포함된다. 식사비는 1식당 8,000원이며 1인당 의무식은 월 60식이다. 세대 난방비, 전기료, 상하수도료, 인터넷, TV 수신료 등은 매월 사용한 만큼 정산하여 관리비와 별도로 청구된다.

A타입 40평형 거실

A타입 40평형 침실

위치 및 주변 환경

대전 대덕연구단지 내에 위치하고 있어 카이스트와 인접해 있다. 이곳은 엑스포과학공원, 갑천근린공원, 탄동천 산책로, 한밭수목원이 있어 도시 중심이면서도 전원적인 분위기가 풍긴다. 접근성도 우수하여 대전역과 서대전역에서 버스로 이동하거나 북대전 IC에서 차로 약 5분 거리에 위치하고 있으며, 대전 도시철도를 이용할 경우 정부청사역에서 지선 버스로 약 10분 이내에 도착할 수 있다.

충남대학교병원, 대전성모병원, 을지대학병원, 대전선병원, 건양대학병원 등의 종합병원이 가깝게 위치해 있어 의료 접근성이 뛰어나다. 또한 신세계백화점, 롯데백화점, 갤러리아백화점 같은 대형 쇼핑몰과 이마트 트레이더스, 코스트코 같은 대형마트를 쉽게 이용할 수 있다. 예술의 전당, 이수아트홀, 시립미술관 등 문화시설도 근처에 있다.

야외라운지

식사 서비스

식당은 로비층에 위치해 있다. 밝은 색의 실내와 창 밖의 정원이 어우러져 경쾌한 분위기를 자아낸다. 이곳에는 입주민 전용 식당, 방문객을 위한 별도 식사 공간, 그리고 모임과 연회를 위한 장소가 마련되어 있다.

메뉴는 직원과 입주민들이 참여하는 시식회인 맛식회 및 메뉴회의를 통해 결정된다. 입주민들이 좋아하지 않는 음식에 대해서는 별도의 대체 메뉴도 제공되며, 쌀밥과 현미 잡곡밥과 진밥, 보통밥 중 선택할 수 있다.

저당, 저염, 저지방의 3저 웰빙 조리법에 천연 조미료를 주로 사용한다. 매주 연잎찰밥, 마늘보쌈 등 특식을 마련하는 등 다양한 메뉴를 선보이고 있다.

특식 식단 예시 및 식당

생활 편의 서비스

입주민들의 외출을 돕기 위해 셔틀버스를 운행하며, 가족이나 지인 방문 시 사용할 수 있는 게스트룸도 마련되어 있다. 담당 직원이 입주민의 검진, 진료, 생일 등 일정 관리를 도와주며, 입주민의 생활을 세심하게 지원한다. 거주 세대의 청소 서비스와 불편 사항 해결을 위한 원콜서비스(통합민원 접수 창구)도 운영하고 있다.

의료 관련 서비스

사이언스빌리지 내에 병원은 없지만 간호사가 상주하는 건강관리센터가 있어 입주민의 질병 예방 및 건강 관리를 하고 있다. 건강관리센터에는 건강상담실, 물리치료실, 정양실이 있다. 건강상담실에서는 간호사가 건강상담을 비롯해 상비약 제공, 간호처치 등의 서비스를 제공하며, 물리치료실에서는 열전기 치료와 적외선 치료 등을 예약제로 운영하고 있다. 이밖에 입주민의 건강체크를 위해 협약된 검진기관에서 연 1회 건강검진을 실시하고 있다.

심폐소생술 모의훈련

골다공증 예방 강좌

입주세대 내부

　입주세대는 실버타운에서 가장 보편적인 전용면적 12평형(B타입)과 20평형(A타입)으로 구성되어 있다. 모든 타입은 최적화된 구조로 공간 활용성을 높였다. A타입은 전용면적 약 20평 정도로, 방 2개와 거실, 화장실, 주방으로 구성되어 있다. B타입은 전용면적 12평 정도로, 방 1개와 거실, 화장실, 주방으로 구성되어 있다. 실내에는 붙박이장, 식탁, TV 수납장, 전기레인지, 냉장고, 세탁기 등이 포함되어 있다. 두 타입 모두 안전 손잡이, 화재 감지기, 응급호출을 위한 비상벨 등 낙상 및 안전사고 예방을 위한 시설을 갖추고 있다.

　실내는 산뜻하고 밝은 느낌의 인테리어로 설계되었으며, 베란다에 수납 공간을 마련해 편의성을 높였다. 욕실에는 샤워 시설만 있으며 욕조는 없다. 실내 설계는 유니버설 디자인 및 배리어프리 디자인으로 시니어의 특성을 고려하여 안전하고 편리한 생활이 가능하다.

24평형 침실

주요 시설 및 프로그램

사이언스빌리지 내 주요 부대시설

생활지원 시설	운동 시설	여가활동 시설	문화활동 시설	연구 학습 시설
상담실	피트니스	성큰라운지	SK아트홀	도서관
사우나	당구장	카페	영화감상실	연구실
리프레쉬룸	탁구장	노래방1	서예실	
세탁실	스크린골프장	게임룸	아뜰리에	
		바둑실	다목적실	

사이언스빌리지는 문화와 여가 활동프로그램이 풍부한 공간이다. 탁구 교실, 라인댄스, 실버 요가, 댄스 스포츠, 태극권, 영화 감상 등 취미와 학습 강좌를 매일 운영하며, 입주민들의 의견을 수렴해 여가 프로그램을 기획한다.

로봇 두뇌 운동 프로그램은 로봇과 함께하는 인지 훈련 게임으로 두뇌 기능

스크린골프장

을 활성화하고 치매를 예방하는 프로그램이다. 이 프로그램은 전문성을 갖춘 사회복지사와 간호사가 진행한다.

　바둑 동호회는 약 20명의 회원들로 구성되어 있으며, 바둑 실력은 초보자부터 아마추어 고수까지 다양하다. 주 3회 정기적으로 모여 대국을 즐기며, 서로의 바둑 실력을 향상시키기 위해 조언을 나누고 있다. 미술동호회 '아뜰리에' 회원들은 다양한 미술 작품을 제작하고 발표하며 서로 소통하고 유대감을 쌓아가고 있다. 이러한 활동을 통해 입주민들은 예술적 표현의 기회와 공동체 내에서의 소속감을 느끼고 있다. 골프 동호회도 매주 목요일에는 공제에서 운영하는 골프장에서 동호회원들이 모여 교류의 시간을 가지고있다.

　이렇게 동호회는 입주민들의 자발적인 참여와 관심사를 중심으로 음악 감상, 골프, 파크 골프, 서예, 악기 연주, 그림, 탁구, 당구, 합창, 바둑 등을 즐기며 유대감을 형성하고 있다. 이 밖에도 매월 문화 행사와 이벤트를 기획해 음악회, 명사 초청 특강, 계절 축제, 나들이 등으로 활기찬 여가를 즐기고있다.

SK아트홀

입주민 성향과 분위기

사이언스빌리지는 과학기술인공제회 회원에게 우선으로 입주자격을 부여하고 있다. 초기에는 과학기술인 부모 및 배우자, 인근 지역 거주자들까지 포함하였지만 2024년 9월 현재 회원 이외에는 마감된 상태이다.

사이언스빌리지의 입주민들은 주로 과학 기술인을 중심으로 구성되어 있으며, 평균 연령은 약 75세로 대체로 젊은 편이다. 다른 실버타운과 비교해 남성 비율이 높은 것이 특징인데, 남성이 약 51%, 여성이 49%로, 이는 대개 과학기술 분야에서 일해 온 입주민들이 많기 때문이다. 입주민 중 52%는 독신이며, 48%는 부부가 함께 생활하고 있어 다른 실버타운보다 부부 세대가 비교적 많은 편이다.

입주민들은 주로 연구원, 교수 등 과학기술분야에서 근무하다가 퇴직한 경우가 많아 합리적이고 협의를 중시하는 경향이 있다. 나이 차이가 있더라도 서

봄맞이 산책데이

추석맞이 송편빚기

로 존중하고 돕는 분위기가 강조되며, 특히 70대 입주민들이 분위기를 이끄는 역할을 하고 60대 입주민들과 협력하여 함께 성장해 나가는 모습이다. 같은 분야 출신이라는 공감대가 있어서 자부심을 공유하고 일반 입주민들과도 화목하게 지내며 서로를 보살피고 배려하는 문화가 정착되어 있다.

남성 입주민들은 주로 바둑, 골프, 도서관 이용 등 정적인 활동을 즐기는 경향이 있지만, 여성 배우자들은 송편 빚기, 윷놀이, 봄맞이 산책 데이와 같은 다양한 모임과 행사에 활발하게 참여하며, 창의적이고 사교적인 시간을 보낸다. 또한, 미술 동호회 등 아기자기한 모임을 통해 서로 소통하고 친목을 다지며, 각자의 취향과 흥미를 존중받는 경험을 하고 있다. 이러한 다양한 프로그램과 행사는 입주민들이 건강하고 활기찬 노후를 보낼 수 있도록 돕고 있다.

사이언스빌리지는 대전광역시의 대덕연구단지에서 불과 1.3km 떨어진 가까운 곳에 위치하고 있다. 주변에는 한국전자통신연구원(ETRI) 기숙사, 한전원자력연료 사원아파트, 대덕연구원 현대아파트 등이 있어 대덕연구단지와 기타 연구소와 기업에 근무하는 사람들이 많이 거주하는 지역이다. 사이언스빌리지가 이러한 지역에 위치한 것으로도 어느 정도 사이언스빌리지의 설립 목적과 분위기를 유추해 볼 수 있다.

사이언스빌리지는 과학기술인공제회에서 소유 및 운영하고 있다. 공제회(공제조합)란 같은 직장이나 비슷한 직업에 종사하는 사람끼리 조합원이 되어 상부상조를 목적으로 만든 조직체이다. 국내 중요한 공제회로는 과학기술인공제회를 비롯하여 교직원공제회, 행정공제회, 군인공제회 등이 있다. 대규모 공제회는 수조원 이상의 자산을 운용하며 연간 수 천억 원대의 운용 수익을 내기도 한다. 사이언스빌리지도 자산 규모 13조 원에 이르는 과학기술공제회에서 운영하는 실버타운이어서 믿을 만하고 장점도 많다.

대전광역시에 건설된 사이언스빌리지는 역동적인 실버타운이다. 피트니스센터, 도서관, 영화감상실 등 고급 실버타운이 갖추어야 할 모든 시설을 다 갖추고 있다. 갑천근린공원과 한밭수목원 등 주변도 자연 친화적이며 충남대학교병원 등 주요 의료 기관도 가까이 있다. 2019년에 오픈한 실버타운으로 입주민들의 평균 연령도 75세로 낮은 편이다. 다소 점잖고 조용한 분위기의 일반적인 실버타운과는 달리 사이언스빌리지는 실내 인테리어가 모던하며 역동적인 프로그램도 많이 갖추고 있다. 입주민들 또한 과학기술인공제회 회원으로 비슷한 직업적 배경과 관심사를 가지고 있어 서로 많은 이야기를 나누며 친밀하게 지낸다.

사이언스빌리지의 다른 큰 장점으로는 유사한 시설을 갖춘 수도권 고급형 실버타운에 비해 입주보증금과 관리비가 매우 저렴하다. 예를 들어, 사이언스빌리지 40평형 세대의 입주보증금은 2억 원으로 같은 평형대 수도권 고급 실버타운 입주보증금 절반에도 못 미치는 금액이다. 또한, 사이언스빌리지에서 입주보증금을 5억 원으로 증액하는 보증금 증액형 옵션을 선택할 경우 관리비에서 110만 원의 할인을 받을 수 있다. 이러한 경우 의무식 60식을 포함한 부부 세대의 월 비용이 130만 원에 불과하다.

이러한 장점에도 불구하고 다소 제한적인 것은 사이언스빌리지는 과학기술인의 노후를 위해 설립된 실버타운으로, 입주 자격이 과학기술인으로 제한되어 있다. 이는 사이언스빌리지의 설립 취지에 맞게 자격을 갖춘 회원들에게 혜택을 제공하기 위한 것으로, 은퇴한 과학기술인에게 경제적인 부담을 줄이면서도 노후를 잘 보낼 수 있는 기회를 제공하려는데 있다.

과학기술인공제회 회원 자격에 대해 널리 알려져 있지는 않지만 생각보다 회원 자격의 폭이 넓다. 예를 들어 대학이나 기업부설연구소, 정부출연 연구기관, 엔지니어링 회사 임직원 등 말 그대로 과학자가 아니더라도 회원이 될 가능성이 많다. 더 자세한 것은 과학기술인공제회 홈페이지 공제회 소개 → 회원 안내 → 가입대상 검색에서 회사나 연구소 이름을 입력하면 회원가입 자격여부를 확인할 수 있다.

사이언스빌리지는 가격 대비 최고의 시설을 갖춘 실버타운이다. 과학기술인공제회 회원 자격이 있고 대전지역에 거주하는 것이 문제가 없다면 가장 좋은 실버타운이 될 수 있다.

경기도 용인시 기흥구 덕영대로 1751   031-208-8000

소개

삼성노블카운티는 경기도 용인시 기흥구에 위치한 도시 근교형 실버타운으로, 삼성생명공익재단이 2001년에 설립한 곳이다. 이곳은 총 7만평 가까운 대지에 입주민이 주거하는 타워동, 너싱홈, 생활편의시설의 집합체인 리빙프라자가 조성되어 있다. 타워동은 타워 A동과 타워 B동으로 나뉘며, A동 283세대, B동 272세대로 총 555세대가 자리하고 있다. 타워동의 일부는 건강이 좋지 않은 고령자를 위한 돌봄 서비스를 제공하는 프리미엄 층으로 운영되고 있다.

삼성노블카운티는 서울 강남과 분당에서 수인분당선 영통역까지 20~30분 내에 갈 수 있어 서울에서의 접근성이 좋다. 단지 내에는 아름다운 조경과 산책로가 잘 갖춰져있으며, 뒤쪽으로는 청명산이 둘러싸여 있다.

입주비용은 평형에 따라 3억 원에서 12억 원까지 다양하며, 계약 기간은 3년이다. 월 비용은 의무식 90식을 포함해 싱글 기준 357만 원~498만 원 사이이며, 세대를 장시간 비워 식사를 하지 않을 경우 미리 알려주면 식비를 공제받을 수 있다.

리빙프라자에는 스포츠센터, 문화센터, 의료센터, 은행, 편의점 등 생활 편의시설이 모여 있어 입주민뿐만 아니라 외부에서 온 방문객도 자유롭게 이용할 수 있다. 단지 내에는 어린이집도 있어 늘 어린아이들을 볼 수 있다.

건강관리실에는 24시간 간호사가 상주하며, 삼성노블카운티의원에서는 내과, 신경과, 가정의학과, 재활의학과 진료를 받을 수 있다. 요양이 필요할 경우에는 너싱홈에서 돌봄을 받을 수 있다.

삼성노블카운티는 단지 규모, 프로그램 수준, 시설의 다양성에 있어 선진국형 고급 실버타운과 가장 흡사하다. 특히 입주민들이 사회에서 동떨어지지 않고 지역주민 및 어린이들과 함께 어울려 지낼 수 있도록 기획한 삼성노블카운티의 운영 철학은 높이 평가할 만하다.

입주비용

평형별 입주보증금

평형	입주보증금
30	3억원~3억6,000만원
32	4억2,000만원~4억5,000만원
36	4억2,000만원~5억4,000만원
40	4억2,000만원
46	5억8,000만원~6억8,000만원
50	6억4,000만원
52	6억4,000만원~6억9,000만원
56	6억9,000만원~8억3,000만원
70	9억3,000만원~9억7,000만원
72	7억6,000만원~12억6,000만원

　삼성노블카운티는 30평형부터 72평형까지 다양한 크기의 세대가 있으며, 입주보증금은 평형, 방향, 인테리어에 따라 3억 원대 초반에서 12억 원대까지 책정되어있다. 계약 기간은 3년이며, 최대 2인까지 동반 입주를 허용한다. 계약 중도 해지 시 5%의 위약금이 부과되지만, 3년 이후에는 1개월 전에 통보하면 위약금 없이 계약을 종료할 수 있다.

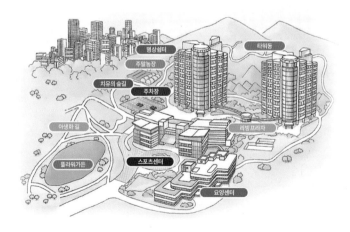

월 비용

평형별 월 비용

(단위: 만 원)

평형	월세		관리비		식비		월 비용	
	1인	부부	1인	부부	1인	부부	1인	부부
30	75	75	197	305	85	170	357	550
32	75	75	208	316	85	170	368	561
36	75	75	220	328	85	170	380	573
40	75	75	238	346	85	170	398	591
46	75	75	262	370	85	170	422	615
50	75	75	275	383	85	170	435	628
52	75	75	278	386	85	170	438	631
56	75	75	290	398	85	170	450	643
70	75	75	333	441	85	170	493	686
72	75	75	338	446	85	170	498	691

대부분의 실버타운에서는 관리비에 모든 비용이 포함되지만, 삼성노블카운티는 '월세'라는 항목을 별도로 두고 있다. 이는 특별한 목적이 있다기보다는 초기 운영 시 관리비를 낮게 책정한 결과 이를 조정하기 위한 방편으로 보인다. 실질적으로는 월세와 관리비를 합산한 금액을 다른 실버타운의 관리비와 동일한 개념으로 이해하면 된다.

1인 기준 30평에 거주하면 월 비용은, 월세 75만 원, 관리비 197만 원, 90식 식비 85만 원, 합계 357만 원이 된다. 평형이 커져도 월세와 식비는 동일하며 관리비만 올라간다. 싱글 시니어라면 30~40평도 충분해 월 비용은 357만 원~398만 원이다. 부부가 46~72평에 거주하면 월 비용은 615만 원~691만 원정도 된다. 90식이 모두 포함된 비용이기는 하지만 월 비용은 전국 최고가 실버타운 그룹에 속한다.

실버타운은 전용률이 낮아 평수 대비 생각보다 공간이 작다. 그렇다고 1인 거주자 경우 너무 큰 평수를 선택하지 않는 것이 좋다. 살다 보면 대부분 큰 평수가 필요치 않아 작은 평수로 이전하는 경우가 많다.

위치 및 주변 환경

삼성노블카운티는 단지가 넓어 대중교통을 이용하기 위해 단지 외부까지 도보로 이동하기 어려울 수 있다. 이를 고려하여 양재역과 삼성서울병원을 오가는 셔틀버스를 주중에는 하루 4차례 운행하고 있다. 또한, 영통역 홈플러스와 경희대학교 국제캠퍼스 앞 버스정류장까지 오가는 셔틀버스를 주중에는 하루 8차례 무료로 운행된다.

리빙프라자 내에는 의료 센터, 약국, 스포츠 센터, 문화 센터, 어린이집, 레스토랑, 어학원, 과일 가게, 여행사 등 편의 및 문화 시설이 입주해 있다. 입주민은 스포츠 센터와 문화 센터 시설을 무료로 이용할 수 있으며, 가족 구성원에게는 할인 혜택이 제공된다.

7만여 평의 넓은 단지는 꽃과 나무 등으로 조경이 잘 꾸며져 있으며, 단지 뒤쪽으로는 청명산이 있다. 동남향 세대에서는 기흥호수공원이 바라다보인다.

산책로 및 주변 환경

식사 서비스

타워 A동과 타워 B동 7층에는 입주민 전용 식당이 마련되어 있다. 이곳에서는 창을 통해 바깥 풍경을 감상하며 잔잔한 음악이 흘러나오는 쾌적한 환경에서 식사할 수 있다. 많은 인원이 이용함에도 불구하고, 입주민들은 조용한 분위기에서 식사를 즐길 수 있다.

자리에 앉으면 유니폼을 입은 직원이 식사를 서빙해준다. 많은 입주민들이 동시에 식사하는 상황에서도 직원들이 식탁으로 음식을 가져다주기 때문에 줄을 서거나 이동하는 소란스러움이 없다. 입주민들은 서로 담소를 나누며 특급 호텔 레스토랑과 같은 분위기에서 식사를 즐길 수 있다.

식사는 도자기 재질의 그릇에 담겨 제공되어 품격을 더하며, 음식이 부족하면 언제든지 더 가져다준다. 식당 중앙에 마련된 커피머신에서는 에스프레소나 카푸치노 같은 커피와 차를 자유롭게 이용할 수 있다.

입주민이 앉은 자리로 서빙 되는 식사

영양사가 준비한 저당, 저염, 저지방 식단이 1주일 단위로 미리 공개되며, 주로 한식 위주의 식단으로 구성되지만, 질리지 않도록 국수 같은 면류나 와플 같은 후식 등도 제공된다. 조식의 경우 간단한 양식을 원하는 입주민을 위해 양식당도 별도로 운영된다.

식사 시간에 맞춰 식당에 가기 어렵거나 몸이 불편한 경우 2,000원의 추가 비용을 지불하고 룸서비스를 받을 수 있다. 또한, 테이크아웃을 신청하면 식당에서 제공하는 식단을 쟁반에 담아 포장해주며, 입주민은 식사 시간이 지난 뒤에도 7층 식당에서 준비된 식사를 가져가 입주실에서 식사할 수 있다. 테이크아웃 시 포장비 1,000원이 부과된다.

타워동에 있는 입주민 전용 식당 외에도 리빙프라자 내에 한식당이 운영되고 있어 외부 방문객과 함께 이용할 수 있다. 다만, 리빙프라자 내 식당은 입주민 전용이 아니므로 입주민도 식사 비용을 별도로 지불해야 한다.

생활 편의 서비스

외부인 방문은 언제든 가능하지만, 입주 세대로 올라가기 전에 타워동 프런트에서 입주실로 전화를 걸어 방문객 신원을 확인한다. 지방이나 외국에서 온 가족이나 지인이 입주실에 투숙할 경우 사전에 운영팀에 알려야 한다.

규정상 1세대 당 1대의 차량을 등록해 주차할 수 있으며, 1.5평짜리 창고 1칸을 무료로 사용할 수 있다.

주 2회 생활도우미가 각 세대를 방문해 바닥 및 욕실 청소를 해주며, 세탁은 각 세대에 마련된 세탁기를 이용한다. 이불처럼 부피가 큰 세탁물은 관리실에 요청해 세탁 서비스를 받거나, 타워동 빨래방에서 유료로 직접 세탁할 수 있다.

기타 생활 편의로는 생활 전담 사회복지사들이 타워동 로비 1층에 상주하면서 입주민의 불편사항을 해결해 준다.

의료 관련 서비스

삼성노블카운티 리빙프라자 건물 내에 위치한 의료센터는 입주민의 건강 전반을 돌보기 위해 의료 서비스를 제공한다. 의료센터는 클리닉, 건강관리실, 처치실, 주사회복실, 방사선실, 물리치료센터, 임상병리실로 구성되어 있다.

건강관리실에는 주간에 간호사가 상주하며 혈압 및 혈당체크, 기초건강관리, 건강상담, 영양상담, 운동처방 등을 하고 있다. 야간에는 응급당직 간호사가 간호상담을 진행한다. 클리닉에서는 내과, 가정의학과, 신경과, 재활의학과 진료를 받을 수 있는데 내과, 가정의학과, 신경과 전문의는 클리닉에 상주하며 매일 진료를 한다. 재활의학과 전문의는 주 1~2회 진료를 한다.

단지 내 클리닉이라 하더라도 예약, 환자명 입력, 의료보험 수가 적용, 진료비 지불 등은 외부 병원과 동일하게 이루어진다. 다만, 입주민들은 편한 시간에 의사나 간호사를 찾아 충분한 시간 동안 자유롭게 상담할 수 있는 장점이 있으며, 만약 외부 진료가 필요한 경우 협력병원인 서울삼성병원에서 연계 서비스를 받을 수 있다.

입주세대 내부

삼성노블카운티의 입주세대는 서남향, 동남향, 남향으로 배치되어 있으며, 30평형대부터 70평형대까지 10가지 평형대로 구성되어 있다. 36평형은 원룸형 구조에 현관 옆에 작은 방 하나가 딸려 있다. 전용률이 50% 정도이다 보니 36평형의 실평수는 18평으로 평형대비 전용면적이 작게 느껴질 수 있다. 그러나 90식의 식사도 제공되고 실버타운 내의 여러 가지 프로그램에 참여하면서 친교활동을 활발히 하다 보면 세대에서 머무는 시간이 많지 않아 그리 큰 평수가 필요치 않다. 36평형은 원룸형 구조이지만 부부가 거주하는 세대도 많다.

거실은 통유리로 되어 있어 탁 트인 느낌을 주며, 창 전체가 열리는 것이 아니라 위쪽만 틸트형으로 열리도록 되어 있다. 발코니가 있는 것은 아니어서 밖으로 나갈 수 없어 조금 답답할 수는 있다. 모든 공간에는 턱이 없어 휠체어가 다닐 수 있도록 되어 있으며, 부엌에는 세탁기, 냉장고, 전기 인덕션, 전자레인지 등이 빌트인되어 있다.

입주세대 내에서 토스트나 라면 등 간단한 조리는 가능하지만, 일반적인 취사는 규정상 허용되지 않는다. 가족이 방문해 특별식을 해먹고 싶을 경우 타워동 내에 마련된 별도의 공간에서 음식을 조리하고 함께 식사할 수 있다. 또한, 많은 가족이 방문해서 입주 세대가 좁을 경우 각 층에 마련된 휴게 공간에서 20~30여 명이 앉을 수 있는 테이블을 이용해 담소를 나눌 수 있다.

화장실에는 낙상사고를 방지하기 위해 욕조는 없으며, 비데가 설치되어 편의를 더하고, 비상벨이 있어 응급상황에 대비했다. 비상벨은 각 방과 거실의 홈네트워크 시스템에도 설치되어 긴급 상황 시 신속히 대응할 수 있다.

세대 거실

주요 시설 및 프로그램

실버타운 내 주요 부대시설

운동 및 건강 관련	오락 및 여가 관련	생활편의 관련	부속시설
헬스장	취미실	마사지샵	유아체능단
스쿼시장	아틀리에	이미용실	어린이집
워킹트랙	음악실	여행사	뇌건강 센터
수영장	미술실	은행	
골프연습장	노래방	증권사	
사우나	탁구장, 당구장	과일 가게	
의료센터, 약국	세미나실	레스토랑	

    단지 내 리빙프라자에는 입주민의 편의를 위한 각종 시설이 모여 있다. 입주민은 대부분의 시설을 무료로 이용할 수 있으며, 입주민의 가족이 시설과 프로그램을 이용할 때는 할인 혜택이 주어진다.

    삼성노블카운티의 스포츠센터와 문화센터는 입주민뿐만 아니라 지역주민들에게도 개방되어 있어, 입주민과 지역사회 간의 자연스러운 교류의 장을 마련하고 있다. 스포츠센터와 문화센터를 이용하는 외부 회원들을 위해 셔틀버스도 운행되고 있다.

    스포츠센터는 3,960평 규모의 종합 실내시설로, 워킹트랙, 수영장, 골프연습장, 배드민턴장, 탁구장, 스쿼시장 등을 갖추고 있어 입주민과 지역주민 모두 활발히 이용한다. 부대시설로는 로커룸, 이미용실, 사우나 등이 마련되어 있어 운동 후 편리하게 휴식을 취할 수 있다.

    문화센터에서는 다양한 분야의 전문 강사가 수업을 진행하며, A/V룸, 취미실, 아틀리에, 컴퓨터실, 다목적실 등에서 입주민들이 정규 수업 외에도 자유롭게 공간을 활용할 수 있다.

    편의시설도 잘 갖추어져 있어 리빙프라자 지하 3층에는 여행사, 약국, 편의점이 입점해 입주민의 생활 편의를 도모한다. 일상적인 필요를 단지 내에서 해

아쿠아로빅

결할 수 있어 외부로 나가지 않고도 편리한 생활이 가능하다.

또한, 이곳에는 지역사회 아동의 보육을 위한 276평 규모의 어린이집이 운영되고 있으며, 스포츠센터에서는 체능단을 통해 신체활동과 유아교육 프로그램도 제공한다.

이처럼 삼성노블카운티는 편의시설과 프로그램을 통해 입주민들이 풍요롭고 활기찬 생활을 할 수 있도록 지원하고 있으며, 지역 주민들과의 자연스러운 교류를 통해 더욱 개방적이고 활력 있는 실버타운을 만들어가고 있다.

실버타운 내 주요 프로그램

운동 관련	취미 및 교양 관련	건강 관련
수영	어학 강좌	활동 치료
헬스	미술 강좌	음악 치료
골프	서예 강좌	미술 치료
스쿼시	건강교양 강좌	원예 치료
에어로빅	합창, 음악 강좌	인지 치료
아쿠아로빅	스마트폰, 컴퓨터 강좌	치료 레크리에이션
탁구, 배드민턴		

문화센터는 입주회원 및 지역주민들이 이용하는 문화공간으로 시니어 전용 강좌가 열리고 있다. 강좌별 주 1~2회 수업이 진행되며, 개강 전월에 미리 수강신청을 해야 강좌를 들을 수 있다. 최근 프리미엄 교육프로그램인 '노블칼리지'를 운영하여 수준 높은 문화 콘텐츠를 제공하고 있다.

또한, 삼성노블카운티에서는 인지 및 치매 예방활동을 위한 '뇌건강센터'를 운영중이며 자체 개발한 교재를 통해 입주회원들의 인지훈련을 지원하고 있다.

입주민은 입주민 전용 프로그램을 모두 무료로 이용할 수 있지만, 지역 주민도 함께 참가하는 문화센터의 일부 프로그램은 유료로 진행된다. 대신 입주민에게는 할인 혜택이 주어지며 유료 프로그램의 경우, 비용은 프로그램 당 월 2~5만 원 수준으로 큰 부담이 되지 않는다.

입주민 성향과 분위기

입주민의 30% 이상이 교수, 교사, 공무원, 군인 등 연금 직군이며 그 외 개인 사업이나 기업인 등의 비율이 높다. 2001년 오픈 당시 입주보증금은 강남 지역 아파트 가격과 비슷한 수준으로 고가라는 인식이 강했으나, 그동안 강남 아파트 가격이 폭등한 것에 비해 입주보증금 상승폭은 크지 않아 상대적으로 보증금이 낮아져 입주 대상자의 폭이 넓어졌다.

싱글과 부부의 비율은 7:3 정도로 싱글 입주민의 비율이 훨씬 더 높다. 입주민의 70% 정도가 여성인 만큼 여성 비율이 높은 편이다. 평균 연령은 83세지만, 입주민의 15% 정도는 여전히 경제 활동을 하고 있다. 개인 사업을 하거나 단체의 고문 등으로 활동하는 입주민도 있다.

삼성노블카운티는 도시 근교형 실버타운으로, 6만 8,000평에 달하는 대지에 거주동인 타워동A, 타워동B, 리빙프라자, 너싱홈인 요양센터, 스포츠센터 등이 들어서있다. 단지는 초대형 정원 분위기가 풍기며 플라워 가든을 비롯하여 야생화의 길과 치유의 숲길로 이어지는 산책길과 잔디밭, 연못 등이 조화롭게 조성되어 있다. 날씨가 좋을 때면 요양보호사가 어르신의 휠체어를 밀면서 같이 산책을 하거나, 실버타운에 입주한 노부부가 정원 벤치에 앉아 다정하게 이야기를 나누는 모습을 볼 수 있다.

부속건물인 리빙프라자는 스포츠, 문화, 편의시설이 집중된 공간으로, 200m 워킹 트랙, 농구장, 배드민턴장, 스쿼시코트, 대형 수영장 등 종합적인 운동시설뿐만 아니라 골프연습장, 헬스장, 사우나, 의료센터, 취미 프로그램실 등 고급 실버타운에서 기대할 수 있는 모든 시설들을 다 갖추고 있다. 이 밖에도 한식당, 은행, 여행사, 편의점, 약국 등의 편의시설도 입점해 있어 단지 내에서 대부분의 필요한 일상사를 해결할 수 있다.

리빙프라자의 특징 중 하나는 입주민뿐만 아니라 외부인도 스포츠센터 시설을 유료회원제로 이용할 수 있다는 점이다. 외부인이 시설을 이용하면 입주민들이 불편할 것 같지만, 실제로 꼭 그렇지만은 않다. 예를 들어, 수영장은 25m 길이에 8개 레인으로 여유가 충분하며, 입주민만 사용할 수 있는 전용 레인도 별도로 마련되어 있다. 골프연습장이나 기타 시설도 외부인과 함께 이용하면서 활동적인 분위기를 느낄 수 있다. 또한, 외부 이용자들은 삼성노블카운티가 시니어를 위한 공간임을 인식하고 있어 입주민에게 불편을 끼치지 않도록 주의를 기울이며, 입주민을 존중하는 문화가 자리 잡고 있다.

삼성노블카운티의 또 다른 특징은 세대 간의 교류를 적극적으로 장려하는 경영철학이다. 리빙플라자에는 용인 지역에서 인기 높은 어린이집이 있으며, 이는 시니어들이 사회에서 고립되지 않고 지역사회와 자연스럽게 어울릴 수 있는 분위기를 만들어준다. 실버타운 단지에 어린이집이 있다는 점은 매우 이례적이지만, 삼성노블카운티의 경영철학인 '사회 속에서 어린아이들을 비롯한 지역주민과 함께 3세대가 어우러지는 삶'을 실현하는 중요한 요소이다. 어르신들은 리빙플라자에서 어린아이들을 늘 볼 수 있으며 같이 엘리베이터를 탄 아이들이 배꼽인사를 하면 할아버지, 할머니들이 따뜻한 미소로 답례해 주곤 한다.

건강 상태가 변화하는 시니어들에 대한 배려도 돋보인다. 실버타운 입주 조건 중 하나는 스스로 본인을 돌볼 수 있는 정도의 건강이 뒷받침되어야 한다는 것이다. 그러나 시간이 흐르면서 건강이나 기력이 약해져 혼자 생활하기 힘든 시니어들이 생길 수밖에 없다. 실버타운의 입소 규정에 따르면 이러한 분들은 퇴거하거나 요양원으로 가야 하지만, 삼성노블카운티의 삶에 익숙해진 어르신들은 바로 요양원으로 가기를 꺼린다. 이러한 어르신들을 돌보기 위해 타워B동의 4개 층을 돌봄을 위한 프리미엄층으로 운영하고 있다.

삼성노블카운티는 단지의 큰 규모와 잘 짜여진 프로그램뿐만 아니라, 입주민과 지역사회의 조화로운 어울림이 돋보이는 실버타운이다. 외부 방문자들도 자유롭게 단지를 산책하거나 리빙플라자의 시설을 둘러보고 한식당에서 식사를 하면서 삼성노블카운티의 분위기를 간접적으로 경험할 수 있다. 삼성노블카운티는 단순히 시니어의 주거공간을 넘어, 세대와 사회를 연결하고 시니어들의 삶에 활력을 불어넣어주는 고급 실버타운의 모범이 되고 있다. 실버타운 입주를 고민하는 이들에게 삼성노블카운티는 이상적인 실버타운의 모습을 알아보기 위해서라도 입주여부를 떠나 꼭 한 번 견학해 보기를 권한다.

서울특별시 강서구 화곡로68길 102   02-3660-7700

소개

서울시니어스가양타워는 서울특별시 강서구 가양대교 남단에 위치한 도심형 실버타운으로, 2007년에 송도병원이 설립했다. 이곳은 서울시니어스타워 중 네 번째로 오픈된 시설로, A동은 실버타운, B동은 요양센터로 구성되어 있다. A동은 총 350세대로, 이 중 189세대는 분양, 161세대는 임대로 운영되고 있다. B동 요양원은 정원 56명 규모로, 외부인을 비롯하여 A동 입주민도 장기요양등급을 통해 시설급여를 받으면 입소가 가능하다.

가양타워 입주보증금은 평형에 따라 2억 2,236만 원~9억 3,770만 원이며, 계약기간은 5년이다. 월 비용은 관리비와 식비를 포함해 1인 기준 181~290만 원, 부부 기준 304~378만 원이다. 식사는 한식 외에도 양식, 중식, 일식 등이 제공되며, 제철 메뉴를 활용한 특식도 준비된다.

가양타워의 부대시설로는 실내수영장, 헬스장, 사우나, 물리치료실, 송도아트홀, 북카페 등이 있다. 송도아트홀은 260여 석의 좌석을 갖추고 있으며, 입주민들이 영화를 감상하거나 행사를 진행할 수 있는 공간이다. 실버타운 내의 취미실과 동호인실에서 입주민들은 친목을 도모하고 취미 활동을 함께한다.

의료시설로는 실버타운과 별도로 '행복한의원'이 B동에 입주해 있어 낮에는 가정의학과와 신경과 진료가 가능하다. 실버타운 내에는 간호사가 24시간 상주하여 응급 상황에 대비하고, 입주민의 기본적인 건강을 관리한다. 실버타운 내에 주야간보호센터가 있어 낮 시간 동안 다양한 영역의 서비스와 신체활동 지원, 심신기능 유지 및 향상을 위한 프로그램을 진행하고 있다.

서울시니어스가양타워는 서울시니어스타워가 운영하는 실버타운 중 가장 규모가 크고 액티브한 곳으로 알려져 있다.

입주비용

평형별 입주보증금

타입	평형	입주보증금
NC1	14	2억2,236만원
A1	20	3억5,198만원
B1	25	4억6,421만원
C1	31	5억7,000만원
H1	50	9억3,770만원

입주보증금은 평형에 따라 다르며, 5년 임대 기준으로 2억 2,000만 원에서 9억 4,000만 원 사이이다. 가양타워의 입주보증금은 다른 서울시니어스타워와 비교했을 때 다소 비싸 보일 수 있지만, 가양타워의 전용률이 72%로 다른 서울시니어스타워의 50%에 비해 매우 높다. 20평형 가양타워는 다른 도심형 실버타운의 30평형과 실평수가 거의 비슷하다. 이러한 이유로 입주보증금을 비교할 때 계약 평수뿐만 아니라 실제 전용 면적을 고려해야 한다.

계약금은 입주보증금의 10%이며, 잔금은 2개월 이내에 지불해야 한다. 5년 임대 기간 동안 3년 이내에 계약을 해지하면 입주보증금의 5%에 해당하는 위약금이 부과되지만, 3년 이후에는 위약금이 없다. 분양 받은 세대에 전세로 들어갈 경우 금액이 달라지며 개인별로 소유주와 상담해야 한다.

B1 타입 평면도

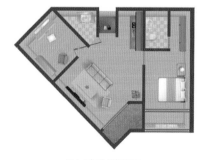

C1 타입 평면도

월 비용

평형별 월 비용

(단위: 만 원)

타입	평형	관리비		식비		월 비용	
		1인	부부	1인	부부	1인	부부
NC1	14	130	-	51	-	181	-
A1	20	148	-	51	-	199	-
B1	25	165	202	51	102	216	304
C1	31	185	222	51	102	236	324
H1	50	239	276	51	102	290	378

　관리비에는 인건비, 부대시설 사용료, 화재보험료, 건물 수리비 등이 포함된다. 그러나 세대별 수도광열비는 별도로 부과된다. 세대별 공과금은 평균적으로 10만 원~30만 원 정도이며, 여름과 겨울철에는 냉난방 사용 증가로 다소 높아질 수 있다.

　월 60식 의무식이 정해져 있어, 식사 횟수와 상관없이 60식에 해당하는 식대로 월정액 51만 원을 납부해야 한다. 의무식 외에 추가로 30식을 가양타워에서 할 경우 1식당 8,500원이므로 25만 5,000원의 식비가 더 필요하다. 여행이나 입원 등의 사유로 10일 이상 식사를 할 수 없을 경우 미리 알리면 사용하지 않은 식비는 공제된다.

홀론 카페 입구

홀론 카페 내부

위치 및 주변 환경

가양타워는 대중교통 이용이 매우 편리하다. 지하철 9호선 증미역이 도보로 120m 떨어져 있으며, 지하철로 강남 지역까지 약 30분이면 갈 수 있다. 도보 5분 거리에 버스정류장이 있어 버스를 이용해도 된다. 이렇게 지하철이 120m 이내에 있는 실버타운은 매우 드물며, 아직 현역으로 일을 하고 있는 일부 젊은 시니어 중에는 지하철역이 가까워 가양타워를 선택했다는 분들도 있다.

대형마트가 도보 거리에 있어 쇼핑이 편리하며, 타워 건물 1층에는 홀론 카페가 입점해 있다. 실버타운 주변은 상가 건물, 아파트로 둘러싸여 전원적인 분위기를 기대하기는 어렵지만, 15분 정도 걸으면 증미산 염창공원이 있으며 한강조망이 좋다. 증미산 산책길을 한바퀴 돌고 한강변 산책로를 따라 황금내근린공원에 다녀오기에도 좋다.

식사 서비스

2007년 가양타워 오픈 당시에는 자율적으로 식당을 이용하고 이용한 만큼 비용을 지불하는 방식이었다. 그러나 일부 입주민들이 식사를 거르는 일이 잦아져 건강에 문제가 발생했다. 이를 해결하기 위해 오래전부터 월 기본 60식 의무식을 도입하고, 추가로 선택 식사 옵션을 운영하고 있다. 선택 식사는 장어구이, 연어구이, 떡갈비, 추어탕 같은 고급 메뉴를 먹고 싶을 때 미리 예약하면 별도의 비용을 지불하고 예약한 식사를 할 수 있는 방식이다.

식사는 뷔페식이며 고령이거나 거동이 불편한 어르신을 위해 건강식당 공간이 따로 마련되어 있어 그곳에서는 직원들이 직접 서빙을 해준다. 식사 후에는 퇴식구로 쟁반을 들고 갈 필요가 없이 돌아다니는 서빙 로봇이 가져간다. 개인

식당

사정으로 식사 시간에 식당을 이용하기 어려운 경우, 3,000원의 비용을 내면 식사를 세대로 가져다주는 룸서비스를 받을 수 있다.

기본적인 메뉴는 한식이며 샐러드와 과일, 죽이 함께 나온다. 아침에는 토스트 등 간단한 양식도 제공된다. 특정 질환으로 인해 음식을 가려 먹어야 하는 경우, 간호팀과 영양사가 협력하여 맞춤형 식사를 제공한다.

생활 편의 서비스

가양타워에서 일주일에 2회 무료 청소를 해 주지만 세탁 등 일상적인 생활은 스스로 해결해야 한다. 식사와 관련된 사항이나 마사지실, 헬스장, 수영장 등의 시설 이용 시 필요한 도움은 각 시설의 관리자나 전문 강사를 통해 지원받을 수 있다.

건강이 악화되거나 노화로 인해 세탁, 식사, 세면, 양치, 목욕 등 개인위생관리 및 일상생활이 어려워지면 실버타운 내 너싱홈인 그린하우스로 이동해 돌봄을 받을 수 있다. 그린하우스에서는 낮에는 주야간보호센터를 이용하고, 저녁에는 세대 내에서 밀착 돌봄 서비스를 제공받을 수 있다. 그린하우스는 케어형 실버타운으로 운영되어, 고령이거나 건강 문제로 일반 실버타운 입주가 어려운 시니어들에게 적합하다. 이러한 돌봄이 필요한 경우, 상담을 통해 입주자격 여부를 알아보는 것이 좋다.

의료 관련 서비스

가양타워 B동 1층에는 '행복한의원'이 입주해 있다. 가양타워에서 직접 운영하는 것은 아니며 별도의 독립 의료시설이지만 같은 건물에 위치하고 있어 편하게 이용할 수 있다. 행복한의원에서는 월요일부터 토요일까지 가정의학과 의사가 상주하며, 주 1회 신경의학과 진료도 볼 수 있다. 의원 옆에는 물리치료실과 수액 치료를 받는 주사실도 별도로 마련되어 있다.

가양타워 내에도 간호사실에서 24시간 상주하는 간호사가 응급 상황에 대비하고, 투약 서비스와 혈압·혈당 관리, 식사 및 영양 상담 등 기본적인 건강 관리를 해준다. 더 종합적인 검진은 근처 강서송도병원에서 받을 수 있다. 송도병원이 가양타워의 모기업이지만 검진료는 유료이다. 강서송도병원에서는 서울시니어스타워에서의 입주민에게는 시니어 나이에 맞는 건강검진 항목을 위주로 상세하고 정밀한 검사를 진행한다.

입주민들의 건강은 낮에는 행복한의원, 밤에는 가양타워 내 간호사의 도움을 받으며, 장기적으로는 강서송도병원의 정기검진을 통해 관리받는다.

입주세대 내부

서울시니어스 가양타워는 전체적으로 둥근 설계가 특징이며, 특히 거실의 가장자리가 둥글게 디자인되어 있다. 35평형 세대는 방 2개와 화장실 2개로 구성되어 있으며, 거실에서 정원을 내려다볼 수 있다. 비상벨은 거실과 각 방마다 설치되어 있다. 화장실에는 샤워부스 또는 욕조가 설치되어 있으며, 세탁기, 인덕션, 붙박이장이 기본으로 구비되어 있다.

가장 큰 50평형 세대는 15층에 위치해 있다. 15층에는 좌우로 각기 4세대씩 총 8세대가 있으며, 가운데는 하늘정원으로 활용된다. 내부 구조는 35평형에서 방이 하나 더 추가되고, 거실과 화장실이 넓다. 기본 설치 품목과 비상벨 등은 35평형과 동일하다. 각 세대의 전용률이 70% 이상으로, 다른 실버타운처럼 좁지 않고 일반 아파트와 같이 넓은 전용면적을 가지고 있다.

세대 주방

세대 거실

주요 시설 및 프로그램

실버타운 내 주요 부대시설

건강 관련	오락 및 여가 관련	생활편의 관련
헬스장	송도아트홀	코인세탁실
게이트볼장	취미오락실	미용실
수영장	서예실/미술실	동호인실
사우나	노래방, 북카페, 컴퓨터실	카페
물리치료실	갤러리, 강당	
행복한의원	당구장/탁구장	
	영화/음악감상실	

가양타워는 다양한 활동과 편의를 위한 여러 시설을 갖추고 있다. 1층 로비에는 누구나 방문할 수 있는 상설 갤러리가 마련되어 있어 외부인도 예술 작품

가양타워 갤러리에 전시중인 화우회 회원들 작품

을 감상할 수 있다. 또한 지하에는 260석 규모의 송도아트홀이 있어 외부 초청 공연과 자체 행사가 열려 문화 활동의 중심이 되고 있다. 취미실에서는 장기, 바둑, 보드게임 등을 통해 입주민들이 서로 교류하며 친목을 다지고 있다. 보통 남성 입주민들의 전유물인 당구장에는 포켓볼을 즐기는 여성 입주민들도 많이 보여 여성 시니어들의 참여 열기가 높다. 강당에서는 정기적인 동호회 모임과 종교 모임이 열리고 있다.

지하 1층에 위치한 헬스장에서는 운동처방사가 상주하며 시니어들에게 건강 상태에 맞는 맞춤형 운동을 지도해준다. 수영장은 18미터 길이의 레인 3개로 구성되어 있으며, 입주민들은 자유수영을 즐기거나 아쿠아로빅 같은 수중 운동 강습을 통해 체력을 기를 수 있다. 이 밖에도 미용실, 약국, 카페, 코인세탁실 등 다양한 편의시설이 마련되어 있어 입주민들이 생활 속에서 필요한 서비스를 편리하게 이용할 수 있다.

아쿠아로빅 강습

프로그램

가양타워는 특히 동호회 활동이 가장 활발한 곳으로 알려져 있다. 20~30개의 동호회가 있으며, 유명한 동호회 중의 하나가 '늘푸른합창단'으로 불리는 시니어합창단이다. 이 합창단의 지휘는 코리아필하모니 오케스트라 음악감독 및 상임지휘자인 박재광 지휘자가 맡고 있다. 박재광 지휘자도 가양타워 입주민 중 한명이다.

가양타워의 또 다른 대표적인 장수 동아리 중 하나로 화우회가 있다. 이 동아리는 그림 그리기를 좋아하는 회원들로 구성되어 있으며, 2008년부터 매년 회원전을 꾸준히 열어오고 있다. 화우회는 매주 한 번씩 모여 2~4시간 동안 함께 그림을 그리고 의견을 나누며 서로의 작품을 발전시키는 시간을 가진다. 대부분의 회원들은 가양타워에 입주한 이후 처음으로 그림을 접했지만, 작품의 완성도가 상당히 높은 것으로 알려져 있다.

늘푸른합창단 연습 모습

입주민 성향과 분위기

가양타워에는 약 400명의 시니어들이 거주하고 있다. 싱글과 부부의 비율은 4:1 정도이며, 싱글의 대부분은 여성으로, 여성 시니어가 전체의 3분의 2를 차지한다. 연령대를 보면 대다수는 80~90세 사이로 평균 연령은 약 85세이지만, 60대 후반부터 70대 초반도 있다. 나이에 상관없이 대부분의 시니어들은 실버타운 생활에 만족하며 이웃들과 친근하게 지내고 있다.

많은 분들이 오랜 기간 이곳에서 거주하고 있으며, 전직 군인, 의사, 교수, 사업가 등의 직업군을 가지고 있다. 대부분 중산층 이상의 교양과 생활수준을 갖추고 있으며, 일부 활동적인 분들은 여전히 외부에서 사회 활동을 하고 있다.

명절이면 직원들이 로비에 먹거리 장터를 마련하고 입주민끼리 옹기종기 모여 막걸리에 해물파전도 먹으며 가족이 되어 명절 기분을 내기도 한다.

추석명절을 함께 준비해준 가양타워 직원들

서울시니어스가양타워는 도심 속에 자리한 대규모 실버타운으로, 건강하고 활기찬 노후를 보내기에 적합한 곳이다. 가양타워는 350세대 규모로 서울에서 더클래식500 다음으로 큰 실버타운이며, 다른 실버타운에는 보기 어려운 부대시설을 갖추고 있다. 송도아트홀(260석), 수영장, 게이트볼장 뿐만 아니라 외부인도 이용할 수 있는 갤러리, 홀론카페, 어린이집을 비롯하여 행복한의원, 요양원, 주야간보호센터, 너싱홈(그린하우스) 등이 마련되어 있다. 세대별 전용률도 72%로, 일반 실버타운보다 넓은 실내를 가지고 있다.

가양타워의 다른 특징은 건강과 돌봄 체계가 통합적으로 운영된다는 점이다. 간호사실에는 24시간 간호사가 상주하여 입주민의 기본 건강을 관리하고 응급 상황에 대비하고 있다. 1층의 행복한의원에서는 가정의학과와 신경의학과 진료를 받을 수 있으며, 정기적인 건강검진은 2km 거리에 있는 강서송도병원에서, 응급 상황이 발생하면 3km 떨어진 이대서울병원으로 신속하게 이동할 수 있다.

또한, 입주민이 고령화되거나 건강이 나빠져도 주간에는 주야간보호센터를 이용하고 저녁에는 그린하우스에서 일상생활 돌봄을 받으며 계속 거주할 수 있다. 건강 상태가 더 악화되더라도 가양타워 내 요양원으로 옮겨 시설급여를 통해 돌봄을 받으며 생활을 이어갈 수 있도록, 노후 전반을 아우르는 체계가 마련되어 있다.

일부 실버타운들이 훌륭한 부대시설을 갖추고도 입주민들의 고령화 등으로 이용률과 프로그램 참여가 저조한 것과 달리, 가양타워는 20~30개의 동호회가 활발히 운영되는 것으로 유명하다. 이렇게 활발한 동호회 활동의 배경에는 약 400명의 많은 입주민과 우수한 부대시설, 그리고 가양타워의 적극적인 지원이 있다. 동호회가 안정적으로 운영되기 위해서는 초기에는 관리팀과 강사가 주도해 모임을 이끌고, 이후에는 회원들이 중심이 되어 단장이나 회장을 선출해 자율적으로 운영하는 방식으로 정착되어야 한다. 가양타워에서도 각 동호회별로 회장과 운영진을 선출하며, 운영 경비는 회원들이 부담해 자립적인 활동을 이어간다.

동호회는 단순한 취미 모임을 넘어 회원들 간의 유대감을 형성하며, 실버타운 생활의 장점을 보여주는 중요한 요소 중 하나다. 아파트에서는 친한 사람끼리 식사나 나들이 정도는 할 수 있지만, 전문 강사의 지도 아래 체계적인 동호회 활동을 시작하기는 쉽지 않다. 반면, 실버타운에 입주하면 이전에 경험하지 못했던 취미를 배우거나 자신만의 재능을 발견할 기회를 얻게 된다. 이러한 과정을 통해 동호회 활동은 단순한 여가를 넘어 새로운 삶의 즐거움을 선사하며, 같은 동호회 회원끼리 끈끈한 유대감을 형성하게 된다.

가양타워의 공동체 문화는 입주민들의 높은 만족도를 이끌어내고 있다. 수준급 솜씨로 뜨개질 작품을 만들어 바자회를 통해 얻은 수익으로 불우한 이웃을 위해 기부를 하기도 한다. 이는 시니어들이 단순히 실버타운에서 편하게만 사는 것에 그치지 않고, 공동체를 통해 서로 소통하고 나름대로 사회에도 봉사하는 보람된 삶을 살고 있음을 보여주고 있다.

1층에는 '지니어스'어린이집이 있어서 늘 어린아이들을 볼 수 있어 조부모의 따뜻한 손주사랑 마음도 잊지 않고 간직하게 된다. 가양타워는 넓은 전용 면적, 다양한 부대시설과 프로그램, 우수한 의료관련 및 돌봄 서비스, 그리고 시니어문화를 꽃피우고 있는 곳이다,

서울시니어스강남타워 17

서울특별시 강남구 자곡로 100-2   02-2223-3300

소개

서울시니어스강남타워는 서울특별시 강남구 자곡동에 위치한 도심형 실버타운으로, 송도병원이 2015년에 설립했다. 강남타워는 오픈 당시 주변 아파트보다 저렴한 분양가로 많은 관심을 받았고, 서울시니어스타워의 다른 타워 입주민 중 일부가 강남타워로 이전하기도 했다. 총 95세대 중 64세대가 분양되었고, 회사가 31세대를 보유하여 임대로 운영하고 있다.

주소는 서울 강남구이지만 숲과 공원이 많아 분위기는 도시근교형 실버타운에 가깝다. 강남타워는 주변의 해찬솔공원, 세곡공원, 숲자락근린공원, 못골위공원, 못골아래근린공원 등에 둘러싸여 있다. 삼성서울병원과 5km 떨어져 있어 멀지 않고 3호선, 수인분당선 등의 환승역인 수서역이 2km 거리에 있어 차로 5분도 안 걸린다.

입주비용은 16~31평 평형에 따라 2억 3,000만 원~4억 4,000만 원 사이이다. 월 비용은 1인 기준 167~253만 원, 부부 기준 228~314만 원으로, 관리비와 60식 의무식 식비가 포함된다.

강남타워는 후기 고령자를 위한 주간보호센터를 운영하며, 주요 부대시설로는 헬스장, 포켓볼장, 동호인실 등이 있다. 입주민들은 운동, 문화, 교양 프로그램에 참여할 수 있으며, 자곡동복합문화센터와 강남구보건소 세곡보건지소, 못골도서관 등의 주변 인프라도 쉽게 이용할 수 있다. 동호회 활동이 활발하며, 정기적인 행사와 프로그램이 진행되어 입주민들이 활발하게 교류하고 있다.

관리비가 저렴한 대신 내부 시설의 종류는 다소 부족하지만, 주변 인프라가 풍족하여 부족한 내부 시설을 보완할 수 있다. 서울시니어스강남타워는 강남권에서 생활하던 시니어들 중 평형대가 작고 입주보증금이 부담스럽지 않은 실버타운을 찾고 있다면 적절한 곳이다.

입주비용

평형별 입주보증금

타입	평형	입주보증금
A	16	2억3,123만원
B	17	2억4,825만원
C	24	3억5,378만원
D	26	3억7,752만원
E	31	4억4,616만원

입주세대는 16평형에서 31평형까지 총 5가지 타입이 있다. 1인 생활에 적합한 16평형이 50세대로 가장 많고, 부부 입주가 가능한 24평형 이상의 세대도 다수 있다. 입주보증금은 평형별로 다르며, 5년 임대 기준으로 2억 3,000만 원~4억 4,000만 원 선으로 강남구 소재 실버타운 및 주변 아파트 시세에 비해 저렴하다. 그러나 이 시세는 회사 보유분에 대한 입주보증금이며, 개인이 소유한 세대에 대한 매매 및 임대(전세)료는 시세에 따라 다르므로 실제 금액은 부동산 등을 통해 확인해야 한다.

강남타워는 다른 서울시니어스타워처럼 세대의 약 70%가 개인에게 분양되어, 64세대는 각 개인이 소유하고 있다. 회사에 입주보증금을 지불하고 입주할 수 있는 임대 세대는 총 31세대로, 북향인 16평형인 A타입(전용면적 10평)과 17평형인 B타입(전용면적 11평)에만 있으며 나머지 세대는 분양(매매) 세대이다.

입주보증금을 비교할 때는 계약 평수만 보지 말고, 실제 세대 내부를 둘러보고 전용 면적의 실평수로 계산해 볼 필요가 있다. 강남타워의 경우 전용률이 약 60% 정도로, 대부분 50% 내외의 전용률을 보이는 일반 실버타운의 같은 평형 세대에 비해 넓은 편이다.

계약금은 입주보증금의 10%이며, 잔금은 2개월 이내에 지불해야 한다. 5년 장기 임대의 경우, 3년 이내에 개인적인 사정으로 계약을 해지하면 입주보증금의 5%에 해당하는 위약금이 부과되지만, 3년 이후에는 위약금이 없다. 개인 거래의 경우, 회사 소유분 5년 임대 금액보다 약 10~20% 정도 높은 가격으로 거래되기도 한다.

월 비용

평형별 월 비용

(단위: 만 원)

타입	평형	관리비		식비		월 비용	
		1인	부부	1인	부부	1인	부부
A	16	116	126	51	102	167	228
B	17	123	133	51	102	174	235
C	24	165	175	51	102	216	277
D	26	175	185	51	102	226	287
E	31	202	212	51	102	253	314

강남타워의 특징은 싱글이 살기 적합하고 관리비가 저렴한 16~17평형의 작은 평형세대가 있다는 점이다. 16평형의 경우 월 관리비가 116만 원으로 수도권에 위치한 서울시니어스타워 5곳 중에서 가장 저렴하다.

관리비는 건물 관리에 필요한 인건비, 화재 보험료, 건물 수리비 등과 함께 주 2회 세대 무료 청소와 부대시설 이용비를 포함한 금액이다. 세대별 공과금은 별도로 지불해야 한다. 난방비, 전기세, 급탕비, 상하수도세, TV 수신료 등이며 평균 10~15만 원 정도이다.

월 60식이 의무식으로 정해져 있으며, 식사 횟수와 상관없이 60식에 해당하는 식비로 월 51만 원이 청구된다. 의무식 60식 이후 추가로 식사를 하면 1식당 8,500원이 후불 청구된다.

위치 및 주변 환경

서울특별시 강남구 자곡동에 위치한 강남타워는 대중교통 이용이 매우 편리한 곳에 있다. 주변에는 지하철 3호선과 수인분당선의 환승역인 수서역이 버스로 10여분 거리에 있으며 2024년 9월 수도권 광역급행철도인 GTX-A노선이 개통되어 교통 편의성이 더욱 좋아졌다. 도보로 3분 거리에 버스정류장이 있어 수서역과 삼성역, 압구정역 등 강남권으로 운행하는 지선버스 및 간선버스를 이용할 수 있다.

강남타워가 위치한 강남보금자리 주택지구는 생활편의시설이 밀집해 있어 생활에 필요한 모든 것을 편리하게 해결할 수 있다. 못골도서관과 자곡동복합문화센터가 가까워 언제든지 이용할 수 있다. 또한, 가까운 못골아래공원, 세곡공원, 해찬솔공원을 매일 산책할 수 있으며, 북서쪽에 위치한 대모산이 겨울 바람을 막아주는 역할을 한다.

식사 서비스

식당은 로비층에 위치하며, 매 식사마다 1식 4찬과 디저트가 포함된 메뉴가 제공된다. 고령이거나 거동이 불편한 입주민들은 요청시 직원들이 직접 서빙을 해준다. 식사 시간에 식당을 이용하기 어려운 경우나 건강이 좋지 않은 경우, 3,000원의 비용으로 룸서비스를 이용해 식사를 세대로 배달받을 수 있다. 메인 메뉴는 주로 한식으로 구성되며 아침에는 샐러드, 죽과 함께 간단한 양식 메뉴도 선택할 수 있다. 절기식, 보양식, 저염식, 비건식 등 균형 있는 영양 설계로 건강을 관리할 수 있는 식단을 제공하고 있다.

의료 관련 서비스

　의료실에는 입주민의 병력 및 현재 증상과 간호기록 등을 기록한 의무기록이 준비되어 있어 건강상태를 파악하고 지속적으로 건강을 관리한다. 개인 종합검진 결과와 정기적인 건강 체크 등 각종 상담 기록을 개인별로 관리하여 건강 상태 변화를 한눈에 확인할 수 있다. 또한, 모기업인 서울송도병원과의 협약을 통해 입주민의 건강검진 시 할인 혜택이 마련되어 있다.

　간호사가 24시간 상주하며 응급상황에 신속히 대응하고, 투약 서비스, 혈압 및 혈당 관리, 식사 및 영양 상담 등 일대일 건강관리 서비스를 제공한다. 약 처방 알림 서비스를 통해 매일 복용해야 하는 당뇨약, 혈압약 등이 부족하지 않도록 미리 전화로 알려주고, 약 복용을 잊지 않도록 복용 시간에 맞추어 약을 챙겨준다.

　매일 아침 입주민의 식사 여부를 확인하고, 식사를 하지 않았을 경우 전화로

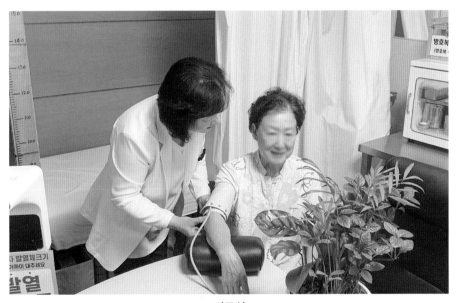

의료실

안부와 건강 상태를 체크하여 더욱 세심한 돌봄을 실천하고 있다. 방문 간호 서비스도 지원하며, 고령으로 인해 거동이 불편하거나 아픈 경우 혹은 응급상황 발생시 직원들은 평소 응급상황에 신속하게 대응하기 위해 훈련을 하고 있다. 실제로 응급상황이 발생하면 인근의 삼성서울병원 및 강남세브란스병원 응급실로 신속히 이송하는 체계를 갖추고 있다.

강남타워 내에는 후기 고령자를 위한 주간보호센터가 운영되고 있다. 이 센터는 24명의 정원이며 오전 9시부터 오후 8시까지 운영된다. 사회복지사, 요양보호사, 간호사 및 전문 강사들이 건강관리 및 인지치료 프로그램과 신체 강화 프로그램을 진행한다. 이를 통해 입주민들은 전문적인 돌봄을 받을 수 있으며, 건강 상태를 유지하고 향상시키는 데 도움을 받을 수 있다.

실버타운 옆에 위치한 강남보건소 세곡보건지소에서는 만성질환 예방을 위한 대사증후군 검사, 건강상담, 운동 컨설팅 등 맞춤형 건강관리 서비스를 지원하고 있다. 또한 재활 운동 및 건강 소모임도 운영하고 있다.

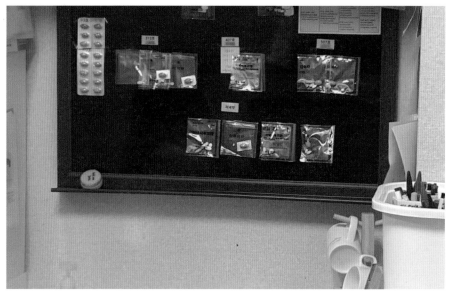

투약이 필요한 입주민들을 위한 관리판

입주세대 내부

강남타워는 일반 실버타운 외에도 서울시니어스타워의 다른 타워와도 차별화된 특징을 가지고 있다. 서울시니어스타워 중 가장 적은 세대수를 가지고 있으며 5층 건물의 각 층마다 19세대씩 총 95세대가 거주하고 있다.

독신 수요에 맞춰 1인 거주에 적합한 원룸형 구조인 16, 17평이 55세대로 가장 많은 비율을 차지하고 있다. 26, 31평형은 방 2개와 화장실 2개를 갖춰 부부가 생활하기 편리하다. 또한, 전면 창으로 채광과 환기가 우수하며, 지역 냉난방을 사용하여 관리비를 절약할 수 있다.

모든 세대에는 시스템 에어컨, 세탁기, 전기레인지, 붙박이장 등이 설치되어 있다. 현관에는 편하게 신을 벗고 신을 수 있도록 의자가 마련되어 있다. 화장실에는 욕조가 없으며 샤워부스와 접이식 간이의자가 마련되어 있다. 거실과 방에는 비상벨이 있어 응급상황 시 의료실로 호출이 전달되어 도움을 받을 수

주방

있다.

세대출입은 접촉식 카드키를 사용하며, 세대 내에서는 간단한 조리가 가능하다. 세탁은 세대 내에서 하며, 큰 빨래는 출장서비스를 제공하는 세탁소에 맡긴다.

주요 시설 및 프로그램

실버타운 내 주요 부대시설

건강 관련	오락 및 여가 관련	생활편의 관련
의료실	포켓볼장	동호인실
헬스장	탁구장	
공동욕탕	노래방	

헬스장

1층 중앙 로비에는 동호인실이 마련되어 있다. 이 동호인실은 필요에 따라 접이식 원목 칸막이를 설치하여 공간을 분리할 수 있다. 분리된 공간에서는 입주민들이 바둑이나 보드게임을 즐길 수 있으며, 큰 행사가 필요한 경우에는 칸막이를 접어 공간을 확장할 수 있다. 동호인실의 천장은 대형 유리창으로 설치되어 있어 최대한의 채광 효과를 누릴 수 있다.

　타워 내에는 헬스장이 마련되어 있어 운동처방사가 상주하여 입주민들의 나이나 건강 상태에 따라 맞춤형 운동 지도를 해준다.

　강남타워는 6개 실버타운 중 세대 수가 가장 적어 100세대도 되지 않는다. 이러한 특성을 고려하여 주변의 생활 편의 및 문화 시설을 활용하고, 타워 내 공용면적을 최소화하는 대신 입주세대의 전용 공간을 최대한 확보하고자 하였다. 이는 입주민들에게 더 편리하고 사생활이 보장된 생활을 제공하고자 하는 의도를 반영한 것이다.

로비

프로그램

강남타워에서는 자체적으로 탁구교실, 생활체조 등 운동 관련 프로그램이 요일별로 진행된다. 특히 생활체조 및 근력운동을 연계한 그룹 프로그램이 인기가 많다. 프로그램에 따라 약간의 재료비와 강사비가 발생할 수 있다.

신규 회원이 입주하면 환영하는 웰컴 데이 행사를 통해 신규 회원을 소개하고 회원 간 교류할 수 있는 행사도 진행한다.

서울시니어스타워들의 프로그램은 비슷하게 구성되어 있으며, 5개 수도권 타워의 사회복지팀이 협력하여 행사나 프로그램을 기획한다. 강남타워는 서울시니어스타워 중에서도 지역사회 연계활동 및 프로그램이 가장 활성화되어 있다.

못골도서관과 함께하는 꽃드림 독서동아리 등을 이용해 독서회, 연극모임 등의 활동을 하고 있다. 또한 인근 자곡동복합문화센터 내 다함께키움센터와 공연, 전시회, 강좌 등 지역연계 공감 이벤트도 공동 진행하고 있다.

지역사회연계 프로그램

입주민 성향과 분위기

강남타워는 약 100여 명의 입주민으로 구성되어 있다. 특히, 싱글 입주민의 대다수가 여성으로, 여성 입주민이 전체의 80%를 차지하고 있다. 평균 연령은 약 85세로, 대다수의 입주민이 80~85세 사이에 집중되어 있다. 비교적 젊은 연령층으로는 68세의 입주민도 있으며, 이들 중 일부는 여전히 사회 활동을 하고 있다.

강남타워에 입주한 시니어들은 소규모 실버타운의 따뜻한 분위기가 좋아 선택하였다는 분들도 있으며, 상당수는 강남권에서 오랜 기간 생활한 분들이 많다. 1090 세대공감 콘서트나 독서 동아리 등의 참여를 통해 여러세대가 함께 어울리는 분위기를 좋아하며 실버타운 내부에만 머물지 않고 주변 문화센터를 자주 이용하는 편이다. 강남타워 입주민들은 생활 편의를 위해 실버타운에 거주하는 것을 넘어서, 지역사회와 교류하며 활동적인 삶을 살고 있다.

꽃드림 독서 동아리

강남타워는 여러 독특한 특징을 가지고 있는데, 그 중 가장 두드러지는 점은 주변 유사한 아파트에 비해 분양 및 임대 가격이 저렴하다는 것이다. 2015년 분양 당시, 강남타워 31평형 세대의 분양가는 약 4억 5,000만 원으로, 같은 시기 길 건너편에 위치한 래미안 아파트 33평형이 7억 원에 분양된 것과 비교하면 상당히 경쟁력 있는 가격이었다. 이러한 가격 경쟁력 덕분에 강남타워는 큰 관심을 끌었고 성공적으로 분양되었다.

강남타워는 총 95세대 중 64세대가 분양형이며, 나머지 31세대는 회사 보유분으로 임대형으로 운영되고 있다. 특히, 95세대 중 가장 작은 16평형 세대가 50세대를 차지하며, 입주보증금은 2억 3,123만 원으로 서울에 위치한 실버타운 중에서도 가장 저렴한 편에 속한다. 이는 같은 강남 지역에 위치한 더시그넘하우스강남과 비교해도 1억 원 이상 저렴한 금액이다. 강남에 위치하고 있음에도 불구하고 입주보증금이 상대적으로 저렴하기 때문에 큰 부담 없이 입주할 수 있는 실버타운으로 자리잡고 있다.

강남타워는 95세대로, 세대 수가 적다 보니 최대한 효율적으로 설계하여 공간 활용을 높였다. 수도권에 위치한 5개의 서울시니어스타워 중에서도 강남타워는 가장 작은 규모여서 분당타워(254세대)나 가양타워(350세대)와 비교해 보면 그 차이는 확연하다. 세대 수와 공간이 작다 보니 대형 실버타운에서 흔히 볼 수 있는 수영장, 골프 연습장, 영화관 같은 대형 시설은 없다. 대신, 입주민 전용 식당, 헬스장, 그리고 바둑이나 모임을 할 수 있는 동호인실과 같은 기본적인 시설들이 마련되어 있다.

강남타워는 이러한 대형 시설이 적은 대신, 하드웨어적인 시설보다는 소프트웨어적인 서비스에 더 중점을 두고 있다. 수영장이나 골프 연습장 같이 큰 공간을 필요로 하고 유지 비용이 많이 드는 시설을 최소화함으로써, 월 관리비를 상당히 낮출 수 있었다. 실제로 16평형 1인 기준 월 관리비는 116만 원으로, 이는 서울 시내 실버타운 중에서도 가장 저렴한 편에 속한다.

수영장과 같은 내부 부대시설은 제한적이지만, 입주민들은 필요시 바로 옆 자곡동복합문화센터에 수영장과 다양한 문화시설이 있어 이를 활용할 수 있다. 이렇게 내부 시설을 최소화함으로써 관리비 부담을 줄이면서도, 외부 인프라를 효과적으로 이용할 수 있다는 점이 강남타워의 특징이다.

강남타워는 후기 고령자를 위한 시설과 서비스에 신경을 많이 썼다. 비록 규모는 작지만, 24명 정원의 주간보호센터를 운영하여 입주민의 건강 관리 및 돌봄 서비스를 지원하고 있다. 입주 당시 건강했지만 시간이 지나면서 장기요양등급을 받고 개인적인 프로그램이 필요한 입주민이 이용할 수 있다. 서울시니어스타워는 오랜 기간에 걸쳐 다수의 실버타운을 설립하고 운영한 경험을 바탕으로, 2015년에 개장한 강남타워도 주간보호센터를 운영하고 있다.

강남타워는 공실이 거의 없으며, 회사가 보유한 임대 가능한 31세대에도 대기자가 많아 신청 후 상당 기간 대기해야 할 가능성이 크다. 내부 시설은 다양하지 않지만, 불필요한 관리비를 줄이고 주변 인프라를 최대한 활용할 수 있어 실속 있는 생활을 원하는 시니어들에게 적합하다. 또한, 주변에 여러 공원이 인접해 있어 산책을 즐기기에도 좋은 환경을 제공하며, 강남의 한적한 지역에서 조용하고 안정적인 생활을 원한다면 강남타워는 매력적인 곳이다.

서울시니어스강서타워 18

서울특별시 강서구 공항대로 315   02-2660-3800

소개

서울시니어스강서타워는 서울특별시 강서구 공항대로에 위치한 도심형 실버타운으로, 2003년에 송도병원이 설립한 실버타운 중 하나이다. 서울 지하철 5호선 발산역에서 도보 5분 거리에 있어 교통이 편리하다. 총 142세대로 세대 내에서 우장산을 조망할 수 있어 자연 경관이 좋다.

입주비용은 평형에 따라 6,000만 원~3억 6,000만 원으로 다른 서울시니어스타워에 비해 매우 낮다. 그 대신 관리비는 1인 기준 월 257만 원~311만 원, 부부 기준 307만 원~361만 원으로 높은 편이다. 의무식은 90식이며 식비 월 65만 원이 청구된다. 90식 의무식이 아닌 자율 선택도 가능하며 그럴 경우 1식당 비용이 높아진다.

부대시설로는 헬스장, 수영장, 사우나, 커뮤니티홀, 도서관, 노래방, 영화감상실 등이 있다. 헬스장에는 운동처방사가 상주하여 개인별 맞춤형 운동을 지도하고 있다. 다양한 문화와 여가 프로그램이 진행되며, 서울시니어스타워 여섯 곳이 협력하여 공동행사를 기획하기도 한다.

강서타워에는 주간보호센터가 있으며 다른 서울시니어스타워에 비해 입주민 대비 직원 수가 높은 편에 속한다. 이는 입주민을 위한 밀착 서비스가 상대적으로 높음을 의미한다. 강서타워와 같은 건물에 강서송도병원이 위치하고 있으며, 강서타워 내부에서 복도를 통해 강서송도병원과 연결되어 있다. 강서송도병원은 대장, 항문 전문병원이지만 시니어에게 흔히 발생하는 대부분의 질병을 진료할 수 있는 내과, 가정의학과 등의 전문진료센터도 함께 운영하고 있다.

강서타워는 도시의 편의시설과 수준 높은 의료 관련 서비스를 제공하여 시니어들이 편리하고 안전하게 생활할 수 있는 환경을 갖추고 있다.

입주비용

평형별 입주보증금

평형	입주보증금
24	6,000만원
34	1억9,000만원
46	2억8,000만원
53	3억6,000만원

서울시니어스강서타워의 입주보증금은 평형별로 다르며, 2024년 9월 기준으로 6천만 원~3억 6천만 원 사이이다. 2023년에 비해 입주보증금을 평형별 2억 원 정도 인하하고, 대신 월 관리비를 120만 원 정도 인상하였다. 다른 수도권 실버타운에 비해 입주보증금이 저렴해진 대신 관리비가 비싸졌다.

강서타워는 처음 문을 열었을 당시 101세대를 분양하고 41세대는 회사가 소유하면서 임대하는 방식으로 운영되고 있다. 회사 소유분의 임대 세대는 항상 입주가 가능한 것은 아니며, 입주하려면 대기해야 하는 경우가 많다. 분양세대는 소유자가 임대나 매매를 할 수 있으며 이 경우 매매/임대 계약 전에 강서타워 관리팀에 입주 예정자가 누구인지 알려서 입주자격요건을 갖추었는지 건강상태 문진 등의 절차를 거치게 된다. 입주보증금은 회사 보유분 세대에 해당하며, 개인 소유 세대주가 매매 및 임대를 할 경우 금액이나 계약 조건은 상기 표의 입주보증금과 다를 수 있으니 부동산 등을 통해 확인이 필요하다.

회사 보유분 세대에 입주보증금을 내고 들어갈 경우 최소 거주 기간은 3년이며, 개인적인 사정으로 3년 이내전에 퇴거하게 되면 입주보증금의 5%에 해당하는 위약금을 지불해야 한다. 개인 분양 세대에 임대로 계약했을 때에는 다음 세입자가 바로 나타나면 계약 종료가 가능하고, 집주인에 따라 세입자가 사망하여 계약 해지를 하게 되면 바로 계약 종료를 해주기도 한다.

월 비용

평형별 월 비용

(단위: 만 원)

평형	관리비		식비		월 비용	
	1인	부부	1인	부부	1인	부부
24	257	307	65	130	322	437
34	276	325	65	130	341	455
46	298	347	65	130	363	477
53	311	361	65	130	376	491

　평형에 따라 1인 기준, 관리비는 257만 원~311만 원, 부부 기준 307만 원~361만 원으로 입주보증금이 낮은 대신 관리비가 높다. 관리비는 건물 관리와 관련된 비용으로 인건비, 부대시설 이용료, 화재보험료, 건물 수리비 등이 포함되어 있다. 수도광열비 등의 공과금은 별도로 청구되며 관리비 대비 큰 금액은 아니다. 관리비에 월 의무식 식비가 더해진 월 비용은 1인은 322만 원~376만 원, 부부는 437만 원~491만 원이다.

　의무식은 90식 혹은 자율로 선택할 수 있다. 90식을 선택하면 1식당 7,220원으로 한 달 식비가 65만 원으로 저렴하다. 만약 90식보다 낮은 횟수로 의무식 숫자를 선택하면 월 65만 원보다는 적게 들겠지만 1식당 비용은 7,220원보다 더 높게 책정된다. 의무식에 대한 규정은 조금 복잡하고 자주 바뀔 수도 있어서 보다 정확한 내용은 강서타워에 문의하는 것이 좋다.

새해명절이벤트 세배공간

새해명절이벤트 윷놀이대회

위치 및 주변 환경

강서타워는 등촌동의 8차선 공항대로변에 자리한 전형적인 도심형 실버타운으로, 교통 요지에 위치하고 있다. 발산역이 도보 5분 거리에 있어 지하철 이용이 편리하며, 김포공항과도 가깝다. 올림픽대로, 강변북로, 가양대교, 수도권제1순환고속도로 등 주요 도로가 잘 구축되어 있어 서울 도심 및 수도권과의 연결이 좋다.

강서타워 주변에는 마곡지구가 인접해 있으며, 이대서울병원, 엔씨백화점, 식당가, 은행, 대형마트, 쇼핑센터 등 생활 편의 및 의료시설 등의 도시 인프라가 들어서 있어 도심형 실버타운으로서의 특징을 골고루 갖추고 있다. 도보로 이동 가능한 거리에 있는 우장산 산책로는 푹신한 재질로 포장을 해 놓아서 무릎 관절에 무리가 가지 않아 시니어들이 다녀오기에 좋다.

식사 서비스

일반적으로 전용 식당은 지하나 드물게 로비에 위치하는 경우가 많지만 강서타워의 식당은 건물의 15층에 위치해 있다. 건물의 가장 위층인 15층에 있어 마치 스카이라운지 레스토랑에서 식사하는 느낌이 든다.

식당에는 지정석은 없지만, 각자 선호하는 자리에 자주 앉는 경향이 있다. 신규 입주자가 들어오면 기존 거주자들과 자연스럽게 친해질 수 있도록 사회복지사가 자리 배치를 돕는다. 특히, 사교성이 좋고 동호회 활동이 활발한 사람들과 함께 앉도록 조율해 교류를 촉진한다. 멘토 역할을 맡은 사람은 새로 온 이들과 식사를 함께하며 생활에 필요한 다양한 정보를 알려주고, 편안하게 어울릴 수 있는 분위기를 만들어준다. SNS에서 텃세에 대한 소문이 돌고 있지만 이

식당

는 사실과 다르며, 처음 온 사람들을 적극적으로 돕고 따뜻하게 맞이하는 분위기가 형성되어 있다.

식당은 뷔페식으로 운영되어 원하는 음식을 자유롭게 선택할 수 있다. 일주일 단위로 영양사가 준비한 메뉴가 미리 공지되며, 기본 메뉴는 한식이지만 양식, 중식, 일식 등을 포함하여 특식이 나오기도 한다. 의무식 이외에 미리 사전에 예약하면 장어구이, 떡갈비 등 몇 가지 메뉴를 선택하여 먹을 수 있으며 의무식과는 별도로 비용이 발생한다.

입주자의 건강관리 및 질환에 따라 특별한 식단이 필요한 경우 영양사와 상담을 통해 제공 여부를 확인할 수 있으며 거동이 불편한 입주민을 위해 1식당 3,000원의 비용으로 룸서비스도 제공된다.

생활 편의 서비스

강서타워는 가족의 입주세대 방문을 환영하고 있다. 누구든 1층 로비에서 신원 확인 후 세대로 방문하면 된다. 청소는 매주 2회 무료로 제공되며, 화장실 청소, 바닥청소, 먼지 제거, 싱크대 청소 등 꼼꼼하게 청소해 준다.

세탁은 주 2회 세대 청소하는 날 세탁물을 모아 놓으면 세탁을 도와주고 건조대에도 넣어준다. 또한, 월 1회 이불 세탁도 무료로 해준다. 그 밖의 일반 세탁물은 각 세대에 설치된 세탁기를 사용하고, 부피가 큰 세탁물은 공용 시설에 설치된 코인 세탁기를 이용할 수 있다.

강서타워 지하에는 편의점과 미용실이 입주해 있어 언제든 편리하게 이용할 수 있다. 또한, 주변 상권과 인프라가 잘 형성되어 있어 생활 편의에는 전혀 부족함이 없다. 주차는 지하주차장과 타워형 주차장이 있으며 대중교통이 발달한 지역이기 때문에 자가운전을 하는 입주민은 많지 않다.

의료 관련 서비스

강서타워 내 간호사실에는 24시간 상주하는 간호사가 있어 언제든 방문하면 혈압과 혈압 및 혈당을 측정해 주고 건강 관련 상담을 해준다. 이러한 정기적인 건강 관리를 통해 갑작스러운 건강 이상을 미연에 방지하고 문제 발생 시 신속한 대응이 가능하도록 돕고 있다. 또한, 강서송도병원의 진료가 필요한 경우 간호사실에서 예약도 대신해 준다.

강서송도병원은 강서타워에서 지하 1층 연결통로로 직접 갈 수가 있어 입주민들이 먼 거리에 위치한 병원에 다니지 않아도 신속하게 진료와 처치를 받을 수 있다. 강서송도병원은 대장 및 항문 질환을 전문으로 하지만, 내과와 가정의학과 진료도 보고 있어, 일상적인 건강 문제에 대한 진료와 치료가 가능하다. 내과 전문의는 순환기, 호흡기, 소화기, 알레르기 면역계 등 다양한 분야를 진료한다. 가정의학과에서는 환자 개개인 질병의 조기 발견과 관리, 질병예방 및 건강 유지를 도와준다

입주민의 연령이 높아짐에 따라 기억력 감퇴나 치매와 같은 인지 기능 저하가 늘어나고 있어, 강서타워는 이에 대응하기 위해 주야간보호센터와 다양한 맞춤형 운동 및 여가 프로그램을 마련하고 있다. 이 프로그램들은 인지 능력 향상과 신체 건강 유지에 중점을 두고 있으며, 입주민들의 적극적인 참여를 이끌어내고 있다.

또한, 매년 정기적으로 운동기능검사를 실시해 입주민 개개인의 건강 상태를 체계적으로 점검한다. 검사 결과는 각 입주민과 개별 상담을 통해 공유되며, 이를 바탕으로 맞춤형 운동 및 생활 관리를 제안해 건강 유지와 개선을 돕는다.

강서송도병원

입주세대 내부

 46평형과 같은 넉넉한 평수도 전용률이 50%여서 실제 사용 공간이 평수에 비해 다소 좁게 느껴질 수 있지만, 부부가 생활하기에는 충분한 크기다. 현관에는 신발장이 마련되어 있고, 거실에는 수납 공간이 있어 실용적이다. 주방에는 세탁기와 인덕션, 홈바가 갖춰져 있어 간단한 조리를 할 수 있다. 다만, 냉장고와 같은 가전제품과 가구는 입주민이 별도로 준비해야 한다.

 입주민들의 안전을 위해 각 방과 화장실, 거실에 비상벨이 설치되어 있으며, 변기와 욕조 옆에는 안전바가 있다. 침실에는 거실과 연결된 작은 베란다가 있어 빨래를 건조하거나 수납공간으로 활용할 수 있다. 36평형은 거실이 다소 좁고 방이 2개라는 점을 제외하면 구조와 기본 품목이 46평형과 동일하다.

거실

주요 시설 및 프로그램

실버타운 내 주요 부대시설

운동 관련	취미 및 여가 관련	교양 관련	생활편의 관련
헬스장	커뮤니티홀	도서관	야외 정원
수영장	당구/포켓볼장	컴퓨터실	이미용실
사우나	노래방	서예실	휴게실
순환운동실	영화감상실		편의점
	공예실		
	보드게임실, 바둑실		
	텃밭		

　의료 서비스 시설, 스포츠·문화·취미 활동 및 프로그램을 위한 모든 시설은
지하 1층과 2층에 모여 있으며, 식당과 하늘공원만 15층에 위치해 있다. 강서

실내수영장

타워 내 대부분의 시설과 프로그램은 무료로 이용할 수 있다.

내부에서 운영하는 각종 강습과 프로그램은 오전 오후로 진행되며, 월별 계획에 따라 진행되는 문화·여가 프로그램 외에도 서울시니어스타워 여섯 곳이 연합으로 기획하는 프로그램이 있다.

강서타워의 수영장은 18m 길이의 2개 레인으로 구성되어 있으며, 자유수영과 아쿠아로빅 같은 수중 운동을 할 수 있다. 헬스장에는 운동처방사가 상주하여 입주민의 체력 수준에 맞춰 맞춤형 운동을 처방하고 지도해, 안전하고 효과적인 운동을 돕는다. 또한, 3층에는 작은 텃밭이 마련되어 입주민들에게 1년 단위로 분양된다. 이를 통해 입주민들에게 도심에서도 전원의 기분을 느끼며 자연과 가까이 지낼 수 있는 환경을 조성해 준다.

입주민 성향과 분위기

강서타워에는 총 142세대에 160명이 거주하며, 이 중 싱글이 부부보다 더 많다. 특히 여성 싱글의 비율이 높고, 입주민들의 평균 연령은 86세정도 된다. 강서타워는 2003년 오픈 이후 21년 동안 운영되었으며, 오픈 당시부터 지금까지 거주하고 있는 입주민이 전체의 약 35%에 달한다. 이들 중에는 60대에 입주해 현재 80대를 맞이한 시니어도 많으며, 규칙적인 생활과 취미 활동 덕분에 나이에 비해 활기차고 젊은 모습을 유지하고 있다.

일찍 실버타운에 입주해 건강한 식단과 적절한 운동 관리를 받은 80대 시니어와 집에서 개인 생활을 하면서 80세가 된 시니어들 간에는 눈에 띄는 노화 차이가 난다는 강서타워 책임자의 말은 실버타운 생활의 장점을 잘 보여준다. 규칙적인 식사, 운동, 취미 활동 등 공동체 생활은 입주민들의 신체와 정신 건강을 유지하는 데 중요한 역할을 하고 있다. 최고령 입주민은 103세로, 신문을

송년파티

읽고 바둑과 포켓볼을 즐기는 등 여전히 활발하게 생활하고 있어 다른 입주민들과 직원들에게 귀감이 되고 있다.

강서타워 입주민들은 대체로 전문직 종사자, 공무원, 교수, 교사 등 고학력자들이 많으며, 연금 생활자가 대부분이다. 자녀들이 외국에 거주하는 경우도 흔하며, 김포공항과 가까운 입지를 선호해 이곳을 선택한 입주민도 있다. 오랜 기간 함께 생활해 온 입주민들은 강서타워를 단순한 주거공간 이상으로 여기며, 공동체 속에서 안정감과 소속감을 느끼며 생활하고 있다.

한 입주민은 분재 가꾸기에 매일 정성을 쏟으며 '식집사'로 불리고 있다. 작은 나무와 식물들을 돌보며 하루를 보내고, 시든 식물을 다시 살려 꽃을 피우는 기쁨을 즐긴다. 분재는 공간을 많이 차지하지 않으면서도 정서적 안정감을 주고, 노년층의 손과 뇌를 부드럽게 자극하는 취미로 적합하다. 식집사로 불리는 남성 어르신은 식물과 사람 모두 애정을 주어야 잘 자란다고 믿으며, 매일 작은 정원을 가꾸는 기쁨을 만끽하고 있다.

저자 리뷰

서울시니어스타워 6곳 중에서 서울타워가 1998년에 가장 먼저 오픈했으며, 그 후 2003년 3월 두 번째로 오픈한 곳이 서울시니어스강서타워다. 2003년 노인복지법이 일부 개정되면서 분양이 가능한 노인복지주택이 도입되었고, 강서타워는 그 첫 번째 사례로 분양이 가능한 노인복지주택 1호로 자리 잡았다. 총 142세대 중 101세대가 분양되었으며, 나머지 41세대는 회사가 소유하여 임대하는 형태로 운영되므로 분양과 임대가 혼합된 모델이다.

2003년에 분양 또는 임대로 입주한 세대 중, 21년이 지난 현재까지도 거주하는 입주민이 35%에 이른다. 약 50여 명의 시니어들이 21년간 같은 공간에서 생활하며, 하루에 두 번 이상 함께 식사를 하면서 단순한 이웃을 넘어 마치 형제자매처럼 가까운 관계를 유지해 오고 있다.

서울시니어스강서타워가 2003년 문을 열 때 강서송도병원도 함께 개원하였다. 강서송도병원은 대장 및 항문 관련 전문 병원으로 개원했지만, 현재는 시니어들에게 필요한 내과와 가정의학과 진료도 보고 있으며 건강검진센터도 운영하고 있다. 진료예약은 강서타워 간호사실에서 대신해 주기 때문에 예약된 시간에 맞추어 강서송도병원으로 건너가면 된다.

강서타워와 강서송도병원은 같은 건물에 있으며 지하 1층 편의점을 통해 강서송도병원으로 바로 연결되므로 걸어가도 몇 분 이내로 도착할 수 있다. 병원이 바로 실버타운 내에 있는 것과 다름없어 보행이 불편하거나 대중교통을 이용하기 어려운 시니어들에게는 큰 도움이 된다. 만약 강서송도병원에서 진료를 보기 어려운 질환일 경우에는 700미터 떨어진 이대서울병원에서 진료를 받을 수 있다.

강서타워는 1998년에 먼저 오픈한 서울시니어스서울타워의 운영 경험을 바탕으로, 장기요양등급을 받은 후기 고령자들에게는 실버타운의 일반 프로그램보다 개인 맞춤형 프로그램이 필요하다는 점을 인식하고 주야간보호센터를 설립했다. 장기요양등급을 받은 어르신들은 강서타워 내 주야간보호센터 프로그램을 통해 개별적인 케어와 맞춤형 서비스를 받을 수 있다.

이 밖에도 여섯 명의 성악가와 피아니스트로 구성된 가온클래식 앙상블 송년파티, 추석맞이 두드림 난타공연을 비롯하여 1층 갤러리에 유명작가 초대전을 열기도 하고 청춘다방과 치맥데이를 열어 입주민들에게 소소한 재미를 주고자 노력하고 있다. 2024년에는 로비를 새롭게 단장하고 무인카페를 운영하여 입주민들이 편안하게 차를 마시며 이야기를 나눌 수 있는 공간으로 거듭나고 있다.

서울시니어스타워가 운영하는 수도권의 다섯 개 타워는 모두 좋은 부대시설과 높은 수준의 고객 서비스를 갖추고 있다. 입주자는 자신의 경제적 상황과 선호하는 위치를 고려해 어느 실버타운을 선택하더라도 기대했던 서비스를 받을 수 있다. 강서타워는 142세대로 규모가 그리 크지 않아 직원들의 밀착 서비스가 돋보이는 곳이다. 수도권에 거주하며 내과와 가정의학과 진료가 자주 필요하거나 주야간보호센터 프로그램을 이용해야 하는 시니어라면, 강서타워가 좋은 선택지가 될 수 있다.

회사 소유분 임대 세대는 대기자가 많아 기다려야 할 수 있으며, 개인 소유 세대는 연간 약 10건 정도 공실이 나온다. 따라서 회사 소유분 임대 세대뿐만 아니라 개인 소유 세대도 눈여겨보면 빠른 입주에 도움이 된다.

소개

서울시니어스고창타워는 송도병원이 2017년에 설립한 실버타운으로, 전북특별자치도 고창군 고창읍에 위치해 있다. 40만평 규모의 고창웰파크시티라는 휴양 단지 안에 자리 잡고 있으며, 은퇴자들의 건강하고 풍요로운 노후생활을 위해 설계된 리타이어먼트 빌리지(Retirement Village)이다.

서울에서 호남고속철도 KTX를 이용하면 정읍역까지 약 1시간 40분, 수서에서 SRT를 타면 약 1시간 30분정도 걸린다. 정읍역에서 고창타워까지는 하루 2번 있는 고창타워 셔틀버스를 이용하거나, 택시를 이용하면 30분이내로 도착할 수 있다. 자차를 이용하면 서해안고속도로 고창 IC와 호남고속도로 백양사 IC로 진출하면 10분 이내에 고창타워에 도착할 수 있다.

고창타워는 10층 건물 9개 동으로 구성되어 있으며, 총 539세대 중 359세대는 분양되었고, 180세대는 임대로 운영되고 있다. 입주비용은 평형에 따라 1억 원에서 3억 원까지 다양하다. 월 비용은 관리비와 의무식 30식의 식비 26만 원을 포함하여 1인 기준 41~61만 원이다. 추가로 온천, 사우나, 운동시설 등을 포함한 커뮤니티 센터를 이용하고 싶으면 월 8만 원을 더 내면 된다.

커뮤니티 센터에는 식당, 피트니스 센터, 강당, 당구장, 탁구장, 사우나 등의 시설이 있다. 주요 프로그램과 동호회 활동으로는 클래식 음악 감상, 바둑, 낚시, 파크골프, 사진, 미술동호회 등이 있다.

고창타워는 맨발 황톳길, 게르마늄 온천욕과 파크골프와 같은 운동을 통해 입주민들의 건강을 증진시키는 많은 시설이 마련되어 있다. 또한, 석정웰파크병원과 석정웰파크요양병원이 단지 안에 있어 언제든 쉽게 갈 수 있다. 이러한 점에서 고창타워는 특히 건강을 되찾거나 힐링하고 싶은 시니어들에게 좋은 환경을 갖춘 곳이다.

입주비용

평형별 입주보증금

타입	평형	세대수	분양가	입주보증금
F	14	30	-	1억원
E	20	111	-	1억6,000만원
D	21	32	-	1억7,340만원
C	27	196	2억4,970만원	-
B	28	110	2억5,210만원	-
A	33	60	2억9,590만원	-

고창타워는 총 539세대로 분양과 임대 세대가 혼재되어 있다. 작은 평수의 입주보증금은 1억 원~1억 7,340만 원이며, 큰 평수의 분양가는 2억 4,970~2억 9,590만 원이다. 분양 세대 중 자주 매매 및 전세 세대가 나오고 있으며 매매가는 분양가와 다를 수 있다.

월 비용

평형별 월 비용

(단위: 만 원)

타입	평형	관리비		식비		월 비용	
		1인	부부	1인	부부	1인	부부
F	14	15	15	26	51	41	66
E	20	21	21	26	51	47	72
D	21	23	23	26	51	49	74
C	27	29	29	26	51	55	80
B	28	30	30	26	51	56	81
A	33	35	35	26	51	61	86

고창타워의 관리비는 일반 아파트와 크게 다르지 않다. 작은 평수는 약 20만

고창웰파크시티

원 내외이며, 큰 평수도 30만 원을 크게 넘지 않는다. 관리비에는 인건비, 화재보험료, 등이 포함되어 있다. 각 세대가 별도로 사용하는 수도광열비 등의 공과금은 월 10~25만 원 정도로 관리비와 별도로 납부해야 한다. 식사는 월 30식이며 비용은 26만 원이다. 30식을 초과하는 경우에는 1식당 8,500원의 비용이 추가로 발생하며 월말에 청구된다.

그 밖에 생활 편의를 위해 제공되는 커뮤니티 센터의 이용료가 있다. 이 시설은 온천, 사우나, 운동 시설 등을 포함하고 있으며, 이용할 경우 개인당 월 8만 원이 추가로 발생한다. 센터 이용료는 선택 사항으로, 이용하지 않을 경우 별도의 비용을 내지 않는다.

1인 기준 월 비용은 30식 의무식비 26만원 포함하여 41만 원~61만 원으로 일반아파트와 크게 다르지 않다. 부부가 입주해도 월 66만 원~86만 원으로 100만 원을 넘지 않는다. 의무식 이외의 나머지 식비나 레저, 문화, 의료, 관광 등의 비용은 각자 상황에 따라 다르다. 1인 기준 기타 경비는 월 약 50~100만 원 정도가 추가로 들어갈 수 있다.

위치 및 주변 환경

서울시니어스고창타워는 전북특별자치도 고창읍에 위치한 고창웰파크시티 안에 있다. 이 지역은 수도권과 호남지역을 연결하는 광역 교통망을 통해 쉽게 접근할 수 있으며, 광주광역시와 전주시도 근접해 있다.

고창웰파크시티에는 건강 황토펜션인 석정힐링카운티, 게르마늄 석정온천 휴스파, 석정웰파크병원, 파크골프장 등이 조성되어 있어 진정한 리타이어먼트 빌리지의 진면목을 보여주고 있다.

석정온천휴스파는 게르마늄 온천으로 보행 유수풀, 드림 베스, 기포탕 등의 시설을 갖추고 있다. 힐링카운티에 근처에는 황톳길 체험장, 면역 산책로 등이 조성되어 있고 면역력을 증가시키는 홀론 면역 파동욕장과 자연 면역식을 제공하는 식당인 그린스토리가 있다. 이러한 모든 시설이 리타이어먼트 빌리지인 고창웰파크시티 단지 내에 있어 걸어서 모든 곳을 갈 수가 있다.

고창웰파크시티 조감도

또한, 고창타워 주거동 단지에는 일반상가가 형성되어 있어 쇼핑이 가능하며 음식점에 들려 백합탕 등 색다른 지역 음식도 맛볼 수 있다.

식사 서비스

식사는 뷔페식으로 운영되며, 전문 영양사가 건강 식단으로 관리하고 있다. 의무식은 30식으로 정해져 있지만, 대부분의 입주민은 전용 식당에서 월 30식 이상 식사를 하며, 나머지 식사는 세대 내에서 간단히 요리하거나 단지 밖에 있는 식당을 이용한다. 30식 의무식보다 더 많이 식사를 하는 비율이 높아져, 오픈 시 220석이던 식당 규모를 290석으로 늘렸다.

거동이 불편한 입주민들을 위해서는 식사당 2,000원의 비용으로 원하는 세대로 식사를 배달해 준다. 각 거주동에서 식당이 위치한 커뮤니티 센터까지 가

식단

는 길에 아케이드나 연결 통로가 없기 때문에 눈, 비가 오거나 동절기에는 이동에 불편함이 있을 수 있다.

생활 편의 서비스

고창타워에서는 정읍 시내까지 왕복하는 셔틀버스를 하루에 2회, 고창읍까지는 하루 3회 운행하고 있다. 시내버스도 하루 13회 운행되어 주변 지역을 다녀오는 데에는 큰 불편함이 없다.

수도권의 서울시니어스타워들은 대부분 무료 청소 서비스를 제공하지만, 고창타워에서는 무료 청소 서비스가 제공되지 않는다. 세탁의 경우에도 각자 세대에서 스스로 해결하고 있다. 고창타워의 관리비가 일반 아파트와 큰 차이가 없기 때문에 특별한 생활 편의 서비스를 제공하지는 않는다.

실내 워터파크

의료 관련 서비스

고창타워 거주동인 102동에 위치한 간호실에는 24시간 상주하는 간호사들이 있어 건강 상담을 돕고 응급 사태에 대처하고 있다. 모기업인 송도병원에서 운영하는 석정웰파크병원은 고창타워 바로 건너편에 있어 언제든지 이용할 수 있다. 석정웰파크병원은 종합건강증진센터, 내과질환센터, 노인정신건강센터, 대장항문센터, 암면역치유센터를 갖추고 있는 병원이다. 입주민은 석정웰파크병원 종합검진이나 특수 검사(MRI, CT, 초음파, 내시경 등) 시 일부 할인 혜택을 받을 수 있다.

고창타워 앞에는 232병상 규모의 석정웰파크요양병원이 있다. 2023년 4월 개원하여 최신건물이며 6인실 병실을 4인실로 넓게 사용하고 있다. 부부 중 한 명이 건강이 안 좋아지면 요양병원에 입원할 수 있어 편리하다. 그 외에 외부 진료가 필요한 경우에는 고창병원이나 정읍아산병원을 이용하면 된다.

석정웰파크병원

입주세대 내부

고창타워의 모든 세대에는 기본적으로 에어컨, 냉장고, 세탁기, 전기쿡탑이 설치되어 있다. 주방에는 입주자의 편의를 고려한 높이 조절형 싱크대가 설치되어 있으며 붙박이장이 기본으로 제공된다.

비상호출벨이 설치되어 있으며 화장실과 욕실에는 안전손잡이가 설치되었다. 모든 세대는 베란다가 있으며 호텔과 같이 현관 앞에 카드키를 꽂으면 세대 내부 전원이 켜지는 시스템을 갖추고 있다.

가장 작은 14평형은 원룸형으로 1인 가구에 적합하다. 20, 21평형은 방 1개와 화장실 1개 구조이며 27평형 이상은 방 2개와 화장실 2개를 갖춘 구조이다.

입주세대 내부

주요 시설 및 프로그램

실버타운 내 주요 부대시설

건강 관련	오락 및 여가 관련	생활편의 관련
의료실	골프연습장	동호인실
헬스장	당구장	
사우나	탁구장	

　입주민들의 취미여가활동을 위한 당구장, 탁구장, 골프연습장 및 헬스장을 갖추고 있다. 동호인실은 입주민들이 회의실, 동호회 모임, 종교 모임 등을 위한 장소로 사용된다. 9홀로 이루어진 파크 골프장은 연중 5월부터 11월까지 운영되며, 장비 대여료는 1,000원이다. 또한 18홀 규모의 석정힐CC를 이용하여 골프를 즐길 수도 있다.

매직 공연

프로그램

고창타워에서는 공식적으로 운영하는 프로그램은 많지 않지만, 입주민들이 주도하는 동호회 활동이 매우 활발하다. 클래식 음악감상, 바둑, 낚시, 파크골프, 사진, 미술 등 약 20개의 동호회가 운영되며, 각자 관심사에 따라 열정적으로 모임을 이어가고 있다. 동호회 활동을 위한 공간은 고창타워 내의 동호회실을 자유롭게 사용할 수 있어 참여자들이 편리하게 모임을 즐기고 있다.

테니스, 수영, 농구 등 구기 종목에 관심이 있는 사람들은 근처 공설운동장과 사회체육시설의 실내 체육관과 수영장을 즐겨 찾는다. 이 시설들은 고창타워에서 1.5km 이내에 있어 많은 사람들이 자주 이용하고 있다.

그 외에도 입주민들은 고창타워 주변의 자연환경을 최대한 활용해 숲 산책 등을 하거나, 주변 관광 명소로 나들이를 다녀오는 프로그램을 자체적으로 운영하고 있다.

뇌활력 건강체조

입주민 성향과 분위기

고창타워 입주민의 평균 연령은 71세로, 기존 서울시니어스타워의 다른 타워들과 비교했을 때 현저히 낮다. 수도권에 위치한 대부분의 실버타운이 싱글이 많은 편이지만, 고창타워는 부부 비율이 싱글의 세 배 정도로 높다. 또한, 입주민의 20%가 해외에서 역이민한 사람들로 구성되어 있는 것도 특징이다.

캘리포니아에서 역이민 온 한 부부는 한국 고창으로 거처를 옮기며 자연과 여유로운 일상을 만끽하고 있다. 정원 산책로에서 이웃과 인사를 나누고, 황톳길을 걸으며 시를 읊는 등의 소소한 즐거움 속에서 일상을 보내고 있다.

고창타워는 중 호남 지역 출신이 30%를 차지하며, 나머지는 수도권과 전국 각지에서 이주해 왔다. 4자매가 각각 1가구씩 입주하여 자매 간의 우애로 노후의 즐거움을 더하는 경우도 있다. 이렇게 다양한 배경을 가진 사람들이 함께 생활하며 경험과 문화를 나누고 있다.

에어로빅 체조

저자 리뷰

고창타워는 수도권에 다섯 곳의 실버타운을 운영하며 노하우를 쌓은 서울시니어스타워가 기획한 한국 유일의 은퇴자 마을에 자리잡은 실버타운이다. 고창타워의 가장 큰 특징은 고창웰파크시티라는 은퇴자 마을 내에 조성된 점이다. 따라서 고창타워는 일반 실버타운처럼 단독 건물만 있는 것이 아니라, 고창웰파크시티 안에 준종합병원, 요양병원, 온천, 놀이시설, 펜션형 숙박시설, 파크 골프장, 식당, 편의시설이 있으며, 바로 지척에 18홀 골프장이 있어 고창웰파크시티를 벗어나지 않아도 은퇴자 마을에서 일상 생활을 즐길 수 있다.

다른 특징은 실버타운의 장점과 일반 아파트의 장점을 결합했다는 점이다. 실버타운의 장점은 자체 식당을 운영하며 이웃과 재미나게 생활하는 것이며, 아파트의 장점은 저렴한 관리비에 있다. 이 두 가지 장점을 결합하여 비교적 관리비가 저렴하고 자체 식당이 있으며, 이웃과 밀접한 커뮤니티를 형성하여 취미 동호회 등을 통해 재미있게 지낼 수 있다는 것이다.

나이에 상관없이 건강이 좋지 않아 휴양하고 싶은 사람들에게도 이상적인 곳이다. 고창타워는 게르마늄 온천으로 유명한 곳에 위치해 있어, 온천욕을 통해 활력을 얻고 건강을 회복하기에 좋다. 또한, 단지 안에 있는 파크 골프장과 맨발 황톳길 등 평상시 운동과 생활을 통해 건강을 유지할 수 있는 환경이 잘 조성되어 있다.

60세 이하의 경우 실버타운인 고창타워에 입주할 수 없으며, 대신 서울시니어스타워에서 운영하는 힐링카운티에 입주할 수 있다. 힐링가운디도 웰파크시티 단지 내에 위치해 있으며, 의무식이 없고 관리비가 저렴해 많은 사람들에게 인기를 끌고 있다. 힐링카운티 거주자들도 고창타워 입주민과 어울리며 부대시설과 프로그램을 함께 이용할 수 있다.

고창타워 입주를 결정하기 전에 고려해야 할 사항도 있다. 고창타워와 웰파크시티의 다양한 시설을 충분히 즐기려면 어느 정도의 젊음과 활력이 필요하다. 만약 후기 고령자가 공기 좋은 환경에서 온천욕과 돌봄 서비스만을 원한다면, 인적 서비스가 훌륭한 수도권의 실버타운에 입주하는 것이 더 적절할 수 있다. 고창타워는 저렴한 관리비 구조로 인해 인적 지원에 한계가 있어, 고령자의 일상생활을 세심하게 돌보아 주기에는 운영적으로 어려움이 있다.

또한, 수도권 및 기타 도시의 연고지에서 굳이 살지 않아도 되는 시니어들에게 좋다. 고창군이 다소 외진 지방에 있어서 수도권에 살다가 고창에서 계속 머물러 지내면 가족들과 자주 만나기 어려울 수 있고, 처음에는 좋지만 나중에 도시 생활이 그리워질 수도 있다. 한국에 연고가 별로 없는 외국에서 역이민 온 시니어나 도시에 집이 있지만 세컨 하우스로 고창에 집을 하나 더 마련하고 싶은 사람들에게는 좋을 수 있다.

미국에서 40년간 생활하다 암 진단을 받고 2023년에 고창타워에 입주한 70대 중반 여성 시니어와 인터뷰를 한 적이 있다. 그동안 삶의 브레이크 없이 너무 달려만 왔기 때문에 건강이 나빠진 것 같은데 고창타워에서 모든 것을 잠시 내려놓고 자연과 하나가 되어 지내니 마음의 평온을 얻을 수 있었다고 하였다. 1년 넘게 생활해 보니, 고창읍에 나갈 때는 버스를 이용할 수 있어 외부 이동이 불편하지 않았으며, 매일 게르마늄 온천욕을 즐기며 걷기 운동과 에어로빅 프로그램에 꾸준히 참여한 덕분에 건강이 크게 회복되었다고 한다. 고창타워는 남은 노후를 보낼 곳으로도 좋지만, 세컨하우스 개념으로 몇 년간 머물며 재충전하는 데에도 훌륭한 선택이 될 수 있다.

서울시니어스분당타워 20

경기도 성남시 분당구 구미로 173번길 47   031-738-9900

소개

서울시니어스분당타워는 송도병원이 설립한 실버타운 중 하나로, 2003년에 경기도 성남시 분당구에 오픈했다. 이 타워는 총 254세대며 그중 177세대는 분양, 77세대는 임대로 운영되고 있다. 분당 불곡산 산자락에 위치하여 도심형이 아닌 도시 근교형 실버타운으로 분류된다.

입주비용은 평형에 따라 3억 2,500만 원~14억 800만 원까지 다양하며, 월 비용은 60식을 했을 경우 1인 기준 213~339만 원, 부부 기준 321~447만 원이다. 월 비용에는 60식 식비를 포함하여 난방비, 인건비, 건물 관리비, 부대시설 이용 비용, 주 2회 청소 서비스 등의 비용이 포함되어 있다. 전기세, TV 수신료, 상수도세 등의 공과금은 별도로 부과된다.

분당타워는 불곡산과 탄천이 가까이 있어 자연 환경이 우수하다. 도로망과 대중교통이 잘 연결되어 있으며, 지하철 수인분당선과 신분당선의 환승역인 미금역에서 마을버스를 이용하면 10분 내에 도착할 수 있다. 분당타워에서도 자체 셔틀버스를 운영하여 입주민의 교통편의를 돕고 있다.

주요 부대시설로는 수영장, 사우나, 헬스장, 당구장, 탁구장, 강당, 동호인실, 장기바둑실, 노래방, 영화감상실, 도서실, 카페 등이 있다. 다양한 프로그램이 월별 계획에 따라 진행되며, 서울시니어스타워 여섯 곳이 연합하여 게이트볼 대회와 국내외 여행 프로그램 등을 기획하여 입주민끼리 어울리기도 한다.

분당타워는 서울 강남권과 가까운 위치에 있어, 강남 거주자들에게는 기존 생활권을 유지하면서도 전원적인 환경을 즐길 수 있는 곳이다. 전직 공무원, 교수 등 중산층 이상의 시니어가 많아 사회적 수준이 높다. 서울시니어스타워 중 고급스러운 시설과 프로페셔널한 직원들의 서비스가 돋보이는 곳이다.

입주비용

평형별 입주보증금

평형	세대수	입주보증금
25	88	3억2,500만원
42	45	4억9,900만원
48	60	6억원
49	16	6억3,700만원
66	3	9억9,000만원
94	3	14억800만원

분당타워는 2003년 오픈 당시 입주 세대의 70%가 분양되었으며, 나머지 30%의 회사 보유분이 임대형으로 운영되고 있다. 오픈할 때 분양받은 입주민 중에는 입주해서 현재까지 살고 있는 사람도 있고, 매매나 임대를 하거나 혹은 자녀에게 상속해서 자녀가 임대를 하는 경우도 있다. 이런 경우 분당타워 관리팀에서 직접 관여하지는 않지만, 요청이 있을 경우 부동산에 매물을 내놓거나 절차를 안내하고 거래가 순조롭게 진행되도록 도움을 주고 있다.

가장 많은 세대수인 25평형은 입주 보증금이 3억 2,500만 원이며 두번째로 많은 세대인 48평형은 6억 원이다. 42평 이상인 세대가 120세대가 넘으며 전체 서울시니어스타워 6곳 중 대형 평형대가 가장 많은 곳이다. 입주보증금은 회사 보유분의 입주보증금이며 각 개인 분양 세대주가 매매 및 임대를 할 경우에는 액수나 계약 조건이 다를 수 있어 부동산 등을 통해 확인해야 한다.

회사 보유분 세대를 입주보증금을 내고 입주할 경우 계약기간은 5년이며 최소 거주 기간 3년 이전에 입주민의 개인 사유로 퇴거하게 되면 입주보증금의 5%에 해당하는 위약금이 있다. 그러나 사망, 요양원 이전 등 건강 상의 이유로 퇴거할 때는 별도 위약금은 없으며 계약 만료나 해지 시 입주보증금은 100% 돌려받는다.

월 비용

평형별 월 비용
(단위: 만 원)

평형	관리비		식비		월 비용	
	1인	부부	1인	부부	1인	부부
25	154	204	59	117	213	321
42	186	236	59	117	245	353
48	196	246	59	117	255	363
49	198	248	59	117	257	365
66	229	279	59	117	288	396
94	280	330	59	117	339	447

관리비는 난방비, 인건비 및 건물 관리를 위한 비용이다. 또한, 분당타워 내의 모든 부대시설 및 프로그램 이용 비용과 주 2회 청소 서비스 비용도 관리비에 포함되어 있다. 전기세, TV 수신료, 상수도세 등의 일반 공과금은 각 세대의 사용량에 따라 별도로 부과된다.

월 비용은 의무식 60식을 제공하는 다른 서울시니어스타워와 비슷한 수준으로 평형에 따라 최소 213만 원에서 최대 447만 원까지이다.

식사는 의무식 60식 혹은 90식 둘중에 하나를 선택할 수 있으며, 월 식사 숫자를 고정하지 않고 자유롭게 식사를 할 수도 있다. 월 60식을 선택하면 식비는 59만 원이며 많은 입주민이 이용하고 있다. 월 90식으로 늘리면 77만 원으로 전체 비용은 늘어나지만 월 60식에 비해 식비가 12% 정도 할인된다. 의무식 숫자를 정하지 않고 자유롭게 식사를 하는 방식을 선택하는 경우라 하더라도 월 최소 금액이 40만 원을 넘어야 하며 1식당 비용도 높아진다. 정확한 의무식과 식사비용은 변동이 있을 수 있으니 더 자세한 것은 분당타워에 문의하는 것이 좋다.

위치 및 주변 환경

경기도 성남시 분당구에 위치하고 있다. 교통이 편리하여 서울 및 수도권은 1시간 이내에 이동할 수 있다. 지하철 수인분당선 미금역 3번 출구에서 마을버스를 이용하면 10분 안에 분당타워 정문에 도착할 수 있다. 경부고속도로, 분당-내곡간 도시고속화도로 등을 통해 차량을 이용하기에도 편리하다.

마트, 백화점, 은행, 관공서 등 각종 생활 편의시설까지 도보로 이동하기에는 다소 어려움이 있어, 한 시간마다 분당신도시 내 대형마트, 지하철역 등을 경유하는 셔틀버스를 운행한다. 분당서울대병원이 도보로 10분 이내 거리에 있으며 분당타워 길 건너편으로 병원 주차장이 보일 정도로 가깝다.

타워 뒤쪽에는 불곡산이 자리 잡고 있으며, 앞에는 탄천이 흐르고 있어 녹지 공간이 풍부하다. 분당타워 지하 1층에서 외부로 나가면 바로 탄천으로 향하는 길로 연결되며, 탄천 산책로까지는 도보로 5분 정도 걸린다.

탄천 산책로

식사 서비스

지하 1층 식당에서는 영양사가 준비한 한식 중심의 식단이 제공되며, 뷔페식으로 운영되어 원하는 음식을 선택할 수 있다. 밥은 잡곡밥, 쌀밥, 현미밥, 진밥 중 선택 가능하고, 아침은 한식과 양식 중 고를 수 있으며, 매끼마다 죽도 제공된다. 영양팀에서 입주민들의 개인 영양처방에 따른 식이요법의 치료식이나 가족모임이나 행사에 필요한 특별식도 유료로 준비해준다. 건강 문제로 식당 이용이 어려울 경우 3,000원의 추가 비용으로 룸서비스를 이용해 식사를 방으로 배달받을 수 있다.

평소 식단이 아닌 다른 메뉴도 선택할 수 있다. 예를 들어, 6명의 입주민끼리 모임 후 장어구이, 연어샐러드, 갈비찜 등 다른 식사를 하고 싶을 때 미리 예약하면 된다. 모든 메뉴가 다 가능한 것은 아니며 몇가지 메뉴 중에 선택해야 하며 의무식과 별도로 비용이 추가된다.

식당

생활 편의 서비스

지하 2층 입주민 전용 주차창에 세대당 1대의 차량을 주차할 수 있도록 주차 자리가 배정되어 있다. 입주민 대다수가 고령이라 차량 소유자가 많지는 않지만, 여전히 약 50여 명 정도의 입주민이 자가 운전을 한다. 매일 오전 8시부터 오후 4시까지 하루 8회, 한 시간 간격으로 분당서울대병원과 대형마트, 지하철역을 연결하는 자체 셔틀버스가 운행되고 있다.

지하 2층에는 각 세대별로 사용할 수 있는 1평 남짓한 개인 창고가 있어 자주 사용하지 않는 짐들의 수납 공간으로 이용할 수 있다. 주 2회 무료 청소를 해준다. 일반 세탁물은 세대 내에 설치된 세탁기를 사용해 본인이 직접 해야 하며, 부피가 큰 세탁물은 지하에 있는 코인 세탁기를 이용하거나 방문 세탁 업체를 이용할 수 있다.

갤러리

의료 관련 서비스

분당타워 내에는 별도의 의료시설인 시니어스의원이 있어 외과 의사가 입주민을 진료하고 있다. 시니어스의원은 분당타워에서 운영하는 것은 아니어서 일반 의료시설처럼 비용이 발생한다. 분당타워가 운영하는 간호사실에는 의사는 없지만 간호사가 24시간 상주하면서 응급 상황에 대비하며, 요청 시 투약시간 알림과 투약보조 등의 도움을 받을 수 있다.

외부 진료가 필요할 때는 협력 병원인 송도병원에서 할인된 금액으로 진료를 받을 수 있다. 또한, 분당서울대병원이 가까워 걸어서 가거나 셔틀버스를 이용할 수 있다. 분당서울대병원 진료 예약에 어려움을 느끼는 입주민을 위해 간호팀에서 예약을 대신해 주며, 응급 상황 시 신속한 처치와 후송이 가능하도록 항상 대비하고 있다.

시니어스 의원

연로하여 건강이 안 좋은 분들을 위한 주야간보호센터가 따로 실버타운 내에 운영되고 있다. 주야간보호센터에서는 낮 시간 동안 어르신 들에게 신체 활동 지원과, 심신 기능 유지 및 향상을 위한 프로그램을 진행하고 있다.

입주세대 내부

일반 아파트와 유사한 구조이며 전용률은 50%로 다소 낮지만 천장이 높아 다른 실버타운에 비해 답답하지 않게 느껴진다. 현관은 열쇠 대신 출입카드로 열고 닫으며, 호텔처럼 현관에 들어선 후 출입카드를 꽂아야 실내 조명이 켜진다. 입주민이 외출 시 출입카드를 뽑고 나가면 집안 전체 전원이 꺼지는 시스템으로, 화재 예방과 전기요금 절약에 도움이 된다.

가장 작은 평형인 25평은 방 1개, 화장실 1개인 구조이며 42~49평형은 방 2개, 화장실 2개, 66~94평형은 방 3개, 화장실 2개인 구조이다. 각 방마다 비상벨이 설치되어 있고, 집안 전체에 문턱이 없다. 세대 내 모든 가전, 가구는 입주민이 준비해야 하나 회사가 관리하는 임대 세대의 경우 인덕션과 세탁기는 기본으로 설치되어 있다.

세대 내부

세대 거실

주요 시설 및 프로그램

실버타운 내 주요 부대시설

건강 관련	오락 및 여가 관련	생활편의 관련
수영장	강당(프로그램실)	코인세탁실
사우나	동호인실	미용실
헬스장	장기바둑실	약국
시니어스의원	당구장/포켓볼장	카페
탁구장	노래방/영화감상실	
골프퍼팅장	도서실/컴퓨터실	
물리치료실	서예실	
	갤러리	

입주민의 건강관리를 위한 의료 서비스 시설, 스포츠·문화·취미 활동 및 프로그램 진행을 위한 모든 시설이 지상 1층과 지하 1~2층에 모여 있어, 동선이 복잡하지 않아 입주민들이 이용하기에 편리하다.

지하 2층에는 25m x 4개의 레인과 선베드, 습식사우나 시설을 갖춘 수영장이 있다. 언제든 자유롭게 수영을 할 수 있으며, 전문 강사가 아쿠아로빅 등의 수중 운동도 지도하고 있다. 헬스장에는 운동처방사가 상주하여 개인별 체력 수준에 맞는 맞춤형 운동을 지도한다.

지하 1층에는 동호인실과 취미·문화생활 공간인 장기바둑실, 당구장, 노래방, 영화감상실, 그리고 시니어스 의원이 있다. 미용실도 있으며 비용은 개인 부담이다.

1층에는 약국과 강당(프로그램실), 컴퓨터실, 도서실, 갤러리, 미술실이 있으며, 옥상에는 정원이 있어 벤치 등을 설치해 입주민의 휴게공간 및 산책공간으로 활용되고 있다. 또한, 옥상에는 게이트볼장과 골프 퍼팅장이 있어 입주민들이 애용하고 있다.

프로그램

2021년 신축년에는 분당타워 입주민 대상으로 삼행시 공모전이 열렸다. '신축년' 세 글자로 삼행시를 작성하는 것이었다. 공모전 참가자들은 자신의 삼행시가 멋진 그림과 함께 전시된 모습을 볼 수 있었다. "신명나는 노년기를 가꾸어 가도록 서로 축배를 들자! 축복하며 격려하며 사랑을 나누며, 년(연)말엔 '올 한 해도 감사했노라' 덕담 나누어 보세". 오랜기간 분당타워에 거주해온 어르신의 삼행시에서 따뜻함이 묻어난다.

입주민의 신년맞이 삼행시 작품전시

입주민 성향과 분위기

    분당타워에는 250여 세대에 약 300명의 입주민이 거주하고 있으며, 이 중 75%가 싱글이고, 부부는 25%를 차지한다. 주 연령대는 75~85세이며, 90세 이상 고령자도 약 100명에 달한다. 분당타워가 처음 오픈한 이후 20년 가까이 같은 곳에서 생활하며 이웃과 동고동락한 시니어들이 많다.

    이분들의 삼행시를 읽어보면 '시바타 도요' 시인이 떠오른다. 시바타 도요는 아들의 권유로 92세에 시를 쓰기 시작해 99세에 첫 시집을 발간하며 일본에서 158만 부를 판매한 할머니 시인이다. 시바디 도요 시인의 〈약해지지 마〉는 다음과 같이 시작된다. "저기, 불행하다며 한숨 쉬지 마 ~" 분당타워의 입주민들 역시 매일 삶의 시를 써 내려가며 하루를 보내고 있다.

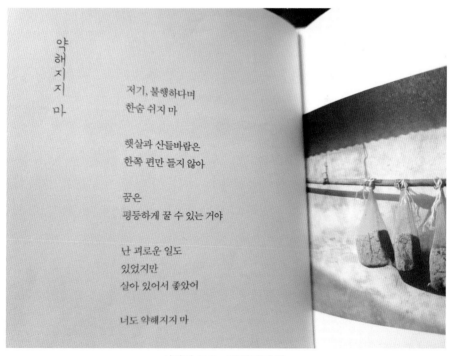

시바타 도요, <약해지지 마>

분당타워의 가장 큰 특징은 서울 강남권과 가까운 위치에 있으면서도 전원적인 환경을 갖추고 있다는 점이다. 주소상으로는 경기도 성남시 분당구에 위치해 있지만, 분당 시내가 아닌 불곡산 산자락에 자리하고 있으며, 앞에는 탄천이 흐르고 있어 수도권 생활권에서 전원적인 요소를 동시에 누릴 수 있다.

입주 세대의 평형대는 25평형에서 94평형까지 다양하며, 25평형대가 88세대로 가장 많지만, 40평형대 이상도 113세대에 이른다. 일반적인 실버타운 평수가 20~30평형대 초반에 집중되어 있는 것에 비하면, 분당타워는 40평형대의 넓은 평수가 주를 이루고 있다는 것이 특징이다. 25평형 세대뿐만 아니라 40평형대 이상의 중대형 세대에도 싱글 시니어가 많다는 것은 입주민들이 경제적으로 여유가 있다는 것을 보여준다.

서울시니어스타워 여섯 곳 중에서 내부시설 수준이 가장 고급스럽고, 전반적인 시설 운영과 관리가 잘 되고 있다는 평가를 받고 있다. 담당 직원들은 전문성을 갖추고 친근한 서비스를 제공하고 있으며, 복도에서 만나는 입주민들을 대하는 태도에서 자연스럽게 존경과 다정함이 묻어난다.

분당타워는 입주민들의 건강과 의료 관리에 중점을 둔 시스템을 잘 갖추고 있다. 분당타워 내에는 24시간 상주하는 간호사가 있어 입주민들의 건강 상태를 지속적으로 모니터링하고 응급 상황이 생기면 신속하게 대응해 주어 밤에도 안심할 수 있다. 이와 더불어 간호사실에 요청하면 투약 시간 알림과 투약 보조 등의 서비스를 받을 수 있다. 또한 입주민들은 멀리 갈 필요 없이 타워 내 시니어스의원에서 진료를 받을 수 있으며, 더 전문적인 진료는 셔틀버스를 이용해 가까운 분당서울대병원을 방문하면 되기 때문에 편리하게 간단한 진료와 전문적인 진료를 모두 받을 수 있다.

타워 내에 4레인의 수영장에서는 자유수영 이외에도 전문강사가 지도하는 아쿠아로빅과 같은 수중 운동 프로그램도 진행되고 있다. 아쿠아로빅은 관절에 무리가 가지 않으면서 심장근육을 풀어주고 균형감각을 높여주면서 근육량을 키워주어 특히 시니어들에게 안전한 운동으로 알려져 있다. 아쿠아로빅 프로그램은 남성반과 여성반으로 나뉘어 운영된다. 아쿠아로빅과 마찬가지로 헬스장에도 전문 운동트레이너가 있어 입주민들의 운동을 돕고있다.

다른 서울시니어스타워(서울타워 제외)와 마찬가지로 타워 내부에 주야간보호센터를 운영하여 연령이 높은 어르신들을 위한 치매 예방과 건강 유지를 위한 재활 프로그램을 제공하고 있다. 장기요양등급을 받을 정도로 건강이 좋지 않으면 실버타운 내 대부분의 부대시설을 이용하기 쉽지 않다. 그렇다고 다른 분들과 어울리지 못하고 혼자 집에서만 지내면 무료할 뿐더러 건강에도 좋지 않기 때문에 주야간보호센터를 적극적으로 이용할 필요가 있다.

분당타워는 2003년에 오픈하여 20년이 넘어 입주자의 평균 연령대가 높아졌다. 그만큼 건강한 생활을 반증하는 곳이며, 그림과 서예 같은 작품활동을 하며 정신적인 멘토로서도 훌륭한 분들이 많다.

2024년 7월 기준 분당타워의 회사 보유분 임대 세대는 공실이 없다. 이는 사망이나 장기 입원 같은 불가피한 사유를 제외하고는 퇴거하는 사례가 거의 없기 때문이다. 회사 소유분 임대 공실이 없는 경우, 개인이 소유한 분양 세대를 알아보아야 하며, 공실 여부는 분당타워에 문의하면 안내를 받을 수 있다. 강남이나 분당에 거주했던 분들이나, 또는 은퇴 후 전원 생활을 꿈꾸면서도 도심권 병원과 편리한 인프라가 필요한 시니어들에게 분당타워는 이상적인 도시근교형 실버타운으로 손꼽힌다.

서울시니어스서울타워 21

서울특별시 중구 다산로 72   02-2254-1221

소개

　서울시니어스서울타워는 서울특별시 중구 다산로에 위치한 도심형 실버타운으로, 1998년에 오픈했다. 지하철 6호선 버티고개역과 3호선 약수역에서 도보 5분 거리에 위치해 있어 교통이 편리하며, 남산과 매봉산 공원이 인근에 있어 도심 속에서도 자연을 가까이에서 누릴 수 있다.

　서울시니어스서울타워는 144세대 모두 임대세대로, 분양세대는 없다. 소형 평수가 주를 이루며 15평형, 23평형, 30평형으로 구성되고, 전용률은 약 50%이다. 입주비용은 5,000만 원~7,000만 원으로 파격적으로 저렴하지만, 월 비용은 1인 기준 278만 원~354만 원, 부부 기준 417만 원~ 455만 원으로 높은 편이다. 월 비용에는 90식 의무식과 관리비, 난방비, 상수도세 등의 공과금이 모두 포함되어 있다.

　서울타워 내 부대시설로는 헬스장, 사우나, 영화·음악감상실, 포켓볼장, 보드게임실, 동호인실, 도서관 등이 있다. 주요 프로그램으로는 건강체조, 뇌건강 프로그램, 스마트폰 강좌 등이 있으며, 다른 서울시니어스타워와 연합하여 다양한 문화여가 프로그램도 운영하고 있다. 입주민들은 서울송도병원과 바로 연결된 통로를 이용해 필요한 경우 병원을 손쉽게 이용할 수 있다.

　서울타워는 다른 서울시니어스타워와 달리 초기 높은 입주보증금이 부담스러운 시니어들에게 적합한 옵션을 제공하며, 월 비용을 감수할 수 있는 입주민에게 좋은 선택지이다. 특히 의료 및 건강 서비스를 중시하는 시니어들이 많이 입주해 있으며, 도심의 편리한 생활과 더불어 입주민에게 보다 더 밀착된 개인 서비스를 제공하고 있다.

입주비용

평형별 입주보증금

(단위: 만 원)

평형	입주보증금
15	5,000
23	6,000
30	7,000

서울타워는 다른 서울시니어스타워에 비해 대형 평수가 없으며, 평형대별로 입주보증금은 2024년 9월 기준 5,000~7,000만 원으로 파격적으로 저렴하다. 2023년 초만 하더라도 입주보증금이 1억 9,000~3억 9,000만 원이었으나, 2023년 후반에 입주보증금을 내리는 대신 관리비를 올렸다.

입주보증금은 전국의 실버타운 중 지방의 서민 아파트형 실버타운을 제외하고 가장 저렴한 편이다. 이러한 가격 정책 덕분에 초기에 목돈이 여의치 않은 시니어들도 몇 억원씩 하는 입주보증금을 마련하느라 현재 살던 집을 매매하지 않고도 쉽게 입주할 수 있다.

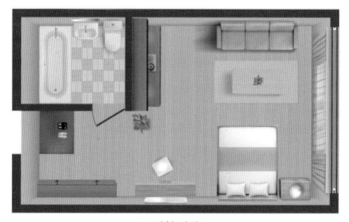

15평형 평면도

월 비용

평형별 월 비용

(단위: 만 원)

평형	월 비용	
	1인	부부
15	278	-
23	320	417
30	354	455

　서울타워의 가장 큰 특징은 입주보증금이 파격적으로 저렴한 반면, 월 비용은 비슷한 평수의 다른 서울시니어스타워에 비해 약 100만 원 정도 비싸다는 점이다. 또한, 의무식도 60식이 아닌 90식으로 고정되어 있다. 15평형은 1인만 입주할 수 있으며, 부부는 23평형 또는 30평형을 선택해야 한다.

　월 비용은 90식 의무식을 포함하여 부대시설 이용료, 청소 서비스, 난방비, 상수도세 등의 공과금이 포함되어 있다. 세대별로 추가로 내는 비용은 전기요금 정도여서 월 생활비는 월 비용보다 크게 높지 않다.

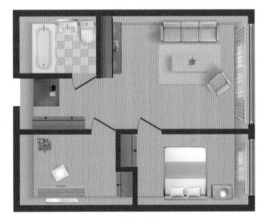

30평형 평면도

위치 및 주변 환경

도심 한가운데 위치한 전형적인 도심형 실버타운으로 가까운 거리에 지하철과 버스 정류장이 있어 교통이 편리하다. 지하철 6호선 버티고개역과 3호선 약수역으로 이어지는 다산로 중간 지점에 위치해 있으며, 두 역 모두 300미터 이내에 있다. 버스 정류장도 도보로 2분 거리에 있다.

도시형 실버타운으로 도심의 국립극장, 충무아트센터 등 문화시설 이용뿐만 아니라 남산공원, 매봉산공원 등 자연을 즐길 수도 있다.

식사 서비스

도심형 실버타운으로는 드물게 90식 의무식을 운영하고 있다. 식사 여부와

식당

관계없이 1인당 90식 의무식 비용이 일률적으로 부과된다. 90식 의무식으로 인한 규칙적인 식생활로 연령대비 건강하게 생활하는 입주민들이 많다.

식사는 고령자의 입맛에 잘 맞는 한식 위주의 식사가 제공이 되며, 아침에는 빵과 샐러드 등의 양식 메뉴도 함께 제공된다. 식당에서 별도의 지정석은 없지만, 오래 생활한 입주민들은 선호하는 자리가 있어 함께 어울려 식사하는 그룹도 형성되어 있다.

영양사가 고령자에 적합한 영양식을 준비하며, 필요시 입주민은 영양사와 상담하여 별도의 식단을 제공받을 수 있다. 식단에 대한 평가가 좋아서 대부분의 입주민들이 항상 서울타워 내 식당을 이용하고 있다. 몸이 불편하여 식당에 오기 힘든 경우 식사를 방으로 배달 받는 룸서비스를 이용할 수 있으며 3,000원의 추가 비용이 발생한다.

생활 편의 서비스

대중교통 이용이 편리하기 때문에 셔틀버스를 별도로 운행하지 않는다. 서울타워의 주차장은 기계식 타워형으로 세대당 1대의 주차가 가능하다. 시니어 입주민의 이용 불편을 고려해 대리 주차 서비스가 제공된다. 자가 운전하는 입주민도 일부 있으나 그 수는 적으며, 대부분은 대중교통을 이용한다. 주 2회 무료 청소 서비스를 제공하지만, 세탁은 각 세대에서 해야한다. 무거운 이불 등은 3층에 마련된 코인 대형세탁기와 건조기를 이용할 수 있다.

의료 관련 서비스

서울타워의 가장 큰 특징은 서울송도병원과 연결된 건물 구조로, 3층 통로를 통해 타워 내에서 곧바로 병원으로 이동할 수 있다는 점이다. 입주민이 요청하면 서울타워에서 진료 예약을 대행해 주며, 병원에서는 대장·항문 질환뿐만 아니라 내과, 외과, 안과, 정신과, 비뇨기과, 이비인후과 등의 진료가 가능하다. 진료비는 관리비와 별도로 본인 부담이다. 또한, 진료 후 처방받은 약은 타워 1층에 위치한 약국에서 바로 구입할 수 있어 편리하다.

서울타워에는 24시간 운영되는 간호사실에 간호사가 상주하며 투약 관리, 혈당 및 혈압 체크 등 기본 건강관리를 해준다. 간호사들은 입주민의 건강과 영양 상태를 점검하며, 필요에 따라 식당 영양사와 협력해 식단관리를 도와준다. 서울송도병원에는 응급실이 없기 때문에, 응급상황 발생 시 차량으로 7분 거리인 한남동의 순천향대학교 서울병원으로 이송된다.

서울타워와 서울송도병원

입주세대 내부

입주세대는 4층부터 13층까지 있으며, 15평형은 원룸형이며, 23평형은 거실과 방 1개, 30평형은 거실과 방 2개로 구성되어있다. 각 세대는 북서향이나 남동향 구조이며, 6층 이하의 남동향 세대는 뒤쪽에 있는 건물에 가려 햇볕이 다른 층에 비해 조금 덜 드는 편이다.

서울타워의 전용률은 약 50%로 높지 않다. 각 세대에는 드럼 세탁기, 전자 레인지, 휴대용 하이라이트 등이 기본으로 설치되어 있으며, 신규 입주 시 도배와 마루를 포함하여 새로 인테리어를 해준다. 모든 세대는 문턱이 없어 이동이 편리하며, 화장실에는 욕조와 비상벨이 설치되어 안전성을 높였다.

주요 시설 및 프로그램

실버타운 내 주요 부대시설

운동 및 건강 관련	오락 및 여가 관련	생활편의 관련
헬스장	영화·음악감상실	이미용실
사우나	포켓볼장	약국 & 마트
간호사실	보드게임실	라운지
	컴퓨터실	
	강당, 북카페, 동호인실	

실버타운 내 주요 프로그램

운동 프로그램	건강 프로그램	여가 프로그램
건강체조	뇌건강블링블링	스마트폰강좌
의자체조	뇌건강 코그니사이즈	컴퓨터강좌
매트체조		보드게임강좌
		힐링워킹데이

서울타워에서 진행되는 프로그램은 크게 운동 프로그램, 건강 프로그램, 여가 프로그램으로 나누어진다. 월별 계획에 따라 진행되는 문화여가 프로그램 외에도, 다른 서울시니어스타워와 연합 프로그램도 제공된다. 이러한 프로그램은 대부분 무료이며, 특정 기획 프로그램에는 약간의 비용이 발생할 수 있다.

서울타워에서는 스포츠, 문화, 취미활동, 프로그램을 위한 시설이 1~3층에 집중되어 있다. 헬스장은 14층에 위치해 있으며, 전면이 유리창으로 되어 있어 남산의 아름다운 전망을 감상하며 운동할 수 있다. 운동처방사가 상주하여 안전하게 운동할 수 있도록 도와준다.

각종 도서와 신문, 컴퓨터가 비치되어 있는 도서관이 있으며, 여가 시간을 보내기 위해 영화·음악감상실과 취미실(보드게임실, 장기바둑실)도 자유롭게 이용할 수 있다. 실버타운 주변의 용산기념관, 창경궁, 서울숲 등 유명한 장소를 방문하는 나들이 프로그램도 운영하고 있다.

서울숲 나들이

입주민 성향과 분위기

서울타워의 입주민 약 150명 중 120여 명이 싱글이며, 대부분 여성 시니어들이다. 평균 거주 기간이 10년 이상으로 오래된 경우가 많고, 매년 약 20명의 신규 입주민이 들어온다. 오랜 시간 함께 생활한 만큼 입주민들 간에 유대감이 형성되어, 낙상 예방법 등 강의를 함께 듣고 가족처럼 서로의 안부를 챙기며 지내고 있다.

오래전에 입주한 분들이 많은 관계로 평균 연령은 다른 실버타운처럼 85세 이상 높은 편이지만 함께 모여 야외 나들이를 다녀오기도 한다. 여전히 사회활동을 하는 시니어들은 20명 내외이며, 나머지 대다수의 분들은 전직 공무원이나 전문직에 종사했던 분들로 소득 수준과 사회적 지위가 다소 높은 편이다.

낙상 예방법 강의

저자 리뷰

서울타워는 송도병원이 서울시니어스타워 브랜드로 시작한 첫 번째 실버타운이다. 다른 수도권 네 곳의 서울시니어스타워와 비교할 때 몇 가지 두드러진 특징이 있다.

100% 임대형이며 입주보증금이 아주 낮은 반면 월 관리비가 다른 서울시니어스타워에 비해 많이 비싸다. 매월 내는 관리비가 비싸지만, 5,000~7,000만 원의 부담 없는 입주보증금으로 2년 정도 살아보기에는 좋다. 분양형 실버타운의 경우 한 번 매입하면 다시 되팔기가 쉽지 않고, 임대형의 경우 수도권의 실버타운 입주보증금은 최하 3억 원 이상이다.

서울시니어스타워를 운영하는 모기업인 서울송도병원과 전용 통로로 연결되어 있어 바로 갈 수 있을 정도로 가깝다. 서울송도병원에서 대장·항문뿐만 아니라 내과, 외과, 안과, 정신과, 비뇨기과, 이비인후과 진료도 받을 수 있다. 병원이 가까운 실버타운으로 마리스텔라, 용인스프링카운티자이 등이 있지만, 병원이 모기업인 곳은 서울시니어스타워가 유일하다.

서울타워는 90식을 의무식으로 하는 몇 안 되는 도심형 실버타운 중 하나이다. 90식 의무식을 운영하는 곳은 여럿 있지만 수도권에 위치한 실버타운으로는 서울타워와 삼성노블카운티, 유당마을 등 몇 곳 안된다. 지방에는 미리내실버타운, 월명성모의집, 공주원로원, 일봉실버랜드, 동해약천온천실버타운 등이 있지만 모두 종교단체에서 운영하거나 최초 설립 시에는 양로시설로 허가를 받은 곳이다. 90식 의무식을 운영하는 곳들은 다른 실버타운에 비해 입주민의 건강을 세심하게 살피고 돌보는 경향이 강하다.

오픈 초창기에 입주한 분들이 20년 넘게 생활하고 있어 전반적으로 입주민의 평균 연령이 높다. 평균 연령이 높다 보니 헬스나 액티브 한 프로그램 참여가 적고, 조용히 지내려는 분들이 많다. 활동적인 문화, 여가 프로그램보다는 의료 및 건강 서비스가 중요한 시니어들에게 적합한 실버타운이다. 월 생활비가 비싸지만 입주보증금이 적어, 이러한 조건을 선호하는 이들에게 좋은 선택지가 된다. 다만, 전용률이 낮아 세대가 좁게 느껴질 수 있고, 문화, 여가 프로그램 시설이 다소 부족한 점은 참고해야 한다.

서울타워에는 평생을 함께 하다가 2023년 서울타워에 입주한 부부가 있다. 그런데 놀랍게도 두 분이 작은 평수에 각각 입주하였다. 노후에는 각자의 사생활을 존중하며 지내보고 싶어서였다고 한다. 부부가 같이 있으면 안 해도 되는 간섭을 하게 되고 평생을 같이 했으니 이제 서로 떨어져 지내는 시간이 필요하다는 생각이 들어서 두 세대를 계약하여 "따로 또 같이" 생활하고 있다. 생활공간을 넓게 사용하고 싶은 남성 시니어는 넓게 쓰고, 소품으로 장식을 좋아하는 여성 시니어는 아기자기하게 본인 취향대로 거실을 꾸몄다.

각자의 생활공간과 사생활은 존중하고, 하루 세번 식사시간과 여가시간은 함께 보내니 부부 사이도 더 좋아진 것 같다고 한다. 천주교 신자인 두 분이 적극적으로 서울타워 사회복지팀에 건의하여 천주교 모임도 활성화시키는 등 그 어떤 부부 입주민보다 더 활동적이고 행복하게 지내고 있다.

나이가 50만 넘어도 방을 따로 쓰는 부부도 많다고 하는데, 어차피 식사는 서울타워에서 해결해 주기 때문에 각 방보다 조금 더 확실하게 사생활과 자유공간이 보장된 각 세대를 쓰는 것도 부부에 따라 합리적인 선택일 수 있다.

수동시니어타운 22

경기도 남양주시 수동면 비룡로 801-88   031-594-0999

소개

수동시니어타운은 2003년에 설립된 경기도 남양주 수동면에 위치한 실버타운으로, 아름다운 자연환경 속에 자리 잡고 있다. 건물은 지하 1층부터 10층까지의 단일건물로 1층부터 6층은 실버타운, 7층부터 10층은 연세요양병원으로 나뉘어 있다. 같은 단지 내에 남양주시 동부노인복지관이 있어 입주민들은 다양한 복지 혜택을 누릴 수 있다. 도심과 다소 거리가 있어 생활 편의시설 이용이 불편할 수 있으나, 복지관에서 셔틀버스를 운행해 큰 불편은 없다.

입주비용은 평형과 층수에 따라 다르며, 16평형은 2,000만 원에서 5,000만 원, 32평형은 1억 원이다. 월 비용은 1인 기준 120~160만 원, 부부 기준 180~220만 원으로, 월 비용에는 월세와 식비가 포함된다. 계약 기간은 5년이며, 선납형과 월납형 중 선택할 수 있다.

식사는 지하 1층 식당에서 제공되며, 저염식의 채식 위주 식단으로 구성된다. 90식 의무식이며, 식사를 거르더라도 식비는 차감되지 않는다. 생활 편의 서비스로는 별도의 비용을 통한 청소 서비스가 제공되며, 세탁 서비스는 없다. 주거동 앞에는 ATM 기계가 설치되어 있다.

의료 서비스로는 같은 건물 내의 연세요양병원이 24시간 운영되며, 호흡기내과, 정형외과, 한방과 등의 진료를 받을 수 있다. 입주민들은 요양병원 직원 및 간호사들과 친밀한 관계를 유지하며, 응급상황 시 도움을 받을 수 있다.

수동시니어타운은 자연 친화적인 환경 속에서 경제적으로 여유가 많지 않은 시니어들이 평화로운 노후를 보낼 수 있는 곳이다. 특히 요양병원과 함께 운영되어 건강 관리가 용이하며, 저렴한 비용으로 입주할 수 있는 장점이 있다.

입주비용

평형별 입주보증금

(단위: 만 원)

평형	층 수	입주보증금
16	1~2층	2,000~5,000
16	3~4층	4,000~5,000
16	5층	5,000
32	6층	10,000

　입주세대는 16평형과 32평형으로 나뉘어 있다. 16평형은 1층부터 5층까지 있으며, 32평형은 6층에 13세대만 있다. 16평형의 입주보증금은 층수에 따라 달라지며, 주거동이 산을 등지고 있어 1층은 창문이 있는 뒤쪽이 산과 숲에 가려져 낮에도 약간 어두운 편이다. 1층 16평형의 입주보증금은 2,000만 원으로 가장 낮고, 5층은 5,000만 원으로 층수가 올라갈수록 비싸진다.

　계약 기간은 5년이며, 계약 기간 내에 입주민의 사정으로 퇴거할 경우 16평형은 200만 원, 32평형은 400만 원의 위약금이 발생한다. 입주 계약 시 계약금은 입주보증금의 10%를 먼저 납입하고, 입주 시 잔금을 납입한다. 계약 방식은 5년 치 월세(생활유지비)를 선납하는 선납형과 월세를 매달 지불하는 월납형 중 선택할 수 있다.

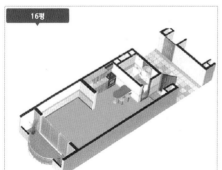

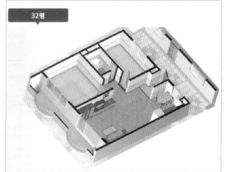

월 비용

평형별 월납형

(단위: 만 원)

평형	층 수	월세		식비		월 비용	
		1인	부부	1인	부부	1인	부부
16	1~2층	70	80	50	100	120	180
16	3~4층	70	80	50	100	120	180
16	5층	70	80	50	100	120	180
32	6층	110	120	50	100	160	220

평형별 월세 선납형

(단위: 만 원)

평형	층 수	월세 5년 선납식	
		1인	부부
16	1~2층	3,600	4,200
16	3~4층	3,600	4,200
16	5층	3,600	4,200
32	6층	6,000	6,600

월 비용은 입주 계약 당시 월세 선납형과 월납형 중 어떤 방식을 선택하느냐에 따라 달라진다. 선납형의 경우, 입주 시에 5년 치 월세를 한 번에 완납하므로 매월 세대별로 식비, 난방비, 전기세, 상수도세 등의 공과금만 지불하면 된다. 5년 치 선납금액은 16평형에 거주하는 싱글은 3,600만 원, 부부는 4,200만 원이다. 32평형에 거주하려면 5년 치 월세 선납금은 싱글 6,000만 원, 부부 7,200만 원으로 증가한다. 선납형의 경우 월납형에 비해 월 10만 원의 월세 할인을 받을 수 있다.

월납형의 경우, 싱글 기준으로 16평형은 월 70만 원, 32평형은 월 110만 원이다. 부부의 경우에는 월세가 10만 원이 더 올라간다. 월 비용은 월세에 90식 의무식 식비 50만 원이 더해지므로 평형에 따라 싱글은 120~160만 원, 부부는 180~220만 원이 된다.

전경

위치 및 주변 환경

서울에서 경춘선을 이용해 마석역에서 하차한 후 시내버스를 이용하면 1시간 안에 도착할 수 있다. 자가용을 이용할 경우 수도권제1순환고속도로를 통해 화도 IC를 이용하면 된다. 버스를 이용하려면 서울에서 좌석버스를 타거나 광역버스를 타고 마석에서 시내버스로 환승해야 한다. 다만, 버스정류장이 실버타운에서 멀어 이용하기 쉽지 않다. 다행히 수동시니어타운 바로 옆 남양주시 동부노인복지관에서 마석역이 있는 화도읍까지 왕복하는 셔틀버스를 운행하고 있어 큰 불편은 없다.

주변에 삼림욕장이 있으며 축령산자연휴양림, 아침고요수목원, 수동국민관광지 등이 위치해 있다. 실버타운 단지를 빠져나와 다리를 하나 건너면 약국, 마트, 세탁소 등 생활 편의시설 및 운동시설인 수동멀티스포츠센터가 있다.

식사 서비스

식당은 지하 1층에 있으며, 일주일 치 식단이 미리 공개되고 채식 위주의 저염식 식단으로 마련된다. 매끼 흰밥과 잡곡밥 중에 선택할 수 있다. 식사는 90식을 의무식으로 하고 있으며, 식비는 1인 기준으로 월 50만 원이며, 끼니를 거르더라도 금액이 차감되지 않는다. 이런 이유로 대부분의 입주민들은 건강을 위해 매달 제공되는 90식을 다 드시고 있다. 식당은 실버타운 입주민뿐만 아니라 요양병원의 간호사, 원무과 직원 등도 함께 이용하며, 비용은 6,000원이다.

생활 편의 서비스

개별 세대에 대한 청소와 세탁 서비스는 제공되지 않으며, 청소 인력은 공용 공간만 청소한다. 개별적으로 세대 내 청소를 원하는 입주민은 2만 원 정도의 비용을 지불하면 청소 서비스를 이용할 수 있다. 주거동 앞에는 시중 은행 ATM 기계가 설치되어 있어 편리하다.

남양주시 동부노인복지관에서는 오전 2차례, 오후 3차례 등 하루 5차례 마석역이 있는 화도읍까지 셔틀버스를 운행해 입주민이 외부 활동을 하는 데 큰 불편함이 없다. 요양병원에 근무하는 간호사나 의료진들도 이 셔틀버스를 이용해 출퇴근하고 있다.

의료 관련 서비스

수동시니어타운 건물의 7층부터 10층까지는 연세요양병원이 위치해 있으며, 24시간 운영된다. 요양병원은 호흡기내과, 정형외과, 산부인과, 신경정신과, 한방과를 갖추고 있으며, 물리치료실도 운영 중이다. 물리치료실은 월요일부터 금요일, 오후 2시부터 3시 30분까지 무료로 이용할 수 있다. 안과, 비뇨기과, 치과 등 다른 진료는 인근의 외부 병원을 이용해야 한다.

수동시니어타운에는 실버타운 입주민 외에도 요양병원에서 근무하는 간호사들이 다수 거주하고 있다. 이는 수동시니어타운과 요양병원이 같은 곳에서 운영되고 있어 일부 입주 세대를 숙소로 제공하고 있기 때문이다. 입주민들은 이들 간호사들과 개인적으로 친해지기도 하여 건강 상담을 받거나, 응급상황 발생 시 도움을 요청할 수 있어 실제적인 도움은 물론 심리적으로도 많은 위안을 받는다.

주요 시설 및 프로그램

지하 700m의 암반수를 사용한 유황광천수 사우나가 지하 1층 식당 맞은편에 있으며, 작은 찜질방도 갖추고 있다. 사우나는 남성 입주민은 수요일, 여성 입주민은 목요일에 주 1회 이용이 가능하다. 또한, 지하 1층에는 약 15평 남짓한 헬스장이 있으며, 7~8대의 운동기구가 설치되어 있지만 이용자는 많지 않다. 공동 세탁·건조실에는 대형 코인세탁기와 건조기를 비치해 두었고, 세제도 제공하고 있다.

수동시니어타운 자체적으로 운영하는 문화여가 프로그램이 없지만, 바로 옆에 위치한 남양주시 동부노인복지관과 연계되어 있어 복지관의 부대시설과 프로그램을 이용할 수 있다. 복지관에서는 장구, 난타, 태극권, 댄스 등의 프로그램을 제공하며, 국가보조금이 지원되어 이용료가 6개월에 1만 원 정도로 매우 저렴하다. 도보 10분거리에 위치한 남양주수동멀티스포츠센터에서 운영하는 라인댄스, 필라테스, 배드민턴, 탁구 등의 프로그램을 이용할 수도 있다.

입주세대 내부

입주 세대는 총 136세대이며, 대부분 16평형이고, 32평형은 건물 6층에 13 세대뿐이다. 16평형은 원룸 구조이며, 전용면적은 60~70% 수준이다. 각 층의 입주 세대는 복도를 가운데 두고 양쪽으로 위치해 있어 남향 세대와 북향 세대로 나뉜다. 남향 세대는 따뜻한 햇살이 잘 들어오는 반면, 북향 세대는 숲을 마주하고 있어 풍광은 좋지만 여름에는 습기가 많은 것이 단점이다.

16평형의 북향 세대는 방이 정사각형 모양으로 실용적이지만, 창문이 숲과 바로 맞닿아 있어 한낮임에도 어둡고 약간 습한 느낌이 든다. 세대 내에는 싱크

대와 조리기구, 붙박이장 하나와 TV 받침대만 갖추어져 있으며, 침대, 냉장고, 세탁기 등은 입주민이 직접 마련해야 한다. 대부분의 실버타운은 인덕션을 사용하지만, 수동시니어타운에는 가스레인지가 설치되어 있어 안전사고에 대한 우려가 다소 있다.

화장실에 비치된 비상호출기는 줄을 잡아당기는 방식으로, 대부분의 실버타운에는 변기나 욕조 옆 낮은 곳에 버튼을 누르도록 설치되어 있는 것과 차이가 있다.

보안 및 안전 관련

복도에 CCTV가 설치되어 있어 입주민들의 안전을 모니터링하고 있으며, 모든 세대에 화재에 대비한 스프링클러가 설치되어 있다. 그러나 다른 실버타운

남양주시동부노인복지관

과는 달리 복도에 안전바가 설치되어 있지 않다. 각 입주 세대의 화장실에는 줄을 잡아당기는 방식의 비상 호출기가 설치되어 있는데, 줄이 아래로 늘어져 있어 쉽게 잡아당길 수는 있지만 다소 높은 곳에 위치해 있다.

입주민 성향과 분위기

수동시니어타운에는 총 100여 명의 입주민이 생활하며, 대부분이 싱글 입주민이었으며 여성 입주민이 70%가 넘는다. 입주민의 평균 연령은 80대 중반이며, 남성의 경우 이보다 조금 더 젊다. 수동시니어타운이 문을 열 당시부터 현재까지 계속 거주해 온 90대 입주민도 있었다. 남성 입주민들은 대개 사별 후 혼자 생활하면서 여러 가지 일상생활, 특히 식사를 준비하기 힘들어서 입주한다는 것이 수동시니어타운 측의 설명이다.

복지관 미술활동 프로그램

수동시니어타운은 거주동이 숲으로 둘러싸여 있으며, 진입로 쪽으로 맑은 물이 흐르는 수동 계곡을 내려다볼 수 있어 자연이 아름답다. 주거동 주변에는 산책로가 잘 조성되어 있어 입주민들이 가벼운 운동과 산책을 하기 좋다. 또한, 소일거리로 가꿀 수 있는 작은 텃밭도 제공되어 자연친화적인 생활을 할 수 있다.

대부분의 실버타운은 종교 재단이나 학교 재단, 병원 재단 등에서 운영하지만, 수동시니어타운은 개인이 운영하는 곳이다. 수동시니어타운은 연세요양병원의 원장과 그 가족들이 함께 운영하고 있다. 요양병원 원장이 실버타운 입주민을 자주 만나 각 입주민의 건강 상태를 상세히 파악하고 돌볼 수 있는 장점이 있다.

수동시니어타운은 새로운 입주민이 입주할 때, 건강과 성향을 잘 살펴서 개인에 맞춘 서비스를 제공하려고 노력하고 있다. 새로운 입주민이 지병을 가지고 있거나 특별히 내성적인 성격일 경우, 개별 특성을 파악해 관리하고 새로운 환경에 잘 적응할 수 있도록 배려하고 있다.

주거동과 같은 건물에 요양병원이 함께 있어 24시간 응급 상황에 대처할 수 있는 장점이 있다. 주거동에 요양병원 간호사들이 일부 거주하고 있어 입주민들이 심리적으로 안심도 되고 필요시 실제적으로 도움을 받을 수 있다.

연세요양병원 원장의 어머니가 실버타운의 실질적인 운영을 맡고 있으며, 요양병원과 더불어 실버타운에 대한 자부심과 애정을 가지고 있다. 자부심과 애정이 대단한 만큼 인력이나 시설에 대한 투자가 더 이루어지면 좋겠다는 아쉬움도 있지만, 입주 비용이나 월 비용이 저렴하여 시설 투자가 쉽지만은 않을 수 있다.

수동시니어타운은 입주 비용과 월 비용이 가장 저렴한 실버타운에 속한다. 수동시니어타운보다 월 생활비가 더 저렴한 임대형 실버타운은 월명성모의집과 일봉실버랜드 정도이다. 또한, 부부가 입주해도 싱글에 비해 식비 외에는 크게 비용이 더 들지 않는다.

서울에서 가까우면서도 비용이 저렴하기 때문에 수도권에 경제적 여유가 많지 않은 시니어라면 관심을 가질 만하다. 다만, 입주보증금과 월 비용이 낮다 보니 각종 부대시설을 갖춘 고급형 실버타운의 시설과 서비스 수준을 기대하기에는 무리가 있다.

경기도 용인시 기흥구 동백죽전대로 333   031-8067-6017

소개

스프링카운티자이는 경기도 용인시 기흥구 중동 동백죽전대로에 위치한 100% 분양형 실버타운으로 2019년 10월에 입주를 시작했다. 총 1,345세대로, 국내 최대 규모의 대단지 노인복지주택으로 설계되었으며 자연친화적인 환경을 갖추고 있다. 용인 경전철 동백역과 버스정류장이 단지 정문 바로 앞에 있으며, 연세대학교 용인세브란스병원이 도보로 갈 수 있는 거리에 있다.

거주동은 1단지로 불리는 센터 1과 2단지로 불리는 센터 2로 분리되어 있는데, 센터 1은 호텔과 같은 넓은 복도식 구조로 총 455세대가 101A~101D까지 4개 동으로 이루어져 있고, 센터 2는 890세대가 계단식 아파트 구조로 201~207동까지 7개 동으로 이루어져 있다.

단지 중앙의 유리 연결 통로는 센터끼리의 연결 뿐만 아니라 개별 센터에 위치한 각각의 동이 모두 통로로 연결되도록 설계되어 있다. 센터 1과 센터 2에는 피트니스 센터, 사우나, 골프연습장, 스크린골프장 등의 부대시설과 프로그램실이 마련되어 있다. 또한, 100% 분양형 실버타운 중 유일하게 자체 식당(그랑테이블)을 운영하고 있다.

실버타운 운영의 기본적인 사항 외에 시설의 중요 제반 사항이나 의사결정이 필요한 경우에는 운영위원회를 통해 결정하고 있다. 운영위원회는 운영사 대표, 입주민 대표, 외부 전문가 위원으로 구성되어 있다. 식음자문위도 있어 식단에 대해 협의하며, 실버타운으로는 드물게 반려동물을 키우는 것을 허용하고 있다.

스프링카운티자이는 시니어를 위한 커뮤니티 아파트를 원하는 분들에게 적합하다. 반려동물이 있거나, 합리적인 월 관리비로 식사도 같이하면서 동호회 활동도 하고 이웃과 격없이 어울리고 싶은 시니어들이 많이 입주해 있다.

입주비용

평형별 입주보증금

평형	매매	전세	월세
23평 (47타입, 센터 1)	4억8,000만원	4억원	1억원/100만원
25평 (59타입, 센터 1,2)	5~6억원	5억원	1억원/140만원
30평 (74타입, 센터 1,2)	7~8억원	6억원	1억원/160만원

스프링카운티자이는 2016년 분양 당시 평당 분양가가 약 1천만 원으로 저렴하게 공급되어, 분양 개시 후 바로 100% 분양이 완료되었다. 노인복지주택의 입주 자격 및 매매 조건의 제한이 있어 재산의 가치나 거래가 원활하지 않을 것이라는 편견에도 불구하고, 여전히 활발하게 거래가 진행되고 있다. 현재는 최초 분양 당시보다 2배 이상 오른 가격으로 거래되고 있으며, 주변에서도 좋은 평가를 받고 있다.

가장 작은 평수는 약 4억 원에서부터, 가장 큰 평수는 약 8억 대의 매매가격이 형성되어 있으며, 전세나 월세로 입주한 세대 역시 많은 비율을 차지하고 있다. 물론 이러한 시세는 2024년 7월 기준이며 시기에 따라 변동이 있어 정확한 가격은 가까운 부동산에 문의해 보아야 한다.

월 비용

평형별 월 비용

(단위: 만 원)

평형	관리비	식비	월 비용
23평 (47타입, 센터 1)	23	27	50
25평 (59타입, 센터 1, 2)	25	27	52
30평 (74타입, 센터 1, 2)	30	27	57

스프링카운티자이의 가장 큰 특징은 비슷한 시설의 임대형 실버타운에 비해 관리비가 저렴하다는 점이다. 1인 기준으로 23평에서 생활하면 세대별 관리비는 23만 원으로 평당 약 1만 원 정도며, 세대당 30식 식비인 27만 원을 더하면 총 50만 원이 된다. 30평 넓은 곳에서 지내도 월 7만 원 정도만 더 내면 된다. 수도, 전기, 난방비 등 세대 공과금은 각 세대별 사용량에 따라 월 평균 15~20만 원 정도가 부가된다.

관리비는 일반 아파트보다 약간 더 높지만, 실버타운에서 누릴 수 있는 복지 프로그램 및 부대시설 이용 등의 비용이 모두 포함되어 있다. 또한, 유료 강좌, 청소, 건강 관리 등의 서비스는 선택적으로 이용하고 비용을 지불하는 방식이어서, 입주민들은 필요로 하는 것에만 비용을 지불하면 된다.

Center 1, 2
1,345세대로 구성

위치 및 주변 환경

스프링카운티자이는 용인시 기흥구에 위치하며 경부고속도로와 영동고속도로 접근이 용이하고, 수인분당선과 용인 경전철 이용이 편리하다. 단지 정문 맞은편에 동백역이 위치해 있으며, 경전철로 에버랜드까지 약 20분, 기흥역을 통해 강남까지 약 40분정도 걸린다.

단지 인근에는 동백지구의 은행, 관공서, 쇼핑 시설 등 주요 상권이 있어 생활 편의성이 높다. 대형마트 이마트와 가락공판장도 가까이 있으며, CGV 영화관도 쉽게 갈 수 있다. 입주민 소유의 멱조산 영구보존녹지를 끼고 있어 자연을 품은 아파트 느낌을 준다. 연세대학교 용인세브란스병원이 걸어갈 수 있을 정도로 가까워 병원을 자주 이용하는 시니어들에게는 아주 편리하다.

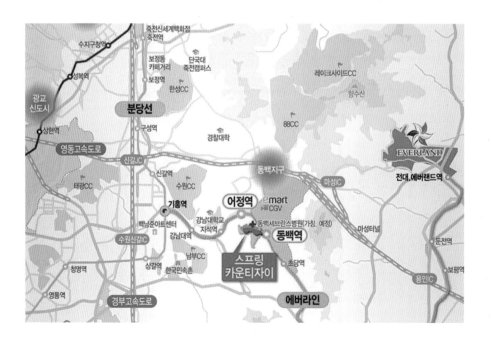

식사 서비스

스프링카운티자이의 식당(그랑테이블)은 센터 1과 센터 2에 각각 위치해 있다. 두 곳 모두 천장이 높아 개방감을 주며, 식탁 간 간격이 넓어서 붐비지 않고 쾌적하다. 생신이나 모임을 위한 연회장과 소연회실이 따로 마련되어 있으며, 장소 대여와 연회식(일품요리)도 예약을 하면 가능하다.

식사 품질관리를 위해 매월 식당 책임자, 운영사, 입주민 대표들로 구성된 식음자문위 회의가 열린다. 이 회의를 통해 식단에 대해 검토하고 입주민의 건의사항을 받아들여 식사 품질을 위한 개선책을 마련하고 있다. 식단은 매주 공지되며, 가정식 위주의 메뉴 외에도 양식, 중식, 이탈리안식 등의 특별식이 포함된다. 주말에는 센터 1 식당을 푸드코트로 운영해 입주민 가족, 친지, 외부인들이 함께 이용할 수 있다.

식음자문위 회의

조식으로는 심뇌혈관 질환과 당뇨 예방에 좋은 DASH(대시) 식단, 건강한 불포화지방의 지중해식 샐러드 정식 및 양질의 식물성 단백질인 콩으로 만든 비건소이푸드 등을 식재료로 사용하며, 요청에 따라 각 세대로 도시락 배달 서비스도 해준다.

의무식은 월 30식이며 식사는 식당을 이용하거나 일반 아파트처럼 각 가정에서 자유롭게 준비해도 된다. 입주민들은 본인들의 편한 생활방식에 맞춰 식당에서 식사를 하거나 집에서 취사와 조리를 통해 식사를 할 수 있다.

매달 의무식 비용으로 27만 원이 부과되지만, 27만 원 한도 내에서 식당에서 30식의 의무식 식사를 할 수도 있고, 단지 내의 카페, 베이커리, 편의점, 건강보조식품점 등에서도 대체 이용이 가능하다.

예를 들어 매월 1일에 의무식 비용 27만 원이 입주민 세대의 키카드에 충전되었으면 20식만 의무식 식사를 하고 남는 금액 9만 원은 단지 내 편의점 등에서 다른 물품을 구매할 수 있다. 다만 남은 금액은 다음달로 이월되지 않고 소멸되므로 매월 마지막 날까지 27만 원을 모두 사용해야 한다.

생활 편의 서비스

스프링카운티자이는 독립적인 생활을 지향하며, 무료 세대 청소나 직원들이 개인의 일상생활을 세세하게 돕는 컨시어지 서비스를 제공하지는 않는다. 주요 생활 편의 서비스로는 셔틀버스 운행, 게스트룸 대여, 가사도우미 연계, 세대 시설물 관리, 편의점 및 카페&베이커리 운영이 있으며 그밖에 대행 서비스는 비용을 받고 진행한다.

방문요양이나 입주간병처럼 가사도우미 이상의 도움을 받고 싶은 시니어는 단지 안의 재가복지센터에 문의하면 된다. 장기요양 재가등급이 있는 시니어들이 일상생활 돌봄을 받고 싶을 때에는 요양보호사가 집으로 찾아오는 서비스를 받을 수 있다. 이렇게 재가복지센터가 가까이 있으면 언제든지 찾아가서 필요한 내용을 상담할 수 있다.

셔틀버스는 무료로 30분 간격으로 동백 지구를 순환 운행하며, 방문객을 위한 게스트룸은 25평형은 1박에 8만 원, 30평형은 1박에 10만 원으로 이용할 수 있다. 센터 1 로비에는 입주민들이 음료를 즐기며 담소를 나눌 수 있는 카페와 베이커리가 마련되어 있고, 센터 2에는 편안한 휴식을 위한 휴게카페가 있다. 휴게카페 옆에는 건강보조식품 판매업체가 입점해 있으며, 두 센터 모두에 편의점이 있어 생활에 필요한 소소한 물품을 단지 내에서 편리하게 구매할 수 있다. 센터 1과 센터 2의 각 동의 지하와 지상에도 주차장이 있으며, 스프링카운티자이의 주차 대수는 세대당 0.83대로 노인복지시설 법정 주차대수인 0.3대보다 훨씬 많다.

센터 2에 입점해 있는 편의점

의료 관련 서비스

복지지원센터 내에는 간호사가 상주하며 간단한 건강 상담, 혈압 및 혈당 측정, 체질량 분석 등 기본적인 간호 서비스를 제공한다. 그 밖에 의료적 진료나 처치는 용인세브란스병원에서 받을 수 있다.

용인세브란스병원은 단지와 맞닿아있어 입주민들이 걸어서 갈 수 있을 정도로 가깝다. 용인세브란스병원과 MOU를 체결하여 입주민이 편리하게 이용할 수 있도록 전용창구가 마련되어 있다. 입주민이 종합 건강검진을 받으면 비용의 20%를 할인해 준다. 세브란스병원의 전문의를 초빙하여 입주민을 위한 정기적인 무료 건강강좌를 진행하고 실버타운 직원들에게 심폐소생술 등을 교육시켜 주고 있다.

또한, 인근 병원, 의원, 한의원과도 의료협약을 체결하여 입주민이 혜택을 받고 편리하게 이용할 수 있도록 연계하고 있다.

입주세대 내부

3개 평형 9개 타입의 총 1,345세대가 센터 1과 센터 2에 나뉘어 있다. 센터 1의 101A, 101B, 101C, 101D 동은 복도식으로 총 455세대가 있으며, 23평형(47㎡), 25평형(59㎡), 30평형(73㎡)이 고루 배치되어 있다. 센터 2는 계단식으로 201동부터 207동까지 총 7개 동, 890세대가 있으며, 25평형(59㎡)과 30평형(74㎡)으로 구성되어 있다.

센터 1의 가장 작은 평수인 23평형(47㎡)은 방 한 개, 거실 하나, 화장실 한 개로 되어 있는 것을 제외하면, 센터 1과 센터 2의 나머지 모든 평형은 방 3개, 화장실 2개, 거실 1개로 구성되어 있다. 센터 1의 세대는 복도식으로 되어 있어 전용률이 센터 2의 세대보다 조금 낮다. 모든 세대에 다용도실이 있으며, 센터 1의 경우 전용률이 낮은 것을 보완하기 위해 대부분의 23평형과 25평형 세대에는 창고를 제공하고 있다.

모든 세대에는 방, 화장실, 거실에 비상호출벨이 설치되어 있고, 화장실에는 안전바가 설치되어 있다. 주방에는 3구 전기쿡탑, 음식물 탈수기, 주방 액정 TV(10인치)가 있다. 스프링카운티자이는 100% 분양형 노인복지주택의 특징을 반영해, 다른 실버타운에 비해 주방 공간이 아파트처럼 넓게 설계되어 있다.

주요 시설 및 프로그램

실버타운 내 주요 부대시설

센터 1	센터 2
골프연습장/스크린골프	골프연습장/스크린골프
피트니스센터	피트니스센터
바둑/장기실	대연회장
체스마작실	다목적실
소호사무실	취미오락실
각종 종교실(기독교/천주교/불교)	서예실
탁구장/당구장/포켓볼장	여성공방/어린이 놀이방
영화관람실	건강관리실
노래연습실	북카페

스프링카운티자이에는 센터 1과 센터 2에 동일하게 피트니스 센터, 골프 연습장, 스크린 골프, 남녀 사우나 등을 갖춘 부대시설(자이안센터)이 있다. 또한, 센터 1에는 동호회실, 바둑실, 체스마작실, 종교실(기독교, 천주교, 불교), 당구장, 탁구장, 포켓볼장, 영화 관람실, 소호 사무실 등의 프로그램실을 갖추고 있다. 센터 2에는 여성 공방, 어린이 놀이방, 북카페, 서예실뿐만 아니라 각종 문

화강좌 프로그램을 진행할 수 있는 다목적실 및 취미 오락실 등이 있다.

입주민들은 동호회 및 프로그램에 적극적으로 참여하고 있다. 단지 내에는 입주민들로 구성된 약 35개의 각종 동호회가 개설되어 운영되고 있다. 복지지원센터에 동호회 개설 신청을 하면 동호회 회원 모집 홍보 안내문을 게시하여 동호회 모임 구성을 지원한다.

문화강좌 프로그램으로는 생활 영어회화, 오페라 감상, 이야기가 있는 역사, 클래식 감상, 우쿠렐레, 스마트폰 초급, 중급 등의 프로그램이 진행되고 있다. 입주민의 재능 기부 강좌는 무료로 이루어지기도 하고, 외부 강사의 프로그램인 경우 입주민들이 개별적으로 강습비를 지불해야 한다. GX 프로그램으로는 요가, 차밍댄스, 라인댄스 등의 프로그램이 있다.

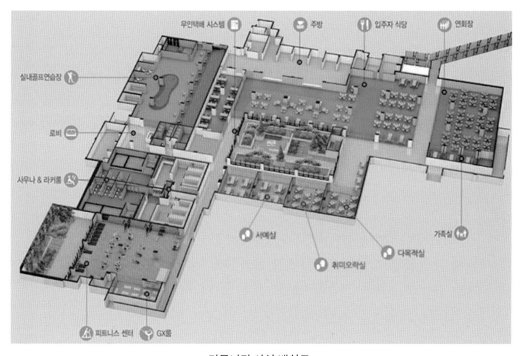

커뮤니티 시설 배치도

골프 연습장과 함께 스크린 골프 시설이 갖추어져 있으며, 스크린 골프는 예약을 통해 유료로 이용할 수 있다. 피트니스 센터와 골프 연습장에서는 상주하는 직원 강사에게 유료로 개인 PT나 레슨을 받을 수 있다.

보안 및 안전 관련

세대 내부에는 동작감지 센서가 설치되어 있으며, 세대에 부착된 경비 시스템인 월패드와 연동되어 있다. 월패드 하단의 실버케어를 설정하면 실버케어 메뉴가 초록색으로 표시되어 동작, 전기, 수도 사용량 체크 시스템이 가동된다.

일정 시간 동안(12시간) 움직임이 감지되지 않거나 수도 및 전기 사용량이

영화감상실

미리 설정된 기준에 못 미치면 보안팀 관제 방범 PC 시스템에 경고음이 발생하여 보안팀에 연락이 된다. 보안팀은 입주민에게 확인 전화를 하고, 연락이 되지 않을 경우 보안팀에서 출동하여 확인하게 된다.

세대에서 응급상황이 발생하면 세대 내에 설치된 긴급 호출버튼인 비상벨 (U-care) 시스템을 누르면 보안팀에 연결되어 비상호출이 된다. 보안팀은 세대에 먼저 전화로 확인하고, 전화를 받지 않을 경우 보안직원이 바로 출동하고 있다.

단지 출입구 센터 1 엘리베이터 옆에는 생활지원센터 사무실이 있으며, 이곳에는 시설관리 직원이 상주하고 있다. 생활지원센터 사무실은 주로 시설 관리, 입주민의 민원 및 불편사항을 접수하고 해결하는 업무를 하며, 보안팀은 단지 보안업무를 기본으로 입주민 응급상황 발생 시 대처 및 택배보관, 입주민 차량관리 등을 담당하고 있다.

각 센터에 따로 운영되는 자이안센터

입주민 성향과 분위기

　스프링카운티자이는 1,345세대, 약 2,300명의 시니어들이 거주하고 있다. 일반적인 실버타운보다 기존 아파트 생활환경과 비슷한 분양형 실버타운에서 식사를 해결할 수 있는 곳을 선호해서 입주한 시니어들이 많다.

　입주민들의 평균연령은 약 77세로, 젊은 시니어들도 많이 입주해 있다. 전형적인 실버타운은 싱글 비율이 높지만, 이곳은 부부의 비율이 훨씬 높다. 입주민들의 연령대는 60대 초반부터 90대까지 다양하며, 60~70대 시니어들은 문화 강좌, GX 프로그램 및 여러 동호회에 왕성하게 참여하고 있다.

　초기 분양 때 입주한 시니어들도 많지만, 분양이 끝난 후 매매와 전·월세로 입주한 세대도 있다.

스트레칭체조

저자 리뷰

    스프링카운티자이는 몇 가지 독특한 특징을 갖춘 실버타운으로, 특정 시니어 계층에게 적합한 선택지로 주목받고 있다. 무엇보다도 이곳은 100% 분양형 노인복지주택임에도 실버타운 본연의 기능을 유지하고 있다. 대부분의 분양형 노인복지주택들은 식당과 부대시설 운영에 어려움을 겪으면서 일반 아파트와 비슷한 형태로 변하기 쉽다. 이에 반해 스프링카운티자이는 만 60세 이상만 입주할 수 있도록 규정하면서도 식당과 커뮤니티 시설을 잘 운영하여 실버타운의 본래 기능을 유지하고 있다. 이는 분양형 실버타운 중 거의 유일한 사례로, 주택연금 및 거주 안정성을 위해 자가 소유를 선호하는 시니어들에게 매력적인 실버타운일 수 있다.

    스프링카운티자이는 전국 최대 규모인 1,345세대로 구성된 대규모 실버타운으로, 그 규모는 일반적인 실버타운의 3~10배에 이른다. 외관상으로는 식당과 다양한 부대시설을 갖춘 대단지 커뮤니티 아파트와 비슷한 느낌을 주며, 월 관리비도 일반 커뮤니티 아파트와 큰 차이가 없다. 그러나 내부의 프로그램과 입주민을 위한 편의시설을 들여다보면 커뮤니티 아파트와는 확연히 구별된다.

    예를 들어, 검암역 로열파크시티푸르지오 같은 커뮤니티 아파트도 식당과 부대시설을 잘 갖추고 있지만, 이곳은 주로 5세~14세 자녀를 둔 학부모를 위한 시설과 교육환경에 중점을 두고 있다. 어린이 놀이터와 초·중·고등학교를 위한 교육 인프라가 잘 마련된 반면, 스프링카운티자이는 60~80대 시니어들의 생활을 지원하는 환경에 특화되어 있다. 이러한 차이점은 두 주거공간의 목표와 사용자층에 따라 뚜렷하게 드러난다.

    최대 입주나이 자격 측면에서도 임대형 실버타운보다 유연하다. 스프링카운티자이는 매매, 전세, 월세 등 다양한 방식으로 입주할 수 있으며, 최대 입주 연령 제한이 까다롭지 않다. 다른 실버타운에서 나이 제한에 걸린 미국 교포가 이곳에 입주한 사례처럼, 건강하기만 하면 비교적 최대 나이에 제한을 받지 않고 입주가 가능하다. 그럼에도 불구하고 젊고 액티브 한 시니어들이 많이 입주해 있어 입주민 평균 나이가 77세로 낮은 편이며 동호회와 커뮤니티 활동도 활발하게 운영되고 있다. 그러나 돌봄이 필요한 후기 고령자에게는 컨시어지 서비스와 전문적인 돌봄이 제공되는 임대형 실버타운이 적합할 수 있다.

스프링카운티자이에서는 반려견을 산책시키는 시니어들의 모습을 쉽게 볼 수 있으며, 반려동물과 함께하며 정서적 만족을 높일 수 있다. 이곳의 또 다른 특징은 대학병원의 접근성이다. 용인세브란스병원이 단지 내에 있어 실내 통로를 통해 병원과 연결되어 정기적인 의료 관리나 응급상황 대처가 필요한 시니어들에게 이상적인 곳이다.

스프링카운티자이는 실버타운과 아파트의 장점을 결합한 독창적인 모델로, 시니어가 살기 편하면서 관리비가 높지 않다. 대규모 단지와 다양한 부대시설, 건강하기만 하면 80세 이상의 시니어도 입주가 가능한 유연한 정책은 나이로 인해 고민했던 시니어들에게 좋은 소식이다. 특히 반려동물 동반과 용인세브란스병원과의 접근성은 정서적 안정과 의료적 안전을 동시에 보장하는 중요한 요소다. 스프링카운티자이는 분양형 실버타운의 성공적인 운영 사례로 주목받는 곳이다.

월명성모의집 24

경상북도 김천시 남면 주천로 1448-16   054-434-2898

소개

월명성모의집은 경상북도 김천시 남면에 위치한 전원형 실버타운으로, 1999년에 설립되어 2024년 25주년을 맞이하게 되었다. 천주교 대구대교구 산하 사회복지법인 바오로복지재단이 운영하며, 영암산 자락에 위치하여 주변에 녹지가 많다. 약 1만 2천 평의 대지에 조성되어 있으며, 입주동 뒤쪽의 십자가의 길은 천주교 신자인 입주민들에게 산책과 묵상의 장소로 자주 이용되고 있다.

월명성모의집은 총 100세대 규모로 입주세대가 있는 대건동, 윤일동과 부대시설이 있는 성당동으로 나뉘어져 있다. 성당동에는 성당, 운동실, 찻집, 미용실, 식당 등이 있다. 모든 세대는 15평형으로 동일하며, 싱글 또는 부부가 입주할 수 있다. 입주비용은 입주보증금 6,000~7,000만 원, 월 비용은 1인 기준 88만 원, 부부 기준 138만 원이다. 월 비용에는 90식 의무식이 포함되어 있어 전국 실버타운 중 가성비가 가장 좋은 곳이다.

단지 내에 요양원과 의원이 함께 있어 필요시 요양원으로 연계 입소가 가능하다. 의원에서는 간단한 치료나 약 처방을 받을 수 있다. 성당에서는 매일 미사가 봉헌되며, 입주민 대부분이 천주교 신자로서 영적인 삶을 중요시 여기고 있다.

월명성모의집은 대중교통이 다소 불편하여 자가 운전을 하는 입주민들도 있고, 자체 셔틀버스를 요일을 정해서 운행하고 있다. 사무실에서는 인터넷 쇼핑이나 공과금 납부 같은 사소한 일도 도와준다. 또한, 가족들이 자유롭게 방문할 수 있으며, 사전 신청 시 게스트룸을 이용할 수 있다.

월명성모의집은 자연 속에서 천주교 신앙 생활을 중시하며 경제적으로 부담이 적은 실버타운을 찾는 시니어들에게 이상적인 선택지이다.

입주비용

평형별 입주보증금
(단위: 만 원)

평형	입주보증금		입주비		합계	
	1인	부부	1인	부부	1인	부부
15	6,000	7,000	600	700	6,600	7,700

월명성모의 집 실버타운은 총 100세대로, 전 세대가 15평형으로 동일하다. 입주보증금은 퇴거 시 원금이 반환되며, 입주보증금 2천만 원을 덜 내고 월 생활비가 5만 원 증액되는 방식으로 조정이 가능하다. 입주비는 시설비, 시설 운영에 필요한 비품 구입, 시설 장비 유지비 등으로 사용되며, 입주 시 한 번 납부하는 금액이다. 2년(24개월) 이내에 퇴거할 경우, 300만 원의 기본 공제 후 나머지 금액에 대하여 입주비 반환 계산식에 따라 남은 입주비를 반환해 준다.

월 비용

평형별 월 비용
(단위: 만 원)

평형	월 비용(관리비+식비)	
	1인	부부
15	88	138

월명성모의집의 월 비용은 90식 의무식을 포함해 1인 88만 원, 부부 138만 원으로, 자체 식당이 있는 임대형 실버타운 중 전국에서 가장 저렴하다. 90식을 의무식으로 정한 것은 입주민들이 건강을 위해 식사를 거르지 않도록 하기 위함이다. 난방비, 전기세, 상수도 등 공과금이 모두 월 비용에 포함되어 있으며, 계절에 따라 사용량이 늘어나더라도 세대별 월 비용은 매월 동일하게 유지된다. 이에 따라 매월 고정된 월 비용 외에 추가 생활비 부담이 거의 없다.

뒷산에 조성된 십자가의 길

위치 및 주변 환경

월명성모의집은 김천시와 성주군, 칠곡군의 경계지역에 위치해 있다. 중부
내륙고속도로 남김천 IC에 바로 인접해 있으며, 경부고속철도 KTX 김천(구미)
역에서는 택시로 약 15분 정도 걸린다.

고속도로에 인접한 영암산 기슭에 자리 잡고 있어, 마트나 대형 병원, 영화
관 등 생활 편의시설을 이용하려면 김천혁신도시나 김천 시내까지 차로 이동
해야 한다. 시내버스는 하루 6차례 김천 시내에서 성주 방면으로 운행되며, 이
중 2차례는 실버타운 근처 승강장으로 들어오고, 나머지 4차례는 경사진 길을
500여 미터 걸어야 하는 버스정류장을 이용해야 한다.

영암산 자락에 위치해 지대가 약간 높고, 주변에 나무와 꽃이 잘 가꾸어져
있다. 실버타운 내 부지가 넓고 내부 산책로가 잘 조성되어 있어, 단지 내에서
산책하는 것만으로도 운동이 된다. 특히 인근에 남북저수지와 금오산이 있으
며, 김천의 유명한 사찰인 직지사는 가족이 방문했을 때 나들이하기에 좋다.

식사 서비스

식사는 월 90식 의무식이며 장기간 병원 등에 입원하여 실버타운에서 식사를 할 수 없는 경우에는 1개월 단위로 식사비가 공제된다. 몸이 불편하거나 기력이 떨어지는 입주민들은 가장 먼저 식사할 수 있도록 시간을 배려하며, 필요시 직원이 자리로 식사를 가져다준다. 건강한 입주민들은 본인이 식판을 들고 먹을 양만큼 담아 식탁에서 식사한 후 식판을 퇴식대에 반납하고 있다.

입주동별로 식사 시간을 구분하여, 입주민 전체가 편하게 식사할 수 있도록 하고 있다. 입주민의 가족이나 친구 등 외부인이 와서 함께 식사를 할 수 있다. 이런 경우 1인당 5,000원의 비용을 지불하면 된다.

생활 편의 서비스

가족은 언제든지 자유롭게 방문할 수 있으며, 숙박을 원할 경우 사전에 신청하면 1박당 3만 원의 비용으로 게스트룸을 사용할 수 있다. 가족뿐만 아니라 월명성모의집이 어떠한지 체험을 해보고 싶은 사람도 체험숙박이 가능하다. 최대 6박 7일까지 있을 수 있으며 하루 숙박비 3만 원이다. 체험숙박은 인기가 많아 4~5개월은 기다려야 하니 미리 신청해 두어야 한다.

별도의 청소나 세탁 서비스는 제공되지 않기 때문에 입주민이 직접 해결해야 한다. 자체 셔틀버스를 운행하고 있는데, 월요일과 목요일에는 김천 시내로 쇼핑 차량을, 화요일에는 대구 병원으로, 수요일에는 실버타운에서 가까운 온천으로 왕복하는 차량을 운행한다. 내부 모임이나 동호회에서 단체로 외식이나 나들이가 필요한 경우에도 셔틀버스 운행을 지원한다.

또한, 공과금 및 은행 송금 업무를 사무실에서 대행해 주며, 월요일과 목요일 쇼핑 차량 운행 시 사무실로 요청하면 마트에서 물건 구매대행도 해준다.

요양원 마리아관

의료 관련 서비스

입주동에는 별도의 의료시설이 없으며, 내부적으로 건강과 관련된 특별한 혜택은 제공되지 않는다. 그러나 입주동 바로 앞 요양원 1층에 의원이 운영되고 있어 간단한 진료를 받을 수 있으며, 기존에 복용하는 약이나 새로운 약을 처방받을 수 있다. 또한, 입주민이 원할 경우 처방된 약은 실버타운 사무실에서 대신 받을 수 있도록 도와주고 있다.

입주세대 내부

입주동은 5층 건물인 윤일동과 4층 건물인 대건동으로 이루어져 있으며, 모든 입주 세대는 15평형으로 크기와 구조가 동일하다. 전용 면적은 약 10평이며, 별도로 1.45평 정도의 발코니가 있다. 싱글 입주민에게 적합하지만, 부부가 함께 생활하기에는 다소 좁게 느껴질 수 있다. 대건동과 윤일동의 모든 입주

세대는 복도형 구조로, 복도에는 길게 안전바가 설치되어 있다. 대부분의 입주세대 문패에는 이름과 함께 천주교 세례명이 붙어 있다.

입주세대는 원룸형 구조며 욕실에는 세면대와 샤워기만 설치되어 있고 욕조는 없다. 목욕을 좋아하는 입주민을 위해 매주 수요일 온천에서 온천욕을 하고 올 수 있도록 셔틀버스가 운행된다.

싱크대와 1구 전기쿡탑, 전면 붙박이장, 신발장이 기본으로 갖추어져 있어 입주 시 TV, 냉장고, 세탁기, 에어컨, 침대 등 대부분의 가전제품과 가구를 개인이 준비해야 한다. 붙박이장은 원룸의 한쪽 벽을 꽉 채우는 크기로 제작 및 설치되어 있다.

입주세대 난방은 심야 전기로 이루어지며, 발코니는 다소 좁지만 세탁기와 빨래 건조대를 두는 공간으로 사용하기에는 충분하고, 수납이 가능한 창고도 있다.

입주 세대 거실

주요 시설 및 프로그램

　윤일동과 대건동 각 층마다 중앙에 휴게 공간이 있어 서예실, 영화 감상실, 당구장, 휴게 공간 등으로 활용되고 있다. 입주민 대다수가 가톨릭 신자인 만큼, 실버타운 내에는 성당이 마련되어 있다. 매일 이곳에서 함께 미사를 드리는 것이 입주민의 주요 일과 중 하나다.

　성당동 2층에는 안마의자, 수침대, 사이클머신과 러닝머신 외에 간단한 운동기구를 갖춘 운동실이 마련되어 있다. 1층 휴게실에는 대형 TV, 노래방 기계, 커피 자판기가 설치되어 있으며, 편안한 소파와 탁자가 준비되어 있어 TV 시청이나 노래방 이용, 바둑을 두는 장소로 사용된다.

　야외에는 육각 정자와 테이블이 군데군데 있어 산책 중에 쉴 수 있으며, 입주동 중앙의 성모 정원에는 잘 가꾸어진 정원과 성모님 상이 있다. 마리아관 앞에는 예수님 상이 분수와 조화를 이루고 있다. 윤일동 북쪽에는 야외 운동기구

서예실

와 게이트볼장이 있으며, 그 뒤를 따라 야트막한 언덕을 따라 산책로인 십자가의 길이 조성되어 있다.

프로그램

입주민들을 위한 프로그램이 수도권의 고급 실버타운처럼 많지는 않다. 외부 강사를 초빙해서 운영되고 있는 프로그램은 하모니카 교실과 최근 결성된 합창단이 있다. 윤일동과 대건동 각 층마다 마련되어 있는 휴게공간과 성당동 1층의 휴게실과 2층 운동실 등에서 입주민들끼리 여가와 휴식을 즐기며 친목을 쌓고 있다.

서예와 수묵화에 관심을 가진 입주민들은 서예실에 모여 서예를 하거나 그림을 그리고 있다. 오랜기간 열심한 입주민도 있어 보통 실력이 넘는다. 작품들은 벽에 걸어 놓고 전시를 하기도 한다.

외부 미용사가 매달 1회 방문하여 이미용 서비스를 하고 있는데 많은 어르

세례성사

신들이 파마, 염색, 커트를 실비로 하고 계신다. 또한, 1년에 한두 번은 경관이 좋은 관광지나 바닷가 등으로 나들이를 가기도 한다.

입주 후 천주교 신자가 되기를 원하는 경우, 원목 신부님과의 교리 공부를 통해 세례를 받는 경우도 종종 있다.

입주민 성향과 분위기

싱글이 대부분이며, 부부가 입주한 경우는 10세대 정도다. 여성의 비율은 약 70%로, 여성의 비율이 훨씬 높다. 연령대는 80대가 가장 많으며, 최고령자는 96세의 남성 어르신이다. 최근에는 입주민 연령이 점점 낮아지는 추세다.

설립 초기에는 인근 대구, 경북권 지역 주민들이 많았지만, 최근에는 전국에서 입주 상담이 온다. 최근에 입주한 분들은 연령과 상관없이 승용차 운전자들이 생각보다 많다. 입주민의 80~90%가 천주교 신자이며, 일과 중 많은 시간을 기도와 미사로 보내고 있다.

2024년 개원 25주년을 맞아 행사를 열었으며, 나름대로 활동적인 분들은 신앙생활뿐만 아니라 텃밭에서 여러 가지 채소를 키우고 있다. 입주민에 의해 소소하게 수확된 채소들은 식당의 밥상에 올라 텃밭 농사일에 대해 이야기꽃을 피우기도 한다.

개원 25주년을 맞이한 월명성모의 집

텃밭

월명성모의집은 1999년에 문을 열어 시설이 다소 오래되었고, 도심형 실버타운처럼 생활 편의시설이 인근에 있지는 않다. 도심 생활에 익숙하고 그런 환경을 선호하는 사람에게는 맞지 않을 수 있지만, 자연 환경과 천주교 신앙 생활을 중시하는 사람들에게는 나름대로 좋은 곳이다.

월명성모의 집은 고(故) 이문희(바울로) 대주교의 뜻에 따라 "하늘에서와 같이 땅에서도" 하느님의 나라를 건설하고자 하는 마음으로 개원되었다. 그 뜻에 따라 신부님을 비롯해 직원들은 어르신들을 존중하고 사랑하는 것이 이 땅에서 하느님의 나라를 이루어 가는 근본이라는 마음으로 노력을 다하고 있다. 수도권의 고급 실버타운처럼 시설이 화려하지는 않지만 사람이 살아가는 정이 있는 곳이다.

생활비 면에서 전국에서 가장 가성비가 좋다. 월 기준 1인 88만 원, 부부 138만 원이며, 90식을 포함하여 난방비, 전기세, 상수도 등의 공과금도 모두 포함되어 있다. 이렇게 낮은 가격으로 운영이 가능한지 고개가 갸웃거릴 정도이다. 그러나 막상 가서 탐방해 보면 세대 내부나 부대시설 및 주변환경이 생각보다 훌륭하다.

낮은 월 생활비는 천주교 대구대교구에서 운영하기 때문에 가능하다. 신부님이 시설장으로 경영의 책임자이지만 신부님의 인건비는 입주민이 낸 돈에서 지불하지 않고 대구대교구에서 지원하는 등 모든 비용을 최소화하였다.

대다수의 입주민이 천주교 신자로, 매일 미사를 드리고 기도 생활을 하는 것이 중요한 일과 중 하나이다. 원목 신부님이 직원들을 위해 직접 커피를 내려주는 모습이나, 점심 식사를 마친 입주민들과 신부님이 이야기를 나누는 모습에서 입주민들의 편안함과 친근함을 느낄 수 있다. 천주교 신자들에게는 신부님들과 가까이 생활할 수 있다는 것만으로도 큰 위안이 될 것이다.

월명성모의집은 단지 내에 요양원도 함께 운영하고 있어, 실버타운에서 생활하다가 요양 등급을 받게 되면 큰 변화 없이 요양원으로 옮겨갈 수 있다. 실제로 부부 중 한 사람이 실버타운에, 다른 한 사람은 요양원에 지내는 경우도 있다. 고령의 부부 중 한 사람이 건강이 좋지 않아 요양원에 가게 되면 주거하는 집과 요양원의 거리가 멀수록 서로 만나기 어려울 수 있다. 이럴 때 요양원이 같은 실버타운 단지에 있게 되면 매일 걸어서 요양원을 방문하기도 좋고, 날씨가 화창하면 잠시 요양원 건물 밖으로 나와 단지 내 벤치에서 부부끼리 예전처럼 이야기도 나눌 수 있다.

천주교에서 운영하는 실버타운으로는 인천의 마리스텔라와 안성의 미리내 실버타운이 있다. 이중에 월명성모의집은 생활비가 가장 저렴하면서도 수도원적인 분위기를 풍긴다. 천주교 신자로서 신심이 깊고 조용한 분위기 속에서 명상하면서 지내고 싶은 시니어에게 추천하고 싶다. 저자도 개인적으로 천주교 신자여서, 은퇴 후 도심을 떠나 피정하는 마음으로 지내고 싶다면 월명성모의집이 좋지 않을까 생각해 본다.

2024년 7월 기준 만실로 대기가 상당수 있다. 원하는 동과 층을 지정하지 않고 세대가 나오는대로 입주한다면 약 6개월에서 1년 정도 기다려야 하며, 특별히 원하는 동과 층으로 입주를 원하면 이보다 더 기다려야 한다. 대기를 신청하기 위해서는 전화신청은 안되며 적어도 직접 방문하여 탐방한 후 현장에서 본인이 신청해야 한다.

경기도 수원시 장안구 수일로 191번길 26   031-242-0079

소개

유당마을은 경기도 수원시 장안구 수일로에 위치한 실버타운으로, 1988년에 우리나라 최초의 유료 양로시설로 개원했다. 2015년에 양로시설에서 노인복지주택으로 변경되었으며, 현재는 사회복지법인 '빛과소금'이 운영하고 있다. 유당마을은 광교산 인근에 자리하고 있으며 서울에서 멀지 않다.

유당마을은 1988년 개원 당시 2층 건물로 시작해 2000년에 3층으로 증축되었다. 이후 2014년 7월, 신관 A동(12층)과 B동(8층)이 신축되면서 현재는 3개의 건물로 구성되어 있다. 본관은 66세대, 신관 A·B동은 총 158세대, 케어홈은 59세대로, 전체 283세대가 입주 가능하다. 고급 케어홈은 본관의 1~3층을 사용하고 있다.

입주비용은 평형에 따라 다르며, 신관은 2억 원~4억 2,000만 원, 본관은 1억 3,000만 원~3억 2,000만 원까지 다양하다. 월 비용은 1인 기준 222만 원~252만 원, 부부 기준 356만 원~390만 원이며, 월 90식 의무식 식비가 포함되어 있다.

유당마을은 대부분의 실버타운과 달리 시니어의 건강 상태에 따라 3단계의 입주 형태를 갖추고 있어, 독립적인 생활이 어려운 경우에도 입주 상담이 가능하다. 부대시설로는 피트니스 센터, 당구장, 탁구장, 노래방, 영화관 등이 마련되어 있으며, 입주민들은 다양한 여가 프로그램과 동호회 활동에 참여할 수 있다. 또한, 산책로와 텃밭도 제공되어 자연 속에서 여유로운 시간을 보낼 수 있다.

유당마을은 입주민들의 다양한 삶의 욕구를 충족시키며, '최초의 실버타운'이라는 명성을 바탕으로 품격 높은 'SMART 실버타운'으로 발전하기 위해 지속적인 리모델링과 차별화된 맞춤 서비스를 제공하고 있다.

입주비용

평형별 입주보증금

구분	평형	세대수	입주보증금
신관	20	110	2억~2억2,800만원
	25	7	2억4,000만원
	27	21	2억9,300만원~3억500만원
	30	8	3억2,500만원~3억3,500만원
	42	12	4억~4억2,000만원
본관	15	35	1억3,000만원~1억3,500만원
	15	35	1억5,500만원~1억6,500만원
	24	26	1억8,000만원~2억원
	24	26	2억3,000만원~2억6,000만원
	35	2	3억~3억2,000만원

신관에서 가장 많은 세대를 차지하는 20평형의 입주보증금은 2억 원에서 2억 2,800만 원 사이로 책정되어 있다. 이 평형에는 주로 싱글 입주자가 많지만, 간혹 부부가 거주하기도 한다. 본관에도 1인이 거주하기 좋은 15평형이 70세대가 있다. 15평형은 작은 평형대인 만큼 입주보증금도 1억 원대 중반으로 부담이 적다.

부부는 주로 27평형, 30평형, 42평형에서 생활하며, 리모델링되지 않은 24평형의 입주보증금은 2억 원을 넘지 않아 수도권의 다른 실버타운과 비교하면 상대적으로 저렴하다. 30평대 세대는 많지 않으며, 가장 넓은 42평형의 입주보증금은 4억 원을 약간 넘는 수준이다.

유당마을의 계약 기간은 3년이며, 계약 기간 만료 전에 퇴거할 경우 거주 기간에 따라 입주보증금의 일부가 위약금으로 공제된 후 반환된다. 예를 들어, 1년 미만 거주 시에는 입주보증금의 2%, 1년 이상 3년 미만 거주 시에는 5%가 공제된다. 건강상의 이유로 외부 요양원이나 요양병원으로 이동해야 할 경우에는 위약금이 3%로 조정된다.

월 비용

평형별 월 비용

(단위: 만 원)

구분	평형	월 비용	
		1인	부부
신관	20	230	356
	25	234	362
	27	235	364
	30	243	376
	42	-	390
본관	15	222	-
	15	252	-
	24	234	362
	24	234	362
	35	-	382

유당마을 신관의 158세대 중 110세대가 20평형으로 가장 많으며, 1인 기준 월 생활비는 230만 원이다. 평형대가 커질수록 관리비와 공과금도 증가하며, 42평형에 부부가 거주할 경우 월 생활비는 390만 원이다.

월 비용에는 하루 3식, 월 90식의 의무식이 포함되어 별도의 식사 비용이 발생하지 않는다. 주 1회 청소와 주 3회 물리치료실 이용, 다양한 부대시설과 프로그램, 셔틀버스 이용, 건강 상담 서비스도 모두 월 비용에 포함된다. 부속 의원의 진료비와 약값, 한의원과 미용실 이용료는 개인이 부담해야 하며, 부피가 큰 이불 세탁도 추가 비용이 발생한다.

유당마을 전경

위치 및 주변 환경

유당마을은 광교산 끝자락에 위치하여 쾌적한 자연환경과 편리한 도시 인프라의 장점을 모두 갖춘 전형적인 도시 근교형 실버타운이다. 서울과 수도권에서 30~40분이면 접근 가능한 거리에 있으며, 대중교통 이용도 양호한 편으로, 도보로 3~15분 이내에 수도권 전철 1호선 수원역, 성균관대역까지 가는 버스 정류장이 있다. 특히 서울 사당역, 강남역, 양재역에서 유당마을 앞 한일타운까지 운행하는 광역버스가 있어 편리하다.

자동차로 5분 거리에 장안구청, 홈플러스, 은행, 치과, 안과 등 의원급 병원들이 있으며, 15~20분 거리에 아주대학교병원, 성빈센트병원, 동수원병원 등의 종합병원이 위치해 있다. 입주민들은 1일 6회 운행하는 유당마을의 셔틀버스를 타고 이러한 의료시설에 편리하게 다녀올 수 있다.

유당마을은 광교산이 가까워 등산을 즐기는 입주민들에게 좋다. 둘레길과 다양한 운동기구가 잘 정비된 만석공원도 인근에 있어 많은 입주민들이 즐겨 찾는다. 유당마을 앞에는 작은 텃밭이 마련되어 있어 채소를 재배하며 소소한 즐거움을 누릴 수 있다. 도보 2분 거리에 조원솔대성당이 위치해 있어 천주교 신자들이 편리하게 종교 생활을 하고 있다.

식사 서비스

유당마을은 운영 초기부터 현재까지 36년 동안 1일 3식, 월 90식을 의무식으로 제공해 오고 있다. 매일 세 번 식당을 방문해 식사하는 것이 입주민들에게 단순한 식사를 넘어 운동이자 생활의 활력소가 된다. 만약 45식이나 60식으로 줄어들 경우 입맛이 없거나 귀찮다는 이유로 식사를 거르는 일이 발생할 수 있으며, 이는 결국 건강을 해치는 결과를 초래할 수 있다. 월 90식 의무식에 대해 일부 입주민들의 불만이 있었으나, 유당마을은 규칙적인 식사가 건강 유지에 필수적이라는 경영 철학에 따라 개원 이래 변함없이 이 방침을 고수하고 있다.

식사 시간은 오전 8시, 12시 30분, 오후 6시로 정해져 있으며, 1식에 밥, 국 외에 5찬이 기본이다. 식당 운영은 현재 단체급식 전문업체인 아워홈이 위탁받아 운영하고 있다. 주 2회 직원과 입주민들이 함께 메뉴 회의를 통해 신선하고 질 높은 식사를 제공하기 위해 노력하고 있다. 특식과 건강식을 통해 입주민의 개별 영양 관리에도 신경을 쓰고있다. 새로운 메뉴 개발을 위해 메뉴 품평회와 식생활 만족도 조사를 진행해 식단에 반영하고 있으며, 입주민을 대상으로 영양과 건강에 대한 교육도 꾸준히 실시하고 있다. 가족이 방문할 경우 식권을 구입해서 함께 가족 식당을 이용할 수 있다.

식당의 모든 자리는 지정석으로 각자 배식받아 본인 자리에 가서 식사한다. 자리 지정은 서로 친하고 마음 편한 분들끼리 같이 앉을 수 있도록 하였다. 특히 새로운 입주민이 입주했을 경우 빠른 시간 내에 적응할 수 있도록 사교성도 좋고 잘 도와드릴 수 있는 분과 함께 자리할 수 있도록 배려하고 있다. 신관 식당에서는 서빙로봇을 활용하여 입주민들이 추가 반찬을 본인 자리에서 손쉽게 제공받을 수 있다.

　자율 배식이 힘든 입주민들은 자리에 앉아 있으면 배식과 퇴식을 도와주는 식당이 별도로 마련되어 있다. 또한, 거동이 불편한 입주민들을 위해 룸서비스도 제공한다. 룸서비스의 경우 월 3회까지는 무료이며, 3회 이상은 1회당 2,000원의 비용이 발생한다. 일부 도움을 필요로 하는 B형 돌봄 서비스를 받는 입주민들은 월 20회까지 무료이며, 그 이후에는 동일하게 1회당 2,000원의 비용이 발생한다.

　식사 시간 동안 복지관리팀에서는 식사 수 체크를 통해 입주민들의 참석 여부를 확인한다. 외출, 외박한 어르신과 사전에 식사를 하지 않겠다고 알려준 분들을 제외하고 식사자리가 비어 있으면 모두 전화를 걸어 안부를 묻거나, 전화 응답이 없을 경우 직접 방문해 확인한다. 건강상의 문제가 있을 경우 즉시 건강관리팀과 연계해 신속하게 응급조치를 받도록 하고 있다.

신관 식당

생활 편의 서비스

유당마을에서는 기본 서비스로 주 1회 청소를 제공하며, 세탁은 세대 내 세탁기를 이용하여 입주민들이 직접 해야 한다. 이불같이 부피가 큰 세탁물의 경우 유료 세탁 서비스를 이용하거나 외부 세탁소를 이용해야 한다. 그 외에도 행정 업무, 은행 업무, 생활 상담 등의 서비스를 제공하고 있다. 지하 2층에는 입주민 전용 주차장이 있으며, 공간이 넓고 충분해 자가 운전 입주민들이 편리하게 이용할 수 있다. 또한 지하에는 개별적으로 사용할 수 있는 창고가 있으며 유료로 이용할 수 있다.

셔틀버스는 평일에는 하루 6회, 주말에는 하루 2회 무료로 운영되며, 관공서, 은행, 대형 할인점, 전문병원 및 아주대학교병원, 성빈센트병원, 동수원병원까지 운행하여 필요에 따라 편리하게 이용할 수 있다.

일부 거동이 다소 불편한 입주민은 B형 서비스라고 하여 생활돌봄 서비스를 받을 수 있다. B형 서비스 이용 금액은 추가로 월 30만 원을 더 내야 한다. B형 서비스 내용에는 식당에서 지정 식탁으로 식사를 가져다주는 테이블 배식을 비롯하여 주 2~3회 세탁과 주 3회 청소 서비스가 포함된다. 여기에 더해 투약 관리, 필요시 수원 시내에 한해 월 4회 간호사가 동행해 주는 병원 동행 서비스, 주 1회 사회복지사가 도와주는 쇼핑 대행 및 행정업무지원 서비스도 제공된다.

B형 생활돌봄 서비스를 받더라도 실버타운에서는 기본적인 생활을 독립적으로 할 수 있어야 한다. 건강이 더 악화되어 화장실을 혼자 갈 수 없거나, 세수나 양치 같은 개인위생을 스스로 하기 어려워지면 본관에 위치한 24시간 공동간호와 간병 서비스를 받을 수 있는 케어홈으로 옮겨 생활하는 것이 좋다. 케어홈은 1인실, 2인실, 3~4인실로 되어 있으며, 월 비용은 350만 원부터 450만 원 사이로 병실 사용과 건강 상태에 따라 차이가 있다. 유당마을은 향후 케어홈 단독건물을 신축하여 25년 8월경에 케어홈을 이전할 계획이다.

의료 관련 서비스

유당마을 내부에는 진료를 받을 수 있는 부속의원과 한의원이 각각 있다. 실버타운 중 이렇게 부속의원과 한의원을 다 갖춘 곳은 유당마을이 유일하다. 부속의원에서는 웨어러블 로봇을 도입하여 입주민의 하지근력을 강화할 수 있는 프로그램을 진행하고 있다. 한의원에서는 한방 진료를 비롯해 침, 부황 같은 한방치료를 받을 수 있다. 양방과 한방 진료비와 약제비는 유료이다. 입주 어르신들을 대상으로 연 1회 무료 건강검진을 제공하며 협력병원으로는 아주대학교병원과 동수원병원이 있다.

어르신들은 입주와 동시에 먼저 의사와 간호사로부터 건강 상담을 받게 된다. 입주민은 건강한 A형과 돌봄이 필요한 B형으로 나뉘어지며 B형 입주민이 투약 관리를 요청하면 식사 때마다 복용 약을 챙겨준다. 건강한 A형 입주민도 투약 관리를 요청할 수 있지만 A형 입주민에게는 투약관리 서비스가 유료로 제

본관 유당부속의원

공된다.

물리치료를 신청하면 주 2~3회 무료로 받을 수 있으며 물리치료실 옆의 재활운동실에는 족욕기와 마사지기구 등 재활운동기구를 이용할 수 있다. 족욕기는 매일 1회 20분동안 이용할 수 있으며 아로마 향을 첨가해 족욕을 하고 있는 어르신들을 자주 볼 수 있다.

입주세대 내부

신관은 총 158세대로 20평형, 25평형, 27평형, 30평형, 42평형으로 구성되어 있다. 27평형은 정남향으로, 그 외 모든 평형은 남동향으로 전망이 좋고 햇볕이 잘 든다. 42평형은 A동 11층과 12층에 8개, B동에 4개가 있다. 전용률은 대략 55%~60%로 부부가 살기에 적당하다. 신관에서 가장 많은 평형은 20평형과 27평형인데, 20평형은 대부분 1인 가구가 살고 있고, 27평형 이상은 방과 거실이 분리되어 있어 부부들이 선호한다.

내부는 흰색으로 인테리어 되어 있어 전체적으로 깨끗한 느낌을 준다. 에어컨, 세탁기, 냉장고, 인덕션, TV 장식장, 붙박이장, 식탁이 빌트인 되어 있다. 수납공간도 많고 화장실이 넓은 것이 인상적이다.

볕이 잘 드는 베란다에는 수도시설이 있어서 화초를 키울 수 있다. 입주할 때 침대, TV, 소파, 의류 및 간단한 주방용품만 준비하면 생활이 가능하다. 현관문은 비밀번호와 출입 카드를 모두 활용할 수 있게 되어 있다.

본관은 동향과 서향으로 되어 있으며, 15평형, 24평형, 35평형 등 총 66세대로 구성되어 있다. 2022년에 가장 작은 평형이었던 12평형을 2개씩 합쳐서 24평형으로 리모델링하였다. 리모델링한 24평형은 인덕션, 세탁기, 냉장고, 에어컨, 붙박이장, 식탁, TV 장식장이 설치되어 있고, 베란다 천장에 전동 빨래건조대가 설치되어 있다. 2023년부터 15평형 등 모든 본관 건물은 공실이 생길 때마다 지속적으로 리모델링하고 있다. 내부 복도는 양쪽으로 안전바가 설치되어 있어 보행이 불편한 입주민들의 이동을 돕고 있다.

케어홈은 본관 오른편에 위치한 3층 건물로, 1~4인실로 구성된 병원식 구조를 갖추고 있다. 휴식과 수면은 각 방에서 이루어지며, 대부분의 시간은 생활실에서 보낸다. 식사는 침실이 아닌 내부 식당에서 함으로서 입주민 간 교류를 돕는다. 케어홈에는 너스 스테이션, 프로그램실, 식당, 세탁실, 목욕실 등이 마련되어 필요한 돌봄 서비스를 제공받을 수 있다.

주요 시설 및 프로그램

실버타운 내 주요 부대시설

건강 관련	취미 및 여가 관련		생활편의 관련
피트니스 센터	당구장	노래방	무인편의점
골프연습장	탁구장	영화관	이미용실
게이트볼장	서예실	컴퓨터실 (스마트폰교실)	야외 정원
사우나실	도예실	사랑방(남, 여)	분수대, 산책로
물리치료실	동호회실 (난타, 라인댄스)	카페테리아	텃밭
재활운동실		고향찻집	빛과소금교회
시청각실	대강당		

유당마을에는 수영장을 제외한 대부분의 부대시설이 갖추어져 있으며, 수영장은 인근 장안구민회관 수영장을 셔틀버스를 이용해 다닐 수 있다. 신관과 본관이 지하 1층에서 지상 3층까지 서로 연결되어 있어 입주민들은 밖으로 나가지 않고도 식당이나 물리치료실 등 거의 모든 부대시설을 이용할 수 있다.

채광이 좋은 로비에는 피트니스 센터, 식당, 사우나실, 대강당, 영화관, 노래방, 카페테리아, 멀티 자판기가 있으며, 신관 A동 1층에는 빛과소금교회, 컴퓨터/스마트폰 교실, 동호회실 등이 위치해있다. 피트니스 센터에는 헬스트레이너가 입주민들의 운동관리를 도와주고 있고, 사우나실에는 세신사가 있어 개인 위생관리와 피로회복에 도움을 주고 있다.

본관 1층에는 부속의원, 한의원, 물리치료실, 고향찻집, 당구장, 탁구장, 서예실, 도예실, 이미용실, 본관식당이 있으며, 3층에는 시청각실이 있다.

신관 A동 3층과 본관 3층이 만나는 곳에는 골프연습장이 있다. 골프연습장에서 외부의 동산이 내다보여 필드에서 스윙하는 것 같은 느낌이 든다. 로커룸도 있어서 개인 골프백을 보관하고, 응접실에서 담소를 나눌 수 있다.

1층 야외에는 정원과 분수대, 산책로가 있다. 게이트볼장은 2021년에 인조잔디 구장으로 변경한 후 즐기는 어르신들이 점점 증가하고 있다. 유당마을 입구 옆에는 텃밭이 있어서 입주민들이 무료 분양을 받아 야채 등을 키워 자녀나 입주민들과 나누며, 간혹 직원들에게도 나누어 주는 등 소소한 전원생활의 즐거움을 느낄 수 있다.

로비의 대강당은 약 200명을 수용할 수 있고 시설이 좋아 월 2회 외부 문화공연을 유치하기도 한다. 영화관에서는 매일 오후 2시에 영화를 상영하며, 최신 영화뿐만 아니라 어르신들이 선호하는 영화를 요일별로 테마를 정해 상영하고 있다. 또한, 토요일 오전에는 명곡을 감상하는 장소이기도 하다.

실버타운 내 주요 프로그램

건강 관련	취미 및 여가 관련		동호회
건강체조	스마트폰교실	노래교실	서예 동호회
라인댄스	컴퓨터교실	합창반	당구 동호회
요가	서예교실	난타교실	탁구 동호회
근력강화운동	사군자교실	맛기행	게이트볼 동호회
둘레길걷기	도예교실	기차여행	골프 동호회
건강걷기대회	등산	유당드라이브	바둑 동호회
두뇌튼튼교실		텃밭가꾸기	맛기행 동호회

유당마을 내에서 진행하는 모든 프로그램의 수업료는 기본적으로 무료지만, 일부 프로그램에 추가 비용이 발생하는 경우 실비로 청구될 수 있다. 대부분의 전문 프로그램은 외부 강사들이 진행하며, 프로그램마다 참여 인원은 약 10~15명 정도이다.

　맛 기행과 서예 교실은 특히 인기가 많아 동호회까지 결성되었다. 맛 기행 동호회 야외 나들이 시에는 유당마을에서 셔틀버스를 지원하고 사회복지사가 동행해 동호회 활동을 돕는다. 서예 교실은 묵향회라는 동호회를 운영하며, 외부 전시회에 출품하여 다수의 수상을 하기도 했다.

　도예 교실에는 전기 가마가 2대 있어서 입주민들이 만든 도자기를 직접 굽기도 한다. 자주 카페테리아에 도자기를 전시하여 입주민과 방문자들이 함께 관람할 수 있게 하였다. 서예 교실은 서예와 사군자 교실로 나뉘어있으며 입주민들의 참여도가 높다. 노래 교실과 합창반도 많은 입주민이 참여하고 있으며, 최근에는 컴퓨터와 더불어 스마트폰 교실이 인기가 많다.

빛과소금교회

본관 3층 시청각실에서는 치매예방과 뇌기능 활성화를 위한 치매 로봇과 함께하는 두뇌 튼튼교실이 운영되고 있다.

난타 교실을 통해 실력을 쌓은 유당 난타반은 수원에서도 유명하여 여러 행사에 초대되어 외부 공연을 다니기도 한다. 그 외에도 각종 스포츠별로 동호회처럼 모여서 운동하고, 골프를 좋아하는 입주민들은 외부 라운딩을 함께 가기도 한다. 정기적인 프로그램은 아니지만 수시로 인문학 강좌나 의학 전문 강좌, 법률 강좌 등을 진행하기도 한다.

실비가 들어가는 프로그램은 주로 야외 활동으로, 등산과 둘레길 걷기, 맛기행과 기차여행 등이 있으며, 교통비와 식사비, 간식비, 입장료 등이 포함된다. 이런 프로그램은 신청자에 한해 진행된다.

입주민 성향과 분위기

유당마을에서는 부부보다 싱글이 훨씬 더 많으며, 여성과 남성의 비율은 약 70%대 30%로 여성이 더 많다. 기존 입주민 중에는 15년에서 20년 넘게 거주한 경우도 있어 평균 연령이 82~83세 정도 된다. 그러나 최근에는 60~70대가 입주를 희망하는 경우가 많아져 점차 입주 연령이 낮아질 것으로 예상된다.

입주민 대다수는 연금 수령자로, 특히 교사가 다수를 차지하며, 그 외에 교수, 공무원, 군인 등도 있다. 입주민들은 대체로 점잖고 교육수준이 높으며 경제적인 생활 수준도 평균 이상이다.

유당마을의 '유당'은 설립자의 아호에서 유래되었다. 현재 고인이 된 유당 양창갑 회장은 1988년 노후 삶의 질 향상을 위해 개인 사재를 들여 국내 최초의 유료양로시설을 개원했다. 양창갑 회장은 대부분 수입에 의존하던 의약품 경질 캡슐의 국산화와 대량화에 성공해 국내 제약 발전에 크게 기여한 ㈜서흥의 창업주이기도 하다.

현재 유당마을은 사회복지법인 '빛과소금'에서 운영하고 있으며, 노인복지에 기여한다는 사명감과 투명한 경영으로 노인주거복지시설의 모범적인 선두 주자로 자리 잡고 있다. 유당마을의 가장 큰 특징은 입주민들의 건강 상태에 따라 3단계의 등급을 두고, 그 등급에 따른 차별화된 서비스를 제공해 입주민들이 건강하고 즐겁게 지낼 수 있도록 배려하고 관리한다는 점이다. 단계별로 건강하고 즐거운생활, 일정 부분 케어가 필요한 상황, 24시간 케어가 필요한 상황까지 한 곳에서 모두 해결할 수 있는 시스템을 갖추고 있다.

유당마을은 설립 당시 2층짜리 작은 본관 건물에서 시작했지만, 현재는 8층, 12층 두 개 동의 신관 건물과 함께 본관 역시 3층으로 증축해 약 300여 명의 입주민이 생활하고 있다. 본관 건물의 3개 층 일부를 케어홈으로 운영해, 건강 악화로 독립 생활이 어려운 입주민들이 밀착 케어 서비스를 받으며 생활할 수 있다. 입주민들이 노령으로 인해 건강이 나빠져도 다른 곳으로 가지 않고 같은 유당마을에 머무를 수 있도록 하였다.

유당마을은 2014년 신관이 지어질 때까지 낮은 입주보증금과 월 생활비를 고수하여 26년간 경영의 어려움을 겪었다. 이러한 어려움에도 불구하고 창업자인 양창갑 회장의 자제이자 2대 이사장인 양주현 이사장은 어르신을 위한 시설은 이익을 내기 위해 만든 곳이 아니라는 신념으로 유당마을을 경영해 왔다.

2014년 신관이 건립되고 정원이 늘어나면서 비로소 유당마을의 경영도 본 궤도에 올랐으며, 양주현 이사장의 노력은 전국 최초의 실버타운인 유당마을이 실버타운 업계를 선도할 수 있는 초석이 되었다. 이러한 분위기는 안내를 담당하는 복지팀 직원의 태도에서도 유당마을이 주는 자신감과 자부심을 느낄 수 있다.

유당마을은 월 90식 원칙을 고수하며 입주민들의 건강을 위해 반드시 지켜야 할 사항으로 삼고 있다. 이는 입주민들이 초기에는 다소 불만스러울 수도 있지만, 규칙적인 식사가 건강 유지에 중요하다는 철학에 따라 타협 없이 유지되고 있다. 케어홈에서도 같은 원칙을 적용해 누워 있는 경우가 많은 입주민들도 요양보호사 손이 더 많이 가더라도 하루 세끼 식사를 침대에서 하지 않고 반드시 식당에서 하도록 돕고 있다. 이렇게 함으로써 흡인성 폐렴의 방지와 함께 입주민이 자연스럽게 몸도 움직이며 이웃과의 교류시간을 갖게 된다. 이러한 철학과 운영 방식 덕분에 유당마을은 입주민을 진정으로 위하는 실버타운이라는 평판을 유지할 수 있게 되었다.

2019년에 개원 30주년을 기념해 발간한 〈유당마을 30년 이야기〉는 180여 쪽에 이르는 컬러 인쇄물로, 30년 유당마을의 역사를 사진과 함께 자세히 수록하고 있다. 유당마을은 겉으로 화려하거나 과장된 약속을 내세우기 보다는 기독교 신앙으로 묵묵히 입주민에게 봉사하고 있다. 유당마을 내 부속시설로 빛과소금교회가 있으며, 90여 명의 입주민이 주일예배에 참석하고 있다.

유당마을은 입주 후 건강이 나빠져도 다른 곳으로 이사할 필요 없이 같은 단지 내에서 생활과 돌봄을 이어갈 수 있다. 기독교 정신이 담긴 진정성 있는 서비스를 제공받을 수 있어, 이러한 가치를 중요하게 여기는 시니어들에게 적합한 실버타운으로 권할 만하다.

일붕실버랜드 26

경상남도 의령군 궁류면 청정로 1180-42   055-572-9990

소개

일붕실버랜드는 경상남도 의령군에 위치한 전원형 실버타운으로, 1996년에 설립되었다. 사회복지법인 일붕복지관이 운영하며 133세대로 이루어져 있다. 입주세대는 본관에 10평형 100세대가 별관에 20평형 33세대가 있으며, 신관은 노인대학으로 사용되고 있다. 일붕복지관은 그 밖에도 일붕효누리요양원, 의령노인통합지원센터, 의령시니어클럽을 함께 운영하고 있다.

입주세대는 10평형과 20평형으로 모두 원룸형 구조이며, 입주비용은 평생보장제와 월 비용 선납제로 나뉜다. 평생보장제는 1인 기준 10평 1억 6,000만 원, 20평 1억 9,000만 원이며, 월 비용 선납제는 한 달로 계산하면 110~140만 원이다. 평생보장제는 종신계약으로 추가 비용 없이 생활할 수 있고 중도 계약 해지 시 남은 금액을 돌려받을 수 있다.

시설 내에는 간호사가 상주하는 양호실이 있으며, 2주에 한 번 계약 의사가 방문하여 무료진료를 해준다. 식당은 지정좌석제로 운영되며, 몸이 불편한 입주민을 위한 룸서비스도 제공된다. 노인대학에서는 여가 프로그램이 진행되며, 입주민 간 친목 도모를 위해 정기적인 다과회와 간담회도 열린다. 체력단련실, 독서실, 바둑 등의 부대시설이 있으며, 매주 문화행사가 열리고 있다.

시설 주변에는 수려한 자연경관이 펼쳐져 있어 입주민들이 자연 속에서 여유로운 생활을 즐길 수 있다. 근처에는 의령도서관과 의령예술촌이 있어 문화활동뿐만 아니라 의령시니어클럽을 통해 노인 일자리프로그램에도 참여할 수 있다.

80세가 넘은 고령이어도 건강과 인지 측면에서 독립 생활이 가능하면 입주할 수 있다. 분주하고 소란스러운 도시보다는 전원에서 저렴한 월 생활비로 아기자기한 정을 나누고 살고 싶은 시니어들에게 적합하다.

입주비용

평형별 입주보증금

평형	입주보증금			
	평생보장제		월 비용 선납제(2년치)	
	1인	부부	1인	부부
10	1억6,000만원	-	2,640만원	-
20	1억9,000만원	2억4,000만원	3,360만원	4,800만원

일붕실버타운은 평생보장제와 2년치 월 비용을 한 번에 선납하는 월 비용 선납제 방식으로 운영되고 있다. 2년 월 비용 선납제로 계약하는 경우가 가장 많으며 특별한 경우에 평생보장제로 계약하기도 한다. 2년 월 비용 선납제에는 따로 입주보증금이 없다.

평생보장제는 입주 시 목돈을 내면 입주민이 사망할 때까지 추가 비용 없이 종신계약으로 생활할 수 있는 제도이다. 1일 3식 식사, 관리비, 공과금, 세탁 등 모든 제반 비용과 서비스 비용이 포함되어 있어 경제적 부담이 적다. 다만, 개인 용돈, 간식, 외부 병원의 진료비 등은 본인이 부담해야 한다. 평생보장제는 입주 시 목돈을 한 번에 내면, 몇 년 혹은 몇 십 년을 지내든 사망 시까지 약간의 전기료 외에는 월 비용이 전혀 발생하지 않는다.

평생보장제 계약을 맺은 후에는 치매로 통제가 불가능하거나 중환으로 24시간 간호인의 돌봄이 필요한 경우를 제외하면, 퇴소를 권하지 않고 돌아가시는 날까지 생활할 수 있도록 보장한다. 부득이하게 요양원으로 옮겨야 하는 경우, 원칙적으로 입주보증금의 10%에 해당하는 위약금과 그동안 계산된 월 비용을 공제한 후 나머지 금액을 환급해 준다. 같은 재단에서 운영하는 일붕효누리요양원으로 옮길 경우 할인 혜택을 받을 수 있으며, 구체적인 내용은 상담을 통해 확인해야 한다.

월 비용

평형별 월 비용

평형	월 비용(관리비+식비)	
	1인	부부
10	110	-
20	140	200

월 비용 선납제는 입주보증금 없이 2년치의 월 비용을 미리 내고 입주하는 방식으로, 계약 기간 이내에 퇴소할 때는 잔액을 반환해 준다. 2년 선납제가 어려우면 협의에 의해 6~12개월 선납제도 가능하다. 다만, 이때에는 2년 선납제보다 월 비용이 비쌀 수 있다.

평생보장제, 월 비용 선납제 중 어떤 방식을 선택하든 입주민이 별도로 더 내야 하는 공과금은 개인 전기료 외에는 거의 없다. 수도요금도 별도로 내지 않으며, TV 수신료와 인터넷 요금 등도 월 비용에 포함된다.

평생보장제와 월 비용 선납제의 비교

평생보장제와 월 비용 선납제 계약 중 어느 것이 더 좋은지는 입주민의 건강 상태, 나이, 중도 계약 해지 가능성, 월 비용을 지속적으로 낼 수 있는 경제적 안정성, 일붕복지관의 경제적 자립도 등에 따라 다를 수 있다. 일붕실버랜드의 경우 28년 이상 운영해 오면서, 10년 이내에 돌아가신 분이 5% 미만이며, 10~20년이 60%, 20년 이상 사신 분이 35%라고 한다.

따라서, 건강 상태와 경제적 상황을 고려하여 자신에게 가장 유리한 제도를 선택하는 것이 중요하다. 연세가 많고 건강이 좋지 않다면 2년 월 비용 선납제가 더 나을 수 있고, 연세가 적고 건강이 좋다면 평생보장제가 더 유리할 수 있다. 자신의 상황을 종합적으로 판단하여 신중하게 결정하는 것이 필요하다.

위치 및 주변 환경

일봉실버랜드는 재단법인 일봉종에 속한 사찰인 일봉사와 나란히 자리를 잡고 있다. 일봉사는 대웅전이 동굴 안에 지어진 동굴 법당으로 유명한 사찰로, 그 규모가 세계 최대라 기네스북에 등재되어 있다. 많은 관광객과 불자들이 찾는 이곳은 실버랜드와 일봉사가 밀접한 관계가 있다고 생각하기 쉽지만, 현재는 관련이 없다. 일봉실버랜드는 종교와 무관하게 누구나 입소할 수 있으며, 실제로 불교 신자가 아닌 입주민이 더 많다.

인근에 캠핑장과 의령 예술촌이 있으며, 철쭉으로 유명한 한우산이 있어 입주민들이 자신의 건강 상태에 따라 산책로나 등산로를 많이 이용할 수 있다. 게이트볼장과 그라운드골프장이 있는 봉황대공설운동장이 지척에 위치해 있다.

일봉실버랜드 주변의 풍광이 뛰어나고 전원의 혜택은 크지만, 시내에서는 다소 떨어진 외지에 위치해 있다는 것이 아쉬운 점이다.

일봉사

식사 서비스

식당은 1층에 마련되어 있으며, 지정 좌석제로 운영된다. 각 식탁에 입주 세대 표시가 되어 있어 자리가 정해져 있기 때문에 식사 시간에 자리가 비어 있는 경우, 사회복지사가 세대를 직접 방문해 입주민의 안부를 확인할 수 있는 이점이 있다.

식사는 자율 배식으로 직접 식판을 들고 다니며 음식을 담을 수 있지만, 필요시 직원이 음식을 서빙해 주기도 한다. 이 서비스는 주로 몸이 불편하거나 고령의 입주민들에게 제공되며, 이 경우 다른 입주민보다 20분 일찍 식사를 할 수 있게 배려한다. 몸이 아파 식당까지 오시 못하는 경우에는 방으로 직접 음식을 배달해 주는 룸서비스도 무료로 제공된다. 또한, 요청이 있을 경우 일반 식사 대신 죽을 준비해 방으로 가져다주기도 한다.

식당

생활 편의 서비스

일봉실버랜드에서는 자체적으로 25인승 버스를 보유하고 있으며, 인근의 마산시, 의령읍, 궁류면까지 오가는 정기 셔틀을 운행하고 있다. 사회복지사들이 나들이 계획을 세워 입주민을 모시고 외출할 때도 있지만, 입주민끼리 간단히 나들이를 하거나 셔틀버스 운행 시간 외에 병원이나 은행 방문, 쇼핑을 하러 나갈 때도 차량을 지원해 주기도 한다.

각 세대에는 세탁기가 따로 없기 때문에 생활지도사가 수시로 세대를 방문해 세탁물을 수거하여 1층 세탁실에서 세탁해 주는 서비스를 제공하고 있다. 건조기를 이용하기도 하지만 대부분의 경우 햇볕에 빨래를 말려 방으로 가져다 준다. 이는 입주민 대부분이 고령자들이어서 자연 건조가 건강에 더 좋을 수 있기 때문이다.

입주민의 고충이나 불편사항은 1층 상담실에서 일하는 사회복지사들이 해결해 주고 있다. 식사 시간, 의료진 방문일, 버스 시간표 등 기본적인 사항은 모두 메모해서 세대 내에 부착하여 입주민들이 확인할 수 있도록 도와준다.

의료 관련 서비스

일봉실버랜드의 1층 보건실에는 간호사가 근무하며 투약 관리가 필요한 입주민을 돕고, 수시로 기본적인 건강 체크를 해준다. 보건실에는 2주에 한 번 촉탁의가 왕진을 와서 무료 진료를 해주지만, 링거 비용이나 처방 약제비 등은 개인이 부담해야 한다.

일봉실버랜드는 응급실이 있는 의령병원과 연계되어 있어 진료를 받거나 입원할 때 할인 혜택을 받을 수 있다. 매주 화요일과 목요일에는 의령병원으로 가는 차량을 운행 중이며, 필요할 경우 간호사가 동행한다.

입주세대 내부

　20평형의 현관 입구에 들어서면 화장실과 싱크대가 마주보고 있다. 화장실에는 욕조 없이 샤워기만 설치되어 있으며, 10평형도 동일한 구조이다. 두 평형 모두 작은 베란다가 있어 간단한 세탁물을 건조할 수 있는 공간이 확보되어 있다. 20평형도 원룸형 구조이지만 방과 주방 사이에 미닫이 중문이 설치되어 있어 공간을 분리할 수 있다.

　방에는 TV, 침대용 낮은 서랍장, 장롱, 에어컨이 설치되어 있다. 화재의 위험 때문에 가스레인지는 사용하지 못하게 되어 있으며, 필요할 경우 전기쿡탑이나 인덕션 등 전기로 작동하는 것만 사용해야 한다. 설치된 커튼도 불에 타지 않는 방염 커튼으로 되어 있다.

　모든 세대의 베란다 창문을 열면 앞쪽으로 탁 트인 들판이 한눈에 들어오고, 시야가 멀리까지 확보되는 훌륭한 조망을 자랑한다.

거실 및 주방

주요 시설 및 프로그램

일봉실버랜드의 부대시설로는 본관 1층에 노래방, 다목적실, 사랑방, 서예실, 세탁실이 있으며, 2층에는 강당이 있다. 신관에는 노인대학이 있어 여러 가지 교육 프로그램이 운영된다. 노래방은 언제든 무료로 이용할 수 있으며, 입주민들이 자주 찾는 인기 있는 시설이다.

주변이 산과 들로 둘러싸여 있어 산책할 공간이 많기 때문에 헬스장이 있어도 입주민의 이용률이 낮은 편이다. 너싱홈 1층에는 당구장, 탁구장, 도서관, 양호실 등이 있다. 편백찜질방도 있으나 입주민들은 나들이를 겸하여 주 2회 셔틀버스로 가까운 온천을 이용한다.

프로그램

일봉실버랜드 신관에는 노인대학이 있어 입주민들에게 다양한 프로그램을 진행하고 있다. 건강체조, 노래교실, 실버태극권 교실 등의 강좌가 열린다. 노인대학은 지자체의 지원을 받아 운영되어 입주민은 무료로 이용할 수 있다. 소풍, 공연관람 등을 위해 외부로 단체 나들이를 가기도 한다.

일봉실버랜드 본관 강당에서, 실버랜드 직원들이 다과회, 간담회 등 모임을 주도하여 입주민 간 친목을 도모하고 있다. 새로운 입주민이 들어올 때도 이곳에서 환영회를 진행하여 이웃과 얼굴을 알릴 수 있도록 하고 있다.

서예실

실버체조

입주민 성향과 분위기

일봉실버랜드의 총 정원은 159명으로, 입주민 중 부부동반으로 입주한 세대는 10% 미만이며, 남녀 비율은 5:5 정도이다. 입주민 대부분은 60대 후반에서 80대 후반으로, 개원 당시 입주했던 분들도 여전히 생활하고 있다. 30년 가까이 함께 동고동락했던 입주민들은 형제, 자매와 다름없이 서로 의지하며 지내고 있다. 시설이 수도권의 고급 실버타운처럼 훌륭하지는 않지만 입주민 간의 유대감은 어느 곳 못지 않게 끈끈하다.

바로 옆에 일봉사가 있지만 불교적인 성향이 특별히 강한 곳은 아니다. 실제로 불교신자는 전체의 30%가 채 안되며, 교회를 다니는 입주민들도 많다.

한국교직원공제회가 경남 창원에서 운영했던 실버타운인 더K서드에이지가 문을 닫으면서 옮겨온 입주민도 8명 정도 있다. 초기에 주로 경상권 거주자들의 입주가 많았던 것과 달리, 요즘은 전국에서 입주상담이 많아졌다.

입주민 체육대회

일봉실버랜드는 평생보장제를 실시하고 있는 전국 유일의 실버타운이다. 평생보장제의 장단점은 생각하기 나름일 수 있다. 2억 원 정도의 비용을 먼저 내면 사망할 때까지 추가 비용 없이 지낼 수 있어 경제적인 걱정이 없지만, 잔존 수명이 10년보다 훨씬 짧거나, 사회복지법인에서 운영하므로 예기치 않게 문을 닫으면 선납금을 반환받을 수 있을지 걱정될 수 있다.

임대형 실버타운들은 노인복지주택이어서 전세 등기를 해주거나 근저당설정 등을 들어주기도 하는데 일봉실버랜드는 양로시설로 되어있어 전세 등기가 어려울 수 있으니 확인해 보는 것이 좋다. 평생보장제가 마땅치 않으면 2년 월비용 선납제를 선택하면 된다. 상담을 통해 3개월, 6개월 단기거주나 체험숙박이 가능 할 수도 있으니 일봉실버랜드의 생활을 미리 경험해 보는 방법도 있다.

일봉실버랜드의 가장 큰 특징은 일봉복지관이라는 사회복지법인이 실버타운인 일봉실버랜드뿐만 아니라 노인여가복지시설(노인대학), 노인일자리지원기관(의령시니어클럽), 재가복지센터(의령노인통합지원센터), 요양원(일봉효누리요양원)도 함께 운영하고 있다는 것이다. 각 시설의 기능은 다음과 같다.

- 일봉실버랜드: 실버타운으로 식사와 주거 제공
- 노인대학: 재미있는 프로그램을 통해 배우고 익히며 놀 수 있는 환경제공
- 의령시니어클럽: 시니어들이 월 30~70만 원 정도 용돈벌이를 할 수 있는 소소한 일자리 소개와 지원
- 의령노인통합지원센터: 장기요양등급을 받은 입주민에게 요양보호사가 방문하여 돌봄을 제공하는 재가서비스와 낮 동안 프로그램을 진행하는 주간보호센터 운영
- 일봉효누리요양원: 건강이 나빠져 일봉실버랜드에서 독립적인 생활이 어

려우면 장기요양등급 시설등급을 받아 요양원에 입소가 가능

    일붕실버랜드는 입주한 시니어들이 돌아가실 때까지 책임을 다하려는 운영 철학을 일붕복지관의 시스템에서 엿볼 수 있다. 처음 입주한 시니어들이 다소 건강했을 때에는 배움과 재미를 모두 경험할 수 있는 노인대학에서 시간을 보내고, 건강이 허락하면 운동과 용돈벌이도 할 수 있도록 노인일자리를 연결시켜 주고, 건강이 나빠지면 재가서비스와 요양원 입소를 통해 돌아가실 때까지 책임을 지고 있다.

    특히 이곳의 정선남 이사장은 2015년 취임 후 일붕실버랜드 거주동에서 입주민과 동고동락 하면서 모든 입주민을 세심하게 돌보고 있다. 입주민들이 연세가 들면서 치매가 오기 시작해 이상한 행동을 하거나 의심증으로 당혹스러운 행동을 해도 정선남 이사장과 직원들은 이분들을 귀찮게 생각하지 않고 치매 어르신의 입장을 이해하며 인내와 웃음으로 부모님처럼 보살피고 있다.

    나중에 건강이 나빠지고 치매에 걸려도 마지막까지 보살핌을 받고 싶다면, 시설의 위치나 크기보다 시스템과 진정성을 갖춘 실버타운 중 하나인 일붕실버랜드를 눈여겨보면 좋을 것이다.

청심빌리지 27

경기도 가평군 설악면 미사리로 191-16   031-589-5300

소개

청심빌리지는 경기도 가평군 설악면에 위치한 전원형 실버타운으로, 2005년에 문을 열었으며 통일교 산하 사회복지법인 청심복지재단이 운영하고 있다. 지하 2층, 지상 10층의 현대식 건물로 총 155세대로 구성되어 있다.

주변 환경은 청평호와 산책로, 텃밭 등으로 자연 친화적이며, 남이섬, 아침고요수목원, 유명산자연휴양림 등 다양한 관광 명소와 인접해 있다. 셔틀버스를 통해 설악면 시내와 HJ매그놀리아국제병원을 쉽게 오갈 수 있으며, 가족 방문 시 게스트룸을 이용할 수 있다.

입주비용은 평형에 따라 달라지며, 1개월 단기 체험 후 장기 입주를 결정할 수 있는 단기계약 제도를 운용하고 있다. 1~3년 장기 입주의 경우, 22평형은 보증금 1억 원, 34평형은 2억 원이다. 월 비용은 22평형 기준 1인 171만 원, 부부 241만 원이며, 34평형은 부부 298만 원이다.

청심빌리지는 입주민을 위한 각종 건강 및 문화 여가 시설을 갖추고 있다. 1층 로비와 지하 1~2층에는 식당, 헬스장, 사우나, 황토방, 로봇 탁구장, 당구장, 건강 쉼터 등이 마련되어 있다. 실버타운에는 드물게 파크 골프장도 있어 입주민의 사랑을 받고 있다. 통일교 계열의 HJ매그놀리아국제병원과 연계하여 입주민에게 고품질의 의료 서비스를 제공하고 있다.

청심빌리지는 수도권에서 가까운 전원형 실버타운으로 자연환경이 좋으며 월 생활비가 저렴한 편이다. 단지 내에서 활동적인 생활을 할 수 있는 부대시설이 잘 조성되어 있다. 종교적인 제약 없이 누구나 입주할 수 있으며 시설에 비해 가성비가 좋은 곳으로 평가받고 있다.

입주비용

평형별 입주보증금

평형	기간	입주보증금
22	1개월	없음
	1~3년	1억원
34	1개월	없음
	1~3년	2억원

　입주는 단기 입주(1개월)와 장기 입주(1년 이상) 두 가지 형태가 있다. 단기 입주는 장기 입주를 결정하기 전에 체험 형식으로 이루어지는 경우가 대부분이다. 1개월 단기 입주의 경우, 1개월분 월 비용을 선납해야 하며, 월 비용에는 관리비, 식비, 공과금이 포함된다.

　1년 이상 장기 입주는 계약 시 1억 원의 보증금이 필요하며, 월 비용은 후납으로 청구된다. 부부 외에는 동거가 불가능하며, 보증금은 계약 종료 시 반환된다. 합의된 계약기간을 채우지 못하고 퇴거할 경우 입주보증금의 최대 10%에 해당하는 위약금이 발생한다. 다만, 의사 진단서에 의해 요양원이나 요양병원으로 갈 경우와 사망 시에는 위약금이 발생하지 않는다.

22평 평면도

34평 평면도

월 비용

평형별 월 비용

(단위: 만 원)

평형	기간	관리비		식비		월 비용	
		1인	부부	1인	부부	1인	부부
22	1개월	145	165	50	100	195	265
	1~3년	121	141	50	100	171	241
34	1개월	-	220	-	100	-	320
	1~3년	-	198	-	100	-	298

22평은 1인 혹은 부부 모두 입주가 가능하지만 34평은 부부만 가능하다. 1인 기준 22평에 거주 시 관리비 121만 원에 식비 50만 원 합계 월 비용은 171만 원이다. 같은 평수에 체험을 위해 1개월 단기 거주 시에는 입주보증금이 없는 대신 월 비용은 195만 원으로 높아진다. 부부가 1년 이상 지내기 좋은 34평은 관리비 198만 원에 식비 100만 원 합계 298만 원이다.

월 관리비에는 실버타운 내의 모든 시설 이용료가 포함되며 식비 50만 원 (정확하게는 495,000원)은 60식 의무식 비용이다. 의무식 단가는 8,300원으로 저렴한 편이다. 난방비, 전기세, 상수도세 등의 공과금은 평수에 따라 10~15만 원 정도 되며 관리비와 별도로 청구된다.

입지 및 주변 환경

청심빌리지는 서울 근교 경기도 가평군 설악면 송산리에 위치한 전원형 실버타운으로, 서울 잠실역에서 광역버스로 약 45분 정도 걸린다. 실버타운 바로 앞에 정류장이 있어 광역버스를 이용하기가 좋다.

청심빌리지 내에서 청평호와 주변 산을 조망할 수 있다. 인근에는 청평호수, 아침고요수목원, 남이섬, 유명산자연휴양림, 쁘띠프랑스, 유명산 등산코스, 스위스마을 등 일반인들에게도 유명한 관광명소가 많다. 최근에 오픈한 가평베고니아새정원, 신비동물원과 아쿠아카페도 TV 등에 많이 소개되어 인기가 높다.

특히 가평크루즈는 새로운 관광지로 자리잡고 있다. 청심 빌리지 인근에서 출발해 남이섬과 자라섬을 오가며 사계절 내내 아름다운 자연 풍경을 즐길 수 있는 친환경 유람선이다. 넓은 창을 통해 북한강과 청평호의 경치를 감상할 수 있으며, 선상 공연과 매점 서비스로 여행의 즐거움을 더해준다.

전경

식사 서비스

아침식사는 양식으로, 빵과 야채샐러드, 치즈, 햄, 찐 계란, 죽이 제공된다. 5~6가지 야채와 과일을 삶아서 즉석으로 갈아만든 면역 주스도 곁들여진다. 야채와 과일의 흡수율을 높이기 위해 한 번 삶는 과정을 거쳐서 만들어진다.

점심은 단백질 섭취를 위해 매주 3회 육류가 제공되며, 저녁에는 생선류가 나온다. 점심과 저녁 식단에는 과일과 함께 계절나물과 채소류를 충분히 섭취할 수 있도록 구성되었다. 영양사가 건강강좌와 입주민의 건강 상태에 따라 개별 식단에 대한 상담도 해준다. 일시적으로 거동이 불편한 입주민들은 1식당 싱글은 3,500원, 부부일 경우 4,000원의 비용을 내고 룸서비스도 이용할 수 있다.

식사 후에 로비에 위치한 노블레스카페에서 커피 및 건강차 등을 마실 수 있어 입주민들이 많이 이용하고 있다.

식당

의료 관련 서비스

청심빌리지에서 1.8km 떨어져 자동차로 3분 거리에 통일교 재단에서 운영하는 HJ매그놀리아국제병원이 위치해 있다. HJ매그놀리아 국제병원은 양방과 한방 의료진이 협력하여 환자를 진료하는 통합의학센터를 운영하며, 노인성 질환의 조기 발견에 주력하고 있다. 또한 의료진들이 정기적으로 실버타운을 방문하여 건강강좌를 진행하고, 입주민 개별 맞춤 건강상담을 제공한다.

HJ매그놀리아국제병원은 청심빌리지와 제휴를 통해 질병 치료뿐만 아니라 입주민에게 물리치료와 운동치료도 해주고 있다. 입주민들은 약 20% 정도의 할인혜택을 받을 수 있으며, 치료비는 개인이 부담한다. 실버타운에는 24시간 간호사가 상주하며 입주민의 개인 건강 카드를 작성하여 토탈케어시스템으로 관리한다.

HJ매그놀리아국제병원

생활 편의 서비스

청심빌리지는 스타렉스 차량 2대의 셔틀버스를 오전, 오후 두 차례씩 설악면 시내와 HJ매그놀리아국제병원을 왕복 운행한다. 하루 네 차례 운행되는 셔틀버스는 무료이지만, 그 시간 외에 이용할 경우 약간의 비용을 받고 있다.

가족은 실버타운을 언제든 방문할 수 있으며, 입주세대 공간이 협소할 경우 게스트룸을 할인된 가격으로 이용할 수 있다. 세대별로 대여해 주는 개인창고는 없지만 지하 2층에 공동창고가 마련되어 있다.

월 2회 청소 서비스를 제공하고, 세탁은 각 세대에서 자체적으로 해결해야 하며, 이불 등 부피가 큰 세탁물은 요금을 내면 세탁 서비스를 받을 수 있다.

입주세대 내부

세대 내부

청심빌리지 건물은 긴 일자형 구조로 22평형은 남향이며 34평형은 청평호수를 내려다볼 수 있다. 전용면적은 50% 남짓으로 넓지 않다. 그러나 조망과 채광이 좋아 거실이 밝으며, 천장이 높고 네모 반듯한 구조여서 그리 좁다는 느낌은 들지 않는다.

22평형은 원룸형 구조이며, 34평형은 방 1개, 욕실, 거실 겸 주방으로 되어있다. 세대 내에는 TV, 테이블, 의자, 냉장고, 선풍기가 비치되어 있으며, 34평형에는 침대 사이드 테이블과 화장대가 추가로 갖추어져있다. 각 세대에는 방과 화장실에 비상호출버튼을 설치해 응급상황에 대비하고 있다.

주요 시설 및 프로그램

힐링체조

실버타운 내 주요 부대시설

건강 관련	취미 관련	오락 및 여가 관련	생활편의 관련
헬스장	바둑,장기 휴게실	영화감상실	사우나
파크골프장	컴퓨터실	탁구장	황토볼찜질방
서예실	소모임실	당구장	카페
황토맨발걷기	넝쿨장미공원	대강당	은행CD기
건강테라피실	청풍미화정원	효정루정자	도서실

청심빌리지는 로비층과 지하 1~2층에 스포츠, 문화여가, 건강 관련 시설이 모여 있다. 지하 1, 2층 모두 채광을 위해 벽면의 많은 부분을 통유리로 만들어 지하 같은 느낌이 들지 않는다.

매일 아침 웰빙 명상으로 하루를 시작하며 오전과 오후에 건강 중심의 프로그램이 진행된다. 노래교실, 실버요가, 힐링체조, 가곡교실, 라인댄스, 서예 교실, 미술교실, 영화 감상, 국선도 등의 프로그램이 있다.

파크골프를 치는 입주민들

헬스장은 창이 통유리로 되어있어 숲과 꽃이 가득한 주변 경관을 바라보며 운동할 수 있어 입주민들이 가장 좋아하는 공간이다. 사우나와 찜질방은 매주 두 차례 운영되며, 자체 영화관에서는 매주 1~2회 영화가 상영되고, 평소에도 입주민이 원할 경우 개별적으로 이용할 수 있다. 1층 카페는 주변의 경관을 감상하면서 차를 마실 수 있는 공간으로, 유료로 운영되며 메뉴 가격은 4,000~6,000원 정도이다.

옥외시설로는 청심빌리지 건물 앞뒤로 대표 시설인 파크골프장이 있다. 파크골프장은 3,978평으로 본관 앞쪽에 길게 자리 잡고 있다. 파크골프는 최근 시니어층에서 인기 스포츠로 자리 잡고 있다. 이외에도 맨발청춘로드와 신선봉 둘레길, 텃밭 등이 조성되어 있어 봄부터 가을까지 입주민들이 수시로 이용하고 있다. 또한, 강가를 산책할 수 있는 데크길이 있으며, 청평호수에서는 가평크루즈 전기유람선도 운행되어 강 주변을 투어할 수 있다.

파크골프 대회

입주민 성향과 분위기

청심빌리지의 입주민 중 30%는 부부이며, 70%는 싱글 입주민이다. 싱글로 입주했다가 서로 의지하여 좋은 친구가 되는 사례도 있다. 여성 비율이 60%, 남성이 40% 정도로 여성이 조금 더 많다. 평균연령은 81세로, 다른 실버타운에 비해젊은 편이다. '전원형 실버타운'이라서 연령대가 높은 것은 아니며, 60대도 23명이 입주해있다. 대부분 연금생활자이지만 아직 경제활동을 하는 입주민도 있다.

유튜브를 통해 청심빌리지의 입주민 실제 체험수기를 볼 수 있으며, 매주 새로운 영상이 업로드된다. 이벤트가 있을 때는 방송을 통해 자녀들도 함께 시청할 수있다. 유튜브 채널을 구독하면 청심빌리지의 생생한 생활을 확인할 수 있다.

최근에는 해외교포들이 역이민을 계획하는 사례가 늘고 있다. 2024년 기준으로 약 30여 명의 해외교포들이 체험 입주를 했거나 장기 입주를 하고 있다. 현재청심빌리지에 장기 입주하기 위해서는 1년가량 대기해야 한다.

카페

경기도 가평에 위치한 청심빌리지는 단지 내부와 주변에 인프라가 잘 조성되어 있어 입주민들이 일상에서 문화적 고립감을 느끼지 않고 편리하게 생활할 수 있다. 복지재단과 의료재단, 교육시설이 인접해 있으며, 베이커리 카페와 한식, 일식, 중식 레스토랑도 갖추고 있다. 신비동물원과 가평베고니아새정원, 가평크루즈 등의 여가시설도 가까이에 있다.

청심빌리지는 서울에서 불과 한 시간 남짓한 거리에 위치해 접근성이 좋으며, 입주민의 가족들이 주말 나들이로 방문하기에도 편리하다. 서울에서 멀리 떨어진 동해약천온천실버타운이나 서울시니어스고창타워와 달리 수도권과 가까워 이동 부담이 적다. 청평호수와 아침고요수목원, 남이섬, 쁘띠프랑스 등 유명 관광지와도 가까워 입주민들도 차량만 있다면 구경할 곳들이 많아 심심할 틈이 없을 정도다. 자차가 없는 입주민이라 하더라도 가평군에서 운영하는 관광지 순환버스가 실버타운 앞 승강장에서 출발해 명소를 편리하게 다녀올 수 있다.

청심빌리지 내에는 입주민들이 직접 가꿀 수 있는 넓은 텃밭과 파크골프장이 마련되어 있다. 파크골프는 연령과 성별에 관계없이 시니어들이 쉽게 배울 수 있는 스포츠로, 원장배 파크골프대회와 왕중왕 대회 같은 행사를 통해 입주민들이 선의의 경쟁을 하며 친목을 다지고있다. 최근 파크골프의 인기가 전국적으로 확산되면서 파크 골프장을 보고 다른 실버타운에 앞서 청심빌리지를 선택하게 되었다는 입주민들도 있다. 이러한 여가 활동은 입주민들이 건강을 유지하면서 삶의 만족도를 높이는 데 기여하고 있다.

청심빌리지의 의료 접근성도 뛰어나다. 단지에서 차량으로 3분 거리에 위치한 HJ매그놀리아 국제병원은 통일교 재단에서 운영하며, 청심빌리지 입주민들에게 섬세한 의료 서비스를 제공한다.

입주민들의 평균 연령은 80세로 비교적 젊고 활기찬 것이 청심빌리지의 또 다른 특징이다. 매월 진행되는 인사캠페인은 입주민들 간의 자연스러운 소통을 유도하며, 유대감을 형성하고 서로의 일상을 이해하는 데 기여한다. 이로 인해 청심빌리지의 생활 분위기는 밝고 활기차며, 서로를 존중하고 이해하는 문화가 자리 잡고 있다.

청심빌리지는 통일교 재단에서 운영하는 실버타운이지만 특정 종교를 강요하지 않는다. 실제로 입주민 중 통일교 신자는 약 10%에 불과하며, 나머지는 기독교, 천주교 등 각기 다른 종교적 배경을 가진 사람들로 구성되어 있다. 종교적 제약 없이 자유로운 생활을 할 수 있다.

청심빌리지는 유튜브 채널을 통해 매주 2~3개의 영상을 업로드하며 실버타운 생활을 생생하게 소개한다. 이 영상들은 국내외 시니어들에게 청심빌리지의 생활을 간접 체험할 수 있는 정보 창구가 되고 있다. 특히 외국에서 역이민 온 교포들은 한 달간의 체험 프로그램을 통해 입주를 결정하는 경우가 많으며, 이 체험 프로그램은 교포뿐만 아니라 관심 있는 모든 사람에게 열려 있어 실버타운 환경을 경험한 후 입주를 결정할 수 있다.

청심빌리지는 이러한 다양한 인프라와 여가활동, 그리고 의료 서비스를 통해 입주민들에게 편리하고 활기찬 생활을 제공하고 있다. 전원형 실버타운임에도 수도권과의 접근성이 뛰어나고, 입주민 간 소통과 유대감을 바탕으로 따뜻한 커뮤니티를 형성하고 있어 거주하고 있는 입주민들의 만족도가 높다.

케어닥케어홈배곧신도시점 28

경기도 시흥시 배곧5로 66-8   1660-1911

소개

케어닥케어홈배곧신도시점은 케어닥이 2023년 7월 오픈한 소규모 케어형 실버타운으로 경기도 시흥시 배곧신도시에 위치하고 있다. 수인분당선 월곶역에서 도보로 20분 정도 걸리며 주변에 신세계 아울렛과 공원이 있다.

1관과 2관은 각각 6층과 5층 건물로, 작은 중앙가든을 사이에 두고 쌍둥이 건물처럼 나란히 마주보고 있다. 1관은 32명 정원의 유료 양로시설인 케어형 실버타운이며, 2관은 48명 정원의 프리미엄 요양원이다. 케어형 실버타운의 입주 자격은 60세 이상으로, 최대 나이 상한선은 없다. 의사소통이 가능하고 스스로 식사와 개인위생 처리가 가능한 시니어라면 건강이 다소 좋지 않거나 장기요양등급이 있어도 입주할 수 있다.

배곧신도시점은 총 27개의 입주실이 있으며 22개의 1인실과 5개의 2인실로 구성 되어있다. 2인실은 자매나 친구 등 부부가 아니더라도 같은 입주실을 사용할 수 있다. 입주보증금은 1인실과 2인실 모두 1,000만 원이며 월 비용은 1인실 300만 원, 2인실 500만 원이다.

이곳 케어형 실버타운의 가장 큰 특징은 24시간 상주하는 케어코디의 맞춤형 돌봄 서비스를 받을 수 있다는 것이다. 각 층마다 케어코디가 입주민 3명당 1명 비율로 배치되어, 입주민별로 세심한 돌봄을 해준다. 특히, 배곧신도시점을 비롯해 케어닥케어홈 모든 지점의 식사품질은 널리 알려져 있으며 식단구성은 블로그를 통해 공개되어 누구나 확인할 수 있다.

케어닥케어홈배곧신도시점은 실버타운과 요양원의 중간형태로 후기 고령자와 일상생활 도움이 필요한 시니어에게 적합하다. 케어닥 케어홈은 배곧신도시점 외에도 송추와 용인에 지점을 운영하고 있으며, 2025년에는 추가 지점 개설을 계획하고 있다. 각 지점은 고유한 특징을 지니고 있지만, 모든 지점에서 식사와 케어 서비스는 높은 수준을 유지하고 있다. 배곧신도시점이 만실인 경우, 송추와 용인 지점 또는 향후 오픈 예정인 지점을 확인하는 것이 좋다.

입주비용

평형별 입주보증금

타입	평형	객실 수	입주보증금
1인실	7	22	1,000만원
2인실	9	5	1,000만원

배곧신도시점의 입주실은 1인실과 2인실 두 가지 타입이 있다. 입주실은 3~5층에 있으며 각 층마다 약 10개의 입주실이 있다. 입주보증금은 1,000만 원으로, 일반 실버타운의 수 억 원씩 하는 입주보증금을 고려하면 부담이 없는 금액이다. '한달살아보기' 체험 프로그램 때에는 입주보증금이 없다.

월 비용

평형별 월 비용   (단위: 만 원)

타입	객실 수	월 비용
1인실	22	300
2인실	5	500

배곧신도시점의 월 비용은 1인실 300만 원, 2인실 500만 원이다. 2인실은 부부 외에도 동거가 가능하다. 만약 자매나 지인과 2인실을 같이 사용하게 되면 비용은 각 250만 원이 되는 셈이다. 월 비용에는 관리비, 90식의 식비, 간식비, 공과금, 생활 지원, 문화·여가 및 간호·재활 서비스 등이 포함되어있다. 이는 수도권의 고가 실버타운에서 의무식을 90식으로 가정해 계산한 월 비용과 비교했을 때 합리적인 수준이다. 개인별로 필요에 따라 발생하는 계약의사 진료비, 가정간호사 비용, 약제비, 이미용비, 교통비 등은 별도이다.

케어코디의 손을 잡고 같이 산책하는 어르신들

위치 및 주변 환경

배곧신도시점은 송도국제도시에 인접해 있으며, 정왕IC에서 3분 거리에 있어 자차를 이용하면 서울에서 30분 정도 걸린다. 대중교통으로는 시흥과 서울을 연결하는 버스 노선이 있으며, 서울과 인천에서는 수인분당선을 이용해 월곶역에 내리면 된다.

배곧신도시점은 문화, 종교, 여가시설과 자연환경이 잘 어우러진 곳에 위치하고 있다. 바로 앞 도보로 1분 거리에 배곧성당이 2024년 9월에 완공되었으며, 시흥시 시립 생활체육시설이 건축중이다. 신세계 아울렛이 도보로 10분 거리에 있어 산책로를 통해 다녀올 수 있다. 주변의 숲속향기공원과 수변공원이 가까워 매일 아침 저녁으로 산책을 즐기는 입주민이 많다. 특히, 걸음이 느리거나 건강이 다소 좋지 않은 입주민들은 케어코디가 손을 잡고 함께 동행해 안전하게 산책할 수 있도록 도와주며, 이를 통해 어르신들은 건강을 유지하고 정서적 안정도 얻을 수 있다.

식사 서비스

배곧신도시점은 입주민의 건강과 만족도를 최우선으로 고려한 맞춤형 식단을 제공한다. 영양사는 각 입주민의 건강 상태와 식사 기호를 반영해 균형 잡힌 식단을 구성하며, 연하곤란, 당뇨 등 만성 질환이나 특정 영양소 결핍을 예방하기 위해 매 끼니마다 다양한 메뉴를 준비한다. 식사는 유명 식품회사의 신선한 식재료로 만들어지며, 과일 주스나 프로틴 음료 등을 통해 영양 보충에도 세심하게 신경을 쓰고 있다.

식당은 2층의 공용 식당 외에도 각 층마다 휴게 공간과 작은 식당이 마련되어 있어, 입주민들의 상황에 따라 편한 곳에서 식사가 이루어진다. 식사는 입주민이 자리에 앉아 있으면 케어코디가 한 명씩 직접 서빙해주는 방식으로, 이는 일부 실버타운에서만 볼 수 있는 특별한 서비스다.

거동이 다소 불편한 입주민들은 케어코디가 입주실을 방문해 식당이나 공용

2024년 6월 12일 쉐프데이 이벤트와 장어덮밥

거실로 모시고 나와 식사를 할 수 있도록 돕는다. 또한, 손이 불편한 입주민을 위해 옆에서 고기를 잘라주거나 생선 가시를 발라주는 등 세심한 돌봄이 이루어진다. 이 과정에서 케어코디가 부모님을 대하듯 입주민을 정성스럽게 챙기며 다정하게 대화를 나누는 모습을 자주 볼 수 있다.

월 1회 5성급 호텔 셰프가 특식을 준비해 입주민들에게 특별한 미식 경험을 선사한다. 예를 들어, 2024년 6월 12일 열린 '셰프데이'에서는 장어덮밥이 제공되었고, 셰프가 입주민들 앞에서 직접 요리하는 모습을 선보이며 함께 식사하는 자리가 마련되었다.

케어닥케어홈의 모든 지점은 입주민의 식단을 블로그에 사진과 함께 공개하여 가족을 비롯해 누구나 확인할 수 있다. 실버타운 중에서 이렇게 식단과 사진을 꾸준히 공유하는 곳은 케어닥케어홈이 유일하다. 이를 통해 어르신들이 매번 어떤 음식을 드시고 있는지 가족들이 알 수 있어 안심이 된다.

1주일 식단표

구분	9/23(월)	9/24(화)	9/25(수)	9/26(목)	9/27(금)	9/28(토)
식 단	혼합잡곡밥 감자옹심이국 소고기잡채 두부계란구이 시래기된장지짐 배추김치 맛밤프로틴	혼합잡곡밥 콩나물국밥 삼겹살&새송이 채소&야채스틱 오이고추&양파 쌈장 배추김치 배	바지락칼국수 혼합잡곡밥1/2 해물파전 도토리묵무침 양파장아찌 배추겉절이 오렌지주스	혼합잡곡밥 이차돌된장찌개 제육볶음 사색어묵볶음 양배추찜&상추 쌈장 배추김치	날치알비빔밥 열무된장국 옥수수볼맛탕 츄러스 꽈리고추볶음 깍두기 아이스홍시 망고푸딩	혼합잡곡밥 파개장 고등어카레구이 실곤약야채무침 취나물무침 깍두기 액티비아
사 진						

2024년 9월 23~28일 실제 식단표며 블로그에서 확인할 수 있음

생활 편의 서비스

배곧신도시점은 돌봄이 필요한 시니어들을 위해 전문 인력을 갖춘 실버타운이다. 이곳의 돌봄 인력은 요양보호사 10명, 사회복지사 2명, 물리치료사 1명, 간호(조무)사 1명이다. 입주민과 돌봄 인력인 케어코디의 비율은 약 3:1이다. 요양원의 경우 입주민과 요양보호사의 비율이 2.3:1인 것을 고려하면 케어형 실버타운인 배곧신도시점의 케어 인력이 얼마나 많은 것인지 알 수 있다. 특히 이 곳의 케어코디들은 연령대가 낮은 편으로 입주민들을 부모님 모시듯 하여 가족처럼 화목한 분위기이다.

거주실이 있는 3층부터 5층의 각 층 중앙에는 케어코디가 근무하는 작은 프런트데스크가 있다. 약 10명의 입주민이 생활하는 각 층마다 케어코디 3명이 8시간씩 교대로 근무하여 24시간 지원 체계를 유지하고 있다. 입주민들은 필요할 때 시간에 관계없이 언제나 도움을 요청할 수 있다.

케어코디와 직원들은 모든 입주실의 청소와 입주민의 개인 의류 세탁도 도와주며, 입주민은 방 청소나 세탁을 신경 쓸 필요 없이 편안하게 생활할 수 있다. 택배와 우편물 수령은 1층 리셉션에서 대행해 주며, 병원 방문이나 관공서 업무 등의 외출 시 차량 지원 및 동행 서비스도 제공하여 입주민들의 생활 편의를 지원하고 있다.

의료 관련 서비스

케어닥케어홈배곧신도시점은 입주민들의 신체 건강과 통증 관리를 위해 맞춤형 재활 프로그램을 운영하고 있다. 특히, 간호사와 물리치료사가 입주민들의 건강 상태를 꾸준히 모니터링하고, 기본적인 건강관련 서비스를 제공한다. 입주민들은 찜질방에서 족욕과 안마기 마사지를 받을 수 있으며, 주 2회 물리치료를 통해 꾸준한 건강 관리를 받을 수 있다.

신체 기능 유지와 향상을 위한 운동 프로그램으로는 '바디힐더' 탄성 로프를 활용한 전신 근력 운동과 스트레칭이 있다. 이와 함께 특허받은 보행재활 시스템 '워크메이트'를 통해 낙상 위험 없이 관절 운동, 걷기 운동, 기구 운동 등 다양한 보행 운동을 할 수 있다. 이를 통해 입주민들은 안전하게 신체 활동을 유지할 수 있으며, 일상생활 능력 향상에도 큰 도움을 받고 있다.

또한, 열 전기 치료와 공기압 마사지를 통해 입주민들의 통증 관리를 돕는 프로그램도 운영되고 있다. 이 외에도 스마트 운동 시스템인 '유인헬스'를 활용한 건강 증진 프로그램과 치매 예방 프로그램도 진행된다.

매일 입주민들의 혈압과 같은 활력 징후를 체크하고, 상담을 통해 건강 상태를 확인하며 복약지도도 이루어진다. 필요시 입주민이 굳이 병원에 갈 필요 없이 계약된 의사의 지시에 따라 가정 간호사가 방문해 영양제 수액을 놓거나 통증관리를 하는 등 개별적인 건강 관리도 가능하다.

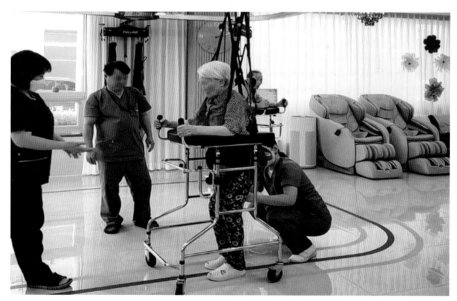

보행재활 의료기기 워크메이트

입주세대 내부

거주실은 1인실과 2인실로 건물 3층부터 5층에 위치하고 있다. 1인실은 6~7평, 2인실은 8~9평으로 단출한 가전과 가구로 이루어졌다. 각 층에는 10개의 거주실이 있으며 복도 중앙에는 케어코디 프런트 데스크와 공용거실이 자리잡고 있다.

거주실마다 빌트인 냉난방 시스템 및 개별 화장실이 완비되어 있으며 높낮이가 조정되는 3모터 전동침대가 마련되어 있다. 냉장고와 TV, 화장대, 옷장, 티테이블 등 기본적인 생활에 필요한 시설들이 갖추어져 있어 1인이 생활하기에 큰 불편이 없다. 안전사고 예방을 위해 화장실은 미끄럼 방지 타일로 되어있고 자연광과 유사한 조명과 무광택 마감재, 카펫 등을 사용하고 있다. 스마트케어 시스템으로 24시간 낙상 자동탐지를 할 수 있는 '실버가드'가 거주실 천장에 설치되어있다.

1인 거주실

주요 시설 및 프로그램

배곧신도시점에서는 여러 가지 프로그램이 운영되고 있다. 가족들의 방문이벤트와 생일잔치 같은 특별한 행사들이 마련되며, 입주민들이 바깥 바람을 쐴수 있도록 맛집투어, 전시회 및 공연 관람도 간다. 아침 체조나 레크리에이션을통해 신체 활동을 촉진하고 원예, 음악, 미술 등 인지기능 향상 프로그램과 예배, 미사, 법회 등 각종 종교활동을 할 수 있도록 돕고 있다. 이러한 프로그램은평일에는 외부 강사가 진행하고, 주말에는 사회복지사가 주도하여 진행한다.

특히 입주민들이 건강을 위해 산책을 할 때에는 케어코디가 동행하여 혹시모를 넘어짐이나 어려움에 처하지 않도록 돌보고 있다.

네이버 블로그와 SNS 네이버 밴드에 각종 프로그램에 참여하고 있는 입주민들의 모습을 보호자와 공유하고 있어서 직접 찾아 뵙지 않고도 부모님의 일상 생활을 케어닥케어홈 블로그를 통해 확인할 수 있다.

공용거실

보안 및 안전 관련

내진설계가 적용된 건물과 배리어 프리(Barrier-free) 설계로 문턱이 제거되어 안전한 보행이 가능하다. 낙상 방지 및 맥박, 호흡, 체온, 자세를 24시간 실시간 모니터링하는 시스템인 '실버가드'가 각 입주실에 도입되어 입주자의 신체 이상신호 감지 시 간호사실로 전송되어 실시간 대응이 가능하다.

CCTV가 설치되어 있으며 전문 케어 인력이 24시간 상주하여 실버가드를 통해 입주민 안전과 응급상황 시 즉각적인 처치가 가능하며 종합병원과 연계된 응급 체계를 구축하고 있다.

입주민 성향과 분위기

입주민의 평균 연령은 80대 중 후반이며 90을 넘은 입주민도 다수 있다. 부부는 거의 없으며 남성어르신이 38% 여성어르신이 62%정도 된다. 입주민 중 8명이 노인장기요양등급 4~5등급을 받아 방문요양서비스를 병행하고 있다. 입주민은 수도권뿐만 아니라 대구 및 기타 지방에서도 온 시니어들도 있으며, 직업적 배경은 교사, 약사, 중소기업 대표, 치과의사, 축산업 종사자 등 다양하다.

입주민들과의 인터뷰를 통해 배곧신도시점을 선택한 이유를 들을 수 있었다. 자녀들과 방문했을 때 시설과 직원들의 친절함이 인상적이었으며, 자녀들이 여러 실버타운과 비교하여 이곳을 적극 추천했다고 한다. 입주민들은 특히 맛있고 영양이 풍부한 식사에 대한 만족감이 높았다.

배곧신도시점은 대규모 실버타운과는 다른 독특한 분위기를 자아내며, 마치 따뜻한 마음을 가진 주인이 운영하는 고급 펜션처럼 아늑한 분위기이다. 일반적인 실버타운이 호텔이나 휴양지 콘도와 같이 세련되고 다소 공식적인 느낌을 준다면, 배곧신도시점은 보다 친밀하고 가족적인 분위기가 특징이다. 이곳의 원장은 매일 입주민들의 안부를 일일이 챙기며, 케어코디는 마치 딸처럼 입주민을 돌본다. 입주민의 손톱에 매니큐어를 칠해주거나, 함께 산책을 하며 이야기를 나누는 모습은 배곧신도시점에서 흔히 볼 수 있는 장면이다.

배곧신도시점의 다른 특징은 입주민 간의 자연스러운 교류를 촉진하는 구조에 있다. 개인 거주실에서 문을 열고 조금만 걸어 나오면 바로 공용거실이 있어, 입주민들은 이곳에서 식사를 하거나 다른 입주민들과 대화를 나누며 고립감을 해소할 수 있다.

배곧신도시점은 대규모 실버타운의 호텔식 편리함과는 다르게, 가족처럼 가까운 관계 속에서 함께 생활하는 따뜻한 공동체적 환경을 추구하고 있다. 이곳의 분위기는 돌봄과 교류를 통해 입주민들에게 심리적 안정과 소속감을 제공하며, 나이가 들수록 화려한 부대시설보다 정서적 지원이 필요한 시니어들에게 더없이 적합한 곳이라 할 수 있다.

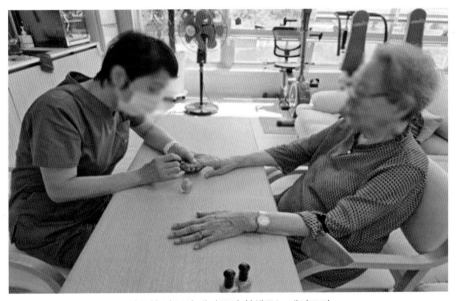

입주한 어르신 매니큐어 칠해주는 케어코디

케어닥케어홈배곧신도시점은 시니어 토탈케어 기업인 케어닥이 운영하는 케어형 실버타운이다. 케어형 실버타운은 기존의 실버타운과는 차별화된 개념으로, 나이가 들면서 어느정도 돌봄이 필요해진 시니어들을 위해 마련된 공간이다. '케어형 실버타운 (케어실버타운)' 용어는 케어닥의 박재병 대표에 의해 처음 제안되었으며, 공빠TV를 운영하는 문성택 작가가 제안한 프리실버타운과 함께 시니어 주거시설을 구분하는 중요한 개념으로 자리잡고 있다.

시니어들은 나이와 건강 상태에 따라 여러 단계로 나뉜다. ① 70세 미만으로 활발한 생활이 가능한 액티브 시니어, ② 70~80세로 일상적인 생활이 가능한 시니어, ③ 80세 이상으로 약간의 돌봄이 필요한 시니어, ④ 85세 이상의 후기 고령자, ⑤ 장기요양 시설등급을 받은 시니어로 구분할 수 있다. ①과 ②에 해당하는 시니어들은 실버타운에 입주해 독립적인 생활을 하면 되며 ⑤ 장기요양 시설등급을 받은 시니어는 요양원에 입소하면 되지만 그 중간단계에 있는 ③과 ④에 해당하는 시니어들은 갈 곳이 마땅치 않았다. 여기에 해당하는 시니어들은 건강이 좋지 않거나 나이가 많다고 실버타운에서는 받아주지 않고, 그렇다고 요양원에 가기에는 자격이 안되거나 너무 건강한 분들이다.

이러한 중간 단계 시니어들을 위한 새로운 주거 형태가 바로 케어형 실버타운이다. 케어닥은 이와 같이 케어형 실버타운의 필요성을 인식하고, 여러 지역에 케어홈을 오픈하고 있다. 2024년 9월 현재 케어닥케어홈배곧신도시점을 비롯해 송추포레스트점, 용인더퍼스트점이 운영 중이며, 화성, 수원, 포천 등 다른 지역에서도 지점을 오픈할 예정이다.

기존 실버타운은 피트니스 센터, 골프연습장, 수영장 등 대형 부대시설을 갖추어 활동적인 시니어들에게는 적합하다. 그러나 돌봄이 필요한 시니어들에게는 이러한 시설이 실질적으로 필요하지 않으며, 오히려 관리비 부담만 가중된다. 또한, 시설 규모가 크고 요양보호사 인력이 제한적인 구조에서는 입주민에게 밀착 돌봄을 제공하기가 쉽지 않은 점도 일반 실버타운의 한계로 지적되어 왔다.

케어닥케어홈은 모든 지점을 소규모로 운영하며, 배곧신도시점도 32명 정원의 소규모 시설이다. 이곳에서는 각 층마다 24시간 교대 근무하는 케어코디가 상주해 입주민들에게 밀착 돌봄을 제공하고 있다. 이는 대규모 실버타운에서는 구현하기 어려운 케어닥케어홈만의 큰 장점으로, 입주민 개개인에게 세심한 케어를 가능하게 한다.

케어닥케어홈이 특히 강조하는 부분 중 하나는 식사 관리다. 월 90식 의무식이 제공되며, 케어코디들은 입주한 어르신들이 잘 드시는지, 건강 상태는 어떤지 매번 꼼꼼히 확인한다. 거주실 내에 취사도구가 없을뿐더러 입주민들이 혼자서 외부식당에 가서 식사를 할 수 있는 상황도 아니어서 월 90식은 단순한 의무식이 아닌 필수적인 식사다. 식단 구성과 매 끼니의 사진은 지속적으로 블로그에 게시되어 가족을 비롯한 누구나 이를 확인할 수 있으며, 이는 케어닥케어홈이 식사의 품질에 대해 자부심을 가지고 있음을 알 수 있다.

케어닥케어홈은 자립 생활이 어려워진 시니어들을 위해 설계된 소규모 케어형 실버타운이다. 체계적인 24시간 밀착 케어와 높은 품질의 식사를 제공하며 입주민의 건강과 안전을 최우선으로 하고 있다. 특히 케어코디의 세심한 돌봄과 매 식사마다 영양 상태를 체크하는 시스템은 시니어들이 신체적·정서적 안정을 찾는 데 큰 도움을 준다. 가족들이 블로그를 통해 식단을 확인할 수 있어 신뢰를 더하며, 여러 지역에 지속적으로 지점을 확대해 더 많은 시니어와 그 가족들에게 맞춤형 돌봄의 새로운 대안을 제시할 전망이다.

KB골든라이프케어평창카운티 29

서울특별시 종로구 평창문화로 87   02-6273-2601

소개

KB골든라이프케어 평창카운티(이하 평창카운티)는 2008년 '아너스밸리'라는 이름의 노인복지주택으로 건설되었다. 이후 2023년 이지스자산운용이 아너스밸리를 매입하여 리모델링을 하고 KB골든라이프케어가 운영을 맡게 되면서 평창카운티가 탄생하였다. 평창카운티는 2023년 12월 22일 새롭게 오픈하였으며, 164세대로 구성된 지하 2층, 지상 5층 규모의 단일 건물로 이루어져 있다.

평창카운티는 서울 중심업무지구(CBD)에서 직선거리로 약 4km 떨어진 평창동에 위치하고 있다. 북한산과 북악산이 인접해 있어 옥상정원에서 아름다운 경치를 감상할 수 있으며, 도보로 이동 가능한 거리에 문화예술 인프라가 잘 갖추어져 있다.

평창카운티는 일반 실버타운과 달리 반전세+월세 개념으로 운영된다. 입주보증금은 3,000만 원, 2억 3,000만 원, 3억 3,000만 원 중 선택할 수 있으며, 보증금 액수에 따라 월세 금액이 달라진다. 입주보증금 3,000만 원 기준으로 1인이 입주할 경우 월 비용은 평형에 따라 식비 포함 350~489만 원이다. 보증금이 낮은 만큼 월세를 포함한 월 비용이 높게 책정된다.

각 세대는 발코니를 갖추고 있어 화분을 가꾸거나 티타임을 즐길 수 있다. 부대시설로는 스파, 건강관리실, 문화여가 프로그램실, 옥상정원, 피트니스 센터, GX룸, 마사지실(힐링룸) 등이 마련되어 있어 시니어에게 필요한 다양한 시설을 제공한다.

평창카운티는 건강하여 독립 생활이 가능한 경우 최대 입주 연령에 제한을 두지 않으며, 반려동물도 동반할 수 있다. 서울 도심 강북 지역에 위치한 실버타운으로, 특히 서울 강북지역에 거주하던 시니어들에게는 평창동이라는 고풍스럽고 품격 있는 지역에서 살아보는 기회가 될 수 있다.

입주비용

평형별 입주보증금

타입	평형	입주보증금 A형	입주보증금 B형	입주보증금 C형
34	19	3,000만원	2억3,000만원	3억3,000만원
38	22	3,000만원	2억3,000만원	3억3,000만원
39A	22	3,000만원	2억3,000만원	3억3,000만원
39B	22	3,000만원	2억3,000만원	3억3,000만원
43	25	3,000만원	2억3,000만원	3억3,000만원
44	25	3,000만원	2억3,000만원	3억3,000만원
57	32	3,000만원	2억3,000만원	3억3,000만원
66	38	3,000만원	2억3,000만원	3억3,000만원

평창카운티는 입주보증금을 낮추고 월 비용을 높이는 방식을 채택하고 있다. 이는 마치 아파트 임대에서 반전세와 유사한 개념이다. 평창카운티에서는 입주민이 세 가지 입주보증금 중 하나를 선택할 수 있으며, 이에 따라 월세가 달라진다. 입주보증금을 적게 내면 월세를 많이 내고, 반대로 입주보증금을 많이 내면 월세를 적게 내는 구조이다.

입주보증금에는 저가 A형, 중가 B형, 고가 C형의 세 가지 방식이 있다. 저가 A형은 입주보증금이 3,000만 원으로, 모든 평형에 동일하게 적용된다. 3,000만 원의 입주보증금은 수도권에 위치한 실버타운 중 가장 저렴하다. 중가 B형의 입주보증금은 2억 3,000만 원이며, 고가 C형은 3억 3,000만 원이다. 고가 C형의 3억 3,000만 원도 서울에 있는 실버타운의 평균 입주보증금보다 약간 낮은 수준이다.

이러한 구조는 당장 고액의 입주보증금을 마련하기 어려운 분들이나, 현재 소유하고 있는 집을 매매하지 않고 보유한 채 실버타운에서 1~2년 단기로 살아본 후 영구 입주를 결정하고 싶은 시니어들에게 매력적인 계약조건이다. 단돈 3,000만 원만 있으면 38평형에서도 살아볼 수 있지만, 그만큼 월세 비용이 올라가게 된다.

계약 기간은 5년이며, 의무 거주기간은 2년이다. 의무 거주기간을 채우고 퇴거할 경우 입주보증금을 전액 반환 받을 수 있다. 만약 의무 거주기간 2년 만료 전에 계약을 해지할 경우, 위약금으로 잔여 기간 월세의 20%를 공제한 후 나머지 금액이 반환된다. 예를 들어 월세를 100만 원씩 내고 있다가 입주 12개월 후 계약을 해지하면, 나머지 의무 거주기간 12개월의 총 월세 1,200만 원의 20%인 240만 원을 위약금으로 물게 된다.

월 비용

평형별 월 비용 (입주보증금 3,000만원인 저가 A형의 경우) (단위: 만 원)

타입	평형	월세		관리비		식비		월 비용	
		1인	부부	1인	부부	1인	부부	1인	부부
34	19	179	179	111	139	60	120	350	438
38	22	193	193	115	143	60	120	368	456
39A	22	195	195	115	143	60	120	370	458
39B	22	197	197	116	143	60	120	373	460
43	25	211	211	119	147	60	120	390	478
44	25	215	215	120	148	60	120	395	483
57	32	257	257	130	158	60	120	447	535
66	38	291	291	138	166	60	120	489	577

매월 내야 하는 월 비용은 월세, 관리비, 식비로 구성된다. 월세는 입주보증금이 반전세처럼 매우 낮기 때문에 매월 내야 하는 금액이며, 관리비는 전기세나 난방비 같은 공과금이 아닌 실버타운 부대시설 및 기타 서비스를 이용하는 비용이다. 예를 들어, 피트니스, 스파 및 부대시설, 건강관리 서비스, 세대 청소 비용 등이 모두 포함되어 있다. 식비는 월 60식 의무식으로, 1식당 10,000원

씩 월 60만 원이 든다.

입주보증금이 3,000만 원인 경우 월세는 높으며, 평형이 커질수록 월세가 더 올라간다. 1인 기준 19평형일 때 월세는 179만 원, 관리비는 111만 원, 식비는 60만 원으로 총 월 비용은 350만 원이다. 부부가 입주할 경우, 1인 비용의 2배가 되는 것은 아니며, 관리비 28만 원과 식비 60만 원을 더해 총 88만 원만 추가로 내면 된다. 따라서 부부가 19평형에 입주할 경우 총 월 비용은 438만 원이 된다.

평형별 월 비용 (입주보증금 2억3,000만원인 중가 B형의 경우) (단위: 만 원)

타입	평형	월세		관리비		식비		월 비용	
		1인	부부	1인	부부	1인	부부	1인	부부
34	19	109	109	111	139	60	120	280	368
38	22	123	123	115	143	60	120	298	386
39A	22	125	125	115	143	60	120	300	388
39B	22	127	127	116	143	60	120	303	390
43	25	141	141	119	147	60	120	320	408
44	25	145	145	120	148	60	120	325	413
57	32	187	187	130	158	60	120	377	465
66	38	221	221	138	166	60	120	419	507

입주보증금을 3,000만 원에서 2억 3,000만 원으로 올리면 월세가 70만 원 줄어든다. 관리비와 식비는 변함이 없으므로 월 비용도 70만 원이 줄어들게 된다. 따라서, 19평형에 1인이 입주할 경우 월 비용은 기존 350만 원에서 280만 원으로 낮아진다. 부부가 입주할 경우에는 월 비용이 368만 원이 된다.

이처럼 평창카운티는 입주보증금에 따라 월세를 조정해 입주민에게 여러 비용적 선택지를 제공한다. 3,000만 원의 입주보증금을 낼 경우, 19평형 1인 입주의 월 비용은 350만 원이지만, 입주보증금을 2억 3,000만 원으로 올리면 월 비용이 280만 원으로 낮아진다. 부부가 입주할 경우에도 입주보증금을 올리면 월 비용이 438만 원에서 368만 원으로 줄어든다. 이러한 구조는 입주민이 자신의 경제 상황에 맞춰 적절한 선택을 할 수 있게 해준다.

평형별 월 비용 (입주보증금 3억3,000만원인 고가 C형의 경우)　　(단위: 만 원)

타입	평형	월세		관리비		식비		월 비용	
		1인	부부	1인	부부	1인	부부	1인	부부
34	19	74	74	111	139	60	120	245	333
38	22	88	88	115	143	60	120	263	351
39A	22	90	90	115	143	60	120	265	353
39B	22	92	92	116	143	60	120	268	355
43	25	106	106	119	147	60	120	285	373
44	25	110	110	120	148	60	120	290	378
57	32	152	152	130	158	60	120	342	430
66	38	186	186	138	166	60	120	384	472

　입주보증금을 최대치인 3억 3,000만 원을 내면, 3,000만 원을 낼 때보다 월세가 105만 원 낮아진다. 이에 따라 19평형 1인 입주의 월 비용은 245만 원이 된다. 같은 평수에 부부가 입주할 경우 월 비용은 333만 원이다. 만약 부부가 19평형이 좁다고 느껴 25평형에 입주한다면 월 비용은 373만 원이 된다.

　부부가 식사가 해결되는 평창동에 위치한 실버타운에서 지내면서, 입주보증금으로 평균 시세보다 낮은 3억 3,000만 원을 내고 월 비용이 373만 원이라면 그리 비싸다고 볼 수 없다. 다만, 월세를 내지 않는 다른 실버타운의 거주 방식과 비교하면 매월 373만 원이 체감상 다소 높게 느껴질 수는 있다.

위치 및 주변 환경

한적한 평창동에서 도심의 이점과 자연환경을 동시에 누릴 수 있는 곳이 평창카운티이다. 북한산 자락에 자리잡아 앞으로는 홍제천이 흐르고 남쪽으로는 북악산이 위치해 있다. 높고 낮은 산등성이가 병풍처럼 둘러싸고 있어 자연의 아름다움을 만끽할 수 있다.

평창카운티는 도보 2~3분 거리에 버스 정거장이 있어 종로, 신촌 등 도심으로의 이동이 편리하다. 의료기관도 고대안암병원, 서울대병원, 연세세브란스병원까지 차량으로 20분 이내에 접근이 가능하다. 또한, 주변에는 서울시립미술아카이브, 상명대학교박물관 등 문화시설들이 있어 품격 있는 문화생활을 즐길 수 있고 서울둘레길 코스와 연계된 산책로를 개발 중에 있어 자연 속에서의 여가 활동도 가능하다.

식사 서비스

KB골든라이프케어가 직영하는 식당은 매일 새벽에 입고되는 신선한 식재료를 활용해 다양한 메뉴가 마련된다. 맛과 재료의 품질을 높이기 위해 식당을 직접 운영하며, 당뇨식과 같은 특수 식단도 제공된다. 몸이 불편하거나 식당에 내려오기 어려운 입주민을 위해서는 약간의 추가 비용을 내면 각 세대로 식사를 포장하거나 배달해 준다. 또한, 외부 손님이나 친지들을 초대하여 식사할 수 있는 프라이빗 다이닝룸 두 곳도 별도로 운영하고 있어 편리하고 품격 있는 식사 경험을 제공한다.

생활 편의 서비스

입주민의 필요를 가장 잘 이해하는 전담 사회복지사가 세심한 컨시어지 서비스를 지원한다. 이들은 생활 상담, 교통편 예약, 지역사회와 연계한 문화여가 활동 등을 지원하여 입주민의 생활을 더욱 편리하고 풍요롭게 만든다.

평창카운티에서는 주 1회 거실, 침실, 욕실 청소 서비스를 제공하며, 설거지, 분리수거, 빨래 널기 중 하나를 선택하여 무료로 도움을 받을 수 있다. 쓰레기 분리수거는 1층이 아니라 각 층마다 마련되어 있어 입주민이 더욱 쉽게 이용할 수 있다.

의료 관련 서비스

헬스케어실

평창카운티에는 간호사가 상주하는 헬스케어실이 있다. 이곳에서는 입주민의 혈당과 혈압 등을 체크하여 건강 상태를 지속적으로 확인하고 관리를 할 수 있도록 기획하고 있다. 평창카운티는 입주민의 수면의 질, 맥박, 스트레스, 실내 온·습도 등을 모니터링 하기 위해 세대별로 센서 장치도 마련하고 있다.

입주민들은 신체 기능 저하로 일상생활이 어려워질 경우, KB골든라이프케어가 운영하는 도심형 프리미엄 요양시설인 KB골든라이프케어 빌리지를 우선적으로 이용할 수 있는 권한을 부여받는다. KB골든라이프케어는 7년 전부터 요양산업에 진출하여, 현재 위례빌리지와 서초빌리지를 운영하고 있으며, 2025년에는 은평빌리지(가칭), 광교빌리지(가칭), 강동빌리지(가칭)를 새로 개원할 계획이다.

이렇게 입주민은 건강할 때 평창카운티에서 생활하다가, 돌봄 및 신체·인지기능 유지 및 향상이 필요해지면 KB골든라이프케어의 요양시설과 주·야간 보호센터로 연계해 지속적인 서비스를 받을 수 있다.

입주세대 내부

평창카운티는 2층부터 5층까지 입주실이 위치해 있으며, 총 8가지 타입의 입주실이 있다. 가장 큰 평수인 66타입을 제외한 모든 타입은 침실이 별도로 없는 원룸형 구조로, 현관문에서 발코니 창을 마주하는 구조로 개방감이 뛰어나다. 거실과 침실 사이에 슬라이딩 중문을 설치하여 공간을 분리해 놓아, 원룸형 타입임에도 불구하고 침실이 따로 있는 느낌을 준다.

모든 세대에는 발코니가 있어 화분을 가꾸거나 간단한 테이블을 세팅하여 티타임을 즐길 수 있다. 평창카운티처럼 모든 세대에 발코니가 있는 실버타운은 그리 많지 않다.

입주세대에는 천장형 시스템 에어컨과 바닥 난방 조절기가 있어 냉난방 온

침실 및 거실

도를 자유롭게 설정할 수 있다. 욕실에는 높이를 낮추고 충격을 흡수하는 특수 소재의 안전한 저상 욕조와 낙상 방지를 위한 안전 손잡이가 설치되어 있다. 또한, 현관에는 신발을 편리하게 신고 벗을 수 있도록 안전의자가 설치되어 있다.

모든 세대에는 붙박이 수납장, 옷장, 냉난방 시설, 빌트인 냉장고, 인덕션 등 주요 가구 및 가전제품이 제공된다. 이 밖에 세탁기를 비롯한 필요한 가구는 입주민이 준비해야 한다.

주요 시설 및 프로그램

평창카운티는 여러 종류의 부대시설을 갖추고 있어 입주민들은 편리하고 풍부한 여가생활을 할 수 있다. 옥상정원과 가족과 함께 바비큐를 즐길 수 있는 공간을 비롯해 스파, 시청각실, 힐링룸, 헬스장, GX룸, 샤워실, 대강당, 커뮤니티실, 서예·공예실 등이 있다.

지하 2층에는 540평 규모의 온탕, 열탕, 냉탕, 걷기탕, 이벤트탕 등을 갖춘 실버타운 중 최대 규모의 스파가 있다. 특히 걷기탕의 경우 마치 수영장에서 수중 치료를 하듯이 관절이 약한 시니어들이 무리하지 않고 운동할 수 있다.

　입주민은 하루 2회까지 무료로 스파를 이용할 수 있으며, 입주민이 아닌 외부인도 유료로 15,000원을 내고 이용할 수 있다. 그러나 외부인을 하루 최대 70명까지 제한하여 스파가 외부 이용객으로 인해 너무 붐비지 않도록 관리하고 있다. 평창동 근처에서 이렇게 잘 해 놓은 스파는 없을 것으로 보이며, 실버타운으로 바뀌기 이전에도 잘 알려진 곳이다.

　지하 1층에 위치한 피트니스 센터는 내부 시설과 기구가 도심의 고급 피트니스 클럽과 비교해도 손색이 없다. 특히 고령자도 쉽게 이용할 수 있는 기구와 워킹 레인이 구비되어 있다. 원하는 경우, 피트니스 센터에 상주하는 운동지도사에게 개인 맞춤형 운동 솔루션을 유료로 받을 수 있다.

　운동지도사는 입주민의 체성분을 측정하고 운동 상담을 한 후, 퍼스널 트레

스파시설이 있는 사우나

이닝을 진행한다. 대부분의 시니어들은 바로 운동 기구를 사용하면 무리가 오기 때문에, 먼저 워킹 레인과 기타 맨몸 운동을 통해 기본적인 근력과 체력을 강화한 후 근력 운동을 진행한다. 시니어들이 혼자서 무리하게 운동하면 오히려 몸을 다칠 수 있기 때문에, 운동지도사를 통한 체계적인 운동이 권고된다.

시니어들에게 중요한 재산은 것은 재력이 아니라 근력이라는 말이 있다. 허벅지 두께가 건강을 담보한다는 말처럼 시니어가 될수록 근력강화가 필요하다. 그러나 시니어들이 혼자서 무리하게 운동하면 오히려 몸을 다칠 수 있기 때문에, 운동지도사를 통해 본인의 체력에 맞는 운동을 하는 것이 좋다.

힐링룸(1인실)에는 최고급 안마의자와 안마침대(세라젬)가 비치되어 있어 편안한 휴식을 취할 수 있다. 힐링룸은 예약을 통해 이용할 수 있으며, 이용료는 월 관리비에 포함되어 있다. 또한, 리클라이너 좌석이 있는 영화관과 다양한 프로그램이 운영되는 프로그램실도 마련되어 있어 입주민들이 풍부한 문화와 여가 생활을 즐길 수 있다.

워킹 트랙을 갖춘 피트니스 센터

저자 리뷰

평창카운티는 2008년 '아너스벨리'라는 이름의 노인복지주택으로 건설된 후 2023년 12월에 재오픈한 곳이다. 신축 건물은 아니며, 2023년 한국 최대 부동산 전문 자산운용사인 이지스자산운용이 실버산업에 진출하면서 아너스밸리를 인수한 후 내부를 리모델링했다. 이후 요양원 운영 경험이 있는 KB골든라이프케어가 실버타운 운영을 맡게 되면서 평창카운티가 탄생하게 되었다.

평창카운티는 일반 임대형 실버타운에서는 흔하지 않은 바닥난방과 발코니를 갖추고 있다. 바닥난방은 겨울에 공기를 건조하지 않게 하여 열풍기를 이용한 간접난방보다 시니어들의 호흡기 건강에 좋다. 또한 발코니는 화초를 키우거나 세탁기와 티테이블을 놓을 공간으로 유용하게 사용될 수 있다.

또한, 평창카운티는 다양한 입주보증금 옵션을 제공하여 초기 자금 마련에 부담을 느끼는 시니어들도 쉽게 입주할 수 있게 하였다. 3,000만 원의 입주보증금만으로도 입주가 가능하며, 이는 경제적 여건이 다양한 시니어들에게 실버타운에서 살아볼 수 있는 폭을 넓혀 주고 있다.

반려동물을 동반할 수 있다는 점도 평창카운티의 매력이다. 스프링카운티자이 등 분양형 실버타운에서만 허용되던 반려동물 입주가 가능해 반려동물과의 생활을 원하는 시니어들에게 반가운 소식이다. 2025년에 오픈 예정인 VL르웨스트, 라우어/라티브 등도 반려동물을 허용하는 것으로 알려져 있다.

평창카운티는 건강하여 독립생활이 가능한 경우 최대 입주 연령에 제한을 두지 않고 있다. 수도권에 위치한 대부분의 실버타운은 대기자가 많아 입주 연령을 최대 80~85세로 제한하고 있으며, 이러한 연령 제한은 갈수록 낮아지는 추세를 보이고 있다. 평창카운티는 이러한 제한을 두지 않음으로써, 더 많은 시니어들이 입주할 수 있는 기회를 제공한다.

요양원 운영 경험이 많은 KB골든라이프케어의 노하우와 시스템이 녹아 있다. AI 기반의 건강 모니터링 센서가 그 예로, 이 센서는 몸에 장착하지 않아 입주민에게 불편을 주지 않으면서도 호흡과 맥박을 측정하여 건강을 관리한다. 향후 거동이 불편해 돌봄이 필요하게 되면 KB골든라이프케어가 운영하는 프리미엄 요양원에 우선 입소할 수 있는 것도 큰 장점이다.

다소 아쉬운 점으로는, 평창카운티가 대로변에 위치해 있어 약간 시끄러울 수 있으며 주차공간이 작다. 도심형 실버타운이 대부분 대로변에 위치해 있고, 자가운전하는 시니어가 많지 않다는 점에서 큰 문제는 아닐 수 있다. 또한, 스파 및 사우나 시설이 과도하게 커서 많은 공간을 차지하고 있다. 사우나 공간을 줄이고 후기 고령자들을 위한 물리치료실과 돌봄 시설을 추가했다면 더 좋았을 것이라는 아쉬움이 있다.

평창카운티는 건강하지만 80세가 넘었거나, 반려동물을 꼭 동반해야 하거나, 당장 몇 억 원의 입주보증금을 마련하기 부담스러운 시니어들에게 문이 열려 있다. 건강에 대해서도 지속적인 모니터링과 관리가 필요한 시니어들에게도 적합하다. 개인 사업자가 아닌 KB금융 산하의 KB골든라이프케어에서 운영하기 때문에 브랜드 파워가 있다. 프리미엄 요양원을 성공적으로 운영하고 있으며, 그 경험을 100% 살려 KB골든라이프케어실버타운에 있어서도 새로운 개념의 롤 모델을 만들어 주기를 기대해 본다.

흰돌실버타운 30

부산광역시 수영구 연수로 260번길 53   051-758-6231

소개

흰돌실버타운은 사회복지법인 로사사회봉사회가 2000년 설립하였으며, 2025년 라우어/라티브가 오픈하기 전까지 부산 시내에 위치한 유일한 실버타운이다. 천주교에서 운영하는 시설로 알려져 있지만, 법인 설립자의 정신에 따라 '가톨릭 정신에 바탕한 그리스도인의 사랑 실천'이라는 법인 설립이념으로 운영될 뿐, 천주교 재단에 소속된 법인이나 시설은 아니다.

총 293세대 단지 내에는 흰돌의원, 부산종합사회복지관, 흰돌요양센터, 실버타운 부속 문화센터 등이 있다. 2027년에는 실버타운 부지 내에 망미국민체육센터도 건립될 예정이다. 의료 서비스는 흰돌의원이 담당하며, 요양이 필요한 입주민은 흰돌요양센터를 이용할 수 있다.

입주비용은 평형에 따라 8,000만 원에서 1억 3,600만 원으로 낮은 편이며, 계약 기간은 2년이다. 월 비용은 1인 기준 106~163만 원이며, 부부 입주 시 27만 원의 추가 비용이 발생한다. 의무식은 45식이며 비용은 1식당 5,500원으로 임대형 실버타운 중 월명성모의집 다음으로 가장 저렴하다.

입주민들을 위해 문화센터와 부산종합사회복지관에서 문화, 여가 프로그램을 제공한다. 신관 1층의 흰돌성당(준본당)에서는 매일 미사가 봉헌되며, 신자들에게 영적 돌봄을 제공하고 있다. 입주민 중 천주교 신자가 많지만 종교와 무관하게 누구나 입주할 수 있다.

흰돌실버타운은 부산 시내에 위치해 다양한 생활 편의시설이 주변에 자리하고 있다. 대도시에 있으면서도 입주보증금과 월 생활비가 저렴해 높은 인기를 끌고 있다. 경제적 부담이 적은 도심형 아파트 같은 환경에서 생활하며, 식사가 제공되어 편리하다. 특히, 같은 천주교 신앙을 가진 시니어들이 함께 어울리며 지내고자 하는 이들에게 적합한 실버타운이다.

입주비용

평형별 입주보증금

평형	입주보증금
17	8,000만원
20 (시티)	9,000만원
20 (마운틴)	10,000만원
25	1억2,300만원
34	1억3,600만원

　입주보증금은 평형에 따라 다르며 8,000만 원~1억 3,600만 원으로 부산 시내에 위치한 점을 고려하면 매우 저렴한 편이다. 계약기간은 2년이며 계약만료 시 전액 반환된다. 부산 시내에 있고 월 비용이 저렴해서 공실이 나는 경우가 드물어 청약을 걸어두고 순번을 기다려야 한다. 청약 해지 시 청약금은 1주일 내에 전액 환불해준다. 청약금은 평형에 따라 300만 원~600만 원 사이다.

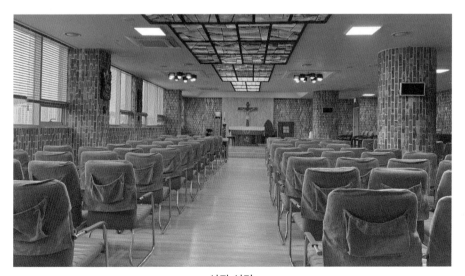

신관 성당

월 비용

평형별 월 비용

(단위: 만 원)

평형	시설 이용료	관리비	식비	목욕	월 비용
17	57	22	25	2	106
20 (시티)	60	25	25	2	112
20 (마운틴)	64	25	25	2	116
25	87	27	25	2	142
34	105	31	25	2	163

시설 이용료는 입주 시 지불하는 입주보증금과는 별도로 매월 납입하는 비용으로, 평형에 따라 1인 기준 57~105만 원이다. 시설이용료와는 별도로 아파트 관리비처럼 매월 내야 하는 관리비가 있으며, 평형에 따라 22~31만 원으로 대략 평당 1만 원 정도이다. 월 의무식 45식은 약 25만 원(정확히는 247,500원)이며, 월 5회 기본 목욕비는 2만 원(정확히는 25,000원)이다. 이러한 비용을 모두 더하면 1인당 평형에 따라 월 비용은 106~163만 원이다.

부부가 입주할 경우 의무식 45식 비용 25만 원과 목욕비 2만 원이 추가되어 총 27만 원을 더 부담하면 된다. 예를 들어, 17평형에 입주할 때 1인 기준 월 106만 원이라면 부부는 27만 원을 더해 133만 원이 된다. 가장 큰 평수인 34평형에 입주할 경우 1인 기준 월 163만 원에 27만 원을 추가해 부부는 190만 원의 월 비용이 든다.

흰돌실버타운 홈페이지를 보면 월 평균 납부액이 위 설명보다 10만 원 정도 높은 것을 알 수 있다. 이 책자에서는 전기, 수도, 케이블TV 등 세대별 공과금을 포함시키지 않았다. 다른 실버타운의 월 비용을 소개할 때에도 세대별 공과금을 포함시키지 않아서 서로 비용을 객관적으로 비교할 수 있도록 공과금은 제외하였다. 실제로 흰돌실버타운에서 생활하려면 월 납부할 비용은 여기 표에 나온 금액에 10만 원 정도 더하면 된다. 매월 내는 시설 이용료를 처음 입주할 때 계약 기간인 2년치를 선납하면 10% 정도 할인을 받을 수 있다.

위치 및 주변 환경

흰돌실버타운은 부산역에서 10km 정도 거리에 있으며, 수영구 망미동의 연립주택과 상가주택이 밀집한 주택가에 위치해 있다. 4차선 도로에 인접해 있어 버스 정류장과 부산지하철 3호선 배산역이 도보로 10분 이내 거리에 있다. 자가용을 이용할 경우, 큰길에서 주택가로 조금 들어가야 하지만 골목이 좁지 않아 진입하는 데 무리가 없으며, 주차장도 입주동 지하에 비교적 넓게 마련되어 있다.

실버타운 인근은 주택가와 상가 지역이어서 슈퍼, 약국, 은행 등 대부분의 생활 편의시설이 가까이 있다. 백화점이나 극장 같은 문화 여가시설도 지하철을 타고 10분 이내에 갈 수 있다. 큰길에서 실버타운 입구까지 길이 경사져 있어 지하철 배산역에서 흰돌실버타운 입구까지 마을버스를 이용하면 편리하다. 건강한 입주민들은 그 언덕길을 따라 실버타운 뒤쪽의 금련산으로 산책이나 등

부산종합사회복지관

산을 다니기도 한다.

흰돌실버타운 정문 입구에 있는 부산종합사회복지관은 로사사회봉사회에서 운영하며, 노인대학에서 각종 문화 및 여가 프로그램 등이 진행되고 있다. 실버타운 입주민은 물론 지역 주민의 참여도 활발하여 입주민 이외의 다른 분들과도 폭넓게 교류할 수 있다. 2027년에는 흰돌실버타운 부지 내에 수영장, 헬스장 등을 갖춘 망미국민체육센터가 건립될 예정이어서 입주민들의 여가 및 체육 활동에 큰 도움이 될 것으로 기대되고 있다.

식사 서비스

입주민 전용 식당은 문화센터 1층에 위치해 있으며, 전문 위탁 업체에서 운영한다. 입주민 스스로 각자 식판을 들고 배식을 받는 형태로 운영되며, 거동이 불편한 입주민을 위해 필요시 식사를 자리로 가져다주기도 하고, 아플 경우 사무실에 신청하면 세대로 도시락을 배달해주기도 한다. 45식의 의무식이 있으며 45식 보다 더 많이 식사할 경우 1식당 5,500원이 청구된다.

생활 편의 서비스

입주동 지하에는 세대당 1대 정도 주차할 수 있는 주차장 있다. 청소와 세탁 서비스는 제공되지 않아 별도의 개인 비용을 들여 가사도우미를 고용하는 세대도 있다. 다만, 이불 등 개인 세탁이 힘든 큰 빨래는 세탁실에서 비용을 받고 세탁해 주기도 한다. 신관 지하 1층 사무실에는 복지와 시설 관리를 위한 관리 인력이 근무하며, 입주민이 필요한 것이 있으면 도와준다. 그러나 고가의 실버타운처럼 호텔식 서비스를 제공하지는 않는다. 독립생활이 가능하고 건강한 시니어에게는 오히려 전체 비용을 줄일 수 있어 유용하다.

일반 실버타운에는 흔하지 않은 5실의 게스트룸이 운영되고 있다. 입주민 가족은 언제든지 방문이 가능하며, 필요시 유료로 게스트룸을 이용할 수 있다. 게스트룸 이용료는 평일에는 22,000원, 주말 및 공휴일에는 33,000원이다. 그리고 게스트룸을 활용하여 단기 체험 숙박도 가능하다. 게스트룸 이용은 흰돌실버타운 사무실로 미리 연락하여 예약하면 된다.

의료 관련 서비스

실버타운 소속 간호사는 평일 각 세대를 순회하며 간단한 건강 체크와 투약 지도를 한다. 몸이 아픈 입주민에게는 방문 간호 서비스를 해주고 있다. 방문간호 서비스는 의사의 지시에 의해 간호사가 입주민의 집에 방문해 혈압 측정, 상

흰돌실버타운 요양원

처 관리, 약물 투여 등 필요한 의료 서비스를 제공한다. 주로 노인이나 만성질 환자를 대상으로 하며, 건강보험 또는 장기요양보험을 통해 일부 비용 지원이 가능하다.

실버타운 주변 2km 이내에 한서병원, 센텀병원, 동의의료원 등이 있어 응급 상황 발생 시 이용할 수 있다. 또한, 업무협약을 맺은 한서병원을 이용할 때에 는 비급여 항목에 한해 혜택을 받을 수도 있다. 응급 환자가 발생하면 간호사가 필요한 응급 조치를 한 후 병원으로 후송하며 주말 및 공휴일에는 당직 직원이 이 업무를 대신한다.

단지 내에는 흰돌의원이 있어 입주민뿐만 아니라 지역 주민들도 진료를 받 을 수 있다. 진료 시간은 9시부터 18시까지이며, 물리치료실도 갖추어져 있다.

흰돌실버타운 내에는 흰돌요양센터도 있어 입주민이 건강이 나빠져 장기요 양등급을 받게 되면 요양센터로 옮길 수 있다. 돌봄이 필요하게 될 때 실버타운 단지를 벗어나지 않고 요양원으로 이동할 수 있다. 특히 부부 세대의 경우, 둘

흰돌의원, 도네이션 앤 힐링

중 한 명이 요양센터에 입소하면 남은 배우자는 실버타운에 계속 거주하며 언제든지 쉽게 면회할 수 있는 장점이 있다.

입주세대 내부

입주세대는 기존관(1, 2동)과 신관(10호동)에 나뉘어져 있으며 구관에는 17, 25, 34평형 세대가 신관에는 20평형 세대가 있다.

세대 수가 가장 많은 17평형의 경우, 거실 겸 큰방 1개, 작은방 1개, 욕실, 주방으로 이루어져 있다. 싱크대와 붙박이장만 갖추고 있으므로 입주 시 냉장고, TV, 침대, 에어컨, 세탁기 등 살림살이 일체를 입주민이 준비해야 한다. 작은 평수임에도 불구하고 베란다 공간이 확보되어 있어 세탁기를 설치하고 빨래 건조대를 놓을 수 있어 편리한 구조이다. 주방 수납장도 넓은 편이라 45식 의

입주세대 주방

무식 외에 식사 준비에 전혀 불편함이 없어 보인다.

　신관 20평형은 신관에만 있으며, 방 1개, 거실 겸 주방, 화장실로 이루어진 구조이다. 마감재가 모두 흰색으로 마무리되어 전체적으로 깨끗한 느낌이다. 대형 싱크보울이 설치되어 주방이 넓은 것이 역시 장점이다. 모든 세대의 화장실과 침실에는 응급벨이 설치되어 있으며, 입주민들의 안전과 편의를 위해 화장실 내에 안전바도 설치되어 있다.

주요 시설 및 프로그램

　흰돌실버타운 부속건물로 4층 규모의 문화센터에는 각종 스포츠, 문화, 여가 시설이 마련되어 있다. 사회복지사들이 미술교실, 체조, 웃음 강좌, 영화 상영 프로그램을 진행하고 있다.

실버체조

헬스장에는 트레이너가 상주하지는 않지만, 전신 안마기를 포함해 운동기구가 마련되어 있으며, 입주민은 무료로 이용할 수 있다. 문화센터 3층에는 바둑실, 당구장, 서예실, 도서실이 있고, 4층에는 강당 및 탁구장이 있어 프로그램이 열리거나 입주민들의 동호회 모임 장소 등으로 이용된다.

지하 1층은 목욕탕, 헬스 센터, 매점 등이 자리 잡고 있어 '꼼무니오관'(Communio)으로 불린다. 매점은 음료와 과자, 라면, 화장지 등 간단한 생필품을 판매한다. 목욕탕 시설은 외부인도 6,000원을 내고 이용할 수 있으며, 입주민은 월 5회 25,000원을 내고 이용하고 있다. 이 외에도 온실에서 화훼 가꾸기, 텃밭 가꾸기를 비롯한 각종 나들이 프로그램 및 연중행사 등이 진행된다.

흰돌의원 1층에는 주민들이 모여 이야기를 나누고 친목을 도모할 수 있는 '도네이션 앤 힐링'이라고 이름 붙여진 공간이 있다. 이곳에는 기업은행 ATM 기기와 자동 혈압측정기가 비치되어 있다.

신관 1층에는 회의실, 영화 상영실과 매일 미사가 봉헌되는 성당이 있다. 그

게이트볼장

외에도 게이트볼장, 잔디 광장, 노래방, 사랑방 등이 마련되어 있다.

입주민 성향과 분위기

흰돌실버타운은 경제적으로 아주 풍요롭지는 않지만 나름대로 독립생활을 원하는 시니어 분들이 많이 입주해 있다. 많은 분들이 천주교 신자로 비슷한 동년배 친구들끼리 아기자기 모여 살면서 정을 나누고 있다.

흰돌실버타운을 방문한 날, 매일 미사를 마치고 성당에서 나오는 어르신들을 볼 수 있었다. 미사 직후라 그런지 모두 얼굴이 밝고 즐거워 보였고, 마치 유치원 수업을 끝낸 아이들처럼 활기차 보였다. 천주교 신자들에게는 신부님이 같은 곳에서 거주하며 매일 미사를 드릴 수 있다는 것이 소박하지만 큰 기쁨이 될 것이다.

웃음교실

흰돌실버타운은 김제의 부영실버아파트나 정읍의 내장산실버아파트와 단지 구조는 유사하지만, 운영 방식에서 차이가 있다. 주거동뿐만 아니라 단지 내 의원, 요양원, 성당, 게이트볼장, 문화센터 등 모든 부대시설이 로사사회봉사회에서 통합 운영된다는 점이 특징이다. 흰돌실버타운의 부대시설은 모두 실버타운과 직접 연결된 부속 건물로 볼 수 있어 입주민들이 편리하게 이용할 수 있다. 반면, 김제와 정읍에 있는 실버타운은 주거동만 소유하며, 부대시설은 각각 김제시와 정읍시가 운영하는 독립된 시설이기 때문에 입주민이 받는 혜택에 차이가 있을 수 있다.

흰돌실버타운은 천주교 재단에서 운영하는 안성의 미리내실버타운, 김천의 월명성모의집, 인천의 마리스텔라와 비교할 때 그 장점이 더욱 두드러진다. 미리내실버타운과 월명성모의집은 자연 속에 위치해 있지만, 흰돌실버타운은 부산이라는 대도시에 있어 편의시설이 풍부하고 대중교통을 이용한 외출이 용이하다. 마리스텔라는 인천에 위치해 교통과 편의시설 면에서 강점이 있지만, 흰돌실버타운에 비해 입주보증금이 2배 이상 높고 월 생활비도 상대적으로 부담이 크다.

흰돌실버타운은 도심에 위치해 편의시설과 교통이 좋고, 대도시에 위치한 도심형 실버타운에 비해 입주보증금과 월 비용이 저렴한 장점이 있다. 월 비용이 저렴한 만큼 고급형 실버타운에서 제공하는 고도의 인적 서비스를 기대하기는 어렵지만, 경제적인 부담을 덜면서도 안정적인 생활을 할 수 있는 가성비 좋은 실버타운이다. 내부 식당에서 의무식을 제공해 자연스럽게 매일 다른 입주민들과 만나게 되며, 공통된 종교나 관심사를 가진 이들끼리 쉽게 친밀한 관계를 형성할 수 있다.

마침 점심시간에 식당을 방문할 기회가 있었는데, 다소 시끌벅적한 분위기 속에서도 입주민들은 밝고 유쾌한 모습이었다. 몇몇 여성 입주민들은 외출을 계획한 듯 멋지게 차려입고 있었고, 외부 문화센터에서 운동을 다니는 건강한 입주민들도 눈에 띄었다. 건강이 허락된다면 실버타운 내 프로그램뿐만 아니라 복지관이나 문화센터의 다양한 활동에도 참여하며 밝게 생활하는 모습이 인상적이었다.

마침 한 여성 입주민에 대한 이야기를 들을 수 있었다. 입주한 지 5년 된 이 어르신은 매달 5~7개의 모임에 참여하며, 텃밭도 정성껏 가꾸고 있었다. 긍정적이고 활발한 성격 덕분에 각 모임의 총무 역할도 도맡아 하고 있었다고 한다. 입주 전에는 남편이 술을 많이 마셔 심적으로 힘들었지만, 지금은 부부가 함께 텃밭을 가꾸고 다양한 모임에 참여하면서 몸과 마음이 한층 건강해졌다고 한다. 특히 나누고 베푸는 삶이 몸에 배어 있어 실버타운의 크고 작은 행사에서 자발적으로 도움을 주는 입주민으로 잘 알려져 있다. 불교신자인 이 어르신은 천주교 신자가 많은 흰돌실버타운에서 따뜻한 마음을 가진 '선한 사마리아인'처럼 지내고 있었다. 흰돌실버타운에 성당이 있고 천주교 신자가 많음에도 불구하고, 타 종교에 대한 배타적인 태도는 전혀 없었으며, 모두가 한 가족처럼 화목하게 생활하는 모습을 엿볼 수 있다.

흰돌실버타운은 부산 및 경남 지역에 거주하면서 도심의 생활을 원하지만 합리적인 비용을 중시하는 시니어들에게 적합한 선택지다. 자녀들이 방문하기에 접근성이 좋고, 단지 내에 마련된 게스트룸에서 하루 숙박도 가능해 가족 방문이 편리하다. 특정 신앙과 관계없이 활동적이고 자립적인 생활을 추구하며 자녀들에게 부담을 주지 않고 싶은 시니어들에게 추천할 만한 곳이다.

2장 2025년 입주 예정 실버타운

백운호수푸르지오숲속의아침스위트

주소	1단지 경기 의왕시 학의동 664
	2단지 경기 의왕시 학의동 656-9
세대수	1단지 325
	2단지 211

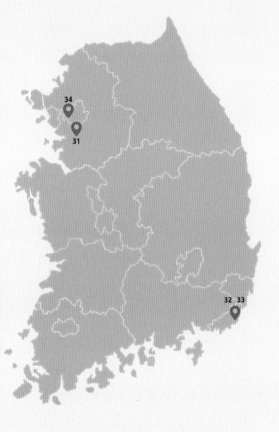

라우어

주소   부산 기장군 기장읍 당사리 530
세대수 574

라티브

주소   부산 기장군 기장읍 당사리 530
세대수 370

VL르웨스트

주소   서울 강서구 마곡동 768
세대수 810

백운호수푸르지오숲속의아침스위트(백운호수스위트), 라우어, 라티브, VL 르웨스트 등 4곳이 2025년 입주 예정이며 500세대 이상 대규모 실버타운이다. 2024년 9월 현재 완공 전인 실버타운이어서 기존 운영 중인 실버타운과는 별로도 다루었다.

2025년 입주 예정인 4곳 실버타운의 특징

구분	백운호수스위트	라우어	라티브	VL르웨스트
주소 및 위치	경기도 의왕시 백운밸리	부산 기장군 오시리아관광단지	부산 기장군 오시리아관광단지	서울 강서구 마곡지구
시행사	㈜엠디엠플러스	㈜썬시티	㈜썬시티	마곡마이스피에프브이㈜
운영(지원)사	㈜엠디엠플러스	호텔롯데	자이S&D	호텔롯데
시공사	㈜대우건설	㈜한화/건설	㈜한화/건설	롯데건설
입주 예정일	2025년 11월	2025년 2월	2025년 2월	2025년 10월
입주세대	536	574	370	810
비교 평형	34평형	35평형	34평형	36평형
입주보증금	6억 8,300만원~ 8억 6,500만원	5억 4,430만원~ 6억 3,430만원	5억 9,700만원~ 6억 100만원	11억 5,100만원~ 11억 7,100만원
평당 입주보증금	1,980만원~ 2,505만원	1,551만원~ 1,807만원	1,777만원~ 1,789만원	3,175만원~ 3,219만원
전용율	74.4%	70.7%	60.3%	66.2%
월 비용 (1인)	250만원	258만원	325만원	329만원*
특징	도심속 전원 세대공존형	부부중심 복합시니어타운형	싱글중심 병원근접형	어반(Urban) 액티브시니어형

* VL르웨스트 월 비용에는 피트니스 센터 월 이용료 14만원 포함.

〈참고〉

이 책자에 실린 사진들은 모두 실제 모습이 아닌 조감도로, 완공 이후의 실제 시설과 차이가 있을 수 있다. 제공되는 혜택이나 서비스, 커뮤니티 시설, 비용 역시 계획된 내용을 바탕으로 작성된 것으로, 완공 후 입주 시점에는 다소 변동될 수 있다.

백운호수푸르지오숲속의아침 31

경기도 의왕시 학의동 661(1단지), 656-1(2단지)   1577-5052

소개

경기도 의왕시 백운밸리에 위치한 백운호수푸르지오숲속의아침은 3세대가 함께 어우러져 살 수 있는 국내 최초 세대공존형 주거단지로, 일반 분양형 오피스텔과 임대형 노인복지주택(실버타운)이 하나의 단지 내에 조성된 것이 특징이다. 실버타운은 총 536세대로 1단지에 325세대, 2단지에 211세대로 나뉘어져 있다. ㈜엠디엠플러스가 시행과 운영을 맡고, 대우건설이 시공하며 입주는 2025년 11월로 예정되어 있다.

분양형 오피스텔은 '백운호수푸르지오숲속의아침오피스텔'로, 임대형 노인복지주택은 '백운호수푸르지오숲속의아침스위트'로 불리지만, 명칭이 길어 이 책자에서는 편의를 위해 임대형 노인복지주택인 실버타운을 '백운호수스위트'로 줄여서 표기하고자 한다.

백운호수스위트는 백운산, 바라산, 모락산으로 둘러싸여 있고 인근에 바라산 자연휴양림과 백운호수, 약 3km 길이의 데크 둘레길이 있어 자연환경이 좋다. 주변의 의료 시설로는 안양의 한림대학교성심병원과 분당서울대학교병원이 가까이 있다. 단지 옆에 위치한 의료복합시설용지에 종합병원(200병상 이상)이 유치될 경우, 의료시설 이용이 더 용이해질 것으로 기대가 된다. 교통은 과천봉담도시화고속도로 청계IC와 가까워 서울 및 수도권 접근성이 좋으며, 향후 GTX-C 노선 인덕원역과 월곶판교선, 동탄인덕원선이 완공되면 수도권 내 이동이 더욱 원활할 것으로 보인다.

입주세대는 평형별로 61타입과 84타입으로 구분되며, 세부적으로는 6가지 옵션이 있다. 입주민들을 위한 커뮤니티 시설인 '클럽포시즌'안에는 실내외 수영장, 사우나, 피트니스 센터, 골프연습장 등의 시설이 갖춰져 있으며, 상주하는 간호사를 통해 입주민들의 건강 관련 서비스가 이루어질 예정이다.

커뮤니티 광장

도서관

사우나

세대 내부

피트니스 센터

입주비용

1단지 평형별 입주보증금

타입	평형	세대수	전용률(%)	평당 입주보증금 (만원)	입주보증금 (만원)
61A	25	79	74.4	2,681~	66,800~
61B	25	15	74.6	2,718~	68,300~
61C	25	15	74.0	2,995~	75,900~
84A	34	154	74.6	2,377~	81,900~
84B	34	31	74.1	2,325~	80,500~
84C	34	31	74.0	2,505~	86,500~

2단지 평형별 입주보증금

타입	평형	세대수	전용률(%)	평당 입주보증금 (만원)	입주보증금 (만원)
61A	25	45	74.4	2,185~	54,500~
61B	25	15	74.6	2,187~	55,000~
61C	25	0	-	-	-
84A	34	121	74.5	1,980~	68,300~
84B	34	15	74.1	2,064~	71,500~
84C	34	15	73.9	2,078~	71,800~

　백운호수스위트는 1단지와 2단지로 나뉘어 있으며, 단지마다 실버타운과 오피스텔이 함께 들어서게 된다. 1단지는 101동~107동, 7개 동으로 이루어져 있다. 이 중 101동~102동, 2개 동에는 실버타운 325세대가, 103동~107동, 5개 동에는 오피스텔 512실이 건설될 계획이다. 2단지도 1난시와 구조는 비슷하며 201동~206동으로 6개 동으로 이루어져 있다. 201동~202동, 2개 동에 실버타운 211세대가, 203동~206동 4개 동에는 오피스텔 330실이 건설된다. 두 단지는 도로에 의해 구분되어 있지만 도로 위 지상브릿지로 단지가 연결되어 있어 커뮤니티시설 이용을 비롯해 단지 사이를 쉽게 오고 갈 수 있다.

실버타운은 2가지 평형대에 총 6개의 타입이 있다. 25평형의 전용면적은 18.5평으로 61㎡와 같아 61타입으로 불리며, 34평형의 전용면적은 25.5평인 84㎡으로 84타입으로 표기되고 있다.

가장 많은 세대는 84A타입이다. 총 275세대로 전체 536세대의 51.3%를 차지하고 있다. 84A 타입의 입주보증금은 같은 면적에 구조도 같지만 1단지와 2단지에 따라 가격이 다르다. 1단지의 최저가격은 8억 1,900만 원이며 2단지의 최저가격은 6억 8,300만 원으로 2단지가 약 1억 3,600만 원정도 저렴하다. 다른 평형대는 단지별 입주보증금 표에 상세히 기술하였다

계약 기간은 2년이며, 모집 공고에 따르면 최초 계약자에 한해 4년 동안은 입주보증금이 동결된다고 한다. 의무 거주기간 2년이 지난 후 퇴거할 경우에는 입주보증금 전액이 반환되며, 계약기간이라 하더라도 사망 또는 중병으로 인한 계약해지 시에는 위약금이 면제되거나 감면된다. 그 밖에 계약자의 개인사정으로 인한 계약해지 시에는 일정 금액의 위약금이 부과될 수 있다.

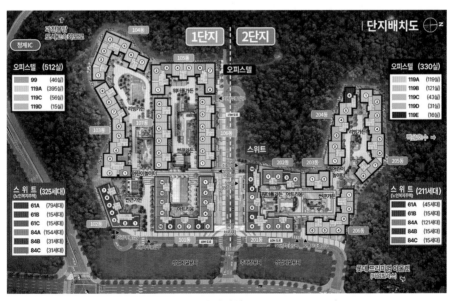

단지배치도

월 비용

평형별 월 비용

(단위: 만 원)

타입	평형	세대수	월 비용	
			1인	부부
61A, B, C	25	169	190	260
84A, B, C	34	367	250	320

※ 기본 월 비용은 의무식 인당 월 30식을 포함하고 있음.

　61타입의 월 비용은 30식 의무식을 포함해 1인 기준 190만 원, 부부 기준 260만 원이며, 부부가 거주하기에 좋은 84타입의 월 비용은 1인 기준 250만 원, 부부 기준 320만 원이다.

　백운호수스위트의 월 비용은 비슷한 평형의 VL르웨스트, 더클래식500, 삼성노블카운티보다는 저렴하며, 부산의 라우어를 비롯해 수도권의 고급 실버타운과 비슷한 가격대를 보이고 있다. 월 비용에 더해 각 세대가 사용하는 난방비, 전기세, 상수도세 등의 공과금은 별도로 납부해야 한다.

위치 및 주변 환경

　백운호수스위트는 숲과 호수로 둘러싸여 수도권 최고의 자연환경을 자랑한다. 백운호수 주변에 약 3km에 달하는 데크 둘레길이 있으며, 호수를 따라 카페, 베이커리, 맛집들이 있어 여가 생활을 즐기기에도 좋다. 인근에는 백운산과 바라산 자연휴양림, 모락산 등이 있어, 동서남북이 울창한 숲과 산으로 둘러싸인 자연 속에서 힐링할 수 있는 환경을 갖추고있다.

　그렇다고 백운호수스위트가 외딴 호수 앞에 고립된 곳이라는 인상을 주지는 않는다. 3,000세대에 가까운 백운호수해링턴플레이스, 백운밸리레이크포레 등 8개 아파트 단지와 5만 평 규모의 롯데 프리미엄 아울렛(타임빌라스) 등 주거 및 쇼핑 시설이 자리 잡고 있다. 또한, 백운지식문화밸리 내에 편의시설이 잘 갖춰져 있으며, 판교, 분당, 과천, 평촌 등 1기 신도시와 가까워 이들 지역의 생활 인프라도 편리하게 이용할 수 있다.

교통 편의성도 좋아서 과천봉담도시고속화도로 청계 IC를 통해 강남까지 20분대에 진입할 수 있으며, 학의JC를 통해 수도권제1순환고속도로에 쉽게 접근할 수 있어 성남시와 안양시 방향으로 빠르게 이동할 수 있다. 또한, GTX-C 노선(인덕원역 추진 중), 월곶판교선(예정), 동탄인덕원선(계획)이 확장될 예정으로, 향후 수도권 내 이동이 더욱 편리해질 전망이다. 특히, 2024년 3월에 발표된 경기도 철도계획에 위례과천선 의왕(백운호수) 연장안이 포함되면서 교통 편의성이 한층 좋아질 것으로 예상된다.

입지환경

식사 서비스

㈜엠디엠플러스가 시행 및 운영하는 백운호수스위트는 아직 구체적인 식단 구성이나 어떤 방식으로 식사를 제공할지에 대한 세부 계획이 발표되지 않았다. 2024년 9월까지 알려진 바에 의하면 백운호수스위트 전체 운영과 식당도 ㈜엠디엠플러스에서 직접 운영할 것으로 보이며, 의무식은 월 30식에, 단가는 13,000원으로 책정되어 있다. 의무식 30식은 변동이 없을 것으로 보이며 식사 단가는 향후에 변동될 수도 있다.

2025년 오픈하는 대형 실버타운은 기존의 실버타운에 비해 의무식 단가는 높이고 식사 수는 줄이는 추세로 가고 있다. 의무식의 수를 월 30식 정도로 낮추기 위해서는 실버타운이 최소 500세대 이상의 규모가 되어야 한다. 세대 수가 이보다 적은 실버타운에서는 의무식 수가 너무 낮아지면 식당 운영이 쉽지 않다. 백운호수스위트처럼 대규모 세대수를 갖춘 실버타운은 월 의무식을 30식으로 낮추어도 식당운영이 가능하다는 장점이 있다.

생활 편의 서비스

백운호수스위트는 시니어 입주자들이 편안하게 생활할 수 있도록 다양한 생활편의 서비스를 갖추고 있다. 하우스키핑은 주 1~2회 청소, 세탁, 정리정돈 등을 포함하며, 컨시어지 서비스는 예약대행, 택배관리, 차량관리, 외출지원 등을 도와준다. 또한, 지역정보제공, 여행계획수립, 티켓예매, 가전제품 유지보수 및 고장수리 등 생활 전반에 걸친 지원으로 입주자들의 편의를 돕는다.

입주자를 위한 전용 프리미엄 서비스도 마련될 예정이다. 대형 종합병원과 연계한 건강증진프로그램이 운영되며, 법무법인 율촌, 가립 회계법인, 하나투어 등과 협력해 법률, 세무, 여행 관련 전문 서비스를 준비하고 있다. 입주민들은 각 분야별 전문가의 맞춤형 지원을 쉽게 받을 수 있다.

또한, 이동 편의성을 위해 주요 상업 및 의료시설, 대중교통 환승 지점으로 연결되는 셔틀버스가 정기적으로 운행될 예정이다. 주차 공간은 오피스텔과 공유되며, 세대당 1대의 주차 공간이 배정된다. 이는 노인복지법에서 규정한 기준보다 3배 이상 넉넉한 수치로, 여유로운 주차 환경을 갖추고 있다.

의료 관련 서비스

백운호수스위트는 입주민들의 건강과 안전을 위해 종합적인 의료 연계 서비스를 갖출 예정이다. 단지 내 시설에는 간호사가 상주하여 입주민들의 건강을 지속적으로 관리하고, 응급 상황에 신속히 대응할 수 있도록 한다. 다만, 간호사의 24시간 대기 여부는 명확히 알려지지 않았으며, 주간에는 상시 대기하고 야간에는 응급 상황을 대비한 콜 시스템으로 운영될 것으로 보인다. 외부 의료기관과의 연계를 통해 종합적인 건강증진 서비스도 제공하게 된다.

바디케어 센터를 운영하여 마사지 서비스 등을 통해 입주민의 신체적 건강을 관리할 예정이다. 정기적인 건강검진프로그램을 통해 입주민들의 건강 상태를 지속적으로 모니터링하며, 이를 통해 시니어 입주민들이 건강한 삶을 유지할 수 있도록 지원할 예정이다.

입주세대 내부

백운호수스위트는 61타입(25평)과 84타입(34평) 두 가지 평형이 있으며 각 평형은 세부적으로 세 가지 타입으로 구성되어 있다. 모든 세대는 현관에 벤치를 설치해 신발을 신을 때 앉아서 편리하게 신을 수 있도록 했고, 무단차 설계로 문턱을 없애 실내에서 이동 시 넘어지는 것을 방지하였다. 화재 등의 비상 상황을 대비한 승강기식 하향 피난구도 마련되어 있다.

우물천장 설계로 층고를 최대 2.6m까지 높여 넓고 개방감 있는 공간을 조성했으며, 주방과 거실은 효율적으로 연결되어 실용성을 더했다. 하이브리드 쿡탑을 설치해 조리 시 가스와 전기를 모두 사용할 수 있도록 하였고, 냉장고, 김치냉장고, 건조기, 세탁기, 시스템 에어컨 등 필수 가전이 기본 옵션으로 포함되어 있다. 욕실은 비상콜 버튼과 안전바, 논슬립 타일이 설치되어 안전성을 강

84A 타입 거실

화했으며, 욕조와 샤워 부스가 분리되어 편리함을 더했다.

61타입은 총 169세대로, 1단지에 109세대, 2단지에 60세대가 배치되어 있다. 거실과 마스터룸을 전면에 배치한 2베이 구조로 채광과 통풍이 우수하며, 1~2인 가구에 적합한 중소형 크기이다. 주방과 거실이 통합된 오픈형 구조로 개방감을 높였으며, 발코니 확장으로 실용적인 공간을 확보했다.

84타입은 더 넓은 공간을 선호하는 입주민을 위해 설계되었으며, 부부가 살기에 적합한 구조이다. 총 367세대로 1단지에 216세대, 2단지에 151세대가 있다. 2베이 구조로 채광과 통풍이 뛰어나며, 거실과 주방이 분리되어 생활 공간의 프라이버시를 확보할 수 있다. 넓은 주방은 음식을 편리하게 조리할 수 있는 환경을 갖추고 있으며 드레스룸과 욕실이 연결된 부부 전용 공간이 마련되어 있어 편의성을 높였다. 넓은 거실과 방은 여유로운 생활을 가능하게 하지만, 상대적으로 높은 입주보증금과 관리비는 부담이 될 수 있다.

84A 타입 침실

주요 시설 및 프로그램

백운호수스위트는 시니어 세대들의 편안하고 풍요로운 삶을 위해 다양한 시설과 프로그램을 갖춘 '클럽포시즌'이라는 대형 커뮤니티 시설을 설계하였다. 약 11,000㎡(3,500여 평) 규모의 시설에는 25m 3레인 실내 수영장, 실외 성큰 수영장, 15석의 스크린 골프연습장과 5개의 스크린룸, 220평 규모의 피트니스 센터, 호텔식 사우나, 바디케어센터 등의 편의 시설이 마련될 예정이다.

클럽포시즌에서는 입주민들이 활기찬 여가를 보낼 수 있도록 맞춤형 프로그램을 운영할 계획이다. 음악, 체육, 교양 등 폭넓은 문화 강좌가 열리며, 입주민들의 취미와 관심사에 맞춘 동호회 활동과 각종 모임 및 이벤트도 지원한다. 이

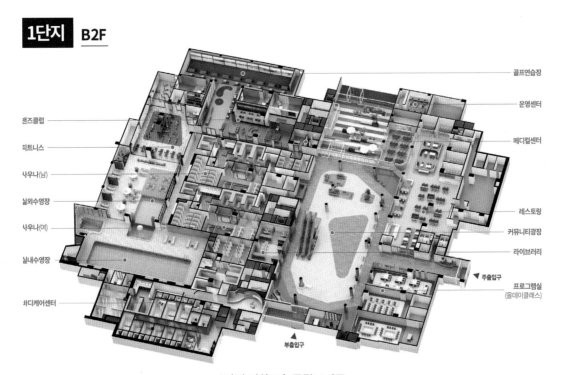

1단지 지하 2층 클럽포시즌

를 통해 입주민들은 단지 밖을 벗어날 필요 없이 사회적 교류와 취미 생활을 동시에 즐길 수 있다.

백운호수스위트는 오피스텔, 노인복지주택, 근린생활시설 등이 복합적으로 계획된 단지로 주민공동시설에 따른 소유권이 달라 이용가능 시설에 차이가 있다. 입주자 모집공고에 따르면 실버타운은 지하 1층에 있는 스터디카페, 맘스스테이션 등의 일부 시설을 제외한 대부분의 시설을 이용할 수 있다. 피트니스센터, 사우나, 골프연습장 등은 오피스텔과 시설을 공유하게 되어 있으며 이러한 공동이용 시설은 카드키를 통해 자유롭게 이용할 수 있다.

536세대의 실버타운 입주민과 842실의 오피스텔 거주자가 피트니스 센터, 사우나, 골프연습장 및 기타 커뮤니티 시설을 함께 이용하면 시설면적에 비해

2단지 B2F

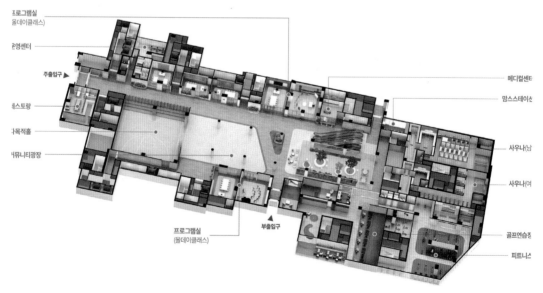

2단지 지하 2층 클럽포시즌

붐비거나 인기있는 시설은 기다려야 할 수도 있다. 특히 시니어들과 젊은 세대가 같은 피트니스 센터를 이용하는 것이 쉽지 않을 수도 있어서 섬세한 운영이 요구된다.

이용가능 시설

구분	노인복지주택 이용가능시설		공통이용가능시설 (노인복지주택&오피스텔)	오피스텔 이용가능시설
	1단지 시설	2단지 시설		
시설명	• 레스토랑 • 수영장 • 운영센터 • 바디케어센터 • 메디컬센터	• 레스토랑 • 다목적홀 • 메디컬센터 • 운영센터	• 피트니스 • 사우나 • 골프연습장 • 커뮤니티광장 • 컨시어지 • 프로그램실 • 다목적홀	• 스터디카페 • 코인세탁소 • 게스트하우스 • 맘스스테이션 • 관리사무소

입주민 성향과 분위기

백운호수스위트는 입주 연령을 만 60~79세로 제한하고 있으며, 부부의 경우 나이가 적은 배우자 기준으로 한 명만 79세 이하이면 다른 한 명이 79세가 넘어도 입주가 가능하다. 계약자 중 60대가 30% 이상으로 기존 실버타운에 비해 젊은 시니어층의 관심을 받고 있다. 이러한 인기는 세대공존형 대단지로서 오피스텔과 함께 건설되며, 3,500여 평 규모의 대형 커뮤니티 시설인 클럽포시즌에 수영장, 사우나, 골프연습장 등 고급 편의시설이 갖추어져 있기 때문이다. 또한, 서울과 수도권 주요 도시로 이동이 편리하여, 여전히 사회생활을 하고 있는 베이비부머 세대의 젊은 시니어층에게 높은 관심을 받는 것으로 보인다.

미국 현지의 부동산 업체와의 협업으로 미국에 거주하는 교포들도 현지에서 자세한 상담을 받을 수 있도록 지원하고 있다. 이러한 적극적인 해외 마케팅으로 인해 해외 교포의 입주도 늘어날 것으로 보인다.

백운호수스위트는 수도권 내에서는 보기 드물게 자연환경이 잘 갖추어진 실버타운이다. 백운호수를 중심으로 숲과 산으로 둘러싸여 있으며 호수 주변에는 3km에 달하는 산책로가 있다. 인근에는 백운산과 바라산 자연휴양림이 있어 힐링하기에도 좋다. 서울 서초에서 가깝고, 판교, 분당, 과천, 평촌 등 수도권 1기 신도시와도 멀지 않아 신도시의 생활 인프라를 손쉽게 이용할 수 있다.

기존 실버타운과 달리 단지 내에 산책로와 리빙가든, 성큰가든, 워터폴가든 등 녹지공간이 있어 주거환경이 좋다. 또한, 도심형 실버타운이 좁은 토지에 조성되어 운영 효율을 위해 복도식 건물로 설계되는데 반해 백운호수스위트는 채광 및 통풍이 잘 되는 판상형으로 구성되었다. 최근 실버타운 주거환경에 대한 소비자들의 높아지는 기준을 잘 반영한 것으로 보인다.

백운호수스위트를 입주보증금, 관리비, 식비 등 비용적인 측면에서 살펴보면 수도권의 고급 실버타운에 전혀 뒤처지지 않는다. 입주보증금은 평당 2,300~2,500만 원, 의무식 단가는 13,000원으로 수도권의 고급 실버타운보다 높으며, 평형 대비 월 관리비는 비슷한 수준이다. 이렇게 비용적인 측면만을 보았을 때 백운호수스위트는 프리미엄 실버타운을 지향하고 있음을 알 수 있다.

프리미엄 실버타운은 단순한 주거 공간을 넘어 시니어들이 정서적으로 안정되고 편안하게 지낼 수 있는 '집'이 되어야 한다. 이를 위해 시설과 프로그램뿐 아니라 시니어들의 생활패턴과 건강상태를 세심히 파악해 선제적으로 지원하는 서비스가 필요하다. 특히 후기 고령자의 신체적·정신적 어려움과 돌발 상황을 따뜻하게 돌보며, 사회복지사와 간호 인력이 상주하는 체계적인 지원 시스템을 통해 생활 만족도를 높여야 한다.

백운호수스위트는 실버타운과 오피스텔이 같은 단지에 혼재된 세대공존 복합주거단지로, 대부분의 커뮤니티 시설을 젊은 세대와 공유한다. 커뮤니티 아파트를 방문해 보면 시니어들이 젊은 세대와 아이들이 많이 몰리는 주말과 저녁시간대를 피해, 주로 평일 낮에 시설을 이용하는 경향이 있다. 이렇게 젊은 세대와 시니어 세대가 함께 시설을 이용하는 점은 긍정적일 수 있지만, 시니어들이 특정 시간에만 시설을 이용해야 한다는 심리적 부담이 생길 수도 있다.

세대공존 복합주거단지는 실버타운 특유의 고립감을 덜어주고, 시니어들이 더욱 활기차게 생활할 수 있는 기회가 될 것이다. 다만, 세대 간 소통을 원활하게 하기 위한 세심한 운영이 필요하며, 서로 다른 세대 간에 커뮤니티 시설 이용 등을 포함하여 조화롭게 지낼 수 있는 방안을 마련해야 할 것이다.

백운호수스위트 시행사의 모기업인 엠디엠그룹은 임대주택과 대규모 부대시설 및 외식사업 운영에 풍부한 경험을 가지고 있다. 광교더샵레이크시티처럼 주거용 오피스텔에 호텔식 커뮤니티 시설을 결합한 사례와 고양 아이엠삼송 장기민간임대주택 운영 경험이 백운호수스위트의 운영에도 많은 도움이 될 것으로 보여진다. 또한, 최근 동탄 의료복합시설 헬스케어리츠사업의 우선협상자로 선정되어 시니어 주택 사업에도 적극 참여하고 있는 것도 백운호수스위트와 그 궤를 같이한다.

백운호수스위트의 고가 입주보증금 반환에 대한 우려는 크지 않다. 모기업인 엠디엠그룹은 2023년 기준 자산총액 7조 원을 보유하고 있으며 대기업집단(공시대상기업집단)에 포함될 정도로 충분한 재정 안정성을 갖추고 있다. 비록 ㈜엠디엠플러스가 실버타운 사업은 처음이지만, 모기업의 부동산 개발, 임대, 외식사업 경험을 바탕으로 성공적인 운영 잠재력을 지니고 있다. 시니어 주거 복지에 대한 진정성 있는 접근이 더해진다면, 백운호수스위트는 특별한 실버타운으로 자리 잡을 수 있을 것이다.

라우어 32

부산광역시 기장군 기장읍 동부산관광3로 49   051-724-1000

소개

라우어는 ㈜썬시티가 2025년 2월 부산광역시 기장군 오시리아 관광단지에 오픈하는 프리미엄 실버타운이다. 건설은 ㈜한화건설이, 신탁은 교보자산신탁이 담당하며, 운영지원은 호텔롯데가 맡았다.

라우어가 위치한 오시리아 관광단지에는 롯데월드 부산, 프리미엄 아울렛, 이케아, 특급 호텔, 골프장 등의 레저, 쇼핑, 숙박, 스포츠 시설이 입주해 있으며 동해선 오시리아역이 가까워 대중교통 이용이 편리하다. 단지 내 의료 시설로는 라우어 병원과 다양한 전문 의원이 들어서는 종합 메디컬 센터인 르메디 센터가 입접할 예정이어서 입주민들이 편리하게 의료 서비스를 받을 수 있다.

라우어는 총 574세대로 중간 평형대인 33~36평형 세대가 300세대로, 전체의 52%를 차지하고 있다. 중간 평형대의 입주보증금은 5억 850만 원~6억 5,710만 원이며, 1인 기준 월 비용은 의무식 30식을 포함하여 246만 원~271만 원, 부부 기준으로는 297만 원~322만 원이다. 월 비용은 수도권의 고급 실버타운과 비슷한 수준이다.

라우어 내부에는 수영장, 헬스장, 사우나, 골프연습장, 영화관 등의 부대시설이 갖추어지게 되며, 문화 및 여가 생활을 위한 동호회실과 프로그램실도 마련된다. 또한, 24시간 간호사, 운동처방사 등 전문인력이 상주하여 입주민의 건강과 안전을 지원할 예정이다.

라우어는 부산에서 처음으로 선보이는 프리미엄 실버타운으로, 생활 편의시설과 호텔롯데의 고급 서비스가 결합해 호텔 수준의 생활 서비스를 제공한다. 전국에서 반려동물과 함께 입주할 수 있는 몇 안 되는 실버타운으로 반려동물 때문에 실버타운 입주를 망설였던 시니어들에게도 좋은 소식이다.

중앙공원

청명원

라우어 애비뉴

북라운지

웰컴라운지

입주비용

평형별 입주보증금

타입	평형	세대수	전용률 (%)	평당 입주보증금 (만원)	입주보증금 (만원)
A0	20	2	70.7	1,470	29,900
A1	26	58	70.7	1,517~1,869	38,870~47,870
A2	28	120	70.7	1,517~1,843	41,940~50,940
B1	36	60	70.7	1,554~1,801	56,710~65,710
B2	35	120	70.7	1,551~1,807	54,430~63,430
B3	33	120	70.7	1,544~1,817	50,850~59,850
C1	45	60	70.7	1,932~1,976	86,370~88,370
P1	78	14	70.7	2,162~2,315	168,290~180,240
P2	71	8	-	-	173,370~188,490
P3a	56	3	70.7	1,943~2,362	109,730~133,341
P3b	54	3	70.7	2,015~2,201	108,400~118,400
P4	77	3	70.7	2,347~2,398	181,360~185,360
P5	90	1	-	-	188,220
P6	128	1	-	-	276,710
P7	77	1	-	-	163,930

　　A1~A2 타입인 26~28평형의 입주보증금은 3억 8,870만 원~5억 940만 원이며 평당 입주보증금은 약 1,600만 원이다. B타입은 33~36평형대며 300세대로 가장 많다. 입주보증금은 5억 850만 원~6억 5,710만 원이며, 평당 입주보증금은 1,600만 원 중반대로 A타입보다 조금 높다. C타입은 45평으로 입주보증금은 8억 원 후반이며, 70평이 넘는 펜트하우스는 20억 원 가까이 된다.

　　라우어의 모든 세대는 전용률이 70.7%로, 실버타운 중에서도 높다. 수도권 실버타운의 전용률이 대부분 50%에서 60%인 점을 고려하면, 라우어의 전용면적은 상당히 넓은 편이다. 의무거주 기간은 2년이며, 최초 분양 입주자에 한해 입주보증금은 10년 동안 동결된다. 계약 후라도 입주 전에는 명의 변경이 자유롭지만, 입주 후에는 2년 이내 1회에 한해서만 명의 변경이 허용된다.

월 비용

평형별 월 비용

(단위: 만 원)

타입	평형	세대수	관리비		식비		월 비용	
			1인	부부	1인	부부	1인	부부
A0	20	2	133	148	36	72	169	220
A1	26	58	165	180	36	72	201	252
A2	28	120	178	193	36	72	214	265
B1	36	60	235	250	36	72	271	322
B2	35	120	222	237	36	72	258	309
B3	33	120	210	225	36	72	246	297
C1	45	60	277	292	36	72	313	364
P1	78	14	376	376	36	72	412	448
P2	71	8	347	347	36	72	383	419
P3a	56	3	313	313	36	72	349	385
P3b	54	3	292	292	36	72	328	364
P4	77	3	381	381	36	72	417	453
P5	90	1	402	402	36	72	438	474
P6	128	1	527	527	36	72	563	599
P7	77	1	381	381	36	72	417	453

라우어의 월 비용은 1인 기준 의무식 포함하여 작은 평형대인 26~28평형은 200만 원 초반대, 부부가 지내기 좋은 33~36평대는 부부기준 300만 원 초반 대이다. 라우어의 월 비용은 수도권에 위치한 고급 실버타운과 비슷한 수준이 다.

부산의 유일한 실버타운인 흰돌실버타운이 관리비와 45식 의무식을 포함해 월 비용이 142만 원인 것을 고려하면, 라우어는 부울경(부산, 울산, 경남) 지역 에서 처음 선보이는 고급 실버타운이라는 것을 알 수 있다. 라우어는 2년 치 월 비용을 미리 선납하면 일정 금액을 할인 받을 수 있는 제도도 운영하고 있다고 하니 정확한 내용은 상담 받아 활용하면 좋다.

위치 및 주변 환경

라우어는 부산광역시 기장군 기장읍 해변에 위치한 오시리아 관광단지 내 18,500여평의 라우어 오시리아 시니어타운 부지에 자리 잡고 있다. 시니어타운 내에는 라우어 외에도 밀착 돌봄이 가능한 실버타운인 '라티브', 의료시설인 '라우어 병원', 전문의원이 모인 '라우어 르메디센터', 쇼핑몰인 '라우어 애비뉴' 등이 함께 건설될 예정이다.

라우어 애비뉴는 입주민뿐만 아니라 외부 방문객도 이용할 수 있는 상가 및 생활 편의시설로, 숲과 광장이 어우러진 문화 상업시설이다. 이곳에는 입주민과 가족, 방문객이 함께 즐길 수 있는 정원, 티하우스, 카페, 베이커리, 라이프 스타일 관련 상점, 스파, 요가, 키즈카페, 비어펍 등이 입점할 계획이다. 입주민들이 머물고 휴식하는 시간 동안 방해받지 않고 주위를 조망하며 산책할 수 있

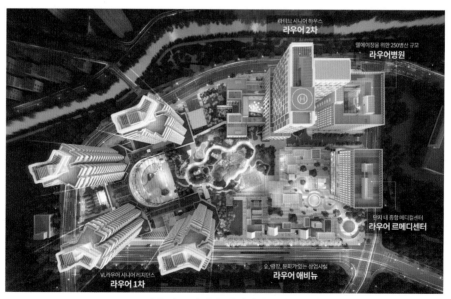

라우어 오시리아 시니어타운 단지

는 오픈 스트리트형 상가이다.

라우어 단지 내에는 물의 공간으로 설계된 휴식공간인 청명원과 천연잔디 골프퍼팅장도 함께 조성된다. 단지 중앙과 건물 사이의 공간은 꽃과 나무로 조경을 꾸며, 수목이 어우러진 자연친화적인 모습으로 변모시킬 계획이다.

라우어는 오시리아 관광단지의 편의 시설을 쉽게 이용할 수 있다. 관광단지에는 롯데월드, 롯데프리미엄아울렛, 이케아, 아난티코브, 해운대컨트리클럽, 국립부산과학관 등의 시설이 이미 운영 중이다. 앞으로 문화예술타운 쇼플렉스와 오시리아 아쿠아월드가 새로 들어설 예정이다.

동해선 오시리아역이 인접해 있어 대중교통 이용이 용이하며, 동해고속도로, 부산외곽순환도로 등의 도로망을 통해 외부 지역으로의 이동도 편리하다. 차량으로 해운대까지는 약 15분, 송정은 5~10분, 기장은 5분 거리에 위치해 있어 부산의 주요 지역으로의 접근성도 좋다.

오시리아 관광단지

식사 서비스

의무식은 월 30식이며 1식 단가는 12,000원이다. 식당 운영은 삼성웰스토리가 맡을 것으로 알려져 있다. 삼성웰스토리가 운영하는 대기업 구내식당의 평균 1식 단가가 7,000~8,000원임에도 불구하고 식사 평이 좋은 점을 고려하면, 1식당 12,000원인 라우어의 식사 품질은 상당히 높을 것으로 예상된다. 식사 품질은 단가에 비례하며, 12,000원이라는 금액은 실버타운 중에서도 높은 편에 속하기 때문에 만족스러운 식사를 기대할 수 있다.

대부분의 실버타운에서는 단일 메뉴만 있지만, 라우어는 2가지 메인 메뉴 중 하나를 선택할 수 있는 시스템을 운영할 예정이다. 예를 들어, ① 장어솥밥 정식과 ② 돈마호크 카츠 2가지 메뉴 중에서 1개를 선택하면 직원이 입주민이 앉아있는 자리로 선택한 메인 메뉴를 서빙해 준다.

아침 식단의 예

메인메뉴 이외의 여러 종류의 밥, 반찬, 샐러드는 플러스바에 준비되어 있어, 입주민들이 플러스바에 가서 선호하는 밥과 반찬 및 샐러드를 자유롭게 담아 자리로 가지고 오는 세미 뷔페 형식이다. 식당에서 식사가 어려운 경우 도시락 형태로 음식을 테이크아웃할 수 있으며, 식당에 오기 힘든 상황에서는 유료 룸서비스를 통해 세대 내에서 식사를 할 수 있다.

매주 주말에는 20~25종의 메뉴와 시즌 요리가 포함된 뷔페가 열리며, 입주민을 방문한 가족도 함께 즐길 수 있다. 생일이나 특별한 이벤트가 있을 때는 파티룸을 예약해 가족들이 직접 음식을 준비하며 프라이빗한 시간을 보낼 수 있다.

기본 의무식 외에도 더 많은 식사를 원하면 추가 비용을 지불하면 된다. 가족이 방문할 경우에도 함께 식사할 수 있으며, 조식, 중식, 석식은 모두 2시간 동안 운영되어 여유를 가지고 식사할 수 있다.

생활 편의 서비스

라우어는 호텔롯데가 운영지원하며, 입주민들에게 호텔식 라이프스타일을 선보일 예정이다. 주 2회 하우스키핑 서비스로 청소, 세탁, 분리수거 등을 해주어서 입주민들이 번거로운 가사노동에서 벗어날 수 있도록 돕는다. 호텔롯데의 특급호텔 운영 경험을 바탕으로 각종 예약 대행, 비즈니스 지원, 방문객 안내 등의 편의 서비스도 제공할 예정이다.

주차 공간은 세대당 0.9대가 배정되며 유료로 기사 동행 및 발레파킹 서비스도 이용할 수 있다.

의료 관련 서비스

라우어는 입주민들의 건강과 안전을 고려해 건강 관리 서비스를 갖출 계획이다. 매년 1회 병원과 연계하여 종합건강검진을 해주며, 실버타운 내에는 24시간 상주하는 간호사가 있어 입주민들이 필요할 때 도움을 받을 수 있다. 또한, 너스콜과 통합콜이 설치되어 입주민이 긴급 상황에서 벨을 누르면 신속한 대응이 가능하다. 응급 상황 발생 시에는 입주민이 의료기관으로 긴급 후송될 수 있도록 돕고 동행지원을 해준다.

입주민들은 같은 시니어타운에 위치한 라우어 병원에서 비급여 항목 할인과 예약 우선 혜택을 받을 수 있다. 라우어 병원은 한의사와 양의사가 협진하며, 면역증진클리닉, 치매예방센터, 척추관절센터, 항노화센터 등을 운영할 예정이다. 총 250병상 규모로 100여 명의 의료진이 있어 긴 대기 시간 없이 신속한 진료가 가능하다. 의료비는 실버타운 관리비와는 별도로 청구된다.

라우어 르메디 센터

같은 단지 내 라우어 르메디센터에는 치과, 안과, 피부과, 내과, 신경정신과 등의 전문 의원이 입점할 예정으로, 입주민들은 가까운 곳에서 필요한 전문의 진료를 받을 수 있다.

입주 세대 내부

라우어는 총 4개 동, 574세대며, 11개 타입의 평형으로 입주민은 개인의 생활 방식과 취향에 맞춰 층과 세대를 선택할 수 있다. 입주세대는 2층부터 18층까지 위치하며, 면적은 20평형에서 128평형의 펜트하우스까지 다양하게 구성되어 있다. 모든 세대에 드레스룸, 세탁실, 테라스가 있으며, 층고는 2.5m로 높은 편이다. 특히 77평 이상의 펜트하우스 타입은 층고가 3.3m로 개방감이 뛰어나다.

A0 타입은 20평형으로, 침실 1개와 욕실 1개로 구성되어 1인 세대에 적합

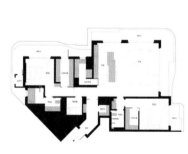

P1 평면도

펜트하우스 거실

하고, 슬라이딩 도어를 사용해 공간 효율성을 높였다. A1 타입은 25평형으로, 알파룸이 추가되어 실용성이 더욱 강화되었다.

가장 인기 있는 A2 타입은 28평형(정확히 27.6평)으로, 120세대가 있다. 와이드형 침실과 알파룸, 넓은 테라스를 갖추고 있어 2인이 거주하기에도 무리가 없다. 특히 오션뷰를 볼 수 있는 마스터룸과 침실문이 2개인 순환구조로 환기 등을 고려한 설계가 돋보인다.

A2 타입과 함께 가장 많은 세대수를 차지하는 B2 타입은 35평형으로, 남동향 또는 남서향으로 설계되어 채광이 뛰어나며, 침실 2개와 욕실 2개가 있어 개인 공간이 필요한 부부에게 적합하다. 세대 진입부의 곡선 설계는 프라이버시를 지켜주며, 거실, 다이닝, 주방 일체형 구조와 넉넉한 수납공간에 오션뷰까지 즐길 수 있다.

세대 내에는 세탁기, 건조기, 냉장고, 에어컨, 인덕션, 전자레인지 등 주요 가전이 빌트인으로 설치되어 있으나, 소파, 침대, 책상, 식탁 등 가구는 입주민이 준비해야 한다.

B2 평면도

B타입 세대 내부 거실

주요 시설 및 프로그램

라우어에는 4,000평 규모의 커뮤니티 공간이 있으며 액티브존, 소셜커뮤니티존, 컬처앤라이프존, 웰니스존 등 4개의 존으로 나뉘어져 있다.

액티브존에서는 탁구장, 당구장, 골프 연습장, 수영장, 스파, 사우나 등이 있어 운동하며 신체 건강을 유지할 수 있다.

소셜커뮤니티존에는 공예실, 연주실, 프로그램 룸, 동호인실 등이 있어 입주

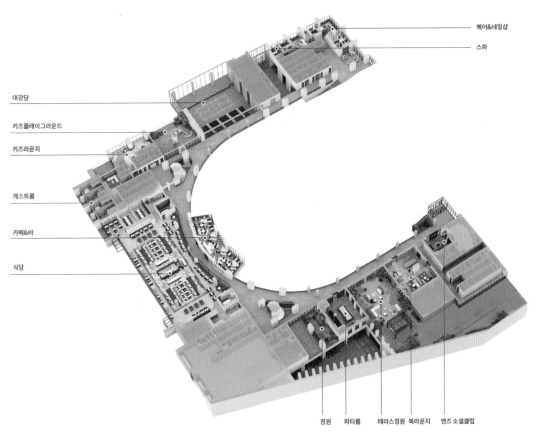

L2층 커뮤니티 센터

민들이 다양한 취미 활동을 함께 즐길 수 있다.

컬처앤라이프존에는 북라운지, 영화관, 카페&바, 피크닉가든, 텃밭, 청명원 등이 있어 입주민들이 문화와 여가를 즐기며 숲을 바라보는 힐링을 경험할 수 있다.

웰니스존에는 의료 및 간호사실, 스파, 휘트니스 센터 등이 있어 건강에 관련된 전문적인 케어를 받을 수 있다. 간호사와 운동처방사 등 전문 인력으로부터 세심한 관리와 프라이빗한 서비스를 제공받을 수 있다.

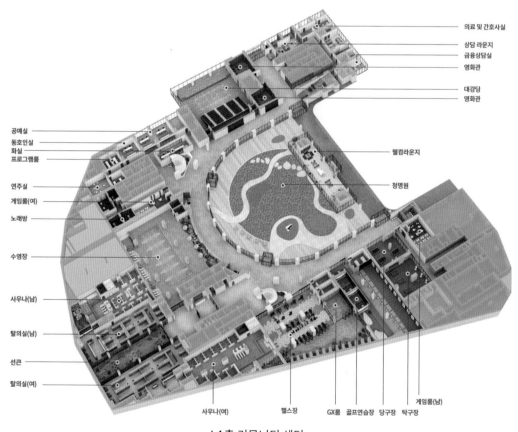

L1층 커뮤니티 센터

입주민 성향과 분위기

　라우어는 부산 최초의 고급 실버타운으로, 특히 60대와 70대 초반의 액티브 시니어들이 많은 비중을 차지하고 있다. 분양 신청자 연령분포를 살펴보면 60대가 56%, 70대가 34%, 80대가 10%를 차지하며, 평균 연령이 72세로 실버타운 중에서도 가장 젊은 편에 속한다. 부부의 비율도 높아 71%에 달한다. 이는 실버타운에 입주하기에는 아직 이르다고 생각됐던 60대 베이비부머 세대가 가장 높은 비율을 차지하고 있다는 점에서 많은 것을 시사하고 있다.

　과거에는 실버타운을 고령자들이 노후에 필요한 돌봄과 서비스를 제공받는 주거 공간으로 인식되었으나, 베이비부머 세대는 실버타운을 집보다 생활 편의성이 좋고 독립성이 보장된 곳으로 보기 시작했다. 이러한 변화에 맞춰 라우어는 실버타운을 단순한 보호형 주거 시설이 아닌, 액티브 영 시니어들이 자유롭고 주체적인 삶을 즐길 수 있는 공간임을 강조하고 있다. 특히 호텔식 라이프 스타일을 선호하는 시니어들이 라우어를 선택하고 있으며, 편리한 생활을 바탕으로 활발한 사회 활동과 여가를 누릴 수 있는 환경이 마련된 점이 큰 매력으로 작용하고 있다.

　라우어 입주자의 76%가 부울경 지역 출신으로, 오랫동안 이 지역 시니어들이 기다려 온 새로운 고급 실버타운이라는 의미도 크다. 수도권에서 내려온 시니어도 14%며 기타 지역이 9%정도 되며 일부 해외교포도 있다.

　라우어는 부산광역시 기장군 오시리아 관광단지에 위치한 부산 최초의 고급형 실버타운으로, 그동안 고급 실버타운을 찾기 위해 서울이나 수도권으로 이주해야 했던 부울경 지역 주민들에게 새로운 선택지를 주고있다. 특히, 오시리아 관광단지는 해운대에서 가깝고 단지 내에도 레저, 쇼핑, 문화, 숙박 시설이 있어 굳이 멀리 나가지 않고도 다양한 여가활동을 즐길 수 있다.

　라우어 오시리아 시니어타운에 자리잡은 라우어 병원과 라우어 르메디센터는 입주민들에게 특히 매력적인 요소다. 실버타운 입주민이 가장 중요하게 생각하는 것이 의료 접근성인데, 단지 내에 의료시설이 있어 라우어에서 걸어가도 몇 분 안에 전문 의료시설에 도착할 수 있다. 이는 수도권 실버타운에서도 흔치 않은 장점이다.

　라우어가 신축 건물이라는 점도 편리한 생활을 원하는 시니어들에게 큰 매력이다. 수도권의 기존 고급 실버타운들은 15년 이상 된 곳들이 많아 조금 오래된 느낌이 있을 수 있다. 이에 반해, 라우어는 높은 층고와 내부 펜트리 등 편리성을 고려한 설계를 적용하였다. 모든 세대에 발코니를 설계하여 거실에서 발코니로 나갈 수 있는 구조로 되어있다. 통창으로 막혀 있는 호텔 객실 같은 답답함이 없으며, 발코니에서 바다를 바라보며 힐링할 수 있다. 세대별 발코니는 2025년 오픈하는 실버타운 건축물의 트렌드로 입주민들에게 휴식 공간과 다목적 공간을 제공한다.

　라우어는 의무식 수가 적은 월 30식으로 입주민들이 식사 선택의 자유를 누릴 수 있도록 배려하고 있다. 의무식 단가도 12,000원으로 현재 물가를 고려하였고, 메인 메뉴를 단품이 아닌 2가지로 준비해 그 중 하나를 선택할 수 있도록 하는 등 특히 식단에 많은 신경을 쓰고 있다. 이렇게 메인 메뉴를 선택할 수 있도록 한 것은 실버타운 업계에서 처음 시도되는 참신한 아이디어다.

라우어는 실버타운이 갖추어야 할 많은 장점을 가지고 있는 듯이 보인다. 그러나 라우어가 해결해야 할 몇 가지 과제도 있다. 첫째는 소유자와 운영자가 분리되어 있다는 점이다. 시행 겸 임대사업자는 ㈜썬시티이지만, 운영지원은 호텔롯데가 맡고 있다. 일반적으로 실버타운은 소유자가 직접 운영하는 경우가 많으나, 라우어는 대규모 시설관리와 고객 맞춤형 서비스를 위해 운영지원을 호텔롯데에 위탁했다. 어떤 면에서 보면 경험이 적은 ㈜썬시티가 직영을 하기보다 전문기업인 호텔롯데에 운영지원을 맡긴 것은 현실적인 선택으로 보인다. 호텔롯데는 특급호텔 운영 경험이 풍부해 시설 관리와 고객 서비스에서 전문성을 발휘할 수 있을 것으로 예상된다. 다만, 호텔롯데가 처음으로 실버타운을 운영지원하는 만큼 시니어들의 특수한 요구를 충족하는 과정에서 일부 시행착오가 있을 수는 있다.

또 다른 과제는 실버타운 서비스 내용과 고객 기대 간의 차이에서 오는 괴리다. 2025년 오픈하는 다른 실버타운의 마케팅 자료를 보면 의료 서비스까지 가능한 것처럼 보이지만, 법적으로 실버타운에서 의료 서비스를 제공할 수 없고, 실시간 모니터링을 통한 응급상황 대응도 말처럼 쉽지 않다. 또한, 일부 입주민이 특급호텔 수준의 과도한 서비스를 기대할 때의 대응책도 마련해야 한다.

결국 라우어의 고객만족을 위해서는 ㈜썬시티의 주인의식과 윤미영 대표의 의지가 중요하다. 윤 대표는 사회복지학 전공과 노인복지관 운영 경험을 바탕으로, 단순한 분양 수익이 아닌 노인복지를 위한 진정성을 가지고 라우어 실버타운을 기획한 것으로 알려져있다. 라우어 오픈 후 본인이 직접 라우어에 입주해 입주민과 함께 생활하며 전체 운영을 총괄할 예정이다. 이러한 직접 경영을 통해 입주민 만족도를 높이고 안정적인 운영을 목표로 하고 있다.

라티브 33

부산광역시 기장군 기장읍 동부산관광3로 49   051-724-1000

소개

라티브는 부산 기장군 오시리아 관광단지에 위치한 프리미엄 헬스케어 레지던스로, 라우어 오시리아 시니어타운 내에 자리하고 있다. ㈜썬시티가 시행하고 ㈜한화건설이 건설하며, 자이S&D가 운영 지원을 맡을 예정이다. 라티브는 ㈜썬시티가 라우어와 함께 오픈하는 실버타운 중 하나로, 'VITAL'의 역순에서 유래된 이름으로, 입주민들이 건강하고 활기찬 삶을 누릴 수 있도록 설계된 공간이라는 의미를 담고 있다.

라티브는 2025년 2월 오픈 예정으로 총 370세대 규모며, 공급 면적은 9평형대부터 49평형대까지 다양하다. 가장 많은 비중을 차지하는 C타입 25평형의 입주보증금은 4억 5,000만 원~4억 9,490만 원이며, 월 비용은 1인 기준 248만 원, 부부 기준 304만 원으로, 의무식 30식이 포함된다. 월 비용은 라우어와 수도권 고급 실버타운보다 약간 더 높은 수준이다.

라티브는 부부뿐만 아니라 후기 고령자와 싱글을 위한 다양한 주거 옵션을 제공한다. 컴팩트한 싱글 타입(A, B타입), 넉넉한 더블 타입(D, E타입), 테라스 타입(C타입), 펜트하우스(P타입)까지 각자의 생활 양식 및 취향에 맞춰 선택할 수 있다. 또한, 입주 후 돌봄이 필요해지면, '더퍼스트하우스(The First House)'라는 돌봄 전용 T타입 세대로 이전할 수 있는 유연한 주거 시스템도 마련되어 있다.

라티브는 라우어 병원과 라우어 르메디컬 센터와 같은 단지에 있으며, 서울대학교 기장암센터, 동남권 원자력의학원, 해운대 백병원 등과의 협력을 통해 입주민에게 1:1 맞춤형 건강 관리와 정기 검진 서비스를 제공할 예정이다.

라티브의 월 비용은 다소 높은 편이지만, 라우어 병원과 연계한 항노화 및 재활 프로그램을 포함하여 많은 일상생활 혜택이 지원될 예정이다.

라티브 전경

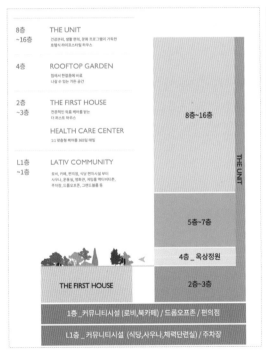

8층 ~16층	THE UNIT 건강관리, 생활 편의, 문화 프로그램이 가득한 호텔식 라이프스타일 하우스
4층	ROOFTOP GARDEN 집에서 한걸음에 바로 나갈 수 있는 가든 공간
2층 ~3층	THE FIRST HOUSE 전문적인 의료 케어를 받는 더 퍼스트 하우스
	HEALTH CARE CENTER 1:1 맞춤형 케어를 365일 매일
L1층 ~1층	LATIV COMMUNITY 로비, 카페, 편의점, 식당 편의시설 부터 사우나, 운동실, 영화관, 게임룸 액티버티존, 주차장, 드롬오프존, 그랜드볼룸 등

THE UNIT

8층~16층

5층~7층

4층 _ 옥상정원

THE FIRST HOUSE

2층~3층

1층 _ 커뮤니티시설 (로비, 북카페) / 드롭오프존 / 편의점

L1층 _ 커뮤니티시설 (식당, 사우나, 체력단련실) / 주차장

층별 안내

살롱드라티브

입주비용

평형별 입주보증금

타입	평형	세대수	전용율 (%)	평당 입주보증금 (만원)	입주보증금 (만원)
T타입	9.4~11.4	56	60.3	700~845	8,000
A타입	15.8~16.2	76	60.3	1,708~1,901	27,650~30,150
B타입	15.9~16.2	48	60.3	1,739~1,899	27,850~30,850
C타입	24.6	142	60.3	1,822~2,005	45,000~49,490
D타입	33.5	4	60.3	1,777~1,789	59,700~60,100
E타입	21.3	6	60.3	1,874~1,884	40,200~40,400
S타입	31.6~32.4	32	60.3	1,750~1,861	55,300~60,300
P타입	49.2	6	60.3	1,829~2,012	90,000~98,980

입주세대는 크게 T타입과 A~P타입으로 구분된다. T타입은 1인실 원룸형으로 56실이 있으며 돌봄이 필요한 시니어를 위해 마련된 공간이다. 입주보증금이 8,000만 원으로 낮은 대신 월 관리비가 높다.

A/B 타입은 16평으로 1인이 거주하기 좋으며 입주보증금은 2억7,650만 원~3억850만 원이다. 평당 입주보증금은 1,800만원 초반이다. A/B타입보다 9평 더 넓고 테라스 공간이 추가된 C타입은 총 142세대로 전체의 38.4%를 차지하며 입주보증금은 4억5,000만 원~4억9,490만 원이다. 평당 입주보증금은 1,900만 원 정도이다. 부부가 거주하기 좋은 32평형은 S타입으로 입주보증금은 5억5,300만 원~6억300만 원이며, 평당 입주보증금은 1,800만 원으로 A타입과 비슷하다.

라티브는 라우어에 비해 전체적으로 평수가 작은 세대가 많으며, 평당 입주보증금은 약 200만 원 정도 더 높다. 전용률은 60.3%로 실버타운 평균 수준이며 라우어보다는 10%정도 낮다.

월 비용

평형별 월 비용

(단위: 만 원)

타입	평형	세대수	관리비		식비		월 비용	
			1인	부부	1인	부부	1인	부부
T타입	9.4~11.4	56	350	-	108	-	458	-
A타입	15.8~16.2	76	138	158	36	72	174	230
B타입	15.9~16.2	48	138	1587	36	72	174	230
C타입	24.6	142	212	232	36	72	248	304
D타입	33.5	4	289	309	36	72	325	381
E타입	21.3	6	184	204	36	72	220	276
S타입	31.6~32.4	32	275	295	36	72	311	367
P타입	49.2	6	424	444	36	72	460	516

참고: 2024년 9월 기준이며 향후 변동될 수도 있음

라티브의 월 비용은 타입에 따라 차이가 크다. T타입은 원룸형 1인실로 밀착 돌봄 서비스를 해주기 때문에 관리비가 350만 원으로 높다. 이곳 입주자는 요양과 돌봄이 필요한 시니어들로 스스로 식사를 준비할 수 없을뿐더러 혼자 외부에 나가 식사를 할 만큼 건강한 입주민들이 아니기 때문에 90식 의무식이 제공된다. 월 관리비 350만 원에 의무식 108만 원을 더하면 월 비용은 458만 원이 된다. T타입은 1인 전용이며 부부실은 없다.

A~P 타입의 세대는 평형대가 커질수록 관리비가 올라간다. 의무식은 라우어와 같이 30식에 월 36만 원이다. 1인이 거주하기 좋은 A/B 타입의 월 비용은 174만 원, 부부가 거주하기 적합한 S 타입의 월 비용은 1인 기준 311만 원, 부부 기준 367만 원이다. 라티브의 S타입 32평과 비슷한 평형대로 라우어에는 B3타입 33평형이 있으며, 1인 월 비용을 비교해 보면 라티브가 65만 원정도 더 높다.

오시리아 관광단지

위치 및 주변 환경

라티브는 부산 오시리아 관광단지 내 라우어 오시리아 시니어타운에 위치해 있으며, 자연과 도심의 장점을 동시에 가지고 있다. 오시리아 관광단지는 366만㎡ 규모의 해양레저단지로, 레저, 쇼핑, 숙박 시설이 밀집해 있어 멀리 가지 않고도 여러 시설을 방문하며 레저를 즐기기에 좋다.

라티브의 가장 큰 강점은 입주민들이 언제든지 편리하게 병원을 이용할 수 있다는 점에 있다. 라우어 병원과 라티브는 실내의 복도로 연결되어 있어 외부로 나갈 필요 없이 라티브에서 라우어 병원으로 바로 갈 수 있다. 마치 병원이 실버타운 건물에 붙어 있는 것과 다름없다. 이로 인해 눈비가 오거나 추운 겨울철에도 불편함 없이 병원에 갈 수 있을 뿐만 아니라, 거동이 불편한 고령자나 돌봄이 필요한 입주민이 혼자 생활할 때 겪는 병원 방문의 어려움도 효과적으로 해결할 수 있다.

라티브가 있는 오시리아 시니어 타운 단지 내에는 병원뿐만 아니라 6,000평

규모의 자연 공간과 루프탑 가든, 옥상 텃밭, 산책로 등 건강과 웰빙을 중시한 편의 시설이 갖추어질 예정이다. 루프탑 가든에서는 송정천과 롯데월드 어드벤처 부산의 경관을 감상하며 휴식을 취할 수 있다.

식사 서비스

라티브의 식단 시스템은 기본적으로 라우어와 동일하다. 30식 의무식의 단가는 12,000원이며, 삼성웰스토리가 식당 관리를 맡는다. 2종류의 메인 메뉴 중 하나를 선택할 수 있으며, 메인 메뉴는 자리로 서빙된다. 밥과 반찬 및 샐러드는 플러스바에서 입주민이 직접 가져가는 세미뷔페 형식이지만, 걷기가 불편하거나 도움이 필요한 입주민에게는 직원이 직접 가져다준다.

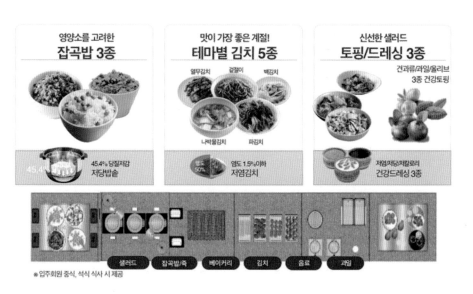

점심/저녁 식단의 예

T타입은 메인 건물과 연결된 3층 별관건물인 더퍼스트하우스에 위치하고 있다. 이 공간은 A~P 타입 입주민과는 생활과 돌봄 시스템이 다르며, 더퍼스트하우스는 마치 독립된 요양센터처럼 운영된다. 더퍼스트하우스에는 56실이 있으며, 입주민들은 4그룹으로 나뉘어 그룹별로 독립된 공간에서 생활하는 유니트케어 시스템으로 운영된다. 각 유니트에는 14명의 입주민이 있으며. 유니트별로 마련된 공용거실에서 식사를 한다.

입주민들이 각 유니트 공용거실의 14인용 식탁에 앉아 있으면, 직원들이 각자의 자리로 식사를 서빙해 준다. 일반식이 어려운 입주민에게는 특별식이 준비되며, 필요시 국수를 자르거나 생선 가시를 발라내는 등 직원들이 도와준다. 또한, 공용거실에서 식사하기 어려운 입주민에게는 방으로 식사를 가져다준다. 이러한 시스템은 일종의 유니트케어 요양원과 운영방식이 비슷하다.

생활 편의 서비스

라티브는 독립생활이 가능한 건강한 시니어뿐만 아니라 일상생활 지원이 필요한 고령의 시니어까지 모두 입주가 가능하다. 개인생활이 가능한 입주민을 대상으로 주 2회의 하우스키핑 서비스를 통해 세대 내 청소 등과 같은 일상생활 편의를 제공한다. 각 층별로 데이룸이 설치되어 입주민들이 함께 모여 교류할 수 있는 공간도 있다.

일상생활 지원이 필요한 더퍼스트하우스 입주민에게는 단순히 하우스키핑뿐만 아니라 식사보조, 요양보호사 공동케어, 가사지원, 활력징후 체크 등의 밀착 돌봄을 해준다.

의료 관련 서비스

　라티브는 입주민들의 건강과 편의를 고려한 의료 서비스와 헬스케어 시스템을 갖추고 있다. 라티브의 헬스케어 레지던스로서의 장점은 라우어 병원 및 라우어 르메디센터와 같은 단지에 있다는 점이다.

　라우어 병원은 양·한방 협진 체계를 기반으로 치매예방센터, 척추관절센터, 항노화센터 등의 전문 클리닉을 운영할 예정이며, 입주민들은 우선 예약과 비급여 항목 할인 혜택을 받을 수 있다. 특히, 라티브 입주민에게만 주어지는 특별한 건강관리 프로그램으로 라우어 병원과 연계한 항노화 프로그램과 재활 프로그램 등이 매월 기획될 예정이다

　라티브는 24시간 상주하는 간호 인력을 통해 응급 상황에 신속히 대응할 예정이다. 필요할 경우 이송 서비스도 연계해 주며 각층에 산소방을 설치하여 입

라우어 병원

주민들의 신체적 피로를 덜어주고 심신 안정을 돕는다.

'더퍼스트하우스'에 위치한 T타입 입주민에게는 집중적인 관리와 비접촉식 디지털 모니터링 시스템을 운영한다. T타입 세대는 각 유니트별로 5명 정도의 요양보호사가 배치되어 2교대로 근무하면서 입주민을 돌볼 예정이다.

입주세대 내부

모든 세대에는 붙박이장, 침대 프레임, 식탁, 의자 등의 가구와 냉장고, 세탁/건조기, TV, 인덕션, 전자레인지 등의 가전제품이 제공되며, 층고는 기본 2.5m로 높은 편이다.

A1타입은 16평형으로, 침실 1개와 욕실 1개를 갖춘 1인 세대에 적합한 구조다. 편리한 동선 구조와 광폭 수납장, 붙박이장을 갖추고 있다. 1인 주거에 특화된 원룸형 타입으로 모든 가구와 가전을 제공하고 있어 추가 준비 없이 편

A1타입 평면도

A1타입 투시도

하게 입주하여 생활할 수 있다. 독립적이고 소규모 생활을 원하는 시니어에게 적합하다.

B1타입은 A타입과 같은 16평형으로 36세대가 있다. 원룸형으로 층고가 높고 현관부터 창문까지 트여진 구조로 개방감이 좋다. 1인 세대에 최적화된 구조로 집안에서의 활동을 선호하는 시니어를 위해 공간 활용도를 높인 구조이다. 넓은 수납공간을 갖추고 있으며 공간이 유기적 연결되어 있다. 좁은 공간을 최대한 활용하고 수납공간을 효율적으로 배치하여 생활의 편의성을 높인 타입이다.

C1타입은 25평형으로 부부도 거주할 수 있는 실속 있는 중소형 평면으로 32세대가 있다. 넓은 테라스와 욕실을 갖추고 침실과 거실이 분리된 구조이다. 2인이 거주해도 적합한 타입으로 서비스 면적인 테라스가 포함되어 공간 활용성을 높였다.

라티브의 T타입 객실은 메인 건물과 연결된 더퍼스트하우스 3층 별관에 위치하며, 요양 및 간호가 필요한 입주민을 위한 맞춤형 너싱홈 시설이다. 이곳은

B2타입 평면도

B2타입 투시도

C1타입 평면도

C1타입 투시도

A~P타입과는 차별화된 독립 요양센터처럼 운영되며, 56실이 4개의 유니트케어 시스템으로 구성되어 개별적인 돌봄 서비스를 제공한다. T타입 객실은 전문 간호 및 요양 케어를 중심으로 설계되어 입주민이 안심하고 편안하게 생활할 수 있으며, 모든 객실에 비상 호출벨과 동작감지 센서가 설치되어 있어 응급상황에서도 즉각적인 대응이 가능하다.

T타입 평면도

더퍼스트하우스

주요 시설 및 프로그램

라티브는 2000여 평의 규모의 커뮤니티 시설을 갖출 예정이다. 지상 1층에는 취미 생활을 즐기며 여가 시간을 보낼 수 있는 북카페와 라운지가 생긴다. 지하 1층에는 건강 관리와 휴식을 위한 공간이 조성되며, 약 280석 규모의 식당과 함께 노래방, 영화관, 피트니스 센터와 GX룸, 사우나 및 힐링센터가 들어서게 된다.

4층 옥상에는 텃밭인 '어반 가든'을 마련하여, 직접 채소를 기르고 잠시나마 자연을 느끼며 힐링할 수 있는 공간을 갖출 예정이다. 옥상 텃밭은 입주민들이 자연 속에서 여유를 찾을 수 있는 장소로, 도시에서의 생활 속에서도 자연을 가까이에서 경험할 수 있게 해준다.

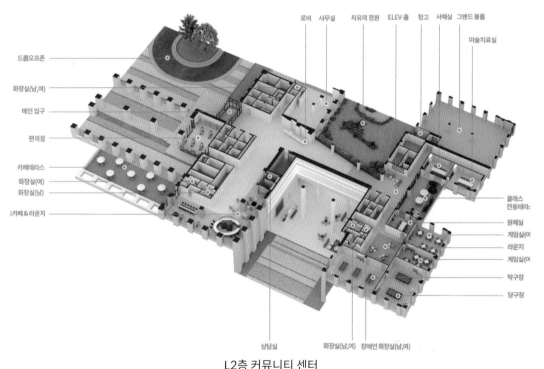

L2층 커뮤니티 센터

라티브의 루프탑에는 입주민들만을 위한 가든이 조성될 예정이다. 입주민이 서로 교류하고 즐길 수 있는 다채로운 이벤트와 문화행사가 열릴 예정이며, 플로리스트와 함께하는 플라워 클래스 같은 프로그램 등을 기획하고 있는 것으로 알려졌다.

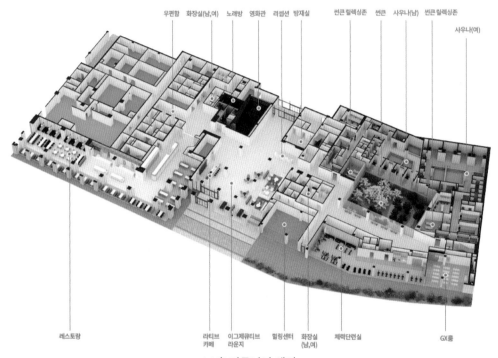

우편함 화장실(남,여) 노래방 영화관 리셉션 방재실 썬큰 릴렉싱존 썬큰 사우나(남) 썬큰 릴렉싱존

사우나(여)

레스토랑 라티브 이그제큐티브 힐링센터 화장실 체력단련실 GX룸
카페 라운지 (남,여)

L1층 커뮤니티 센터

피트니스 센터

보안 및 안전 관련

라티브는 24시간 상주하는 간호 인력을 통해 긴급 상황 발생 시 즉각 대응이 가능하며, 응급 콜 시스템을 통해 필요한 의료 지원을 신속하게 받을 수 있도록 하고 있다. 단지 내에는 CCTV와 보안 시스템이 구축되어 외부 침입이나 불미스러운 사고를 예방하는 데에도 중점을 두고 있다.

입주민 성향과 분위기

라티브 청약 계약자들의 평균 연령은 라우어보다 다소 높으며, 싱글 입주자가 많은 것이 특징이다. 이는 56실 규모의 T타입이 부부 입주가 불가능하고, A/B타입(16평)의 전용면적이 약 10평으로 1인이 생활하기 적합하기 때문이다. 연령대 분포를 보면 60대와 70대가 각각 36%로 가장 높고, 80대 이상이 28%였다. 비록 70대와 비율이 같지만, 여전히 60대가 가장 많은 비율을 차지한다는 점은 젊은 시니어들이 규모가 크고 대형 커뮤니티 시설을 갖춘 프리미엄 실버타운에 높은 관심을 보이고 있음을 시사한다.

라티브의 부부 입주 비율은 39%로, 라우어의 71%에 비해 낮지만 수도권 고급 실버타운과 비교하면 상대적으로 높은 편이다. 출신 지역을 살펴보면 부울경 지역에서 온 입주민이 69%로 가장 많고, 수도권 출신이 9%, 기타 지역이 13%를 차지한다. 해외 교포 비율은 9%로 라우어보다 훨씬 높으며, 이는 한국에 잠시 머무르거나 자주 왕래하는 교포들이 세대 평수가 작아 입주보증금면에서 경제적 부담이 적고 1인이 생활하기 좋은 작은 평형대를 선호하기 때문으로 분석된다.

라티브는 ㈜썬시티가 오시리아 시니어타운에 라우어와 함께 오픈하는 프리미엄 헬스케어 레지던스다. 두 실버타운은 커뮤니티 공간을 공유하지만 주거동은 다르게 설계되어 상호 보완된다. 라우어가 부부를 위한 대형 평형대에 초점을 맞췄다면, 라티브는 싱글 시니어를 위한 작은 평형대를 다수 제공해 입주보증금 부담을 줄였다. 특히, 라티브에는 요양형 주거공간인 더퍼스트하우스가 마련되어, 고령이거나 건강이 좋지 않아 돌봄이 필요한 시니어를 위한 56실을 갖출 예정이다. 라우어 오시리아 시니어타운은 라우어, 라티브, 더퍼스트하우스라는 각각의 주거시설로 구성된 3단계 맞춤형 실버타운으로, 입주민이 나이와 건강 상태에 따라 적합한 주거 옵션을 선택할 수 있도록 설계되었다.

라우어 오시리아 시니어타운에는 250병상 규모의 라우어 병원과 전문 의원들이 모여 있는 라우어 르메디센터가 들어서게 된다. 가족과 함께 쇼핑과 외식을 즐길 수 있는 근린생활시설인 라우어 애비뉴와 퍼팅 골프장, 그리고 6,000평 규모의 야외 정원도 조성될 예정이다. 이렇게 되면 라우어 오시리아 시니어타운은 시니어들의 주거, 의료, 그리고 레저를 한곳에서 모두 해결할 수 있는 통합적인 복합공간으로 거듭나게 된다. 라우어 오시리아 시니어타운은 용인의 삼성노블카운티와 고창의 서울시니어스고창타워가 있는 웰파크시티에 이어, 전국에서 3번째로 선보이는 대규모 시니어 복합타운이 될 것이다.

라티브 지하 1층과 2층에 위치한 2,000평 규모의 커뮤니티 공간과 라우어의 4,000평 커뮤니티 공간을 합하면 총 6,000평으로 국내 최대 규모를 자랑하며, 1세대당 커뮤니티 공간이 6.4평으로 넓다. 라티브와 라우어는 합계 총 944세대로, 용인의 스프링카운티자이(1,345세대)에 이어 국내에서 두 번 째로 큰 실버타운이다. 스프링카운티자이가 100% 분양형 실버타운임을 감안하면 순수 임대형 실버타운으로는 가장 큰 규모다.

입주자 연령대는 라우어가 60대 비율이 56%, 라티브는 36%로 두 실버타운 모두 60대 입주자가 가장 많다. 이는 '60대가 실버타운에 입주하기에는 너무 젊다'는 통념을 깬 것이다. 라우어와 라티브가 젊은 시니어들에게 관심을 받은 이유는 주거세대에 발코니를 포함시켜 통창설계의 답답함을 개선했고, 호텔식 컨시어지 서비스가 예정되어 있으며, 식사 품질을 높이고 대형 커뮤니티 시설을 마련하는 등 최신 주거 트렌드를 반영했기 때문이다.

2025년 말 오픈예정인 서울 강서구 마곡의 VL르웨스트와 경기도 의왕시 백운호수푸르지오숲속의아침스위트 실버타운도 라우어 및 라티브와 비슷한 콘셉트로 설계되었으며 영 시니어들의 높은 관심을 받고 있다. 서울과 경기도에 오픈 되는 두 실버타운은 롯데그룹과 대기업 반열에 오른 MDM 그룹의 자회사가 시행 및 운영을 맡아 입주보증금 반환에 대한 안정성을 보장하고 있다.

라티브는 ㈜썬시티가 시행을 맡고, ㈜한화건설이 건설하며, ㈜교보자산신탁이 신탁을 관리해 안정적인 완공을 보장하고 있다. 입주보증금 반환에 대한 안전장치로는 전세권 설정이나 근저당 설정이 있을 수 있다.

호텔롯데가 운영지원하는 라우어와 달리 라티브는 GS의 부동산종합서비스 기업인 자이S&D에서 운영을 맡아 컨시어지 서비스와 시설 관리에 특화된 운영 체계를 구축할 예정이다. 라티브/라우어의 식당 운영은 삼성웰스토리가 맡으며, 의무식 비용은 라티브/라우어 동일하게 12,000원으로 책정되었다.

㈜썬시티는 대기업은 아니지만, 윤미영 대표가 사회복지학을 전공하고 노인복지관 운영 경험도 갖춘 만큼, 라우어 오시리아 시니어타운의 안정적인 운영과 성공적인 정착을 기대해볼 수 있다.

VL르웨스트 34

서울특별시 강서구 마곡동 768   1811-9996

소개

2025년 10월 입주 예정인 VL르웨스트는 롯데건설이 최대 주주로 참여한 마곡마이스피에프브이㈜가 시행하며, 시공은 롯데건설, 운영지원은 호텔롯데가 담당하는 도심형 실버타운이다. 서울 강서구 마곡 MICE 복합단지 내에 위치하며, 지하 6층~지상 15층, 4개 동, 총 810세대 규모로 서울에 위치한 실버타운 중 가장 크다.

VL르웨스트는 지하철 5호선 마곡역과 9호선 마곡나루역 근처에 위치해 교통이 편리하며, 서울식물원과 인접해 도심속에서도 자연을 쉽게 접할 수 있다. 주변에 NC백화점과 홈플러스 등 편의시설이 있으며, 향후 이마트 트레이더스가 마곡지구에 들어설 예정으로 더욱 편리한 쇼핑환경이 기대되는 곳이다.

VL르웨스트 810세대 중 446세대로 가장 많은 비중을 차지하는 24평형의 입주보증금은 7억 원 중반이며, 1인 기준 월 생활비는 215만 원이다. 부부가 지내기 좋은 36평의 입주보증금은 11억 원 초반이며 월 비용은 부부 기준 390만 원으로 입주보증금과 월 생활비 모두 국내 실버타운 중 최고 수준이다.

운영사는 호텔롯데로 호텔식 컨시어지 서비스, 하우스키핑 서비스, 식단 관리 등 호텔에서 볼 수 있는 프리미엄 서비스를 제공할 예정이다. 또한 단지 내에는 피트니스 센터, 스크린 골프 연습장, 사우나, 레스토랑 등이 마련되며, 보바스기념병원 건강관리센터와 연계하여 입주한 시니어들의 건강관리를 지원할 계획을 가지고 있다.

VL르웨스트는 경제적 여유가 있으며 여러가지 취미 및 건강관련 부대시설을 이용하고 싶은 시니어라면 관심을 가져볼 만하다. 특히, 식사나 청소 등 일상적인 집안일은 실버타운의 생활지원을 통해 편하게 해결하고, 도심에 머무르며 자유롭게 사회적 활동을 지속하길 원하는 시니어들에게도 적합하다.

북라운지

영화관

식당

피트니스 센터

헬스케어

입주비용

평형별 입주보증금

타입	평형	세대수	전 용 률 (%)	평당 입주보증금(만원)	입주 보증금 (만원)
51	24	446	66.2	3,112~3,209	73,800~76,100
79A	36	84	66.2	3,175~3,219	115,100~116,700
79B	36	14	66.2	3,186~3,219	115,900~117,100
79C	36	14	66.2	3,183~3,216	116,500~117,700
81	37	14	66.2	3,184~3,216	118,800~120,000
97A	45	70	66.2	3,203~3,287	143,400~147,200
97B	45	98	66.2	3,190~3,221	143,100~144,500
97C	45	28	66.2	3,202~3,287	143,000~146,800
103	47	14	66.2	3,247~3,281	153,300~154,900
149	68	28	66.2	3,263~3,313	223,000~226,400

VL르웨스트는 6개 평형과 10개 타입으로 구성된 810세대 규모의 실버타운이다. VL르웨스트의 전용률은 66.2%로 실버타운 중에서도 높은 편에 속한다. 가장 많은 비중을 차지하는 24평형(51타입)은 446세대로, 전체의 55%에 달하며, 전용면적은 15.7평(51㎡)으로 1인이 거주하기에 충분하다.

24평형의 입주보증금은 7억 원대에 달하며, 이는 수도권 유사 평형대 실버타운의 두 배 수준이다. 부부 거주에 적합한 36평형(79A/B/C타입)의 입주보증금은 11억 원 이상으로, 고가로 유명한 더클래식500의 56평형 입주보증금(10억 원)을 상회한다. 전체 세대의 절반 이상이 보증금 10억 원을 초과해 VL르웨스트는 최고가 실버타운으로 볼 수 있다.

의무 거주 기간은 2년이며, 2년 이후 계약 해지 시 위약금 없이 입주보증금 전액을 돌려받을 수 있다. 입주보증금은 향후 10년간 동결될 예정이어서 초기에는 금액이 높지만, 장기적으로는 인상 우려가 없다는 점도 주목할 만하다.

월 비용

평형별 월 비용

(단위: 만 원)

타입	평형	관리비		식비		월 비용	
		1인	부부	1인	부부	1인	부부
51	24	170	200	45	90	215	290
79A	36	270	300	45	90	315	390
79B	36	270	300	45	90	315	390
79C	36	270	300	45	90	315	390
81	37	275	305	45	90	320	395
97A	45	305	335	45	90	350	425
97B	45	305	335	45	90	350	425
97C	45	305	335	45	90	350	425
103	47	315	345	45	90	360	435
149	68	380	410	45	90	425	500

24평형인 51타입의 월 비용은 1인 기준 관리비 170만 원과 의무식 30식의 식비 45만 원을 합해 215만 원이다. 부부가 거주하기 적합한 36평과 45평의 월 비용은 각각 390만 원과 425만 원이다. 45평은 36평보다 9평 넓지만 월 비용 차이는 35만 원에 불과해, 살림살이가 많은 부부라면 45평을 고려할 만하다. 또한, 펜트하우스급인 68평형도 28세대가 있으며 월 비용은 500만 원으로 45평과 차이가 75만 원 밖에 나지 않는다. 그러나 입주보증금은 22억 원으로, 45평과 비교해 8억 원의 큰 차이가 있다.

관리비에는 호텔식 컨시어지 서비스, 의료 연계, 문화 프로그램, 커뮤니티 시설 이용료가 포함되지만, 피트니스 센터는 유료로 운영된다. 외부인은 연회비 340만 원, 입주민은 170만 원(월 약 14만 원)으로 이용할 수 있으며, 부부가 함께 이용할 경우 각각 연회비를 내야 하므로 월 28만 원이 추가된다. 피트니스 센터 이용을 포함하면 월 비용은 부부 기준 36평이 418만 원, 45평이 453만 원으로 높아진다.

위치 및 주변 환경

VL르웨스트는 약 25만 평 규모의 마곡 MICE 복합단지 내 CP3-1 구역에 자리하고 있으며, 이곳은 앞으로 회의, 포상관광, 컨벤션, 전시회를 포함하는 MICE 산업의 중심지로서 다양한 문화와 상업의 허브로 성장할 계획이다. 복합단지 내에는 호텔, 컨벤션 센터, 쇼핑몰, 업무시설, 문화시설 등이 들어설 예정이며, 입주민들은 글로벌 행사와 전시회 등을 통해 다채로운 문화적 기회를 접할 수 있다.

이 단지는 교통 접근성도 우수한데, 트리플 역세권에 위치하여 지하철 5호선 마곡역과 9호선 및 공항철도가 지나는 마곡나루역이 근접해 있다. 또한 공항대로, 올림픽대로, 인천국제공항고속도로, 수도권제1순환고속도로와 연결되어 있어 서울 및 인근 지역으로의 이동이 매우 편리하다.

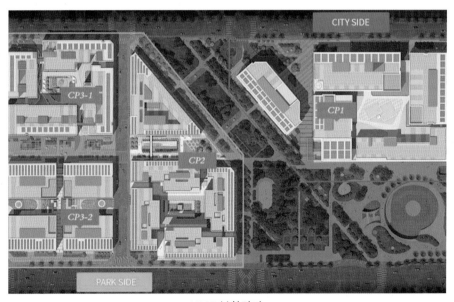

MICE 복합단지

문화 생활을 즐기기에도 좋은 곳으로, MICE 복합단지 인근에는 LG 아트센터와 스페이스K 서울이 있어 다양한 공연과 전시를 감상할 수 있다. 또한 애비뉴 767과 이마트 트레이더스 등 상업시설이 들어설 예정이며, 롯데몰 김포공항점도 인근에 있어 원스톱 쇼핑이 가능하며, 롯데몰 안에는 롯데백화점, 롯데시네마, 시티호텔이 입점해 있다.

도보로 약 13분 거리에 서울식물원이 위치해 도심 속에서도 자연의 정취를 쉽게 느낄 수 있다. 싱가포르 보타닉 가든을 벤치마킹하여 조성된 서울식물원은 열린숲, 주제원(온실), 호수원, 습지원의 네 구역으로 구성되어 있으며, 넓은 호수공원과 잔디마당, 한옥 건물 등이 자리해 산책과 여가를 즐기기에 좋다.

2km 거리에 1,000병상 규모의 이대서울병원이 있어 의료 접근성이 좋다. 보바스기념병원과 협력하여 단지 내에 건강관리센터를 운영할 계획으로, 입주민들이 건강 관리 프로그램을 통해 편리하게 의료 서비스를 받을 수 있다.

주변입지

식사 서비스

식사는 지하 1층에 위치한 500평 규모의 전용식당에서 하게 된다. 의무식은 월 30식으로, 1식당 15,000원으로 책정되어 단가가 높은 편이지만, 이는 고품질의 식사와 고객 위주의 식사 서빙 시스템을 가능하게 해준다. 호텔 셰프가 식단을 직접 관리하며, 입주민들의 건강 상태에 맞춰 저염식과 치료식 등 맞춤형 식단을 준비할 예정이다.

유전자 검사 결과를 바탕으로 당뇨 등 질환 위험이 있는 입주민들에게는 밀키트 형식의 특별식도 마련될 예정이다. 식사는 배식 방식이 아닌 한상차림으로, 자리에 앉아 있으면 직원들이 직접 서빙해준다. 의무식 30식을 초과하는 추가 식사는 1식당 15,000원이 월말에 청구된다. 가족이 방문할 경우 1인당 15,000원의 식비를 지불하면 함께 식사할 수 있다.

식사 시간은 조식, 중식, 석식 모두 2시간씩 운영돼 입주민들이 여유롭게 식사할 수 있도록 배려하였다. 사적인 모임을 원할 경우 오픈키친을 예약하여 가족이나 지인과 함께 자유롭게 음식을 만들어 먹고 와인도 즐길 수 있다.

생활 편의 서비스

VL르웨스트는 각 세대별로 필요한 생활 편의 서비스를 제공할 예정이다. 주 2회 제공되는 청소 서비스에는 세탁물의 세탁/건조, 분리수거까지 포함되어 가사 부담을 크게 덜어줄 것으로 보인다. 청소는 호텔 객실 청소 기준에 맞춰 진행되며, 청소 도우미가 거실, 방, 욕실, 주방을 청소하고, 모든 생활용품의 정리까지 도와주게 된다.

로비 프런트에서는 24시간 컨시어지 서비스를 운영해 입주민들이 불편 없이 생활할 수 있도록 지원한다. 원스톱 콜을 통한 민원처리, 우편 및 택배 관리, 부재 중 세대관리 등 다양한 편의 서비스를 제공하며, 세대 내부 청소와 생활용품 정리까지 포함한 호텔식 서비스를 통해 입주민들은 마치 레지던스 호텔에 머무는 듯한 생활을 누릴 수 있다.

의료 관련 서비스

VL르웨스트는 시니어의 건강을 고려한 맞춤형 건강관리 시스템을 도입할 예정이다. 입주 시, 모든 사람들은 건강검진과 유전자 검사를 통해 현재 건강상태를 파악한 후, 그 결과에 따라 일반건강그룹, 건강우려그룹, 질환위험그룹, 재발예방그룹으로 분류된다. 연령, 건강상태, 생활습관 등을 종합적으로 분석한 정보를 데이터베이스에 저장하고, 전문가들이 정기적으로 사례 회의를 통해 각 입주민들에게 맞춤형 식단과 재활 운동 프로그램을 자문해 주게 된다.

단지 내에는 보바스기념병원 건강관리센터가 들어설 예정으로, 이곳에서 물리치료와 재활치료를 받을 수 있다. 또한, 웨어러블 디바이스를 착용하여 실시간으로 체온, 호흡, 맥박, 혈압 등의 활력징후(바이탈 싸인)를 모니터링할 수 있다. 응급호출시, 24시간 대기 중인 간호사가 즉시 세대를 방문하여 문제를 확인하고, 필요시 이대서울병원으로 신속하게 이송할 수 있도록 지원한다.

추가적으로, 이대서울병원과 연계하여 연 1회 무료 건강검진 서비스가 지원되며, 병원 이용 시 입주민 전용 창구가 마련되어 빠르고 편리하게 진료를 받을 수 있다. 이러한 시스템을 통해 개인 맞춤형 건강관리를 받을 수 있으며, 응급 상황 시 신속하게 대응할 수 있는 환경이 마련될 예정이다.

입주세대 내부

VL르웨스트는 6가지 평형대의 10개 타입의 세대가 있다. 평형대는 가장 작은 24평형부터 가장 큰 68평형까지 다양하게 구성되어 있다. 24평형은 446세대로 가장 많으며, 침실 1개와 화장실 1개로 1인이 거주하기에 적합하다. 그보다 큰 모든 세대는 침실 2개와 욕실 2개로 구성된다. 특히 36평형 이상부터는 3베이 구조로 설계되어 공간 활용이 효율적이며, 넓은 느낌을 준다.

VL르웨스트의 발코니는 사람들의 생활 스타일에 맞춘 '비스포크 발코니

51타입(24평) 평면도

51타입(24평) 거실

(bespoke balcony)'로 설계되어 있으며, 가든형, 헬스형, PET형 옵션 중 선택할 수 있다. 가든형 발코니는 화분을 가꾸는 취미를 가진 사람들에게 인기가 있으며, 헬스형은 집에서 운동을 즐기는 시니어에게 적합하다. PET형 발코니는 반려동물을 키우는 사람들을 위해 특화된 공간으로, VL르웨스트는 기존 실버타운과 달리 반려동물 동반이 허용되어 발코니를 반려동물의 필요에 맞게 꾸밀 수 있다. 이와 함께 발코니 공간은 여유와 개성을 동시에 표현할 수 있어 사용자 맞춤형 생활을 가능하게 한다.

각 세대는 시니어들의 독립성과 안전성을 고려한 설계를 적용하였으며, 이러한 구조는 편리함과 쾌적함을 동시에 추구하고 있다. 롯데건설이 개발한 실버주택의 단위평면 콘셉트인 '원룸원배스' 구조로 방마다 욕실을 배치하고, 순환형 구조를 통해 효율적인 공간 활용을 가능케 하였다. 여기에 헬스케어 IoT 시스템을 도입하여 생활 편의성을 높였다.

세대 내부는 고급 마감제와 최신 설비로 구성되어 있으며 세탁기, 파우더장, 시스템 에어컨 등이 기본적으로 갖추어져 있다. 주방에는 하이브리드 쿡탑, 빌트인 냉장고, 전기 오븐이 설치되어 있다. 또한, 자녀나 지인이 방문할 경우 함께 머물 수 있는 게스트룸도 마련되어 있다.

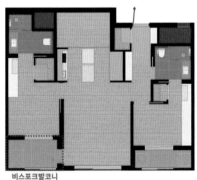

97B타입(45평) 평면도

97B타입(45평) 주방

주요 시설 및 프로그램

    지하 1층에는 영화관, 노래방, 다목적홀, 북라운지, 교육실, 멀티테라피룸, 500평 규모의 레스토랑이 위치한다. 이곳에서는 식물정원관리 등의 문화 강좌가 열기고, 예체능 레슨, 외국어 회화, 대규모 강연을 포함하여 평생교육관에서 노년기에도 배움을 지속할 수 있다. 이러한 프로그램 및 강좌, 강연 등을 통해서 자연스럽게 이웃과 서로 소통하고 어울릴 수 있다. 공동으로 참여할 수 있는 활동 뿐만 아니라 개인별 맞춤형 수강도 가능하여 각자의 취미와 관심사에 맞는 여가 생활을 즐길 수 있다.

    지하 2층에는 피트니스클럽, 사우나, 실내골프클럽, 필라테스룸, 퍼팅라운지, 살롱드VL 등이 들어선다. 피트니스와 스크린골프 등을 통해 건강을 돌보고

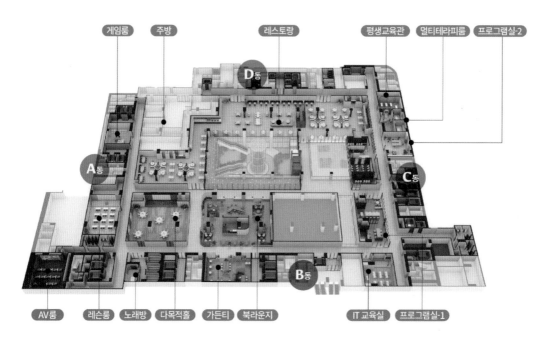

지하 1층 커뮤니티 센터

여가 시간을 즐길 수 있다. 피트니스 센터나 사우나 같은 일부 시설은 유료로 운영되며 외부인도 회원으로 이용이 가능하다. 연간 회원권은 340만 원이지만 입주자는 50% 할인된 170만 원에 이용이 가능하다.

살롱드VL은 식음료를 즐길 수 있는 곳으로 와인바와 다트게임을 갖추고 있어 가족이나 친구들과 함께하면 좋다. 지하 1~2층 이외에 특화된 시설로는 5층과 10층의 피톤치드룸과 프라이빗라운지, 7층과 12층의 오픈테라스, 오픈키친, 게스트룸이 마련될 예정이다.

VL르웨스트의 다양한 시설과 프로그램은 입주자들이 하루를 풍요롭게 보낼 수 있도록 구성되었으며, 건강, 문화, 소통, 힐링 요소를 두루 갖추고 있다. 이러한 커뮤니티 구성은 VL르웨스트가 프리미엄 실버타운으로 자리매김하는 데 중요한 역할을 할 것이다.

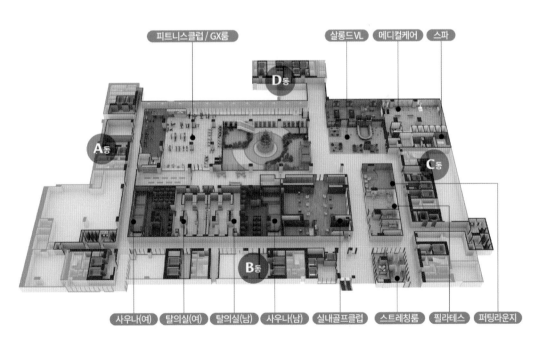

지하 2층 커뮤니티 센터

보안 및 안전 관련

VL르웨스트는 안전을 고려한 여러가지 보안 및 안전 시스템을 도입하였다. 모든 세대는 문턱이 없는 구조로 설계되었으며, 미닫이문을 사용해 이동의 편리함과 안전성을 강화하였다. 화장실에는 곳곳에 안전바가 설치되어 있어 사고를 예방할 수 있도록 배려하였고, 각 방마다 비상벨도 설치되어 있어 응급상황 시 신속한 대응이 가능하다. 또한, 발코니에는 무동력 승강 피난기가 설치되어 있어 화재 등의 비상상황 시 쉽게 아래층으로 대피할 수 있다.

각 세대에는 생활습관을 정기적으로 모니터링할 수 있는 센서가 설치되어 있다. 이 센서를 통해 장기간 수집된 헬스케어 빅데이터는 분석되어 생활습관이 건강에 미치는 영향을 파악하고 이를 바탕으로 생활습관 개선 등의 개별 맞춤형 건강 관리에 활용될 예정이다.

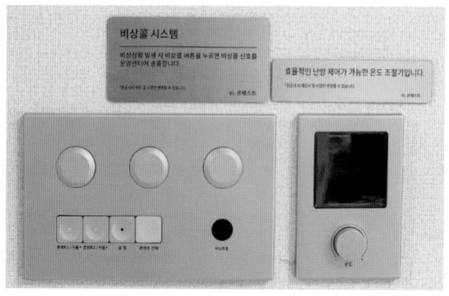

비상콜 시스템

입주민 성향과 분위기

VL르웨스트의 청약 신청자 평균 연령은 약 74세로, 실버타운 중에서 젊은 편에 속한다. 부부와 싱글 비율은 각각 60%와 40%로, 부부의 비율 또한 높다. 입주민의 50% 정도는 현직에 있거나, 은퇴를 하였어도 개인사업을 비롯해 임대업, 회사의 고문 등 어떠한 형태로든 경제적, 사회적 활동을 하고 있는 액티브 시니어들이다. 많은 청약자들이 서울 서초구에서 살던 거주자들로 경제적으로 부유하며, 다양한 직업적 배경을 가지고 있다.

외국에 자주 나가거나 자녀들이 외국에 있어 인천국제공항 및 김포국제공항 이용 시 이동이 편리한 관계로 VL르웨스트를 선택했다는 시니어들도 있다. 흥미롭게도 다른 실버타운에 거주하였거나 퇴거한 후 새로운 스타일의 실버타운을 찾다가 입주를 결정한 사람들도 상당수 있다고 한다.

청약자들은 단순히 거주 공간을 찾는 것이 아니라, 가정에서 누릴 수 없는 서비스와 건강관련 안전성을 기대하며 VL르웨스트에 입주하고 있다. 가사 노동에서 벗어나고 싶은 여성들을 비롯하여 VL르웨스트의 놀랄만한 시설과 관리 시스템에 깊은 인상을 받고 청약을 신청한 시니어들도 많아 보인다.

도심에 위치한 VL르웨스트는 외부 상업시설과 식당에 쉽게 접근할 수 있어 외부 활동과 다양한 식사 선택의 자유를 누리기에 적합하다. 청약자들은 식사의 품질을 매우 중요하게 생각하며, 추가 비용이 들더라도 고급 레스토랑 수준의 식사를 기대하고 있다고 한다.

VL르웨스트는 반려동물 동반 입주가 가능하여, 반려동물과 함께 생활하고 싶은 시니어들에게도 매력적인 선택지가 되고 있다. 반려동물은 세대당 최대 2마리까지 허용되며, 체중은 10kg 이하로 제한된다.

저자 리뷰

2025년에는 VL르웨스트를 포함해 경기도 의왕시의 백운호수푸르지오숲속의아침스위트(백운호수스위트), 부산의 라우어 및 라티브 등 여러 대규모 임대형 실버타운이 새롭게 오픈할 예정이다. 이들 실버타운들과 비교해 볼 때, VL르웨스트는 몇 가지 특징을 가지고 있다.

2024년 9월 기준, VL르웨스트의 평당 입주보증금은 3,200만 원으로 전국 실버타운 중 가장 높은 수준이다. 백운호수스위트(2,200만 원), 라티브(1,800만 원), 라우어(1,600만 원)와 비교할 때 평당 1,000~1,600만 원 더 높다. 이 가격은 입주시점인 2025년 10월부터 적용되며, 이후 10년간 입주보증금 인상이 동결된다. 시간이 지남에 따라 다른 실버타운과의 입주보증금 차이가 줄어들 가능성도 있지만, 현 시점에서는 가장 고가의 실버타운이다.

월 비용에서도 VL르웨스트는 가장 높은 편에 속한다. 36평형 기준으로 1인당 의무식 30식과 피트니스 센터 이용료를 포함한 월 생활비는 329만 원에 달하며, 이는 비슷한 평형대의 백운호수스위트, 라우어, 라티브보다 높다. 이처럼 가격적인 측면만 본다면 VL르웨스트는 평당 입주보증금과 월 생활비가 전국 실버타운 중 가장 높은 수준의 톱클래스 프리미엄 실버타운이다.

입주보증금이든 월 생활비든 가격이 높다고 해서 단점이 될 이유는 없다. 가격은 특징이지 장단점의 대상이 아니다. 명품백의 가격이 높다고 해서 단점이 되는 것이 아니라 오히려 이것을 소유한 사람들에게 자부심을 안겨주듯이 최고가 실버타운에 거주하는 것도 최고급 아파트 단지에 사는 것처럼 자부심을 느낄 수 있다. 이러듯이 VL르웨스트는 "상위 0.1% 어반(Urban) 액티브 시니어를 위한 주거공간" 이라는 슬로건을 내세워, 기존의 프리미엄 실버타운을 넘어서는 새로운 패러다임을 제시하고 있다.

2025년에 입주를 앞둔 대규모 실버타운들은 입지, 부대시설, 서비스 항목을 강조하며 각자 최상의 실버타운임을 자부하고 있다. 그러나 현재 운영 중인 실버타운들의 사례를 분석해 보면, 단일 실버타운이 모든 조건을 완벽히 갖추는 것은 현실적으로 어렵다. 예를 들어, 아무리 고가의 도심형 실버타운이라 해도 공간의 제약으로 파크 골프장 조성은 한계가 있으며, 미세먼지 같은 외부 환경의 제약에서도 벗어나기 힘들다.

또한, 신규 실버타운은 최신식 건물과 뛰어난 부대시설을 갖출 수는 있지만, 기존의 전통있는 실버타운에서 볼 수 있는 헌신적인 직원, 안정된 운영 시스템, 입주민들의 성숙한 생활문화와 상호간의 따뜻한 유대감은 하루아침에 만들어지지 않는다. 이렇듯 전통 있는 실버타운에서 쌓아온 것들은 단순히 최신 시설이나 고가의 비용만으로는 대체하기 어려운 실버타운의 중요한 경쟁력이자 가치다.

VL르웨스트는 좋은 조건들을 갖추고 있다. 고가의 관리비와 더불어 810세대로 규모의 경제를 통해 운영 효율성을 높일 수 있으며, 호텔롯데의 축적된 고객 서비스 노하우를 가지고 있다. 2025년 2월 오픈하는 부산 라우어를 호텔롯데가 운영지원하기 때문에 2025년 10월 VL르웨스트가 오픈하기 전까지 라우어에서 8개월간 운영경험도 쌓을 수 있다.

그러나 진정한 프리미엄 실버타운이 되기 위해서는 발코니가 있는 편리한 내부 공간, 훌륭한 식사 품질, 사우나와 같은 하드웨어뿐만 아니라, 실버타운 내부에 삶의 문화를 꽃피우고 입주민 간의 정서적 유대감을 형성할 수 있는 프로그램과 초기 정착까지 직원들의 헌신이 요구된다. VL르웨스트가 성격, 배경, 건강과 요구사항이 모두 다른 60~80대 시니어를 대상으로 어떻게 이러한 숙제를 슬기롭게 풀어나갈 것인지 실버타운 업계가 모두 주목하고 있다.

실버타운
사용 설명서

초판인쇄 | 2024년 11월 15일
초판발행 | 2024년 11월 22일
지은이 | 이한세
발행인 | 이한세
발행처 | ㈜스파이어리서치앤드컨설팅
기획 | 조현경 김수정 최재성
편집 | 조현경 최재성 이기현
디자인 | 김수정, 디자인G
출판등록 | 2014년 3월 6일
주소 | 경기도 고양시 일산동구 호수로 672, 대우메종리브르 1207호
전화 | (031) 908 7630
팩스 | (031) 908 7632
이메일 | justin.lee@spireresearch.com
홈페이지 | goldbooks.co.kr
블로그 | https://blog.naver.com/justin2130
카카오톡 | justin2130

값 38,000원
ISBN 979-11-952464-4-1